河 流 伦 理 丛 书

黄河水利委员会组织编写　侯全亮　主编

U0806212

河流伦理与河流立法

蔡守秋　著

黄 河 水 利 出 版 社

内容提要

本书介绍了河流伦理的定义与基本概念,内容涉及伦理与法、河流伦理与河流法、国内外河流立法的实践、中国河流立法的实践等方面。是水利部黄河水利委员会“维持黄河健康生命”系列研究课题之一。既可作为理论工作者的参考读物,也可作为水务工作者的一般读物,还可作为高校相关专业的教学参考书。

图书在版编目(CIP)数据

河流伦理与河流立法/蔡守秋著. —郑州:黄河水利出版社,2007.9
(河流伦理丛书/侯全亮主编)
ISBN 978-7-80734-291-5

Ⅰ.河… Ⅱ.蔡… Ⅲ.①河流-生态伦理学-研究 ②河流-水资源-资源保护-立法-研究 Ⅳ.P343.1 D912.604

中国版本图书馆 CIP 数据核字(2007)第 150072 号

出 版 社:黄河水利出版社
地址:河南省郑州市金水路 11 号 邮政编码:450003
发行单位:黄河水利出版社
发行部电话:0371-66026940 传真:0371-66022620
E-mail:hhslcbs@126.com
承印单位:河南第二新华印刷厂
开本:890 mm×1 240 mm 1/32
印张:13
字数:374 千字 印数:1—5 000
版次:2007 年 9 月第 1 版 印次:2007 年 9 月第 1 次印刷

书号:ISBN 978-7-80734-291-5/D·30 定价:35.00 元

序一

河流是人类及众多生物赖以生存的基础,也是哺育人类历史文明的摇篮。然而,由于长期以来人类对河流无节制地开发利用,加之自然因素的影响,致使当今全世界范围内许多河流都面临生存危机。作为世界上最为复杂难治的河流,黄河的生存危机尤为突出。流域经济社会日益增长的用水需求一再突破黄河生命的底线,人与河争水、与水争地的局面越来越严峻,由此带来的水资源紧缺、河槽萎缩、河道断流、生态恶化、水污染加剧等一系列问题,又反过来严重制约着流域经济社会的可持续发展。

新时期如何重新审视人类与河流的关系,怎样才能实现人与自然的和谐相处?2004年新年伊始,黄河水利委员会正式提出了“维持黄河健康生命”的治河新理念，并开始着手研究构建相应的治河体系。这不仅是自然科学的一个重大命题，而且也是社会科学和人文科学的一个重大命题。历史和现实的经验告诉我们，人类在开发利用河流的同时，只有顺应自然规律，关爱河流，尊重河流，保护河流，流域经济社会才能持续发展，民族文化才能永续延伸。因此，黄河水利委员会决定，把重塑人与河流关系的问题上升到伦理的层面来认识，并将其作为“维持黄河健康生命”理论框架的重要组成部分进行研究，通过河流伦理的构建，让全社会从伦理道德上认识到人与河流和谐相处的重大意义，并将其渗透到人类繁衍和成长的过程中，从而唤起更多的人自觉和积极地投身到“维持黄河健康生命”的行动之中。

河流伦理是一个包容性很强的概念，涉及面广、跨度大，具有学科边缘性和交叉性的特点。无论是对水利界，还是对人文、社科界来讲，它都是一门全新的课题。为此，黄河水利委员会联合清华大学、北京大学、复旦大学、南开大学、武汉大学和哈尔滨工业大学等高校从事人文及社会科学研究的专家学者对这一全新的课题展开了研究。为了夯实理论基础，该课题又分为7个子课题，从不同的方面来论证人与河流的伦理关系。经过专家学者们两年多艰辛的探索，形成了这套《河流伦理》丛书。它以辩证唯物主义哲学和科学发展观为指导，通过揭示当前中外河流暴发的空前危机，将人及其他有机体的生命概念引入河流，从人文科学、社会科学的多维视角，研究河流生命的内涵、权利、价值、河流伦理原则、河流立法依据、河流健康生命的维持等，从而把人与人之间的伦理关系拓展到人与河流的关系中，为实现人与河流和谐相处提供有力的理论支撑。

实践证明，在学科的接壤处，恰恰是新学科的生长点。我相信，通过对河流伦理体系的研究和构建，一是可以提高人们对于河流生命的科学认识水准，把握人与河流和谐相处的规律，规范人类自身的社会行为；二是在特定的时代背景下，可以对河流生命理念进行培育和弘扬，从而在治河实践中真正落实科学发展观；三是能够改善调控管理，将人与河流的关系，从以往改造、征服的关系转为和谐相处、共存共生的关系。

当然，我们还应该清醒地认识到，对河流伦理的研究非常具有挑战性。到目前为止，把道德关怀的对象扩展到河流（山川）等自然存在，中西方无论在理论界，还是在社会公众的心目中，都还存在很大争议，并且常常受到来自传统意识形态的质疑。对于这门全新的边缘学科，我们的研究工作才刚刚开始，要形成一套系统的理论还需要不断地去探索、去实践。

水利部黄河水利委员会主任

2007 年 8 月

序二

不管人们愿意，还是不愿意，也不管人类觉得幸运，还是感到悲哀，至少在如今的地球上，没有人力干预的、纯粹自然的领域再也找不到了；从大气到地心，从高山峻岭到汪洋大海，一切都刻上了人类的痕迹，打上了社会的烙印。人与河流的关系也是这样的，我们之间的命运早已紧紧地联系在了一起：你中有我，我中有你；人的生命离不开河流，而河流不但有自然生命，还有社会生命，甚至文化生命。研究和对待河流，不但要研究其自然层面，还要研究其人文层面，更必须研究二者之间交叉的层面。

面对着自然河流与社会文化河流之间如此错综复杂的关系，特别是人类对于自然总是处在积极主动的一方、影响力越来越强的这种形势，我们发现，有什么样的人，就有什么样的河流；甚至可以说，人们用什么思想和态度来对待河流，河流就会出现什么样子：

蛮荒时代的人，毫无力量，只能迷信天神和命运，匍匐在自然的威力下，于是出现了“夏日消融，江河横溢，人或为鱼鳖”的景象，这是狂放恣肆、任意纵横的河流。

进入文明社会以后，特别是近代以来，人的力量强大了，开始利用和改造河流，但是，人们也往往为了自己的眼前和局部利益，一刻不停地干扰她，甚至有意无意地破坏她，特别是由于私有制度和私有观念的束缚，河流往往被某些人当成私人的财产，随意利用和挥霍，甚至被毁坏和戕害。这些毁坏和戕害，有些是间接的，例如通过砍伐森林、排污升温、影响气候以破坏河流等；有些干脆就是直接地伤害和摧残河流，使之遭受种种创伤。包括我们的母亲河——黄河，早已不复往日的面貌，如今已是伤痕累累，水资源紧缺，河槽萎缩，河道断流，生态恶化，水污染加剧……她再也经受不住折腾了。

实践一再证明，只有能够掌握和控制自己的命运而又有科学头脑的人，只有能够以正确的世界观、价值观为指导善待河流的人，才能使人和河流真正融洽地结合成一个亲密的共同体，才能维持河流的健康生命。

新中国成立后，中国人民掌握了自己的历史命运，为黄河的治理创造了基本条件，但是，正确处理人与河流的关系，以科学的态度治理好黄河，却又是一个更困难、更艰巨的工作。进入新世纪以来，水利部黄河水利委员会以科学发展观为指导，立足于黄河的实践，吸取世界先进的科学文化，超脱以往“就黄河论黄河”和“就水利论水利”的狭隘眼界，以更加全面系统的观点来对待黄河。在他们眼里，黄河不但是自然的，而且是社会的历史的，是文化的，是一条系统完整的生命。他们深刻地提出，要以维持黄河的健康生命为己任，当好河流的代言人。为此，不但要从自然科学和技术方面研究黄河，还要从哲学社会科学方面研究黄河，把重塑人与河流关系的问题上升到伦理的层面来认识，以唤起人们自我警醒意识，珍惜河流、善待河流，自觉维护人水和谐，从而为“维持黄河健康生命”的治河理念奠定坚实的人文和社会基础。这一思路和做法，赢得了全国有关专家的高度重视和赞赏，他们纷纷参加进来，从各个角度开展对于河流伦理的深入研究，不但包括地质地理、天文水利，而且将历史学、社会学、哲学、文化学、法学、艺术学等等学科也吸纳进来，形成了以马克思主义哲学为指导的，多学科相结合的，纵横穿错、立体交叉的宏阔研究局面。

应该说，是日益严重的河流生命危机催生了“维持黄河健康生命”新理念，进而又进一步催生了河流伦理。这是黄河治理开发与管理现代化进程中一场观念上的革命。

正当以黄河水利委员会为核心的一批专家学者们思索研究维持河流的健康生命时，党中央提出了科学发展观，这不啻是一场及时的春雨，一轮清晨的红日。这一理论，说出了大家想说却又说不出来的话，而且更加深刻全面，“坚持以人为本，树立全面、协调、可持续的发展观，促进经济社会和人的全面发展”。这里的每句话、每个字，对于维持河流的健康生命来说，都是多么重要啊！我们这些关心和研究河流伦理的实际工作者和专家学者们，在继续认真地学习了科学发展观之后，指导方向更加明确，信心和勇气更加充足。我们更加自觉地认识到，维持河流的健康生命将是我们的终身使命，河流伦理将是我们的长远研究课题，而科学发展观更是维持河流健康生命的根本、河流伦理的支柱，是我们从事河流实践和理论研究工作的一面永恒旗帜。这里收集的，就是大家在学习和运用科学发展观的基础上，进行研究的一些成果和体会。我相信，这不过是一个开始，也可能还有许多不足之处。今后大家还会做下去，而且越做越好。

水是生命之源，每当我们唱起“一条大河波浪宽”的时候，立即就会想起我们的长江、黄河，想起许许多多生育养育我们的河流，她们是我们人类的母亲，至今还在用自己的乳汁哺育着我们成长。然而，她们如今的身体还好吗，还在健康地生存发展吗？这是我们每个河流的儿女们经常魂牵梦萦的事。以科学发展观作指导，研究河流伦理，尊重自然规律，善待每一条母亲河，让她永远健康地生活下去，这是我们的神圣义务。

中国伦理学会会长 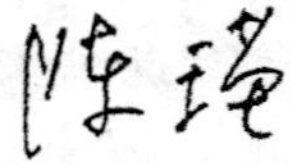

2007 年 8 月

前言

2004 年新年伊始，水利部黄河水利委员会正式提出“维持黄河健康生命”的治河新理念，并把重塑人与河流关系的问题上升到伦理的层面来认识，联合社科学界研究构建相应的河流伦理体系，旨在唤起人们珍惜河流、善待河流，自觉维护人水和谐，以水资源的可持续利用支持经济社会的可持续发展。

《河流伦理与河流立法》是河流伦理体系研究的重要组成部分，主要论证河流伦理与河流立法的关系，调整人与自然关系的必要性和可能性，站在法学理论方面，面对河流保护、水资源可持续利用以及人与自然关系的新发展，探讨河流立法精神和法学理论的创新。阐述河流伦理原则在河流立法中的体现，河流立法对河流伦理的提升和维护作用。

该项课题研究由武汉大学蔡守秋教授主持，负责各章节的修改以及全书统稿工作。2005 年 8 月开始着手研究，于 2007 年 7 月提交初步研究成果。本书由蔡守秋教授任主编，参加撰稿的有武汉大学法学院吴贤静博士研究生、武汉大学哲学系蔡利军博士研究生、武汉大学法学院杨朝霞硕士和水利部黄河水利委员会宣传处吴强同志。第一章由吴贤静、杨朝霞执笔；第二章由蔡利军、吴贤静执笔；第三章由蔡守秋、吴贤静执笔；第四章由吴贤静、吴强执笔；第五章由蔡守秋、吴贤静执笔。

由于《河流伦理与河流立法》的研究成果尚处于初步成果，书中不可避免地会出现一些疏漏，希望广大读者以及从事相关研究的专家学者多加指正，以便今后进一步修改完善。

作　者

2007 年 8 月

目　录

第二章 河流伦理与河流法

第三章 国内外河流立法的实践

第四章 中国河流立法的实践

第五章 从河流伦理到黄河立法

第一章

伦理与法

伦理（道德）与法（法律）的关系长期以来一直都是一个亘古恒新的问题。德国著名的法学家耶林曾说："法律与道德的关系问题是法学中的好望角；那些法律航海者只要能够征服其中的危险，就再也无遭受灭顶之灾的风险了。"也就是说，法律与道德的关系问题是法哲学、法理学的一个必须研究而又难度很大的问题。同理，伦理与法律的一般关系也是我们探讨河流伦理与河流法关系时所绕不开的一个论题。

第一节　概　述

一、伦理与道德

（一）伦理

伦理一词，在中国古代是分开使用的。"伦"的本意是辈、类的意思，后延伸至秩序、序次之意，即是对人与人之间相互关系的一种界定。“理”则引申为事物之间自然存在的条理或法则。“伦理”两字连用最早出现在《礼记·乐记》中，“乐者，通伦理者也”，音乐之伦理意在“和谐”。所以，中国的传统“伦理”就是指人类在社会生活中，处理人与人之间相互关系时所应遵循的道理和准则。中国古代思想家探讨的主要伦理问题有孔子的仁、墨子的“兼爱”、孟子的“性善”、荀子的“性恶”等。

在西方，Ethics（伦理学）一词来源于古希腊文 ethos。最早出现于荷马史诗《伊利亚特》。后来意指人的品行、气质及其风俗习惯。可见，古希腊人也在很早以前就对伦理道德问题有所思考了。而亚里士多德则在研究人的优秀品行问题中创建了 ethika（伦理学）这门新学科。

在西方国家，伦理主要研究以善恶评价的方式调节人的行为、活动，并制定标准。但是，在经过漫长的历史发展阶段后，伦理的涵义正在中西方逐渐融合。现代社会一般认为，伦理是人们关于善与恶、光荣与耻辱、正义与非正义、公正与偏私等观念、原则和规范的总和。

（二）道德

在中国，对道德的思考可以追溯到尧舜时代出土的商代甲骨文就已经有了“德”字。道的本意是指道路，后来引申为人的行为必须遵循的原则、规范。“德”是一种心灵之得、精神之得，是人们行为应当遵循的各种原则和规范，使其内化于心❶，并贯彻到自己的行动之中。在我国古代思想史上，道德就是指通过主体的内心感悟而自觉实行的行为规范的总和。它以善和恶、正义和非正义、公正和偏私、诚实和虚伪等道德概念来评价人们的各种行为和调整人们之间的关系；通过各种形式的教育和社会舆论的力量，使人们逐渐形成一定的信念、习惯、传统而发生作用❷。

---

❶ 参见邹渝：《厘清伦理与道德的关系》，《道德与文明》2004 年第 5 期，第 16 页。

❷ 《辞海》，上海辞书出版社 1979 年版，中册第 2429 页。

在西方国家，不同的学者对道德的含义有不同的理解。如，“至德”、“高德”、“平德”的道德三品说[1]，富勒的“义务的道德”和“愿望的道德”说；哈特的“实证道德”(positive morality)和“批评道德”说(critical morality)，以及基本道德与非基本道德说；主流道德和非主流道德说；公德、私德说等。

现代社会一般认为，道德是生活在一定物质生活条件下的人关于善与恶、光荣与耻辱、正义与非正义、公正与偏私、野蛮与谦逊、诚信与不讲信用等观念、原则以及规范的总和。值得注意的是，作为观念、原则的广义的道德与作为行为规范的狭义的道德，具有不同的功能和作用，与此相适应，二者与法的关系也具有不同的性质和特点。

(三)伦理和道德的关系

伦理学界目前认为，现代意义上的伦理与道德，基本上是在同一个意义上的两个概念。伦理学亦称“道德哲学”，是对道德问题和道德现象所进行的一种系统化、理论化的说明与哲学反思。因此，道德现象也可以叫做伦理现象，道德行为也可叫做伦理行为，道德判断也可叫做伦理判断，道德学也可叫做伦理学。

二、道德(伦理)的性质、特征与功能

(一)道德的性质

在论及道德的根源问题或根本性质时，古往今来有很多思想家都曾站在各自不同的时代背景和理论立场上，对其作出过各种不同的论述，如神意说、人性说、理性说、物质条件决定说、权化的道德、孝化的道德、亲化的道德、人化的道德等。另外，根据对环境问题的理性反思，环境伦理学者认为，伦理道德不能仅仅局限于人与人之间的关系和对人的道德关怀，也要注意人与自然的关系和对自然的道德关怀，人们应该

---

[1] 参见周恒利：《道德三品与法律特区》，《道德与文明》2004年第1期，第85页。文章认为：至德(亦可称为极美道德)，是人类所憧憬的最理想的道德状态，也许只有“圣人”或“上帝”才能做到，如“普度众生”；高德(亦可称为高层道德)，是人们对至善的追求，为少数人所达到，如“舍己救人”；平德(亦可称为基本道德)，是人类过有秩序社会生活的基本要求，可为一般公众所践行，如“诚实信用”。

扩展传统的伦理道德观,树立新的人与自然和谐相处的伦理道德观。如今流行的“大地伦理”、“生态伦理”、“环境道德”、“生态道德”等伦理观。

笔者认为,从唯物史观的角度看:一方面,道德根源于一定的物质生活条件,一切以往的道德论归根到底都是当时的社会经济状况的产物;另一方面,道德是人类社会共同体存在的基础,它根源于调节人与人之间以及人与自然之间的利益关系的客观需要。由于人都有欲望的本性,但人又处在一个复杂的自己与其他人、自己与自然环境的关系网络,为了处理好人与人之间的关系以及人与自然之间的关系,人们必须遵循一定的规则,并内化于心,从而对本性进行一定的约束;但是,道德规则的主要源泉不能局限于到个人自利、自治的理性中去寻找,道德规则起源于有组织群体渴求创立社会和谐环境和和谐秩序的强烈需求,以遏制和减少群体内的损他性行为即恶行,这就是道德赖以形成的社会物质生活条件,包括社会环境条件和自然环境条件。所以,正是人的本性的要求、理性的约束、群体的渴求与客观的现实社会生活条件的多层重叠与融合,导致了道德规范的产生,并决定着道德的存在和发展。

(二)道德的特征

道德具有如下特征:

(1)道德具有社会性、历史性、继承性和多元性。道德是一种社会行为规范,它根源于社会的物质生活条件,并且随着社会的发展而历史地发展,在继承和扬弃以往道德观念、原则和规范的实践中逐步发展成为一个具有多元性的多层次的社会行为规范体系。在存在不同阶级、不同民族的国家,道德往往是多元的,既有为国家机关、统治阶级或上层社会所提倡、推崇的主流道德,也有流传于民间、土著民族、下层社会和“三教九流”的各种非主流道德。

(2)道德以善与恶为评价方式,把握现实世界。人们通常从科学上、道德上和艺术上评价与把握世界。从科学上评价、把握世界的特点主要是识别真与伪,从艺术上评价、把握世界的特点主要是识别美与丑,从道德上评价、把握世界的特点主要是识别善与恶。

(3)道德的思想基础是人类精神的自律,包括个人和有组织的群体的自律。道德不依靠国家强制力来执行、实施,而是依靠人们的观念,社会的舆论、善良风俗和人们内心信念的力量来维持。强制力的不同,源于保证其实施的力量的差异。

(4)道德规范的主要目的是引导、诱使人们去做社会所称赞的行为即善行。道德在调整个人与他人、个人与社会集体之间的利益关系的时候,不像其他的社会规范那样强调人们的个人利益,而是强调他人的利益和社会集体的利益。

(三)道德的功能

道德作为人们关于善与恶、光荣与耻辱、正义与非正义、公正与偏私等观念、原则和规范的总和,具有如下功能:

(1)调整功能。指具有通过评价、规范等方式来指导和纠正人们的行为与活动,从而调整人与人的关系和人与自然关系的能力。

(2)教育功能。指道德能通过评价和鼓励等方式,造成社会舆论,促进形成社会风尚、树立道德观念、塑造理性人格、培养人们的道德品质和道德观念的作用。

(3)认识功能。指道德能够形成评价和判断人们意识和行为的善与恶、光荣与耻辱、正义与非正义、公正与偏私的标准。

三、法与法律

在中国古代,法写作“灋”。左边的“氵”,表示法源自水,即源于自然,暗示“法平如水”;右边上部为“廌”(音稚 zhi),是山牛之类的独角兽动物,性忠直;右下部为“去”,即独角兽“廌”用其独角“触不直者去之”。这说明古代人已经认识到法与自然的关系,法反映人与自然的关系。

在中国传统文化中,法主要是指制定法,法与法律的含义基本相同。代表着由官府制定法律并向全社会公布的行为准则。强调法合“人心”,即“法非从天下,非从地出,发于人间,合乎人心而已”。

在西方,法则这一观念起源于秩序,规则就是秩序。西塞罗认为:“法是正义和正义事物之间的界限,是自然与一切最原始的和最古老的事物之间达成的一种契约,它们与自然的标准相符,并构成了对邪恶予以惩罚、对善良予以捍卫和保护的那些人类法。”当然,对“法”与“法律”也有不同的理解。不少学者认为,法是指永恒的、普遍有效的正义原则和道德公理,而法律则指由国家机关制定和颁布的具体的法律规则,法律是法的真实的或虚假的表现形式。

概括起来,中国和西方对法的理解的主要差别如下:

(1)在法的功能上,中国传统法文化主要把法仅看成是禁止性规范,是惩恶的工具;而西方法文化除了强调法的规范作用外,还把法视为目的、正义、权利、理性、神意、规律和自然。

(2)在法的价值取向上,中国传统法文化追求秩序、公正与和谐;而西方法文化憧憬自由和正义。

(3)在法与权力的关系上,中国传统法文化奉行人治主义、权大于法;而西方法文化奉行法治主义、以法治权。

(4)在法的原则上,中国传统法文化持义务本位、重群体和集体主义;而西方法文化持权利本位、重个人和个人主义。有人概括为义务法律观与权利法律观的冲突。

(5)在法律与其他社会规范的关系上,中国传统法文化主张“礼法结合”;而西方法文化主张法与道德相对分立,强调法的独立性。

随着时代的发展,当代中国的法律观念正在逐渐与西方法律观念接轨。目前,我国法学界对法的看法正逐步转向以西方法文化观念为主的中西方法文化观念的融合。

对于法的理解,本书持区分广义法和狭义法、法和法律、自然法和制定法、应然法和实然法、法的渊源与法的形式等立场。

总之,法是理性、自然性和人性的体系,法律是实在的规则体系,法律是法之构成的一部分。自然法的语境是求善,法律存在于理性之中,体现着一种价值;实在法的语境是求真,法律存在于制度和规范之中,是专业化、职业化的程序;活法的语境是求实,法律深植于民族和社会之中,体现着一种民族的精神和文化传统。我们要全面认知和把握法的概念,应该从观察实际生活中真实的法出发，结合对法的价值、法的理想等的探索，完整地揭示和把握科学的法的概念的含义；应该在坚持真实与理想相统一而以真实为主导、应然与实然相统一而以实然为主导的原则基础上揭示法的概念。

四、法的性质、特征和功能

(一)法的性质

法的本质,是法的最重要的性质和特征。古今中外的思想家、哲学家、法学家提出了种种见解,但到目前,仍然众说纷纭。概括起来,主要有如下几种学说。

意志说，认为法是统治阶级意志的体现；公意论，认为法是公共意志或共同意志；权力说，认为法即权力的表现或派生物；规则说，认为法即行为规则、判案规则（规范）；命令说，认为法是国家的、政府的主权者的命令；判决说，认为法即判决，认为只有当法院作出判决时，真正的法才被创造出来；神意论，认为法即神意，是神（上帝、先知）为人类规定的行为标准；理性论，认为法是理性或普遍理性；正义论，认为法是正义的工具，“是善良公正之术”；社会控制说，认为法是社会控制的形式；等等。

总之，不同的学者或学派对法的根本性质有不同的认识和理解❶。笔者认为，对法的根本性质的不同理解和把握，反映了人们的不同出发点、价值观和基本理念，实际上是人们对法的某种特性的强调和评价；法的本质不是僵化的、绝对的，而是在不同历史时期有所发展和变化的。正确把握法（法律）的根本性质，对于正确认识法和伦理道德的关系十分重要。因此

---

❶　由于言语的有限性以及语言的施指（多译为“能指”）和所指的任意性关联，仅仅通过言语所表达的意思不能够完全反映对事物的全面认识。因此，理解法学语言，重要的是确定我们在何种语境之中，何种文化系统、意义系统之中使用它。可参见陈嘉映著:《语言哲学》，北京大学出版社 2003 年版，第 72 ~ 78 页。

需要把握：一是在法的表现形式上，法是指自然法、制定法、宗教法、习惯法还是判例法；二是在本体论上，法的本体（本源）是什么，其基础何在；三是在法的性质和特征上，区分什么是主要、基本的特征；四是在认识论上，区分认识的主体和立法的主体❶；五是在法概念的生成和阐释上，把握其有限性，统一考量其施指（Signifiant，Signifier）和所指（Signifie，Signified）。

（二）法律的特征

归纳起来,法律具有如下几个基本方面的特征：

（1）具有规范性。法律是调整人的行为所产生的关系的行为规范。法律重视人的思想、观念和理念对人的行为的影响和作用,但是法律不规范人的思想,更不是通过调整人的思想去调整人们之间的思想关系。

（2）具有国家性。法律体现国家意志,它由专门国家机关以国家的名义按照严格的程序创制（包括制定、认可、解释等）。

（3）具有利导性。法律以权利义务这种利益刺激为调整机制,通过规定人们的权利和义务来分配利益,影响人们的动机和行为,进而影响人与人的关系和人与自然的关系。

（4）具有国家强制性。法律具有国家强制性,具有使一切国家机关、社会组织和公民一体遵守的法律效力即普遍约束力,法律的实施由国家强制力保障。

另外,法律还具有明确性、公开性等特点,法律不仅由国家专门机关制定、认可和解释,而且由国家专门机关按照一定的程序公布和公开。

---

❶ 对于“法是什么”的问题，认识的角度可能：一是“外在观点”，即外在的观察者的角度；一是“内在观点”，即内在参与者的角度。事实上，内在观点的重要性在于，人们共享明示或默示的“准则”进而共享相同的“语言游戏”或“生活方式”对于真正理解语言、理解法的实践是具有决定意义的。

第二节　伦理与法

一、伦理与法的关系类型及研究方法

所谓伦理与法的关系，是指伦理（道德）与法（法律）的相互联系、影响和作用。由于人们对于伦理和法的概念及其涵义、性质有着形形色色、各不相同的理解，很难达成共识。因此，在探讨二者关系时，将其各种关系加以归纳和分类是十分必要的。同一国家在同一历史时期和同一领域的伦理与法的关系大致分为如下几种类型：

（1）作为观念、原则的道德与法、法律的关系；

（2）作为行为规范的道德与法、法律的关系；

（3）作为观念、原则的道德与法、法律在内容和形式上的关系；

（4）作为行为规范的道德与法、法律在内容和形式上的关系；

（5）法律与非主流道德的关系。

伦理（道德）与法（法律）的关系包括：①它是由伦理（道德）与法（法律）两个方面决定的关系。②伦理（道德）与法（法律）的关系包括伦理（道德）与法（法律）的相互联系、影响和作用。③伦理（道德）与法（法律）的关系是一种与时俱进的关系，在社会发展的不同阶段伦理（道德）与法（法律）的关系有不同的性质和特点。④伦理（道德）与法（法律）不同类型的关系有不同的性质和特点。伦理与法的关系是既相互联系又相互区别的辩证关系。因此，在道德建设和法制建设的实践中，一方面，应该看到伦理与法的相互联系和共性，不要将二者截然分开和对立起来，甚至否认它们之间的必然联系；另一方面，也应该看到伦理与法的相互区别和特性，不能把道德问题与法律问题混为一谈。

在法律与道德的关系中，最重要的是法律与主流道德的关系。因为一个国家的法律是一元的或唯一的，而道德却是多元的；在多元的道德体系中，占主流地位的道德较非主流的道德在社会中起的作用较大，与法律的关系也最为密切和重要。

在研究伦理与法的关系时，应该注意如下几个方面：

第一,坚持科学的方法论。在研究伦理与法的关系时,应坚持理论联系实际、价值分析和实证分析相结合、历史分析和现实考察相结合的方法;坚持辩证唯物主义和历史唯物主义的原则。应从多学科的角度对伦理与法的关系进行综合、比较研究,首先要注意伦理学与法学的结合,其次要注意法理学与环境资源法学的结合,还要合理吸收经济学、社会学等学科的科学理论和研究成果。

第二,追求概念的明晰化和分析的逻辑性。

第三,有开放的视野和动态的视点。以道德和法律产生的根源为起点,以道德和法律在社会中互利互补的作用为中心,以立法、法律实施和守法各环节中法律和道德的关系为主线,以整个社会系统为背景,以法律的伦理评判和伦理精神为切入点,全面、系统地分析道德和法律的关系。

二、道德与法的关系的主要理论

对西方各法学流派或法学家而言,尤其对西方的自然法学和分析实证主义法学两派来说,道德和法律的关系一直是长期争论的焦点。历史上有关道德与法律关系的最著名的理论来自托马斯休和康德,该理论由托马斯休提出,而后由康德作了详尽的阐述,阐述中他明确提出了道德与法律的区别,并认为道德是内在的而法律是外在的,道德是自觉的自律,而法律是强制的他律。而真正把法律和道德作为两种不同的事物,并研究其区别的则是分析法学的创始人奥斯丁,由此掀起了一百多年以来的法律与道德的关系问题之争,也激起了众多学者对此问题的兴趣。第二次世界大战以后,在英美法学界,就法与道德的关系问题曾展开数次学术论战,推动了当代西方法哲学的发展和繁荣。在德国,法学家们就“法与道德是否有联系以及在何种意义上两者存在着必然联系”这一重大问题展开辩论,形成了三种基本立场:一是坚持实证主义法学立场,认为法与道德之间没有必然联系;二是反对法律实证主义,承认法与道德的相互关系及其意义;三是徘徊于前两种观点之间。

1. 自然法学派

自然法学中的“自然法”概念，就一般意义上说，是指普遍的、抽象的、终极意义上的一种价值标准、价值准则，是指整个人类所共同维护的正义、自由、平等、秩序等伦理概念或者蕴含于这些概念中的伦理命令。在自然法理论中，法律的至上性是它所体现的一种实质性的永恒不变的正义和理性。自然法学家一向坚持认为，法必须反映人们的道德观念，法必须是合乎道德的，不道德的法律规则不能成其为法。他们总的基本观点是法和道德的“内在联系论”。主要包括：①制定法应当是“良法”；②道德是衡量实在法良、恶的标准。③自然法是适用所有社会的道德，是检验一切人定法的终极尺度。

自然法学派的合理性是，特别重视并追求法的本源和价值，从价值层面出发论证了法律的道德价值基础和基本目的，认为法律以道德为基础，道德为立法提供必要的价值基础和基本准则，不能离开道德研究法律。但这个学说也具有明显的缺陷与局限性，即过分强调道德和法律的联系，将法律和道德的一致性不恰当地延及立法、司法等各个环节和规范、秩序等各个层面，从而“必然导致法的独立品格的丢失和至上权威的损害”[1]。

2. 分析法学派

分析法学派主要以实际存在的法为研究对象，他们严格区分“实然的法”和“应然的法”，强调法学的研究范围是法律本身，研究的任务在于解答法律是什么的问题，而不在于法应是什么的问题。实证法学派主要从规范本身来理解法律与道德的关系，认为只要规范符合法律规范的构成要件，能够约束人们的行为即为法。其基本观点是法律和道德之间并无“必然联系”，认为：①法律和道德是可以分离的两种不同的行为规则；②法律和道德之间相互渗透，但并不存在必然联系；③恶法亦法，应当采用一种广义的法律概念，要将法律的无效性和法律的非道德性区别开来。

---

[1] 参见王闻贤：《法律与道德的距离——兼论民法与道德的界限》，《广西政法管理干部学院学报》2004 年第 4 期，第 46 页。

关于伦理与法律之间是否存在必然的联系，一直是分析实证法学派与自然法学派的主要分歧。

3. 实用主义法学派

实用主义法学派的代表为波斯纳，其基本观点是：①“道德是地方性的，世界上没有什么有意思的道德公理”[1]；②道德有法律所不涉及的领域，尽管法律也考虑道德因素，但这不是必然的，法律实践和道德理论的分离是合理的；③法律不是自主自治的，它不是一个稳定的封闭的体系，它必须不断吸收其他学科诸如社会科学、自然科学、人文科学的研究成果，根据具体案件综合地运用这些知识来解决问题。

波斯纳在其著作《道德和法律问题的疑问》中也承认道德原则，但认为那些原则太抽象了，无法用作衡量的标准。他以经世致用为目的，对一切形而上学的理论和抽象原则不感兴趣，对纯思辨的研究也不以为然。他认为，“要消除法律的神秘，特别是要把法律从道德理论这个重大的神秘制造中解脱出来，当面对某个法律争议，法律实政主义无法得出令人满意的结论时，法律应从科学（比方说生物学、经济学）中获取指导”[2]。

波斯纳的理论具有大胆的批判精神和创新意识，他把法律和道德问题放在一个开放的、动态的整个社会体系里进行研究，不是仅仅考虑法律的价值理性，而是敢于脱离道德的藩篱。

4. 新制度经济学派

新制度经济学派主要以科斯、卡拉布雷和诺思为代表，他们从制度的构架及其制度的功能等形象层面来论述法律与道德制度的共存，其研究超越以往的传统分析路径，从经济演化的规律性视角予以阐释和论证法律与道德的关系。从而，为解决现实中的“法治”和“德治”问题，展示了一个新颖而恢弘的思路，具有重要的理论和现实意义。

5. 新环境法学派

在中国大陆，近年随着人与自然关系问题研究的日益深入，产生了

---

[1][2] 波斯纳著：《道德和法律理论的疑问》，苏力译，中国政法大学出版社 2001 年版，第 4、6 页，第 125～141 页。

一种新的环境法学派。蔡守秋教授在《调整论——对主流法理学的反思与补充》一书中,系统地论述了环境资源法律和生态伦理(环境道德)之间的关系,以及二者相互融合与协调的主要途径。其基本观点是:①道德和法律既能够调整人与人的关系,也能够调整人与自然的关系;②环境资源法通过设置生态人的法律人模式、运用"主、客一体化"的研究范式、采用以生态化方法为特点的综合调整机制来调整人与自然的关系;③环境资源法重视与生态伦理(环境道德)的关系,并通过规定环境权利、自然资源权利、动物和大自然的权利,以及环境资源行为将当代生态伦理(环境道德等)法律化;④环境资源法通过调整人与人的关系和人与自然的关系,促进建设人与人和谐相处、人与自然和谐相处的资源节约型社会、环境友好型社会与和谐社会。

第三节　伦理与法的异同

一、伦理与法的共性

伦理(道德)与法(法律)的最基本共性是它们都是社会规范,基于这一基本共性,它们主要有如下几方面的相似性。

(一)共同的产生根源

从发生论看,法律和道德作为一种社会规范,都是根源于人性。人性或人的本质是人与人的关系和人与自然的关系即人的社会性和自然性的统一。一方面,人都有求生的本能和避苦求乐的天然倾向,都有追求私利的欲望,都有功利的甚至兽性的一面❶,都有追求私利最大化的倾向。另一方面,人有追求理想、完美、崇高,追求超越自我的强烈愿望和人文精神。世界上没有孤立的个人而是同时存在许多人,每个人既生活在自然中也生活在社会中;每一个具体的人、个体的人既与其他人

❶ 参见恩格斯著:《马克思恩格斯选集》(第四卷),北京人民出版社1977年版,第140页。恩格斯说:"人来源于动物的事实已经决定了人永远不能摆脱兽性,所以问题永远只能在于摆脱得多一些或少一些,在于兽性与人性的差异程度。"

发生联系,也与自然(包括环境资源)发生联系;每个人只能通过自身与其他人的关系和自身与自然(环境资源)的关系求生存、求发展、求利益、求幸福。并且,无论是社会的还是自然的物质财富和生活资源都是有限的,这样人与人之间和人与自然之间势必会产生纠纷和冲突,而冲突是不利于社会稳定和社会总体利益的,从而预防、缓解和解决冲突的规范或制度就成为理性人、群体和整个社会的需要;由于道德和法律都具有调整人与人的关系和人与自然关系的功能,于是作为行为规范的道德和法律便逐渐应运而生。道德和法律从其产生的必然性看,都是根源于调节人们利益关系的客观需要,根源于个人和有组织的群体希望创造社会生活基础条件的强烈愿望。

善性与恶性,都是人性的表现,道德通过扬善止恶,法律通过止恶扬善,两者都根源于人性。

(二)共同的物质文化基础

伦理(道德)与法(法律)都是由一定的物质生活条件所决定的一种社会意识形态,都属于上层建筑,建立在共同的物质文化基础上,都为一定的经济基础服务。它们不是永恒不变的,而是随着社会的经济、政治和文化的发展变化而发展变化。无论道德和法律的惰性如何稳定,社会经济关系的发展变化,社会制度的更替,以及自然环境的变化,都将或迟或早地引起道德、法律的观念和体系的变化与更替。

(三)共同的调整对象

伦理(道德)与法(法律)作为社会规范,有着共同的调整对象:①二者都调整人的行为,随着社会的发展也调整人对自然的行为。②二者都调整人与人的关系,并随着社会的发展,也在调整人与人的关系的同时调整人与自然的关系。③共同的调整对象反映道德与法律的共性,不同的调整对象范围反映道德与法律的区别。④共同的调整对象反映了法律对道德的继承关系。

(四)共同的目的、功能和本质

主流道德与法律作为调控现实社会关系的两种主要手段,在直接目的上存在着共通性和一致性,这就都是为了预防、协调人际冲突和社会矛盾,维护和保障一定的阶层秩序、经济秩序和社会公共秩序。正是这种目标上的一致性才使得主流道德与法律之间在现实生活中存在着共同性、一致性的一面,也使得二者之间在现实生活中的相互依赖、相互影响、相互转化成为可能。从终极目的上看,无论是道德还是法律,其存在的终极目标均是为了实现主体的更好的生存和发展。尽管不同的道德与法律,其服务的主体本身会有不同,但从都是谋求主体自身更好的生存这一点来看,二者是具有共通性的。

法律与主流道德具有共同的功能,它们都是实现社会控制的手段,都通过调整和规范人们行为为社会秩序提供保障,都服务于一定的政治制度和经济制度。法律如果没有道德的支持,或者说法律没有被信仰,法律就没有权威甚至陷于瘫痪;主流道德如果没有法律的支持,它就不可能成为主流甚至会苍白无力。

法律与主流道德在本质上是一致的。在法律的制定过程中,掌握国家政权的社会集团往往将社会主流道德的原则用法律形式规定下来;而在法律的实现过程中,又离不开主流道德准则的辅助和约束。由于二者发生重合或者相互转化、相互作用,于是就产生了所谓“法律的道德化”与“道德的法律化”问题。结果是主流道德渗入法律,法律体现主流道德精神。

法律与主流道德有共同的功能,并不是说法律和主流道德在社会生活中发挥同样的作用。在不同国家、不同时期,主流道德和法律所起作用的大小是不同的。

(五)共同的理念和要素

“法律是基本的道德,道德是不成文的法律。”[1]主流道德和法律作为社会规范,具有共同的理念和要素,如正义、公平、民主、自由、安全、和谐、诚信、尊重人和尊重自然等基本理念,以及原则、义务、责任和规则等要素。法律所追求和体现的“公平”与“正义”,实际上是特定时期民众认同的价值和道德标准。

---

[1] 郭广银:《伦理学原理》,南京大学出版社 1996 年版,第 112 页。

二、伦理与法的差别

(一)起源上的不同

1. 产生的人性类型不同

虽然法律和道德都根源于人性,但二者赖以起源的人性类型是不同的。道德最初脱胎于人们的传统与习惯,它依靠和求助的是教化、社会舆论、人们的善心。它存在和发挥作用的基本前提是,人性是善的或者至少人性可以向善。基于此,才可能通过传统和教化,寄希望于人们的内心与自律来实现其对个体行为的调整。而法律则是以人性恶或人性可能为恶为前提的。如果说道德的现实存在是建立在对人性善的期望上,那么,法律则已经对人性恶做好了制约的准备。

2. 产生的历史阶段不同

法律不是人类社会形成以来从来就有的,也不是永恒存在的,而是到一定历史阶段出现的社会现象。马克思主义法学认为,法律是上升为国家意志的统治阶级意志,是伴随国家的产生而出现的,在国家消亡之后,法律也将不复存在。道德的产生与人类社会的形成同步,它是维系一个社会的最基本的规范体系,是任何社会都有的社会意识形式,凡是有人群的地方,就有道德的存在,没有道德规范整个社会就会分崩离析。一般而言,道德的产生要早于法律。

(二)与社会管理组织、统治阶级和国家的关系不同

在一个国家,道德是多元的,不同阶级阶层、不同区域行业有不同的道德;而法律是统一的、一元的;法律以国家意志的形式出现,而道德却体现不同的意志。

社会利益主体的多元,决定了伦理价值观的多元和价值标准的多元。处于不同阶级、阶层、行业和领域的人们各有符合自己利益和处境的价值观念与道德规范。一个社会或国家的主流道德与社会的管理组织、国家机关和统治阶级具有密切的关系,主流道德是社会管理组织、国家机关、统治阶级提倡、维护的道德。主流道德服务于社会管理组织、国家机关、统治阶级的利益,与国家法律具有较多的共同性。而处于被管理或被统治的阶层的人们所奉行的道德往往与主流道德有较多

的差别甚至冲突。因此,不同的道德适用于不同的阶层或不同的人群;各种道德没有统一协调的共同文本,而表现为各式各样的社会舆论、格言、谚语、职业道德规范和社会公约等。从价值层次来讲,道德是一个多层次的规范体系。不同文明层次的人群适用不同价值层次的道德规范。从一个社会的现实生活情态来看,多样性的道德为人们提供的是一个广阔的选择空间,它使现实人的生活变得丰富多彩。

法律是由国家制定或认可的并依靠国家强制力保证实施的社会规范,它首先反映的是由特定物质生活条件所决定的统治阶级(在阶级对立社会)、强势群体、多数群体或人民(社会主义社会)的意志,以确认、保护、发展统治阶级、强势群体、多数群体或人民所期望的社会关系和价值为主要、优先目标,具有较强的普适性。一体化的法律为人们提供的是最起码的共同生活准则,它使现实人的生活变得有序、和谐。

(三)生成、衍变和发展不同

法律和道德虽然都属于上层建筑,但法律属于制度范畴,从制度上规范人们的行为;道德属于社会意识范畴,从观念上规范人们的精神和行为。法律可以在短时期内立、改、废,道德的形成是一个较长的反复实践的渐进过程,其立、改、废的历时较长。法是国家组织或社会管理组织(在国家产生之前)制定或认可的,而道德往往是人们在生产生活中自然演进生成的。正因为如此,一次革命或变革,可以从根本上摧毁一国既有的法律与制度,改变一个国家整个权利义务的法律分配格局,但是它却很难从根本上迅速地摧毁和改变一个国家全部的既有的道德伦理规范。

(四)表现形式和规范的特性不同

法有特定的表现形式,法律是国家制定或认可的一种行为规范,通常要以各种法律表现形式表现出来。道德通常是约定俗成的,存在于人们的思想和观念之中,并通过社会舆论和风气表现出来。

法律有结构的系统性和严谨性,从宏观角度看,是一个严密的法律体系,从微观上看,法律规范由假定、处理和制裁或者由假定、行为模式和法律后果组成,具有严密的逻辑结构;道德规范没有像法律规范那样严格的逻辑结构,主要由一些原则组成,只抽象地规定"应该如何"、

“不应该如何”，没有规定“如果不这样，会有什么后果”，即对违反道德规范的行为没有具体的制裁措施。

在规范内容上，一般而言，法律规定的权利和义务是对应的，并强调二者的平衡。而道德的重心在于义务或责任。道德的价值取向是利他的，主要是由义务性规范组成，以义务为本位，侧重于对他人、对社会履行义务。在道德上，义务不对应权利，履行道德义务也不以享有权利为前提，即践德行为不与行为人谋求个人权利相对应。法律的重点是保护不损他的利己，禁止和惩罚损他的利己；而道德的重点是提倡不损己的利他，甚至宣扬损己的利他。但是，现代道德规范也包括对权利的尊重甚至明确规定和维护权利，现代有些法律也以义务为本位。

（五）调整的对象部分不同

一般认为，道德的调整对象多于法律的调整对象。道德伦理既包括价值观念、原则，又包括行为规则，所以道德既规范行为又调整人的思想、品格和行为的动机，即对人们的思想意识和行为都调整。法律虽然也可能包括一些指导思想的理念和原则，但主体是行为规则，针对人的行为法律与道德在调整范围方面既有分工，又有协作，而且在一定程度上相互转化。

（六）适用的范围有所不同

一般而言，凡是有人际交往的地方就存在道德。道德适用的领域相当宽泛，法律的适用领域较窄，不必要渗透于人类生活的全部空间。调整对象的范围，道德规范具有指导性、纲领性和笼统性的特点，法律规范具有具体性、确定性、稳定性的特点。

（七）作用机制不同

道德的主要特征是自律（或自治），法律的主要特征是他律（或他治），并且是以外在强制力量作为保证的他律。法律是强制执行的规范，而道德则是非强制性的规范。法律具有可诉性，道德具有不可诉性，这是二者的主要区别之一。

在作用机制方面，法律是由外而内，道德是由内而外。因此，道德规范的实施可以触及人的心灵深处，而法律规范的实施只能根据外在行为对人们的主观意志进行认定。

第四节　伦理与法的融合和协调

一、伦理与法的融合和协调的必要性

所谓伦理（道德）与法（法律）的融合，也就是道德的法律化和法律的道德化。伦理（道德）与法（法律）的协调，是指在推行德治、进行道德建设的时候要考虑与法律的合作与配合，在推行法治、进行法制建设的时候要考虑与道德的合作，发挥道德的作用。道德和法律的融合与协调是协调解决道德和法律的冲突与矛盾，充分发挥二者的优势，克服两者的局限性，实现二者互补、互促和协调发展，是促进社会、经济和环境协调、和谐与可持续发展的客观要求。

自从法律出现以后，法律与道德就处在不断的冲突和整合中。目前我国道德和法律的冲突，主要表现为两种形式，即“合理（或道德）不合法”的冲突和“合法不合理（或道德）”的冲突。之所以出现道德与法律的冲突，除了因道德本身的多元性与法律的一元性、社会主流道德与国家法律所固有的矛盾外[1]，其主要原因是缺乏伦理与法的融合和协调。道德和法律的冲突特别是社会主流道德与法律的冲突，既不利于法律的有效实施，也不利于优良道德风气的形成，严重的甚至造成群众和执法部门的激烈对抗，不利于社会的团结、稳定和发展。因此，只有通过伦理与法的融合和协调，通过各种措施和手段尽量增大二者在价值取向上的趋同性，协调二者之间的矛盾，正确对待和处理二者之间的差别，才能从根本上减少因冲突而发生的各种不利影响和损失。

伦理与法的融合和协调，是二者取长补短、优势互补的需要，从根本上有利于社会关系的调节、人们行为的规范、“定分止争”的解决，以及社会的稳定和发展，从而更好地发挥道德和法律的综合效益或整体

[1] 由于道德（包括社会主流道德）不可能全部被法律化，即不可能全部上升为国家法律，由于法律和道德的调整范围和适用范围不可能完全重合，“合理不合法”或“合法不合理”的问题和矛盾是不可能完全消除的，或者说违反道德的并不当然就是违反法律的。

功效。实现道德和法律的优劣互补,实际是实现德治与法治的优劣互补。如果抽取二者的合理内核,进行结构重组,在社会治理中以法治为主、将法治与德治结合起来、使二者优劣互补,将取得社会调控的综合效果。

二、伦理与法的融合和协调的途径及措施

(一)伦理与法的融合和协调的途径

道德法律化、法律道德化及其这两个方面的结合与协调,是伦理与法的融合和协调的基本途径,也是伦理与法的融合和协调的主要措施。从某种意义上可以说,文明、健康的法制建设和道德建设的过程,实质是一个道德法律化和法律道德化的交互演进过程。

1. 道德法律化

道德法律化,主要侧重于立法过程或造法性活动,是指通过立法或造法性活动将一定的道德规范上升为具有国家意志性的法律规范,使之具有法律效力的活动。所谓道德法律化,实际上是指借助法律的程序性机制,对不同甚至相互矛盾的道德要求,按照某种标准整理分歧,公平地听取各方意见,在使当事人可以理解或认可的情况下作出是否将某项道德上升为法律的决定。也就是说,在法律中被承认的道德,是通过广泛的参与,合理的对话、协商和交涉,对多元的道德生活进行过滤、筛选所达成的对最基本道德的最基本认同,这种认同因经由了一个合理的程序选择过程而具有正当性。

关于道德法律化的问题很早就有学者重视,除了诸如中国的孔子等儒家思想家之外,新自然法学派的富勒、综合法学派的博登海默[1]等学者也进行了相关的研究。目前,理论界对道德法律化存在着各种不同的观点:有人主张适当的道德法律化;有人从根本上反对道德法律化;有人将道德法律化理解为将道德上升为具有法律强制力的法律规范,即上升为命令性规范、禁止性规范、义务性规范;有人将道德法律化

[1] 参见[美]埃德加·博登海默著:《法理学——法律哲学与法律方法》,邓正来译,中国政法大学出版社1999年版,第370~399页。

理解为将道德上升为没有规定相应法律后果或法律责任的规范，即上升为法律（或法律序言）中的原则、理念和其他指导性、引导性、提倡性、政策性的法律规范；有人主要从法律的本质区别或强制性来反对道德法律化；有人主要从法律的共同性或引导性来提倡道德法律化。

概括起来，道德法律化的途径主要有：①通过立法使一些道德规范直接上升为法律规范，包括上升为含有法律责任的法律规范（如禁止性法律规范、命令性法律规范、义务性法律规范等）和不含有法律责任的法律规范（如指导性、引导性、提倡性、预防性法律规范），实现道德与法律的直接结合。②通过立法或造法性活动使一些道德原则转变成法律原则，使之具有一定的法律效力，实现道德与法律的间接结合。③通过司法解释、法官判决、承认判例的法律效力等途径形成准用性道德规范，使之作为成文法的有效补充，实现道德与法律的弹性结合。

道德法律化应有范围和程度的限制，应该遵循伦理与法的融合与协调的原则。国家管理活动、经济活动和社会生活的复杂性、多样性，道德规范的多层次性、广泛性，以及法律与道德在功能和实施途径上的不同，决定了不可能将所有的道德规范一一细化为具体的法律规定，只有基本道德或那些有必要、有条件上升为法律规定的道德才可法律化。道德可分为两类：第一类是维护社会秩序所必须的“最低限度的道德”或基本道德，包括公平、诚信、尊重人权、不得暴力伤害他人、不得用欺诈手段谋取权益、不得危害公共安全等[1]；第二类包括那些有助于提高生活质量、增进人与人之间紧密关系的原则，又称非基本道德，如博爱、无私等。第一类道德通常被上升为法律，通过制裁或奖励的方法得以推行，“那些被视为是社会交往的基本而必要的道德正义原则，在一切社会中都被赋予了具有强大力量的强制性质。这些道德原则的约束力的增强，是通过将它们转化为法律规则而实现的”[2]。第二类道德是较

❶ 中共中央制定的《公民道德建设实施纲要》（2001 年 10 月 24 日）要求“在全社会大力倡导‘爱国守法、明礼诚信、团结友善、勤俭自强、敬业奉献’的基本道德规范”。

❷ ［美］E·博登海默：《法理学——法哲学及其方法》，华夏出版社 1987 年版，第 361 页。

高要求的道德，一般不宜转化为法律，否则，就会混淆法律与道德。

2. 法律道德化

法律道德化包括立法者、执法者、守法者三方将自身的道德意识和道德修养反映到法制建设中去的各种活动，表示法律系统的最佳结构及法律各要素之间的协调配合状态。法治社会形成的最基本条件是亚里士多德早就提倡的“良法 + 普遍守法”的框架。良法在某种意义上即善法、符合人类良知与正义道德的法律；普遍守法即法律道德化后的守法精神。称之为良法的法，至少包含维护基本人权、公平分配利益、对不当损害的救济等内容，在某种意义上即是法律道德化后的法律。法要实现其所希望的社会关系和社会秩序，必须取得大多数社会成员的道德认同，必须和主流社会认同的道德价值吻合或一致。对法律的评判，只有以大多数社会共同体成员所认同的正当性为价值标准。因此，在法的制定、认可及解释过程中，法的创制主体必须以现实社会的伦理价值为基础，并且和社会的价值取向相一致或大体一致，符合善、恶判断的起码标准，体现社会基本的道德要求。在此基础上，法才会获得自己存在的、带有根本性的、具有普遍意义的价值基础；也只有如此，法才会得到有效承认和“普遍的遵循”。

“法律的道德化”侧重于守法过程，主要指法律主体把守法和履行法律义务内化为一种道德义务和自觉守法行为。只有让法律精神深入到人们的心灵，成为人们的信念，才能使法律获得普遍性和权威性，建立法治才有可能。

法律道德化具有促进和保障法律实施、提高法律效益等作用。“一项要求服从法律的法律将是没有意义的，它必须以它竭力创设的那种东西的存在为先决条件，这种东西就是服从法律的一般义务。这种义务必须，也有必要是道德性的”[1]。道德理念的法律必须完成从强制到自觉的转变，才能实现由应然的法治理想向实然的法治理想的转换。

---

[1] 米尔恩：《人的权利与人的多样性——人权哲学》，中国大百科全书出版社 1995 年版，第 35 页。

法律道德化的实质是自觉守法精神的形成过程。法律道德化的过程是一个由强制的被迫守法到自觉地主动守法的转变过程、一个守法意识的升华和“守法精神”的形成过程、一个内化为法的精神的过程。

法律道德化的主要途径如下:①根据社会经济、政治等状况的发展,有些原来属于法律调整范围的道德问题,不再受法律调整而改由道德调整。例如,我国目前的法律是禁止“不敬师长”和“赌博”,在有些国家“不敬师长”和“赌博”曾由法律调整,但当代绝大多数国家将它们看成是道德规范本身调整的问题。②形成一套法律至上,信仰法律权威,唯正义、公平、权利至尊的伦理道德,并深入人心。③利用道德原则指导法律实施,如采取法院调解、仲裁裁决、诉讼上和解等方式。④通过法律宣传教育,将遵守法律规定、履行法律义务化为公众的自觉守法行为,形成自觉守法的习惯和道德风气。

3.“道德法律化”和“法律道德化”的结合与协调

道德法律化是法治的基础,法律道德化是法治的内涵;道德法律化是法律道德化的前提,而法律道德化则是道德法律化的必然要求;道德法律化是一种手段,法律道德化则为目的;道德法律化是将社会主体的自律手段转化到他律手段的过程,法律道德化则是将社会主体由他律转化到自律的过程;道德法律化的价值定位是法制,而法律道德化的价值定位是法治。从道德法律化到法律道德化,其实质是“法制”向“法治”的转变过程。道德法律化和法律道德化不是绝对的、一劳永逸的,而应该根据情况及时、适当地进行调整,不仅可以将某些道德上升为法律,某些已经法律化的道德规范也可以从法律中脱离出来重新回到道德领域。从规范的角度看,道德与法律实际上是互相“流动”的。有时候,一些道德规范流动到法律规范中;有时候,法律规范则“还原”为道德规范。

关于道德法律化和法律道德化,要特别注意防止因道德法律化而出现的对法律权威的冲击和淡化现象,应该通过道德法律化增强法律的权威而不是淡化法律权威。原有的道德规范上升为新的法律规范后,原有的道德规范仍然存在于社会风气和公众心中,此时原有的道德规范与新的法律规范具有相同的内容、不同的形式,执法、司法机关应将违反此类规范的行为作为法律问题依法处理，而不应作为道德问题处理。

同理，法律道德化是法治的内涵、法制建设的目的，是走向“法治”的一个漫长过程，不能将“法律道德化”片面地理解为“将法律规范视为道德规范”，不能因法律的道德化而取消和削弱法律规范的国家意志性和国家强制性。但是，道德化的法律在社会大众心目中仍然保有其道德的底蕴，这就要求司法过程同时具有宣教活动、法庭同时成为教育的课堂的功能。总之，在处理“道德的法律化”和“法律的道德化”所产生的实际矛盾和问题时，应该突出法治，将依法办事放在首位，同时注意“以法治国”与“以德治国”的结合。

（二）伦理与法的融合和协调的措施

1. 通过立法和立德，协调道德和法律的冲突与矛盾

立法包括制定、认可、修改和废止法律法规，是实现伦理和道德的融合与协调的主要措施。国家立法由有立法权的专门国家机关进行，国际立法的制定由主权国家和有制定国际条约权的国家组织进行。

这里的立德[1]主要是指道德文件的制定和形成，包括制定、认可、修改和废止有关伦理价值观念、原则和道德规范的道德宣言、准则等道德文件，这是实现伦理和道德的融合与协调的重要措施。立德可以由国际国内的政府组织以及社会团体、行业协会、企业事业单位等社会组织发起、组织、进行，联合进行。

2. 通过执法和行德，协调道德和法律的冲突与矛盾

执法包括行政执法、司法、守法和法律监督等内容。为了搞好伦理与法的融合和协调，必须依法办事、严格执法、规范执法行为、执法必严、违法必究、加强法律监督，特别是执行好“道德法律化”之后的法律

---

[1] 一般而言，道德的形成是一个漫长的过程，它不像法律那样有一个明确的制定（包括制定、通过、签署、公布和生效）日期；但是，有些有关伦理价值观念、道德原则和道德规范的道德文件（包括道德宣言、准则等）也有明确的生成（包括写成、通过、签署、发表）日期。值得注意的是，道德文件的通过或发表，并不意味着该道德文件中的道德已经被社会公认为或接受为社会道德，社会道德的真正形成需要经过一个社会成员反复实践和反复使用的漫长过程。

规范。通过为“道德法律化”提供法律支持，综合运用各种法律手段，把提倡与反对、引导与约束结合起来，通过严格执法和加强管理，制裁和打击危害社会的不法行为，培养文明行为，抵制消极现象，促进扶正祛邪、扬善惩恶社会风气的形成、巩固和发展。

行德是指遵守道德规范、履行道德义务、实施有德行为，即践德、行善、做好事。为了搞好伦理与法的融合和协调，除了运用各种舆论工具宣传道德观念、原则和规范，通过社会舆论和政府组织活动倡导道德观念、原则和规范，采用各种方式鼓励、引导官员和公众以及各行各业人士身体力行道德规范，还要特别注意鼓励自觉守法、信仰法律权威的道德行为。通过鼓励道德行为，弘扬社会公德、职业道德和家庭美德，并促进和保障法律的实施。要深入开展群众性的公民道德实践活动，紧紧抓住影响人们道德观念形成和发展的重要环节，坚持以活动为载体，强化道德要求，使人们在参与中思想感情得到熏陶，道德境界得到升华。

第二章 河流伦理与河流法

第一节　河流伦理概述

一、河流伦理与生态伦理

河流伦理，作为“河流”与“伦理”组合而成的复合性概念，实际上也是生态伦理的一个重要组成部分。

（一）生态伦理与环境道德

1. 生态伦理与环境道德的发展过程

生态伦理又称环境伦理，生态伦理学又称环境伦理学。目前流行的生态伦理学和环境道德学认为，人的道德分为三个层次，第一层次调整个人与个人之间的关系，第二层次调整个人与集体或社会之间的关系，第三层次调整人与自然或人与环境之间的关系。长期以来，道德一直是调整个人与个人之间以及个人与集体之间的关系的规范，只是进入20世纪以后道德才真正发展到调整人与自然或环境之间的关系的阶段。从道德调整的主要对象的层次和总体发展而言，上述认识基本上反映了道德发展的概况和过程。例如，早在我国古代社会形成并一直流传的以“五伦”（即父子有亲、君臣有义、夫妇有别、长幼有序、朋友有信）为中心的伦理道德，主要处理个人与个人之间的关系；后来逐步加上“个人与群体有联系有区别”的道德，如“先天下之忧而忧，后天下之乐而乐”，先国后民、先集体后个人等，有人称为“第六伦”，主要处理个人与集体的关系；目前提倡的“人与自然相和谐”的道德，有人称为“第七伦”，主要处理人与自然、环境的关系。事实上，调整个人之间关系的道德，调整个人与集体之间关系的道德，调整人与自然之间关系的道德，它们往往同时发展或交叉发展，只不过在不同时期有不同的表现形式和侧重点而已。

必须指出的是，生态伦理和环境道德是长期发展的结果。在古代很长时期内，人类视大自然为母，对自然充满感恩。在西方国家，古希腊的自然观主张有机论，视自然为有活性、有目的的存在物。古罗马诗人、历史学家西塞罗认为：“世界是一个有生命、有智慧的存在物，因为它产生了有生命的、有智慧的存在物。”即使在文明发达之后，自然仍然被某些学者视为一个充满活力的有机整体，地球被看作一位活的、对人类行为有反应的母亲，并产生了有机论及人文地理学中的“环境决定论”和“人地相关伦”等观点。在中世纪神学的精致化的自然观中，自然被视为一个从上帝、天使、人类、动物、植物、矿物以降的等级结构，每一存在物都有其自身的位置、目的和意义，各个部分相互连成一个整体；自然作为上帝不自觉的执行者，是上帝关于世界法则的内在体现；宇宙每一部分被创造出来都是为了支持和满足另一部分的利益，每一部分的存在都是为了整体的利益，甚至各种缺陷的存在都是为了整体的最终完美。文艺复兴时期的自然观视宇宙是一个有机生命的统一体，认为宇宙万物充满生机和活力，连最低等的石头也不例外；自然（地球）是一位生养众多的母亲，在一个设计好了的有序的宇宙中提供人类所需的一切；自然界的所有部分都相互依赖，每一部分都反映宇宙其他部分的变化。《古兰经》所教导的有关地球的伊斯兰教的中心思想是团结、负有义务和履行托管人的职责，这已成为伊斯兰教环境伦理的支柱。在佛教中，长期奉行“不杀生”、“对动物慈悲”、“普度众生”、“平等对待众生”的禅机玄理，甚至提倡“扫地不伤蝼蚁命，爱惜飞蛾纱罩灯”的生命伦理。

在西方的环境运动中，一些学者认为，东方文化符合生态原则，中国传统文化中蕴含着丰富的人与自然关系的思想，儒释道家的天人和谐思想对今天的人与自然关系具有积极的意义，有助于今日人们同自然打交道。不少学者认为，“天人合一”、“物我一体”、“自然和谐”，是中国传统文化、哲学、秩序思想的主流、支柱和根据；主张人生的理想是天、人的协调与和谐，将对自然的态度与伦理道德结合在一起，是中国传统文化中的一个十分突出的特点，体现了人与自然协调发展、科学精神与道德思想相结合的理性光彩❶。

在人类社会发展的一个相当长的时期内，由于生产力和科学技术水平较低，对有关自然、环境和自然资源的道德产生了两方面的影响。一方面，由于当时的人类活动不可能超过地球的承载能力、人类排放的废物不可能超过环境的自净能力，人们没有必要把其对生态的破坏、环境的污染破坏视为伦理道德问题，这就是现代生态伦理和环境道德姗姗来迟的原因。另一方面，由于自然界对人类的生存和发展的影响、作用很大，在人们没有准确认识、掌握自然界的性质、特点和规律的情况下，人们可能产生一些带有迷信色彩和盲目性的生态伦理观点和环境道德意识。

工业革命以来，人类的权能（理性认知能力和实践改造能力）得到前所未有的加强，自然开始被视为机器，附魅的自然逐渐让位于祛魅的自然，令人尊重、值得敬畏的自然逐渐让位于纯粹认知、鞭笞的对象和开发、征服、占有的外在物。作为对自然界长期主宰、决定人类命运的历史的反抗，西方国家实现工业化的历史则是一部征服、统治自然的历史。例如在美国，19 世纪的移民在开发北美、挺进西部时的滥垦、滥

❶ 江泽民在美国哈佛大学的演讲，“增进相互了解，加强友好合作”，1997 年 11 月 3 日中国教育报。

伐、滥猎,不但没有受到舆论的谴责,反而被社会尊为"硬汉"、"英雄"、"大王"和"西进领袖";在早期的工业化浪潮中,烟囱林立、黑烟滚滚的煤烟型污染不但没有受到舆论批评,反而被视为现代工业文明的象征,被一些诗人、作家歌颂为"黑牡丹"或"煤炭文明之花"。随着产业革命后生产力的不断发展和人类开发利用自然资源规模的不断扩大,特别是进入本世纪以来,严重的环境问题和资源危机日益威胁地球生态系统的平衡、人类自身的安全和经济、社会的发展;对生态危机反思的重要结果,是认识到生态危机在某种程度上是如何从伦理、道德等文化方面看待自然以及人与自然的关系的问题,生态伦理和环境道德作为社会发展提出来的新主张开始成为人类社会的迫切需要并逐步得到社会的认可和支持。

国外学术界不少人认为,生态伦理主要是 20 世纪 30 ~ 40 年代由美国哲学家奥尔多·利奥波尔德(Aldo Leopold)和法国哲学家阿尔贝特·施韦兹(Albert Schwelzer)等提出的[1];当代生态伦理学的兴起是主流哲学界对生态环境问题关注的结果,其最早标志是 1972 年在佐治亚大学召开的第一次生态环境哲学会议。就国外生态伦理学的发展过程而言,有人将其发展分为如下 3 个阶段:从 18 世纪末到 20 世纪初,是其孕育阶段;从 20 世纪初到 20 世纪中期,是其创立阶段;从 20 世纪 60 年代至今,是其大发展时期。

从 20 世纪 30 年代开始,美国当代著名环境保护主义者、威斯康星大学农业经济学系教授奥尔多·利奥波德(Aldo Leopold,1887 ~ 1948 年)提倡对发展环境伦理学具有重要意义的土地伦理或大地伦理(Land ethics)。他认为:人类的第一代伦理调整的是人与人之间的关系,如"摩西十诫"[2];第二代伦理调整的是人与社会的关系,例如黄金

---

[1] W·T·布赖斯顿:《生态学和伦理学》,《自然科学哲学问题》1980 年第 1 期。

[2] 摩西十诫是犹太教、基督教的诫条,包括:崇拜唯一的上帝而不可崇拜别神,不可制造和敬拜偶像,不可妄称上帝名字,须守安息日为圣日,须敬父母,不可杀人,不可奸淫,不可偷盗,不可作假证诬陷人,不可贪恋别人妻子、财物。见任继愈主编,《宗教词典》,上海辞书出版社 1981 年版,第 18 页。

律❶,旨在使个人与社会相协调;人类伦理发展的第三阶段是土地伦理的出现,所谓土地伦理就是把原来伦理中的“社会”概念扩大到包括土壤、水体、植物、动物或者它们的集合体的伦理,人与其他生命物种一样都是大地母亲的孩子❷。神学博士、法国学者艾伯特·斯韦兹(Albert Schweitzer,1875~1965年),根据他对生物学的研究和他在非洲原野的经历,进一步发展了生态伦理学。他从文化的视角研究人与自然的关系,从伦理学的高度提倡保护地球上的生命。霍尔姆斯·罗尔斯顿是建立生态伦理观的集大成者。他通过建立完整的自然价值体系,有力地批判了不尊重自然的伦理学的局限性。他指出,人类只有根据自然本身的价值,才会有对自然和生命的真正尊重;他反对康德的人对自然不负有义务的观点,认为人对自然负有直接义务,而且这一义务并不是出于人的主观原因,比如说出于仁慈(因怜悯而不虐待动物)、出于对自然的敬畏(因崇拜自然、神秘主义)、出于某种偏好(因兴趣、爱好而为花浇水)或者像人类中心主义所说的那样出于邻居和公共的利益,这一义务是出于自然物本身的原因,即客观事物本身拥有“内在价值”(intrinsic value)。

在20世纪60年代兴起的环境保护运动中,许多人把当代严重的环境问题和资源危机归结为道德问题,认为工业革命二三百年来的发展模式是“人类解放论”,是以“人类自由”、“自由压倒自然”作为首要的价值观念。一些科学家认为,“地球不是宇宙的中心,人类也不是自然界的中心”❸。一些哲学家开始呼吁放弃人类统治自然的哲学,建立尊重自然的生态哲学;摒弃人类中心主义,确立人类与自然和谐发展的价值方向。许多环境保护团体和环境保护主义者大声疾呼尊重自然、保护环境、讲究道德,主张将人类从“大自然的主宰”归位到“自然家庭

---

❶ 黄金律是基督教圣经《新约·马太福音》第7章第12节提出的箴言,即“所以无论何事,你们愿意人怎样对待你们,你们也要怎样待人”。见《简明不列颠百科全书》,中国大百科全书出版社1985年版,第4卷,第61页。

❷ [美]奥尔多·利奥波德著. 侯文蕙译:《沙乡年鉴》。吉林出版社1997年版,第192~197页。

❸ 参看《世界环境》1995年第4期第16页。

中的普通一员”,提出“人既要遵守人与人之间的道德,也要遵守人与其他生物之间的道德”。例如,意大利的奥莱里欧·佩切伊博士(他于1968年发起成立了罗马俱乐部)于1977年出版了《人的素质》一书,认为传统的伦理学有许多弊病,唯一的出路是改变人的素质,使之与环境相适应,人需要新的伦理学。德国的H·约纳斯于1979年出版了《把责任作为原则:科技文明的伦理学初探》。美国的J·米克尔于1980年出版了《生存的喜剧:一个环境伦者的探索》等书,认为新的伦理学是保证人与环境相适应而不是战胜自然。澳大利亚著名绿党议员、环境保护活动人士鲍勃·布朗和彼得·辛格在其1996年出版的《绿党》一书[1]中认为,“绿党是建立在绿色伦理基础上的唯一的政党”,“对绿党来说,绿色伦理是我们必须坚持的思想观念的中心”。

正是这种环境保护群众运动或生态运动,促进了生态伦理和环境道德的滋长与传播。在1972年召开的联合国人类环境会议上,环境道德就已成为大会讨论的一项重要内容,作为这次会议背景材料并在世界广为散发的《只有一个地球》,集中地反映了社会要求环境道德的呼声以及环境道德的某些基本原则和规则。1982年国际资源和自然保护联合会、联合国环境规划署、世界野生生物基金会联合发表的《世界自然资源保护大纲》认为,自然保护是道德上必须履行的责任,“我们并没有从双亲继承大地,我们已从子孙们借用了它”;如果要保证达到资源保护的目的,就必须根本改变整个社会对待生物圈的态度;人类社会若要和他们得以生存和得到幸福的自然界和谐共存,就需要有新的合乎道德规范的、相互接受的动植物和人;长期的环境教育工作就是要培养或加强适合这种新道德的态度和行为。在1991年6月15日斯德哥尔摩举行的庆祝联合国人类环境会议19周年火炬传递仪式上,会议秘书长莫里斯·斯特朗曾发出“创立新的地球道德”的倡议,他认为:“现在世界大家庭面临着我们在环境问题上造成的后果给我们共同的安全造成的危险,要大于传统的相互之间军事冲突带来的危险。道德

[1] “The Greens ”, Bob Brown and Peter Singer, The Text Publishing Company, First published 1996, ISBN 1 -875847 -170, Melbourne, Australia.

伦理和精神方面的价值是人民和国家产生动力的最终基础，我们应当加以利用，并表现在创立新的'地球道德'上，从而激励人民共同加入包括南方、北方、东方和西方在内的新的全球伙伴关系，确保地球的一体性，使之成为这一代和后代子孙的安全、平等和温馨的家园。"1992年6月，联合国秘书长加利在联合国环境与发展会议闭幕式上的讲话雄辩地表达了如下观念："除了与人签订社会契约之外，目前有必要与我们赖以生存的自然即地球签订道德的和政治的契约。"❶❷

在联合国环境与发展会议上广为散发的《保护地球——持续生存战略》认为，基于互相尊重与关心和保护地球的道德准则是持续生存的基础；地球上所有的生物，同土壤、水和空气一起，构成一个庞大的相互依存的系统——生物圈，触及其一会牵动全体；我们的生存依赖于对其他物种的使用，但这不仅是使用问题，而且也是道德问题，我们要保证它们的生存并保护其生境；应把人类的道德观念从人与人之间的关系扩展到人与自然的关系；应把保护环境、尊重自然、维持持续生存作为人类的道德准则；各行各业的人们应将这种道德准则融于个人行为和职业行为的准则之中。

该报告确认了包括社会权利平等、尊重所有生命形式、每个人对所有人的环境责任、公平共享利用资源的成本和利益等内容的环境伦理，是提倡环境道德、形成道德规范的一个重要的框架性国际文件，其哲理之深、范围之广、内容之多、发布声势之大，以及得到支持的国家、政府、国际组织和非官方组织之多，历史上其他许多道德宣言都难以比拟。

1997年6月5日，联合国环境规划署在汉城举行的"世界环境日"纪念大会即"环境与道德大会"上，通过了向大自然作出承诺的《关于环境伦理的汉城宣言》。《中国环境报》在当天发表的社论《切实行动，保护生命资源》指出："临近世纪之交，面对环境污染加剧和生态破坏的严峻现实，保护地球的生命资源已成为当今人类必须肩负的历史责

---

❶ Closing speech of Mr. Boutros Ghali in Report of the United Nations Conference on Environment and Development, U. N. Doc. A/CONF. 151/26(Vol. IV)(1992).

❷ 引自曲格平文章《创立新的地球道德》，1996年3月16日《中国环境报》。

任。这也是地球上一切生灵向我们发出的深切呼唤。”“从‘只有一个地球’到‘为了地球上的生命’,这两个主题贯穿着一个基本思想:在生命的存在形式和相互关系上,保护环境,维护生物的多样性就是保护人类自己。为了人类和其他生命的共同未来,人类必须善待环境,实施可持续发展。……这两个主题始终向人们昭示着这个既深刻又简明的道理。同时,它也反映出人类文明意识的进一步觉醒和环境道德的建立与升华。”

1999 年 10 月,国际联合教育科学文化机构提出了《21 世纪伦理的共同架构》宣言,其内容有 4 条,第 1 条就是“人与自然之间的和谐”这一生态伦理和环境道德问题。2000 年 9 月 8 日,第 55 届联合国大会第 8 次全体会议通过的《联合国千年宣言》强调:“我们认为某些基本价值对 21 世纪的国际关系是必不可少的。这包括:尊重大自然。必须根据可持续发展的规律,在对所有生物和自然资源进行管理时谨慎行事”;“我们决心在我们一切有关环境的行动中,采取新的养护与管理的道德标准”。

在中国,提倡环境道德是 20 世纪 80 年代以来提出的一个新问题。1986 年 9 月 28 日,中国共产党第十二届中央委员会第六次全体会议通过的《中共中央关于社会主义精神文明建设指导方针的决议》,在论及“树立和发扬社会主义的道德风尚”时开始强调“保护环境和资源”。1993 年 5 月 5 日,国务委员、国家科委主任宋键在中国环境与发展国际合作委员会第二次会议闭幕式上的总结发言中指出:“生物多样性工作组从系统论角度,对物种及其基因在自然界中的价值与作用作了重要评估,提出摒弃‘人是宇宙主宰、万物灵长’的传统说法,提出生物物种在整个自然界都应有特定的位置和作用。从这个意义上来讲,人与万物同是自然界共存的一员,在进行生产和生活活动中应尽可能保护生物物种和生物种群,并提出保护生物多样性的一系列措施和建议。”[1]1994 年 3 月 25 日国务院第十六次常务会议讨论通过的《中国

[1] 《中国环境与发展国际合作委员会文件汇编》,中国环境科学出版社 1994 年 8 月第一版,第 88 页。

21 世纪议程》提出:“建立科技界的新型职业道德和规则。新的科技工作职业道德和规则以可持续发展观念为伦理学依据,它要求把人类作为判断决策的利益主体,人类不仅仅包括当代人,还包括子孙后代;环境也不仅仅局限于国界之内,而应是全球环境。科技界新的行为准则将使科技人员自觉地服从可持续发展的要求,提高环境意识,形成新的人与自然相处的伦理规范,并推动社会公众和决策者在可持续发展中的积极作用。”这一文件将“形成新的人与自然相处的伦理规范”、“建立与自然相互和谐的新行为规范”即环境道德,作为 21 世纪道德建设的重要内容和任务。

1996 年 3 月 16 日,时任全国人大环境和资源保护委员会主任的曲格平在《中国环境报》上发表《创立新的地球道德》一文,认为“地球道德是非常重要的。人类需要依靠信念和自律在地球上持续自生存与持续发展,广泛的共同的道德常常比国家法律更加有力量”,“地球道德在伦理学上是正确的。当今世界面临的全球性的严峻挑战需要地球道德协调解决;而如果没有地球道德,人类的未来将增加贫困、冲突和灾难”。

进入 21 世纪以来,包括环境道德、河流伦理、动物福利和自然权利在内的生态伦理开始传播、研究、发展和运用。在 2002 年 6 月 5 日的“世界环境日”这一天,中国高等教育出版社正式发行了由联合国环境规划署、中国国家环境保护总局和中国国家教育部组织实施的《环境伦理学》一书。2002 年,曲格平在香港城市大学发表演讲时强调,“从政治、法律和道德上看,要把对生命的尊重和对自然的生态系统的爱护纳入到政治、法律和道德体系中,把生命和自然生态系统作为与‘人’一样公正、公平对待的‘主体’,同自然平等相处,崇尚简朴的生活和有节制的物质消费,人类的需求不能超越地球生态系统的承载能力”。2004 年 10 月,国家林业局印发的《关于加强未成年人生态道德教育的实施意见》中强调:“积极推进生态文化和生态思想道德建设,促进全社会的生态文明向更高层次发展,是小康社会对林业建设的更高要求,也是加快林业发展,实现林业奋斗目标的要求。特别是在当前,一些长期形成的‘人是自然的主宰’等错误观念以及对大自然进行掠夺性的破坏的行为，无时无刻不在影响着未成年人的道德取向和行为习惯，困扰着世界观正在形成时期的未成年人的思想。加强全社会生态道德教育，特别是加强未成年人的生态道德教育显得尤其迫切和重要。”

值得指出的是，水利部黄河水利委员会通过研究和创建河流生态伦理，对促进当代中国生态伦理道德的发展作出了重要贡献。2002 年 2 月，黄河水利委员会主任李国英在江苏无锡召开的全球水伙伴中国地区委员会高级圆桌会议上，首次提出了“河流生命”的概念，他认为：“河流是有生命的。现在黄河水量相对减少，可是用水却在持续增加，人们在引水发展经济的同时，忽视了黄河自身的生命存在。把水喝干了，河流是要死掉的。”他强烈呼吁建立“维持河流生命的基本水量”的概念。2004 年 1 月，黄河水利委员会党组在全河工作会议上正式提出“维持黄河健康生命”的新理念，明确了“将维护黄河健康生命作为黄河治理、开发与管理的终极目标”，并提出了维持黄河健康生命的四个主要标志（堤防不决口，河道不断流，污染不超标，河床不抬高）及一系列途径或措施。2004 年 7 月，黄河水利委员会提出包括治河理论体系（涉及河流生命的理念、目标和评价指标体系等）、生产体系（即将维持黄河健康生命的理念落实到生产实践）和河流伦理学（即从人文科学、社会科学的角度，研究河流生命的权利、河流伦理原则、河流伦理学与维持黄河健康生命的关系等）等三大部分在内的“维持黄河健康生命”的理论体系构想。同年 9 月，黄河水利委员会召开了第一次河流伦理学术研讨会。由此，包括河流伦理、河流权利在内的生态伦理观和大自然权利观，开始在黄河，从感性、理念到具体指标，从生命关怀到伦理思想，从理论研究到生产实践，进入全面的研究与探索。

生态伦理和大自然权利观，继承了“天人合一”的中国传统哲学思想，反映了人们理性回归的需要，体现了尊重自然生态规律的科学理性，顺应了保护环境和可持续发展经济社会的客观要求，倡导了人与自然和谐共处的新文化思想，有利于从精神、信仰、理想、道德、观念等内心深处激发人们保护环境、尊重生命、热爱自然的自觉行动。这种新的伦理观，将引起人与自然关系领域和环境资源工作领域的一场新的革命。

2. 宗教和神学中的生态伦理与环境道德

在生态伦理和环境道德的发展过程中,宗教和神学具有十分重要的作用。根据犹太教和基督教的早期的神学观,人和自然是两类完全不同的存在物,人是大自然的主人而非其成员,大自然是没有价值、目的和权利的自然物,人对包括动物、河流在内的大自然没有道德责任。1600 年 2 月 17 日,在罗马的广场上,意大利宗教裁判所烧死了文艺复兴时期最卓越的思想家和哲学家布鲁诺,其罪名之一就是他认为"自然即神"。布鲁诺的名言是"自然界就是神",认为自然即神,神即自然,它们二者是等同的,在自然之外不存在一个超自然的人格神。他认为万物变化的原因是自然,应从自然界内寻求自然发展的原因,否认神为万物之因的神学唯心主义观点❶。美国著名的历史学家林恩·怀特(Lynn T. White)在其被称为环境危机经典的论文——《我们的生态危机的历史根源》❷中指出,这正是基督教徒和犹太教徒所需的用来随意掠夺大自然的全部理由,"除非我们反对那种认为大自然除了为人服务而外、没有任何存在的理由的基督教信条",否则,人与自然的关系不会出现任何有意义的改变❸。

随着人类环境问题的日益突出,特别是 20 世纪中叶以来,人们在有关环境危机根源的探讨中,不少人认为宗教是环境危机的根源,一些学者开始批判导致人与自然关系恶化的传统神学理论。概括起来,人们对基督教主要提出了如下批评:第一,基督教赋予上帝创造的等级化。基督教认为,上帝创造一切,在上帝所创造的一切中,人是仅次于上帝并按照上帝的形象创造的,自然界的万物是为了人而创造的,因而人有合法的主宰自然万物的权利。第二,基督教主张人与自然、物质与精神的二元论,在人与自然、精神与物质的分离和对立中,人高于自然、

---

❶ 郑忠超主编:《西方哲人的智慧》,武汉测绘科技大学出版社 1994 年版,第 105~106 页。

❷ 怀特:《我们的生态危机的历史根源》,《科学》155(1967,3,10)。CF., Lynn White. Jr., The Historical Roots of Our Ecological Crisis, 155 Science, (March 10,1967). 怀特的这一论文在基督教内外产生了强烈的反响,并荣获了美国生态学会米斯(Mercer)奖。

❸ 怀特:《我们的生态危机的历史根源》,第 1205 页。

精神高于物质。上帝教导人对自然的征服,授权人对万物的主宰和支配。第三,基督教强调人与上帝的关系,不考虑人与自然的关系。认为除了上帝以外,只有人有价值,不承认自然界的价值,认为人对自然的行为不受道德的约束。第四,基督教强调"人对自然的支配"(mastery over nature 或者 domination of nature),在《旧约全书》中自然被描述为只是服务于人的存在物,人被赋予支配自然的绝对权利。

面对人们对犹太－基督教日益加深的批评,一些信仰基督教的学者对环境危机与基督教教义的关系进行了反思和新的阐释。这些反思促进了当代神学的革命,一些神学家认为有必要将生态学规则与伦理纳入基督教的教义中。为了挖掘神学中有利于保护环境的思想,有些人发挥基督教的"托管"(steward,stewardship)理论,通过重新解释旧约中的创世说,"发现"了上帝保护大自然而不是掠夺大自然的指令。在世界教会理事会于 1979 年召开的题为"信仰、科学与未来"的会议上,曾广泛讨论关于建立"生态神学"的提案;许多神学家主张重新解释《圣经》,将《圣经》中所说的人对自然的"统治"解释为"要人们作为上帝创造的一切的管理人和保护人",主张将生态规划和生态伦理纳入基督教的教义。1989 年 12 月 8 日,西方宗教领袖罗马教皇保罗二世在关于人类生态危机责任的讲话中认为,享有一个无害的生存环境应该作为人的一项权利而受到重视,这项权利必须列入现行的"人权宪章"中;他呼吁世界各国为保护全球生态环境承担义务。他说:"面对广泛的环境破坏,各地的人们日益认识到我们不能像过去那样继续利用地球的财富。……新的生态意识正开始兴起。"1993 年,宗教组织在世界宗教会议上发表了《全球伦理》的宣言,该宣言被认为是人类为了解决环境等全球性问题而寻求建立普遍性道德的开始。目前,生态神学已经基本形成,它不再是一个新词,而变成了一种非常有生命力的世界观。

基督教和神学的改革主要体现在如下几个方面:第一,重新定义"统治"或"管理"二字,按新的定义,人不再是自然界的统治者,而是地球大家庭的管家、看护人和监护人。第二,修改基督教对非人生命和自然界的伦理观。根据新的伦理观,人、生物和自然界都是上帝的创造物，它们之间是相互平等的关系，“上帝的所有创造物一律平等”，人对非人生命和自然界不再有统治的特权；上帝带着爱完成他的创造，所有基督教徒必须热爱和尊重上帝的创造物。第三，建立人与上帝的新的契约。按照新的契约，人是上帝创造物的管理人，他的责任是“看管和保护”，而不是“占有和剥夺”；人对上帝创造物的任何剥削和损害都是罪过，是违抗上帝的行为；对上帝赋予自然的不变的目的和秩序所作的任何破坏也是违抗上帝的行为。看管的首要条件是忠诚，一方面要忠诚于上帝，另一方面要忠诚于契约。如果人利用这种特殊关系，将上帝的创造物攫为己有，或用以谋取私利，那就破坏了契约，背叛了上帝，辜负了人的责任。

在生态神学的发展进程中，主要形成了如下几个学派。

(1)管理派生态神学。该派强调神学的生态意义和人对自然的神圣责任，强调“托管人精神和与自然合作”(stewardship and co－operation with nature)[1]。认为，在上帝、人、自然三者的关系中，虽然人和自然界都是上帝的创造物，虽然人不是自然界的主人，但人是受上帝之托在地上看管自然的管家(steward)，他要对上帝负责，承担看护和管理上帝创造物的责任。该派的代表人物，加拿大神学家魏京信(L. Wilkimson)在其1980年发表的《看护地球——基督教对自然资源的管理》(1991年易版时改为《90年代的看护地球：对创造物的管理》)中认为，人和其他创造物的关系(即人与自然的关系)具有两面性：一方面，人和世界万物都是上帝的创造，这是它们的同一性；另一方面，人又具有特殊性，人是按上帝的形象创造的，人高于自然界。人作为地球的管家的意义是，“被造物的命运和人类的命运是绑在一起的，无论人类由于参与神圣的救赎而得到什么荣耀，被造物也会得到同样的荣耀”。“管理”定义为“看护地球”，具体化为“人对地球的关怀和医

---

[1] 所谓“托管人精神”是指上帝把世界托付给人，并不是让人去支配(Domination)自然，而是让人管理(Steward)自然，其意思是说，人不是地球的支配者，而只是地球的管理人。在基督教的历史上，上帝让人托管的不是自然而是教堂和那些需要管教的人，而在20世纪60年代以后，为回应环境保护人士的批评，基督教学者把托管对象扩大到树木、河流等自然体。

治”,强调教徒参与环境保护的活动。在个人行动方面,魏京信提出了“五个R”原则,即节约(Reduce)、再利用(Reuse)、回收(Recycle)、抵制(Resist)消费主义(Consumerism)、对上帝赋予的自然美感到喜乐(Rejoice)。

(2)创造论神学。1974年,世界基督教联合会发起“基督教普世合一运动周”,提出了“创造神学”。该派以生态学的眼光审视神学,是基督教回应生态危机的神学根据,其理论特点是哲学整体主义、进化论和乐观主义。其主要代表人物有德国新教神学家莫尔特曼(J. Moltmann),他在1985年出版的《被造物中的上帝:一种关于创造和上帝之灵的新神学》一书中提出了“创造生态神学”或“生态学创造论”,认为生态危机首先是西方文明的危机,其实质是现代世界的宗教危机。该学派的主要观点有:承认上帝是自然的创造者;三位一体的创造论,上帝是圣父、圣子、圣灵的共同体,世界是被造物的群体;基督在创造中的作用是,基督的重生,不只是人的重生,而是自然的重生,不限于人得救,而且是自然万物得救;人类对自然负有责任;人必须采用与自然和谐的生活方式。

(3)过程生态神学(process eco - theology)。该派认为世界处于不断发展、不断变化的过程中,上帝和这一过程合而为一。它强调关系,强调整体性,认为宇宙万物紧密相关、互相依存,组成一种关系网络;认为在“作为过程的宇宙”中,上帝、人、自然是无法分开的,它们没有对立和等级之分。该学派的代表人物有德日进、怀特海和哈茨霍恩。法国神学家德日进(Teilhard deChardlin)是过程神学的创始人,他认为宇宙是一个进化的、创造性的过程,人类和其他一切都在这个过程中,并趋向于完美地实现宇宙的统一性。美国哲学家怀特海(Alfred North Whitehead)是过程哲学的创始人,他认为宇宙中的一切事物都处于永恒变化的过程中,都有自己的目标,这种进程的最终目标是上帝。哈茨霍恩(Charles Hartshome)曾是怀特海的助手,他认为上帝不是独立的、抽象的、远离世界的,他和人一样具有同情的感情、创造的欲望,因而上帝和自然、人和自然之间并不存在分离。美国神学教授库伯认为,“上帝和自然界一道,并且展开”,没有固定的上帝,没有固定的自然,只有在自然中演化和适应的关系。

至于东方佛教和其他宗教,西方国家学者普遍认为它们与生态学的新观念比较接近。东方宗教倾向于万物有灵,道教认为自然万物都拥有某种目的、潜能,佛教关于众生平等和不杀生的思想与生态学思想相符,而禅宗思想里对自我中心的排斥对西方社会过分的个人中心主义有治疗的作用。因此,被认为可以用东方宗教来指导人们改善人与自然的关系。

3. 生态伦理学的主要流派和内容

目前生态伦理学已经成为伦理学研究的一个重要方面,不同学派的学者主张人类中心论、生态中心论、人类控制论、生态协调论、人与自然和谐共处论等各种理论观念。其中,对传统伦理学冲击较大的观念是:主张把伦理观念的重心从人类转移到整个生态系统或大自然,修改并扩展传统的以人类为中心的伦理观。

西方的生态伦理思想主要有两种思想倾向、三种理论派别。

两种思想倾向:一是人类主义的泛人道主义伦理倾向,即将以人为中心的伦理向外延伸,延及子孙后代以及非人类生命和自然界,同时坚持自然界没有价值的观点;二是生态主义的泛道德主义伦理倾向,即在承认生命和自然界具有内在价值的基础上,将保护生命和自然界作为一种道德责任。

三种理论派别是:人类中心论、生物中心论、生态中心论。生态伦理和环境道德的不同派别代表了人类环境道德的不同境界,包括但不限于人类中心境界、动物福利境界、生物平等境界、生态整体境界等。这些不同境界具有不同的理论优势和合理部分,主要反映人类中心与非人类中心、个体论与整体论的争论,在许多情况下可以并行不悖、相互补充。目前,各种环境伦理和环境道德正在走向整合,建立一种同时考虑人类中心论、生物中心论和生态中心论的合理成分的、既开放又统一的环境伦理学,即建立以人与自然和谐发展为道德目标的环境伦理。

生物中心主义伦理学(包括生命中心主义、生物中心和动物解放论方面的伦理学)强调对生物个体的保护,其主要观点是:人是地球生物共同体的一个成员,人类生存依赖于其他生物;维护自己的生存是所有有机体的生命目的的中心，是有机体的内在价值和“善”，即所有有机体都是生命目的的中心，所有生物有其自身的“善”和内在价值，并具有平等的道德权利，生物个体的生存具有道德优先性；应该将道德共同体和权利主体的范围扩大到所有生物。法国学者、1952 年诺贝尔和平奖获得者艾伯特·斯韦兹（Albert Schweitzer，1875～1965 年），被认为是生物中心论的伦理学、尊重生命的伦理学的创始人。据说，1915 年 9 月的某日，他在非洲奥戈维河乘着一条小船逆流而上，坐在甲板上思考一个困惑他多年的问题，即伦理体系最坚实的基础是什么。突然，“敬畏生命”这个词意外地涌上了他的心头。“敬畏”一词的德文（Ehrfurcht）意义是在面对一种巨大而神秘的力量时所产生的敬畏和谦卑意识。根据该词的意义以及他对印度、中国和西藏的伦理训诫的研究，斯韦兹构建了一套以每一个生物都具有的“生存意志”为基础的价值理论。他于 1919 年第一次阐述了“敬畏生命的原则”，认为“善是保持生命，促进生命，使可发展的生命实现最高的价值。恶则是毁灭生命、伤害生命，压制生命的发展。这是必然的、普遍的、绝对的伦理学原则”。他于 1923 年出版了《文明的哲学：文化与伦理学》一书，从文化的视角研究人与自然的关系，从伦理学的高度提倡保护地球上的生命，全面提出了尊重生命即敬畏生命的伦理学。他指出，根据过去的伦理学，道德只涉及人对人的行为，只对人讲道德，是只处理人与人关系的伦理学；这种伦理学是不完整的。生命是神圣的，所有生命是休戚与共的整体，所有生命具有生存的愿望，我们要尊重这种愿望。把爱的原则扩展到动物，这对伦理学是一种革命。通过对所有生物的伦理行为，我们与宇宙建立了有教养的关系。他在《人类思想发展中的伦理问题》中指出：“我们已经扩大了伦理活动的范围。我们意识到：伦理不仅与人，而且与动物有关，动物和我们一样渴求幸福，承受痛苦和畏惧死亡。那些保持着敏锐感受性的人，都会发现同情所有动物的需要是自然的。这种思想就是承认：对动物的善良行为是伦理的天然要求。”[1]由于斯韦兹在这一领域的卓绝贡献，他于 1954 年被授予诺贝尔和平奖，并享有“非

[1] 曹鉴燎等著：《可持续发展：我们共同的道路》，经济科学出版社 2000 年版，第 35 页。

洲之子"的美称。雷切尔·卡尔逊(Rachel Carson,1907～1964年)将其著作《寂静的春天》作为对艾伯特·斯韦兹的纪念。

生态中心主义认为,不仅生物,而且非生物的自然存在物,即由生物及其环境构成的生态系统和生态过程,都是道德关心的对象,即主张将人类道德关怀和权利主体的范围扩展至整个生态系统;它强调生物物种和生态系统的价值和权利,认为物种和生态系统具有道德优先性;认为物种和生态系统比生物个体更重要,提倡整体主义的环境伦理思想。生态中心主义的哲学基础是整体论或有机论。奥尔多·利奥波德被一些美国人称为"现代环境伦理学之父或开路先锋"、"现代环境保护主义运动的真正祖师爷"、"一位创造了一种把所有自然存在物以及作为整体的大自然都包括进伦理体系中来的伦理学范式的作家"[1]。1933年,他在美国《林学杂志》上发表了著名的《大地伦理学》论文,强调"大地是一个共同体。这是生态学的基本概念。大地是可爱的且应受到尊重。这则是伦理学的一种扩展"。他把传统伦理中的社会概念的范畴扩大到包括土壤、水体、动植物以及它们的集合体,要求人对其同伴即自然界中除人之外的其他组成部分予以尊重,赋予它们永续存在的权利。《大地伦理学》被认为是具有创新意义的论文,是"开创伦理学新纪元的文章"(H·劳尔斯顿,1986年),也被称为尊重存在的伦理学。

利奥波德在《大地伦理学》一文中指出:"没有生态意识,私利以外的义务就是一种空话。所以,我们面对的问题是,把社会意识的尺度从人类扩大到土地(自然界)。"他发表的《沙乡年鉴》认为,应当将正当行为的概念扩大到包括对自然界的关心上,应当将道德权利的概念扩大到自然界的实体与过程,应当确认它们"一种自然状态中持续存在的权利"。他倡导的环境伦理学,是现代生态中心论或整体主义伦理学的最重要的思想源渊;他关注的是物种,是生态系统、环境或"大地",

[1] 克里考特:《动物的解放:一个三足鼎立的事业》,《环境伦理学》2(1980年冬季号),第311页。请参看[美]罗德里克·纳什著,杨通进译,梁治平校:《大自然的权利》,青岛出版社1999年版,第76页。

特别是把物种和生态过程整合为一个整体的地球生态系统。他认为，包括人在内的有机个体在重要性上总是低于他所说的"生物共同体"；要尊重生命本身，但不仅仅是为了生命过程中的生命个体。他把人类改造自然环境的行为限制在有利于维护人的生存、维护其他物种的生物权利的范围内，认为"改变、管理和使用"生态系统都是人类施给自然的可以接受的影响。人们引用利奥波德最多的一句格言是他在《沙乡年鉴》中封笔的那段话：一项使用大地的决策，"只有当它有助于维护生物共同体的完整、稳定和美丽时，它才是正确的；反之，它就是错误的。"[1]也就是说，他认为自然界是一个整体，判断人类行为善、恶的标准，就是看其是否有利于自然的和谐、完整、稳定和美丽；人与自然是一种平等的伙伴关系而不是征服者和被统治者的关系，因此要尊重自然生态过程持续存在和繁衍生息的权利；当我们把大地看作是我们所归属的共同体时，我们就会开始带着爱和尊敬去利用客观存在。

当代著名的环境伦理学家、国际环境伦理学学会主席、美国科罗拉多大学教授霍尔姆斯·罗尔斯顿是坚持利奥波尔德大地伦理的环境哲学家，也是迄今为止对生态整体观最全面、最深入的论述，他强调把"不破坏生态系统的稳定"和动态平衡、保护物种的多样性作为最基本的价值判断标准，把生态系统的整体利益当作最高利益和终极目的[2]；人类必须建立起以生态系统"整体意识为基础的责任感"，必须承担起"对生态系统的义务"[3]。生态中心论（生态整体主义）伦理的特点是以包括人在内的生态系统整体为中心，它既承认"人是生态系统最精致的作品"、"是具有最高内在价值的生命"[4]；又强调以生态系统的整体利益和内在规律去衡量人类自己、约束人类的活动，使人类"所允许的选择都必须遵从生态规律"[5]；它超越了以人类利益为根本尺度的人

[1] 奥尔多·利奥波德：《沙乡年鉴》，第224～225页。请参看《大自然的权利》第86页。

[2] 罗尔斯顿：《环境伦理学》，杨通进译，中国社会科学出版社2000年版，第48页。

[3] 罗尔斯顿：《环境伦理学》，第217页。

[4] 罗尔斯顿：《环境伦理学》，第99页。

[5] 罗尔斯顿：《环境伦理学》，第16页。

类中心主义，超越了以人类个体的尊严、权利、自由和发展为核心思想的个人主义和自由主义，冲击了长期以来被人类普遍认同的一些基本价值观。

另外，当代生态学、环境学和生态哲学也有许多关于生态伦理和环境道德的理论和主张。生态学世界观是社会的自然观与生态的历史观的统一，主张用生态学整体观点去观察现实事物和解释现实世界，从人与自然的相互作用去认识世界和解释世界。它是一种新的方法论，它用生态学方式思考，是科学的生态学思维。它是一种新的价值观，认为不仅人具有价值，生命和自然界也具有价值，包括它的外在价值和内在价值。它是一种新的自然观，既反对“反自然”的观点，又反对自然主义的观点，赞同“人与自然和谐发展”的观点。生态哲学是运用生态学的基本观点和方法观察现实事物和理解现实世界的理论，是对生态学发展的理论概括。它产生于人们对当代生态危机的反思，人与自然的关系是生态哲学研究的基本问题，它以人与自然的关系为基本研究方向，追求人与自然和谐发展的人类目标。深层生态学是现代生态哲学的一个最重要的成果，是当代西方生态伦理和环境道德的理论基础之一。

1973 年，挪威哲学家阿伦·奈斯（Arne Naess）发表了《浅层的生态运动与深层长远的生态运动概要》一文，提出了“深层生态学”（deep ecology）的概念，将深层生态学视为一种代表新兴的“思想范式”，包念经济、社会、价值论等内容的广泛的社会运动。1984 年 3 月，深层生态学的两位主要代表人物纳斯和塞申斯，起草了一份深层生态运动的纲领性文件，被认为是深层生态学的理论核心和深层生态运动的行动纲领。该纲领由如下八条行动纲领组成：第一，地球上人类和非人类生命的健康和繁荣有其自身的价值（内在价值、固有价值）。就人类目的而言，这些价值与非人类世界对人类的有用性无关。第二，生命形式的丰富性和多样性有助于这些价值的实现，并且它们自身也是有价值的。第三，除非满足基本需要，人类无权减少生命形态的丰富性和多样性。第四，人类生命与文化的繁荣与人口的不断减少不矛盾，而非人类生命的繁荣要求人口减少。第五，当代人过分干涉非人类世界，这种情况正在迅速恶化。第六,因此我们必须改变政策,这些政策影响着经济、技术和意识形态的基本结构,其结果将会与目前大有不同。第七,意识形态的改变主要是在评价生命平等(即生命的固有价值)方面,而不是坚持日益提高的生活标准方面。第八,对数量上的大(big)与质量上的大(great)之间的差别应当有一种深刻的意识。❶ 以深层生态学为代表的生态伦理学不但突破了传统伦理学囿于人际伦理的藩篱,也突破了近代以来伦理学中流行的重规则和义务,轻价值观、权利观和德性论的做法。它以反思人对自然的行为为出发点,达成的是一种新的自然观、价值观,以及对理想人格和理想社会的看法。

当代生态伦理对传统伦理的主要发展是:不仅确认自然界对人的价值,而且确认自然界的内在价值;不仅要求人们相互尊重,而且要求人们热爱自然、尊重生命;不仅要求人与人之间的和谐共处,而且要求人与自然之间的和谐共处。人从大自然的征服者转变为大自然的朋友,这并不表明人类倒退了,而是人类对大自然原有不正确认识的扬弃,这并不是人的理性的丧失,而是人的精神在更高起点的回归。生态伦理学作为生态哲学,是一种新的世界观;它作为人与自然、文化与自然相互作用的理论与实践,是人道化的伦理与自然化的伦理的结合。生态伦理学或环境伦理学在环境保护领域的重要贡献是促进了环境道德的形成和发展。

4. 调整人与自然关系是当代生态伦理的基本出发点和特点

生态伦理是既调整人与人的关系又调整人与自然关系的伦理,其中调整人与自然关系既是当代生态伦理的基本出发点,也是生态伦理区别于其他伦理的一个重要特点。20 世纪伦理学的最重要一项发展是把"人与自然的关系"列入到道德调整的范围。河流伦理对人与水的关系的调整直接导源于生态伦理对人与自然关系的调整,是生态伦理调整人与自然关系的理论在人与河流关系领域的具体运用。

近、现代西方思想的主流不是人与自然的和谐,而是人与自然的分立和对立,是人对自然的征服、掠夺和统治,"人是自然界的主宰者"。

---

❶ 请参看余谋昌著《生态哲学》,陕西人民教育出版社 2000 年版,第 235 ~ 236 页。

以牛顿(Isaac Newton,1642 ~ 1727 年)物理学和笛卡尔哲学为基础而形成的牛顿—笛卡尔世界观,又称机械论自然观,“能教我们清楚地认识火、水、空气、星座、天体以及其他一切包围着我们的物体的力和作用方式,以至于我们可以同样地各按其特点派各种用场,使我们成为自然的主人和所有者。”[1]勒内·笛卡尔(Descartes,1596 ~ 1650 年)在《方法论》这本书里,提出了“身、心二元论”或“心、物二元论”,开始了人类欢呼“使自己成为自然的主人和统治者”的时代。他的名言是“借助实践哲学,我们就可以……使自己成为自然的主人和统治者”。他从他的机械论自然观、机械论、还原论、主客二分的哲学出发,强调人是“大自然的主人和拥有者”[2],非人类世界成了一个“事物”,提出了一种认为伦理学等人文社会科学与“人与自然关系”无关的哲学思想[3]。与这种“二分法”相呼应,自文艺复兴和启蒙运动以后,只有人才拥有道德关怀的资格一直是西方伦理学的一条公理。

全球性的生态环境危机对传统伦理学提出了重大的挑战,因为传统的伦理和道德涉及的是人类社会中个人与个人之间、个人与集体之间以及集体与集体之间的行为规范,认为道德主体和道德关怀的对象只限于人类。即使是经过改造的人类中心主义伦理学也认为,人不能对动物、河流等自然存在物尽义务,人只能对人尽义务;这种观点的实质仍然是将人与动物等自然体对立起来,即认为只要有了为人的因素就又可以排除为物的因素。但是,当生态危机促使人们思考人与自然的关系,尤其人如何对自然行动的时候,人们已开始把道德考虑的范围扩大到动植物和人类环境的传统观念,这是伦理学的突破。从这个意义上可以认为,20 世纪伦理学的最重要一项发展是,第一次把“人与自然的关系”列入到道德调整的范围。罗德里克·纳什认为:“人们可以把环境伦理学视为对美国自由主义的最大突破。人与自然的关系应被

---

[1] 汉斯·萨克塞:《生态哲学》,北京,东方出版社 1991 年版,第 8 页。

[2] 《笛卡尔的方法、沉思与哲学》,J·维特奇编,纽约,1901,第 170 页。参看《大自然的权利》,第 18 ~ 19 页。

[3] 参见《大自然的权利》,第 18 页。

视为一种由伦理原则调节或制约的关系——这种观点的产生是当代思想史中最不寻常的发展之一。有些人相信，这一观念所包含着的从根本上彻底改变人们的思想和行为的潜力，可以与17、18世纪民主革命时代的人权和正义理想相媲美。”❶

利奥波德在《沙乡年鉴》一书中认为，大地伦理将在人与共同体的其他组成部分，以及整个大自然之间建立一种伦理关系，在人类与地球之间建立一种公正的关系❷。

艾伯特·斯韦兹在《文明的哲学：文化与伦理学》一书中写道：迄今为止的所有伦理学家的最大过失是他们相信他们自己应该处理的仅仅是人与人的关系；在处理人与人关系的道德中，人与人的关系只是从尊敬生命这种一般性道德中推导出来的一种特殊关系，而处理人与人的关系的道德本身与处理人与所有生命的关系的一般道德并没有什么不同❸。

雷切尔·卡尔逊是美国著名的海洋生物学家、环境伦理的奠基人之一，她在《寂静的春天》中指出：“我们对待自然的办法是打击它，使它屈服。如果我们不是这样的多疑和专横，如果我们能调整好与这颗行星的关系，并深怀感激之心对待它，我们可能有更好的机会存活下去。”她在1963年1月7日接受动物福利研究所的斯韦兹勋章时说：“如果我们自己只关心人与人之间的关系，那么，我们就不会真正变得文明起来。真正重要的是人与所有生命的关系。”❹

---

❶ 《大自然的权利》，第3页。

❷ 利奥波德：《沙乡年鉴》(纽约，1949)，第204、209、211页。请参看《大自然的权利》，第84～85页。

❸ A. Schweitzer, Out of My Life and Thought 158(1949))。He wrote: “The great fault of all ethics hitherto has been that they believed themselves to have to deal only with the relations of man to man. In reality, however, the question is what is his attitude to the world and all life that comes within his reach. A man is ethical only when life, as such, is sacred to him, that of plants and animals as that of his fellow men, and when he devotes himself helpfully to all life that is in need of help. The ethic of the relation of man to man is not something apart by itself; it is only a particular relation which results from the universal one. The ethic of Reverence for Life.”

❹ 参看《大自然的权利》，第99页。

当代著名的环境伦理学家、国际环境伦理学学会主席霍尔姆斯·罗尔斯顿认为:不应当把人与自然的关系限于资源关系中;按照人与自然的根源关系,人类应该归属于自然,并自觉地把自己的地位限制在与自然的关系之中❶。

生态伦理在人与自然关系方面的一个重要观点是,人与自然的关系处于一个共同体内的关系,即认为动植物、自然物和人是自然(或环境或生态)共同体的一个组成部分。环境伦理学家约瑟夫·伍德·克鲁奇(J. W. Krutch)年青时曾是一个人类中心主义者,他曾声称他不是自然共同体的一部分。但是,后来他的思想发生了变化,他认识到,人"不仅是人类共同体的一部分,还是整个共同体……即自然共同体的一部分。"❷

西方传统文化在对待不可回避的人与自然关系时，往往坚持"以人为主、以自然为次，以人为本、以自然为末"的原则。笔者认为，在处理人与自然关系时，否定或忽视人与自然关系中的任何一方都是错误的。在处理人与自然关系时，应该综合考虑人与自然这两个方面，坚持"以人为本、以自然为根，以人为主导、以自然为基础，正确处理人与人的关系和人与自然的关系，实现人与人的和谐发展和人与自然的和谐发展"。在处理人与自然的关系时，以人为中心并不能防止我们去做眼前有利于人而最终损害人的决策❸。如果一定要用"以人为本"来处理人与自然的关系，则应该在遵循生态自然规律和经济社会规律，以及维护自然环境资源的基础上，充分发挥人的积极性、主动性、创造性和聪明才智，"牢固树立人与自然相和谐的观念"，"统筹人与自然和谐发展"，"促进人与自然的和谐，实现经济发展和人口、资源、环境相协调"。

---

❶ 余谋昌文章《环境意识与可持续发展》,《世界环境》1995 年第 4 期,第 15 页。

❷ 请参看《大自然的权利》,第 93 页。

❸ 解振华:《坚持求真务实，树立科学发展观，推进循环经济发展》，《中国环境报》2004 年 6 月 29 日。

(二)河流伦理的概念与形成

1. 河流伦理的概念

所谓河流伦理,是指人们有关人与河流关系或者有关人们对待河流的态度和行为的善与恶、光荣与耻辱、正义与非正义、公正与偏私等观念、原则和规范的总和。简单地说,河流伦理是关于人与河流之间关系的伦理价值观念、伦理原则和道德规范的总称。

目前在西方国家,“河流伦理”(river ethic)在多数情况下是指人们在河流从事休闲活动(例如游泳、钓鱼、划船等)所应遵守的一些道德准则,主要有安全方面的、环境保护方面的内容。我们现在倡导的河流伦理,其涵义包含了这种河流“使用规则”,但内容在深度和广度上又远不止于此。河流伦理是当代生态伦理和环境道德的一个重要组成部分,或者说是生态伦理学应用于河流的“应用伦理学”。从这个意义上可以认为,生态伦理学的正当性可以传递给河流伦理。但是,相对于生态伦理,河流伦理有其自身的特点,这是由河流生态系统自身的特点决定的。在西方历史上,生态伦理更多的是着眼于和人的文化相对的纯粹自然状态的生态,如美国的荒野保护运动,但在中国的语境里,河流还负载着丰富的文化象征意义,人类和河流存在着漫长的共生共存的文化关系,围绕河流的道德主体也更复杂。所以,在生态伦理学的框架内讨论河流伦理,对于生态伦理学本身也是一种深化和发展。

当代中国的河流伦理学是有关河流伦理的知识体系。河流伦理形成的主要理论基础是生态学、生态哲学和深层生态学。1984 年 3 月,深层生态学的两位主要代表人物纳斯和塞申斯,起草了一份深层生态运动的纲领性文件,被认为是深层生态学的理论核心和深层生态运动的行动纲领。深层生态学的提出,为树立正确的河流生态观提供了理论基础。河流伦理的基本出发点是承认河流具有生命,并且尊重和维护河流的生命,这种观点可以从生命中心论的伦理学中找到其理论源渊。河流伦理更是一种强调生态系统、生态整体主义的伦理观,相对于维护某个河流生态系统的组成要素(如河流中的一条鱼、一棵水草、一碗水、一片水域等)而言,河流伦理更重视整个河流生态系统的整体维护。这可以从生态中心主义的伦理观中找到其理论源渊。河流伦理对河流的关注不仅来自对河流的美质或生命的体谅，更在于我们对自身与自然（河流）相互认同的关系。这种伦理的趋向更深层地体现了人性中超越个体的整体主义的爱。河流不仅是生物网上的网结（个体），也是生态网本身，河流生态整体的完善、稳定是最大的善。人与河流皆可为主体或客体，但都居于生态系统的完整和美丽之中。这种关系之宽广，被北宋思想家张载的“天地之塞吾其体，天地之川吾其性，民吾同胞，物吾与也”一语道破。另外，河流伦理和环境道德还可以从中国古代“天人合一”、“天人一体”、“天人和谐”的优秀思想和当代生态环境科学中获得营养和渊源。“天人合一”不仅为儒、道两家的伦理道德思想提供了哲学基础，而且为现代生态伦理学提供了一种哲学构架，即人和自然的和谐、协调与一致的思维模式和价值取向。美国环境哲学家科利考特（J. B. Callicott）将上述思想称为“传统的东亚深层生态学”❶。澳大利亚环境哲学家西尔万（Richard Sylvan）和贝内特（David Bennett）把道家思想与深层生态学进行了详细的比较，得出的结论是：“道家思想是一种生态学的取向，其中蕴涵着深层的生态意识，它为‘顺应自然’的生活方式提供了实践基础”❷。

除了伦理学和生态伦理学的基本理论外，当代中国的河流伦理的基本理论思路是，以马克思主义哲学、辩证法、认识论和科学发展观为指导，以河流生命和河流价值为基础，将人与人之间的伦理关系拓展到人与河流的关系，追求人与自然和谐相处的目标。

要理解河流伦理，必须把握如下两点：①对河流伦理有两种不同的理解。一是调整人与人的关系的河流伦理，即人对人的河流伦理，它将传统伦理的观念、原则和规范直接应用于与河流相关的领域，将人与河流的关系甚至河流的状态视为人与人的关系的一种反映。其核心是把河流看成一种纯粹的资源和利用对象，其唯一的出发点是人如何开发利用河流以为人自己服务，因此也称为河流利用伦理，甚至被分解为河

---

❶ 卡尔西著：《启蒙哲学》，山东人民出版社 1988 年版，第 11 页。

❷ Richard Sylvan And David Bennett, Taoism and Deep Ecology, The Ecologist, 18:148, 1998, at92.

流工程伦理、河流经济伦理、河流管理伦理等部门伦理。二是既调整人与河流的关系又调整与河流有关的人与人的关系的新型伦理，即人对河流的伦理，它不是直接承袭传统伦理的范式，而是对传统伦理批判性反思基础上的重新构建，它把人与河流的关系视为不同于人与人关系的另一种基本关系。其核心是把河流看成一种具有生命力的存在，突出的是人对河流的责任和义务，而不仅仅是人对人的责任。当代河流伦理或本文重点研究的主要是指第二种。②新的河流伦理的基本内容是从人与河流的关系出发，承认和尊重河流生命，承认并重视河流价值，承认并维护河流权利，承认人对河流的行为所包含的伦理意蕴和道德责任，其核心是人与河流和谐相处。它是在科学技术高度发达的基础上，在人类遭到大自然和河流的多次报复后，经过理性思考而形成的伦理选择。它承认人与自然的整体性、人与河流的相关性，重视人与河流的和谐相处对人与河流的双重意义，把人与河流的关系确立为自身的关注对象，把实现人与河流的和谐相处作为终极目标。它的思维方式是整体性、相关性和可持续发展性，它认为河流的存在所体现的是流水、泥沙、河床、堤坝以及其中的动植物和微生物之间的整体性和相关性，河流是生命的存在，河流的健康生命有其内在价值。

2. 河流伦理的形成

由于当代河流伦理是生态伦理的一个重要组成部分，从某种意义上似乎可以认为生态伦理的发展史就是河流伦理的发展史，河流伦理的发展轨迹可以从生态伦理的发展史中寻找；但是，河流伦理与生态伦理有分有合，河流伦理的早期形态与当代生态伦理有很大的差别，或者说早期的河流伦理不是基于生态、生态系统或生态学形成的，而是基于河流与人类特殊的关系形成的。显然，人与河流的关系的历史远比一切伦理学的历史更为悠久。从这个意义上讲，河流伦理有其自身的发展历史，或者说河流伦理的发展史应该从更广泛、更悠久的人与河流的关系史中去寻找。

河流伦理的形成和发展基于人与河流的密切关系。古希腊第一位哲学家泰勒斯(公元前 634 ~ 前 547 年)把“水”作为世界的本原，当然也是伦理的本原。被誉为米利都派三杰之一的希腊哲学家、泰勒斯的朋友和学生阿那克西曼德(公元前610~前546年)的名言是"人是由鱼变成的"❶,而鱼则是水养的。这说明人跟水有着多么密切的关系。《管子·水地篇》表达了相同的思想。"水者何也?万物之本原也,诸生之宗室也,美恶、贤不肖、愚俊之所产也。"水一直是人类和一切生物赖以生存的基本物质条件,人与河流的交往始终是文明发展的主旋律,也是各种河流伦理形态得以产生和发展的基础。早在人类产生之前,地球上就已经形成无数大小不同的河流。河流作为大自然普遍联系网络的一个重要组成部分,经历了漫长时间的进化过程,比人类的历史要久远得多。河流经历的自然选择与普通生命经历的自然选择一样恢弘复杂、波澜壮阔,这是形成河流的自然生命的基础。而人类却是在大约400万年前,从与今天黑猩猩的共同祖先中分离出来的。从人类诞生之日起,在地球水圈中发挥重要作用的河流就在人类文明的进程中扮演着重要角色,甚至在很多情况下发挥过决定性的作用。大小不等、长短各异、流量悬殊的河流既是人类生存和发展的物质基础,也是人类精神文明的重要源泉,它们丰富了人类的生活,激发起人们的灵感和想象。有些学者把人类文明划分为四种基本形态,即原始文明、农业文明、工业文明和生态文明;与此相应,人与河流关系的发展经历了四个时期——依存、开发、掠夺、和谐。伦理是人们关于善与恶、光荣与耻辱、正义与非正义、公正与偏私等观念、原则和规范的总和。在人类社会发展的漫长历程中,人们曾先后将河流视为神、魔、工具和伙伴。从人们对河流的看法这种伦理角度讲,可以将人与河流的关系分为河流的神话时代、河流的妖魔化时代、河流的工具化时代与河流的伙伴时代。在上述不同时期,河流伦理也有相应的内容和表现形式。

在原始文明时代,人们"逐水草而居"、"负水浇稼",人类处于依附于河流、崇拜河流的阶段。人类一方面直接或通过简单的生产工具从河流中获得所需的水资源以及相关生活用品;另一方面又要承受河流带给人类生存的各种威胁。这一时期,人类被动地适应河流、依附于河流,与河流的关系处于一种被动的原始依存状态。

❶ 郑忠超主编:《西方哲人的智慧》,武汉测绘科技大学出版社1994年版,第4页。

在农耕文明时代，随着生产力水平的提高，青铜器、铁器的大量使用，人类初步开发利用河流，开始有能力兴建较大型的灌溉和航运工程，在一定程度上控制江河洪水的威胁，这时人们对河流既利用又敬畏。在这个时期，人们面对洪水、干旱等难以理解、无从捉摸的河流自然现象，认为河流是有灵的，于是产生了人类对河流的崇拜、恐惧和迷信等现象。据考证，在各民族的历史上都存在过对河流的自然崇拜，即把河流尊奉为神（自然神）加以顶礼膜拜。《旧约·创世纪》把大洪水视为上帝对人类的惩罚，留下了“诺亚方舟”的传说。在中国，对河神的崇拜是原始信仰中最古老也是最直接的崇拜，南方民族几乎都有远古世界大洪水的神话及人类起源与大洪水关系的传说，北方民族大都有治洪水神话流传，甲骨文中有很多关于占卜祭河的记载，《诗经》中“怀柔百神，及河乔岳”记述了周代大规模祭河活动，《庄子·秋水》说河伯是黄河的水神，名字叫冯夷。在《盘古开天地》创世神话中，水是盘古的血液变成的，这实际上是把人与水当成共同体看待的观点。从古至今，我国各地都流传着江神、河神、湖神、海神、泽神、池神、泉神的传说，到处都有“龙王节”，许多地方每当农历六月都要供奉水神。我国北方许多民族信仰的萨满教认为，水为宇宙之母，是宇宙大神出生的母体、母胎，宇宙神是宇宙水自然运化的结果。在他们看来，每一条河流、每一处湖泊都有一个神专司管理。他们将河流、湖泊供为神灵和“圣水”，用以为人畜驱邪、除疾、洗礼。由于水性无常，河流既可以对人类施恩、予利，也可以对人类加祸、为害，河神既可以“神”的面貌出现，也可以青面獠牙的“魔怪”面貌出现，人们时而将河流敬为普度众生的神祗，时而将其视为青面獠牙的魔鬼。例如，在大禹治水的时代，“禹王锁蛟”将河流定位于妖魔。“河神娶妇”、“河伯娶妇”作为一种庄严而荒唐的仪式，曾在黄河两岸上演。对河流神的自然崇拜，对河流妖的自然恐惧，不仅表现为一种信仰，也表现为人们敬畏河流的态度，这就是早期（原始文明时代和农耕文明时代）的河流伦理观。

无论是将河流视为神还是魔，都表明河流对人的至上或主宰地位。由于人类的主体意识，河流的神圣化或妖魔化一直是人类一个挥之不去的情结，同时助长了人们对河流的征服意识并最终演变为工具化和泛人类中心主义思潮，使人类长期沉浸在“征服者”、“主宰者”和“终结者”的虚妄幻想中不能自拔。随着人类社会的进步，特别是人类中心意识的发展，人与河流的关系表现为“人与河神（或河魔）的关系”这种早期河流伦理开始受到挑战。大约在400多年前，随着科技的进步和生产力的提高，人类进入工业文明时期，工业生产（包括工业化的农业生产）是这个时期的主要生产方式，其基本特征是通过科学技术来控制、改造和驾驭自然过程，制造出在自然状态下不可能出现的产品。与此相呼应，河流伦理开始进入“去神圣化”或“去魔化”（sesacralized nature 译为“祛魅”或“去神圣化”）的阶段。这个阶段河流伦理的特点是逐渐淡化、降低河流的地位，并最终将河流视为人的征服对象、掠夺对象和工具。先是基督教对河流的“去神圣化”，即用人心目中的上帝（一元神）来取代或去掉包括河神在内的多元神；然后是科学的“去神圣化”，即用科学理性来取代包括河神在内的神。这两种去神圣化的共同结果，是人类主体意识和主动作用的急剧膨胀，“人定胜天”的思潮以及“人类中心论”占主导，征服和占有成为人们对待河流的基本态度，人类开发、利用、征服河流的力度和频率空前提高，并形成了由工业革命和技术“弗兰肯斯坦”❶带给人类的新的梦魇。英国历史学家汤因比（A. Toynbee）在1968年发表的《目前环境危机的宗教背景》论文认为，基督教对自然的“去神圣化”，用上帝“一神论”代替敬畏自然的泛神论（万物有灵论），使自然丧失了以往的神圣不可侵犯性，促进了人对自然的掠夺。“祛魅”的现代科学导致的是一种机械论式的世界观，即认为包括河流在内的非人世界是没有任何生命和活力的死物，被祛魅后的河流，只能在与技术的关系中被定义，人与河流的关系自此进入了

---

❶ 英国作家玛丽·雪莱在其著名的科幻小说《弗兰肯斯坦》中，描写了一个由伦敦一所大学的生物学教授维克多·弗兰肯斯坦创造的人形怪物。这个怪物具有人的感情却不为人类社会所接受，他到处犯罪，给维克多·弗兰肯斯坦本人和全家带来一系列恶果，并最终与其创造者弗兰肯斯坦本人一起葬身冰海。这篇小说表达了“创造怪物的人却最终受到怪物的伤害”的哲理。

工具化时代。在“浮士德精神”[1] 的感召下,人类满怀豪情地在一次次技术进步的高潮中讴歌着对河流的征服和掠夺。自从苏联于1932年在第聂伯河上修建了世界上第一座大坝,1936年美国在科罗拉多河上建成了当时世界上最高的大坝——胡佛坝之后,不到70年,已经有80多万座钢筋混凝土坝矗立在地球上不同区位的河谷中。一时间,大坝几乎成为发展和经济增长的代名词,成为一个国家的经济实力和发展水平的重要象征之一。发达国家的水电开发程度一般都已超过50%,有的已达70%~90%。与此同时,引水农田灌溉面积不断扩大,水资源供需矛盾日益突出;入河污染物量也在不断增加。在中国,黄河三门峡于1959年刚刚成功截流,一些建设者便踌躇满志地宣称:水利建设是一项征服自然的伟大斗争;在这场斗争中,亿万人民要从自然手里夺取主动权,使自己变为自然的主人。一些人以自我为中心的盲动

[1] 《浮士德》是德国大文豪歌德(Johann Wolfang von Goethe,1749~1832年)的主要代表作,取材于16世纪德国江湖术士约翰·浮士德的有关传说,中心内容是描写浮士德为了追寻新的生活和事业,在魔鬼梅菲斯特的帮助下,经历了一番对人生意义、人生价值的探寻过程,最终认识到生命的根本意义和最高价值。郭沫若将《浮士德》誉为一部时代精神的发展史,就是因为该书塑造了浮士德这样一个常说常新的艺术形象,反映了代表上升时期资产阶级的某些特征和人类的某种普遍精神的浮士德精神和浮士德困境。浮士德精神是人类知识理性极限追求的代名词,代表了西方人永不满足现状、不断追求真理,重视实践和现实的现代精神。魔鬼梅菲斯特这样描述浮士德:“他野心勃勃,老是驰骛远方,也一半明白到自己的狂妄;他要索取天上最美丽的星辰,又要求地上极端的放浪,不管是在人间或天上,总不能满足他深深激动的心肠。”浮士德在其探索的一生中怀有巨大的热情,对现实生活充满欲望而永远不会满足,对绝对真理和理想自由有着无止境的追求。正是这种无尽欲望和无限追求,使浮士德充满活力、积极行动、永不放弃,成为这个形象值得肯定和赞美的性格原因所在。歌德同时指出浮士德的追求是一种“贪得无厌的企图”,极其辩证地认识到“魔性”消极作用的一面。浮士德在追求每一具体目标的过程中,他创造性的背后都隐藏着毁灭性因素,并且毁灭性因素成为主导因素,造成他每一阶段的悲剧性结果。浮士德是一个具有悲剧性的人物,一方面,他永远给自己提出难以企及的高尚目标,不断地追求,想超越而又无法超越,造成他悲剧的追求;另一方面,他一生的追求探索都伴随着自身两种力量的激烈冲突,既拒绝、对抗魔鬼梅非斯托的力量,又接受和释放梅非斯托的力量,使他的活动带有一种恶魔的性质,最终成了一个追求的悲剧。浮士德的悲剧便是整个人类的悲剧,他的痛苦和挣扎表现了人性深处的内在矛盾和拼搏,反映出人性普遍的局限性。因此,在谈论浮士德精神时,不仅应该看到他那种永不满足积极进取的精神,还要注意魔鬼所代表的力量在浮士德精神性格中的呈现。请参看[德]哥德著:《浮士德》,绿原译,人民文学出版社1999年版。

达到了极至，他们忘却了自己从何处来，而陷于自私的、邪恶的人性之中；他们无视河流的内在价值和生命尊严，使其沦为人类不完全认识的一个符号或人类为所欲为的客体。在工业文明时期，人类对河流的开发利用达到了空前的规模，人类在从开发利用河流过程中得到巨大财富和进步的同时，也得到回应和报复。到20世纪后半期，几乎全世界范围内的河流都不同程度地遭遇单项或多项并发症：河源崩溃，尾闾消失，河槽淤塞，河床萎缩，河道断流，湿地退化，水质污染，洄游生物灭绝。1999年11月29日，联合国环境计划署组织“面向21世纪的世纪水资源委员会”在对25条世界级大河进行调查后的总结报告中指出，世界的大江大河水质欠佳，多数河流水量日益减少，而污染程度则日渐加重，随之出现的各种生命危机正在困扰着她们。埃及的尼罗河是世界第一长河，其开发的教训曾引起世界各国的注意。埃及耗资15亿美元，于1970年在其南部荒漠地区建成了横跨尼罗河的阿斯旺大坝。该坝相当于世界最大的胡夫金字塔的17倍，迄今仍然是世界三大水坝之一。按照当时的计划，高坝截流后形成的水库可用于防洪、灌溉、发电、航运和养鱼，应该是一项综合效益显著的工程。但是，该坝竣工20多年来，其影响和作用却引起世界各国专家的广泛争议。一方面，它在防洪、灌溉、发电、航运和养殖等方面产生了较大的效益；另一方面，大坝使埃及的母亲河——尼罗河的生态环境产生了重大变化，因此带来了一系列难以应付的严重问题，甚至对全国的工农业生产和国民经济构成了威胁。阿斯旺高坝工程在杜绝了尼罗河每年发作的洪水和提供埃及全国2/3以上的用电量的同时，也带来了一系列生态恶果：每年入海水量由20世纪60年代前的320亿立方米左右；下降到目前的18亿立方米左右；来自埃塞俄比亚高原的泥沙落淤在埃塞尔湖内，结果是尼罗河鱼类由47种下降为只有17种，甚至造成东地中海沙丁鱼产量减少83%。人们在大坝建成后很快“发现”，由于阿斯旺高坝处于蒸发异常强烈的荒漠地区，大坝蓄水后宽阔的水面造成水资源因蒸发而大量浪费，纳塞尔水库的水位下降，不仅影响了发电，也减少了灌溉面积，使得大坝的经济效益迅速下降。大坝在生态环境方面的影响尤为深远。历史上，尼罗河水每年泛滥带出的淤泥为沿岸土地提供丰富的天然肥料，大坝建成后，下游的洪水灾害是减少了，但这些肥沃的淤泥也失去了惠泽两岸的机会，造成了下游农作物大面积歉收。由于挟带大量有机物的泥沙在大坝前沉淀下来，河口水质养分降低，在尼罗河汇入地中海处导致河口鱼场严重退化，渔业捕获量大幅下降。此外，大坝还造成了上游的水涝和下游的土地盐碱化问题；尼罗河中多种传统的名贵洄游鱼类更是遭到灭顶之灾。有些专家认为，综合看来，大坝工程对农业产生的效益已是负值，对生态环境和物种的影响更是深远❶。修建在美国科罗拉多河上的水库库容是其径流量的 4 倍，导致科罗拉多河长年断流。由此带来的是河道萎缩，河道环境、水质恶化，河口湿地减少，一些野生生物失去生存条件。自 20 世纪 30 年代以来入海水量大幅度减少，以致全部拦截用完，使得河口地区沼泽和湿地干涸，入海营养物减少而导致生物种群减少，近海渔业产量急剧下降，昔日主要的商业鱼种——鱿鱼濒临灭绝。位于中亚的阿姆河是中亚最大的河流，阿姆河河水注入咸海，咸海曾是世界第四大湖。20 世纪 60 年代以来，由于对阿姆河的水资源过分利用和浪费，造成注入咸海的水量大幅下降。目前咸海的水量仅为历史最高记录的四分之一，湖面面积缩小了一半，水位下降了 19 米。干涸的湖底面积已达到 2.7 万平方公里，其中 90% 的裸露湖底变成了沙漠，并成为盐、杀虫剂残留物的沉积地，大风每年从干涸的湖底吹起的盐类多达 40000 吨，同时挟带有毒沉积物波及距离可达 400～800 公里，引起下风侧的人畜呼吸道疾病和癌症发病率迅猛增长。咸海生态危机已经引起了国际社会的关注。墨累－达令河是澳大利亚第一大河，水资源开发量已占年均径流量的 57%，高比例的用水促进了沿岸农业的发展，但也产生了环境问题，甚至造成墨累－达令河的断流。总之，工业文明对河流的征服和控制导致了全球性的河流危机，损害河流的必然结果是人们自身也因置身于与河流母亲疏离的裂伤中而使其尊严和利益受到戕害，并直接威胁着人类文明的延续和发展。

---

❶ 苏杨：《现代文明启示录——对人类征服自然环境的反思》，《环境经济》2005 年第 8 期。

这是一个严酷的事实，在与河流的交往中人类踏过的竟是一条不断地与河流分裂、不断地侵占河流的道路；而原本是我们的母亲的河流，却在不断地被扭曲、算计和掠夺。痛定思痛之后，人们开始探索、寻求新的更合理、更全面的发展道路，从而拉开了由工业文明向生态文明转变的序幕。大量严峻的事实警示人们：人类只有顺应自然客观规律，在开发利用河流的同时，承认并关注河流的生命自身价值及其生命权利，将河流视为“人河生态系统共同体”中的伙伴，关爱、呵护河流，与河流共存共生，流域社会经济才能持续发展，民族文化才能永续延伸；人类只有把对河流危机的思考提高到文明批判的高度，才能真正找到解决和克服目前日益严重的河流危机的方法。对生态危机的反思走向哲学层次是对生态危机的认识的深化，它打破了那种认为“生态危机仅仅是经济和技术实施的不当”的肤浅认识，转而要求建立一种全面的人与自然和谐的新的生态自然观和价值观。河流伦理学正是在人类的这一观念转变过程中应运而生的。

在生态文明时期，人与河流的伙伴关系、人与河流和谐相处逐渐成为人类的必然选择。随着阿尔伯特·施韦泽提出的敬畏生命的、生物中心论的伦理学，彼特·辛格提出的动物解放运动的动物权利论，奥尔多·利奥波德倡导的整体主义的环境伦理思想和大地伦理学，以及生态学、生态哲学特别是深层生态学等生态伦理学的发展，河流伦理观逐渐形成，这就是尊重并维护河流的健康生命，把人与河流视为一个密不可分的整体，将追求人与河流的和谐作为调整人与河流的关系的基本准则。

虽然生态伦理学在我国的发展与西方工业发达国家有较大的差距，但河流伦理在我国的发展却较西方工业发达国家并不逊色。鉴于半个世纪以来治水实践中的经验教训以及水短缺的严峻形势，中国政府提出了由传统水利向现代水利、可持续发展水利转变，以水资源的可持续利用支持经济社会可持续发展的治水新思路。在这一战略调整中，环境保护成为水事活动优先考虑的评价因素，人与自然和谐相处成为江河治理的终极目标。在“人与自然和谐相处观”这种伦理思想的指导下，在新千年到来之际，中国政府在水利和流域管理工作中，既考虑经济用水、生活用水，又考虑生态用水、环境用水，成功地实施了黄河、黑河、塔里木河水资源的科学管理和统一调度，致使1999年以前频繁断流的黄河连续3年全河复流；黑河下游结束多年干涸局面，实现分水目标，其尾闾湖泊东居延海起死回生，重现碧波；新疆博斯腾湖2001年向塔里木河应急输水，180公里的干流河道和两岸植被再现生机。如果说“三河”调水是世纪之交水利工作的一个亮点，那么，它所揭示的深刻内涵是体现了人与自然的和谐共处关系，体现了可持续发展的水利思想。基于丰富的实践，2002年2月，黄河水利委员会主任李国英在江苏无锡全球水伙伴中国地区委员会高级圆桌会议上首次提出了“河流生命”的概念之后，经过对河流伦理的学术研讨，从此，包括尊重河流生命和维护河流权利在内的河流伦理开始在黄河流域广泛传播，并开始在中国的水资源环境工作、流域管理和治河实践中发挥越来越重要的作用。

尽管河流伦理作为一种学术理论，还只是刚刚创立，但人们相信，在人与河流的关系中，存在着一种完整而伟大的伦理，这种伦理不仅在中国古代思想家那里已经有所体现和萌芽，而且最终将会被人们所认识，并成为人类伦理的延伸和补充。

二、河流伦理的意义与原则

（一）河流伦理的意义

河流伦理的意义主要体现在理论和实践两个方面：

1. 河流伦理的理论意义

河流伦理是对传统伦理的发展与创新，就其理论贡献而言，河流伦理的理论贡献是多方面的。

确定河流伦理是伦理学上的一场革命。在（西方）传统伦理学内部，伦理学作为一门关于道德的学问，道德关怀资格是不需要确认的，只有人才拥有道德关怀的资格一直是西方伦理学的一条公理。从经济学的角度看，它是水域，是可以利用的资源；从政治学角度看，它是地域，是权力的范围；从生物学角度看，它是动植物生长发育的场所。当人与自然处在对立面时，无论从哪个角度，河流都是被当作一种财富。

在排除了上帝和神启的启蒙时代，河流同其他自然物一样，只是死的自然物。工业化的过程进一步强化了这种观念，河流只是一个自然、资源的概念，一个能够为我们提供各种资源的载体和场所。但是，当我们从生态学的角度去看大地时，它的内涵就不同了。河流是由河水、河道、堤岸以及在其中生长的动物、植物和生活在沿岸的人构成的一个有机整体，即河流共同体，人、其他生物和自然物都是这个共同体中的成员。河流伦理把道德关怀扩大到河流的所有成员和共同体本身，要求人们热爱、尊重和赞美河流，高度评价它的价值；河流伦理在扩大共同体边界的同时，也明确了人类在自然界中、在人与河流的共同体中的地位，使人从河流的征服者转变成河流共同体的普通一员。这意味着，人类应尊重包括人在内的所有河流共同体中的成员；也意味着他没有任何特权把自己凌驾于其他成员之上。把道德对象的范围从人类社会扩展到非人类的河流，这既是生态学的进化，也是伦理学的进化与革命。人与河流伦理关系的确定有助于结束人与河流数百年来的敌对状态。河流伦理的构建不仅扩展了伦理学的边界，也为我们认识人与自然的新型关系打开了一扇大门。

传统自然保护政策总是用经济尺度来代替伦理尺度，全然不考虑河流的内在价值，只把河流当作资源来管理。传统的伦理唯一强调的是人的利益，“河流利用伦理”虽然也强调保护河流，但仍然由经济私利所主宰，只是从经济学的尺度对河流进行价值评价，只是从经济学的尺度采取利用和保护的措施，一旦在人的利益与河流的基本需要发生冲突便会暴露出致命的缺陷。在这种传统的以人的经济利益为衡量标准的价值观指导下，人类用最直接、最便利的方式，无节制获取、肆意破坏水资源来满足经济增长的需要，导致水资源透支，而水资源危机造成的恶果也必然反弹给制造危机者，断流、水污染等问题不但制约经济社会发展，也严重威胁人类生存。

河流伦理要求彻底地改变以单一的经济私利为基础的河流保护系统，因为它往往忽视、进而排除那些在河流共同体中没有商业价值的许多成分，而这些成分正是河流系统完善功能的基础。河流伦理的价值尺度是以尊重河流健康生命为前提，既承认它们永续生存的权利，又承担保护它们的责任和义务，并在此基础上建立一种符合经济、生态、伦理和审美的多价值评价体系。河流伦理同时关注人类社会和河流生态两者，把人类长远的利益和人与河流的和谐与协同发展作为追求的目标，在新的时代和文化背景下建构起对河流治理开发与管理实践的一种新的价值判断与标准，因此就其价值与伦理取向来讲都是一种创新。

河流伦理是一个新兴的边缘学科，需要多学科协同攻关。历史和现实的经验证明，在学科的接壤处，恰恰是新学科的生长点，因而也为理论思维之翼提供了可以自由翱翔的寥廓空间。同时，河流伦理学的发展对环境资源法学等相关学科也具有重要的启发作用。

2. 河流伦理的实践意义

首先必须指出的是，河流伦理是伦理的一个组成部分，河流伦理的实践意义基于伦理和道德的实践意义。

新的河流伦理的产生来源于对河流现实问题的思考，并试图对河流开发利用过程中人与河流关系冲突所产生的伦理问题作出回答，其目标是面向河流的现实解决方案。因此，河流伦理的出发点和归宿是河流实践，是以河流实践为导向的伦理。在当前河流生命遭遇空前危机的情况下，河流伦理的构建为人类从事水资源活动制定了一个科学的伦理道德规范体系，既在观念的层面改变我们传统的治河思路，也在水资源工作和流域规划管理方面提供崭新的理念和行动原则，使我们能够从价值与伦理角度来评价我们的行为的正当性和合理性，因而，对于河流治理、开发与管理的实践以及建立长效的人与河流关系调整机制，均具有重要的启发和指导作用。

河流伦理为水资源工作和流域管理工作奠定了伦理基础。河流伦理揭示了河流生命的内涵，探讨了河流作为生命系统的内在机制和运行规律，对河流生命的基本概念和基本原理作出了有科学根据的解释，从而增进了人们对于河流生命的完整理解，以及诸多要素之间逻辑关联的把握。河流伦理提出的河流的自然生命、文化生命、河流的权利等新概念，具有鲜明的时代特征，反映了科学发展观的要求，为有的放矢地进行流域一体化管理提供了不可或缺的伦理依据。河流伦理的提出，对仅仅站在人的角度去认识河流、统治河流的“斗争哲学”是一种时代反思，是在新的起点上的再认识。河流伦理对河流生命的确认，为我们重新审视河流的价值，重新理解流域经济、社会、环境要素的伦理性质，重新定位流域内各利害相关体的关系等，提供了理论源泉。西方发达国家，在河流管理方式的转变方面已先行一步。尽管他们没有明确提出河流伦理的概念，但河流伦理的原则已经在河流管理中切实发挥了调控作用。一些国家在进行水利建设时，都要求把河流湖泊当作生态系统的一个重要组成部分对待，而不是把河流系统从自然生态系统中割裂开来进行人工化设计。同时，强调尊重各类生物种群的生存权利、尊重河流流域的自然状况，充分发挥自然界自我修复和自我净化功能。强调河流自然美学价值，设法保存河流的自然美，满足人类在长期自然历史进化过程中形成的对自然情感的心理依赖。

作为工具理性泛滥社会中的一种制约力量，河流伦理的提出恰逢其时。它提出关怀河流，试图建立起一个不仅适于人类而且也适于河流及流域生态共同体的伦理学，我们因此能够寻求到一种恰当表达人与河流关系的伦理学，从而使我们能够以道德的方式最大限度地适应河流自然环境。河流伦理学让我们明确我们对河流的责任，使我们能够依据一些基本的道德原则来判断在处理人与河流关系问题上的行为是否恰当。河流伦理使人们对河流产生一种谦卑意识，这就使人们不会用功利主义眼光去发现河流存在的意义和价值，而是从更深厚的人文涵义中去寻找它的意义和价值。这样，我们看到的就不再只是“死水”，而是河流的生命灵性，一个神圣、美好、纯洁、善良的“河流母亲”形象。河流伦理所具有的教化功能能够使人高尚，从而能够自觉地约束自己的行为。这显然有利于对河流的普遍保护。

21世纪的河流管理模式，需要从传统的主要考虑经济与社会发展的管理模式转变为经济社会利益与河流生态利益并重的管理模式。流域机构要义不容辞地担负起河流生态代言人的重任，从生态保护和维护河流健康生命的角度确立工作方针、原则和规划，把工作的制高点放在维护河流健康生命上。流域的可持续发展要求从基础工作做起，建立衡量河流生态健康的指标体系；加强河流生态系统的监测，制定不同阶段的生态保护和修复目标，维护河流健康生命。流域机构角色的转变，意味着当河流生死攸关的利益与人类的经济利益发生冲突的时候，需要流域机构来维护河流的根本利益，化解河流生态需要与人类利益的矛盾。要实现这种转变，首先要重新认识河流价值，重新评价河流的整体功能，在决策与管理中不仅需要遵循经济规律还需要遵循河流伦理原则，善待河流，实现人类经济、社会与河流生命可持续健康和谐地发展，为我们的后代留下一条健康的河流。

在某种意义上可以认为，河流伦理本身就是一种特殊形式的管理，它调节着人和河流的关系，维系着各参与主体之间的伦理秩序。在河流伦理学中，河流虽然有其自身利益、目的和内在价值，但河流无言，人类始终处于主动地位，扮演着河流代言人的角色。因此，河流伦理实质上是人类对河流管理的一种建构活动，是人类对自我的一种内在管理。河流伦理对河流管理的作用主要是：它要求人类面对河流时进行自我约束和管理，各种治理行为首先要符合河流伦理；要求人类运用河流伦理学的观点，以调研、咨询、评估等方式对流域建设及管理决策进行干预，对决策的"好"与"坏"、"对"与"错"、"重要性"与"优先性"等进行评价、比较、判断，使决策从单纯的技术考虑向包括伦理在内的综合考虑转向，推动流域由单纯治理向有机管理转变。

河流伦理具有评价和引导评价人们的水资源活动的功能，主要体现在价值引导和行为评价两个方面。河流伦理要求人们给予河流必要的尊重和道德关怀，这就需要我们在处理人与河流关系问题上有一个观念的转换，即需要将河流作为有生命的存在来对待。河流伦理作为对人与河流关系的一种规范，要求我们在处理河流的相关问题上要兼顾河流自身的利益，即从过去只考虑的人的（经济、社会）利益这一个尺度转向人的利益和河流利益并重的双重尺度，这又要求我们用科学的整体论态度去认识河流的生态功能及其与人类的关系，两者相辅相成。河流伦理要求河流的开发管理必须兼顾经济、社会、生态三方面的要素。所谓经济要素是指在水资源开发利用过程中的合理利用规则、可持续利用、最大效益、公平竞争、诚信交易等。社会要素是指确保水资源公平的公益性享用和公共服务（人人享用、平等享用），即所谓"社会正义"问题，包括考虑后代人平等地利用水资源的权利问题。生态要素包括河水的质量和河流生态用水问题，河流生态健康与景观保护问题以及流域生态安全等问题。这需要运用河流伦理的基本原则来进行评价。河流伦理的作用还在于，违反社会伦理规范的行为一旦发生，便会引入社会的道德谴责，或者说河流伦理对有关行为评价的结果就是相应的道德谴责。

河流伦理在水资源管理、流域管理及有关决策管理实践中的作用，是强调决策和管理过程中的公正性。河流决策管理中的核心问题和难题是河流及流域水资源分配的公正性，它要求既考虑流域内各地区的人民生活和经济发展需要，又要考虑各地区水资源分配的公正，还需要考虑河流自身的承载能力。河流伦理对水资源管理和流域管理决策的干预主要在价值观和道德层面，并且可以对决策管理程序和过程的合理性与正当性进行评价和判断。虽然一项决策不能完全由伦理评价来决定，但伦理评价的参与却能够影响有时甚至可否定一项决策。将此种理念应用于河流管理，便是要求管理者从整体论和系统论价值观的高度将河流开发管理中的经济效益、社会效益和生态效益统一在一起，这就需要转变现行的河流开发和管理模式。例如，美国科罗拉多河流经境内七个州，由于各州相对独立，水资源分配的协调难度很大。1922年美国商业部长胡佛主持协调并对科罗拉多河的水量进行了分配，然而，这次水量分配没有考虑生态用水，以致 1997 年美国各州将科罗拉多河的水用完之后出现了河道断流，造成河道萎缩，河道环境、水质恶化，河口湿地减少，一些野生生物失去生存条件。另一个忽视生态公正和违反补偿性原则的例子是埃及的尼罗河。尼罗河在阿斯旺高坝建成后，每年入海水量由 20 世纪 60 年代前的 320 亿立方米，下降到目前的 18 亿立方米，最终导致河水出现断流，河口三角洲大幅度蚀退，滨海地区的一些房屋根基被淘刷，甚至倾覆。与此同时，我国的黄河也因过度利用水资源在枯水季节出现了断流。所有这些都表明，在河流的决策管理过程中，必须全面考虑水资源分配的公正性，既要考虑人类生活、经济用水，也要考虑河流自身的生态用水。决不能仅仅将公正的视野局限在人际的领域，而忽视了河流自身生态用水需要这类生态公正问题。在人类利益与河流的冲突中，只有河流权利得到了保障才能有人类利益的最终实现。河流伦理反映特殊的研究对象——人类与河流、不同地域的人类、不同时代人类的利益关系，并通过凝聚了各种利益关系的伦理意识、伦理标准、伦理理想、伦理判断来帮助人们了解自身在伦理关系中的地位、角色、作用，了解自己对河流、对他人的义务和责任，从而确立较完备的行为尺度。河流伦理为人们提供伦理选择的知识和条件，启迪、唤醒人们对河流全面价值的关注和尊重，引导人们关心人与河流的和谐发展，促使人们认识到"善"就是保护和发展河流生命的价值，"恶"就是妨害、毁灭河流生命的价值，从而实现对人与河流的关系的调整和规范。如果人们对河流本体生命具备了普遍的认知和认同，伤害一条河流能够像谋害人类的生命一样，让加害者充满了顾忌和负罪感，那么，河流生命的维持就会有一条不可逾越的底线。

（二）河流伦理的基本原则

为了更好地发挥河流伦理的作用，仅仅确定河流伦理的基本观念是不够的，只有通过确定河流伦理的基本原则，并将这些原则作为我们行动中必须遵循的规则和评价我们行为正当与否的标准，才能更好地贯彻实施河流伦理。根据生态伦理的原则与河流伦理的特点和基本理念，可以将河流伦理的基本原则概括如下。

1. 追求人与河流和谐相处的原则

该原则的基本内容是："人类与河流和谐相处，发展不得危及河流健康生命。"《关于环境与发展的里约宣言》指出，"认识到我们的家乡——地球的整体性和相互依存性"，人类"应享有以与自然相和谐的方式过健康而富有生产成果的生活的权利"。联合国秘书长加利在阐述1994年环境日的主题"一个地球，一个家庭"时认为："首先我们每个人都是地球这个大家庭的一个成员，我们都有公平分享地球环境资源的权利，也同样都负着保护地球生物资源的责任。同时，人类并不是独立存在于这个星球，这一主题的确立目的就在于促进人类和其他生物的和谐共处，以保护好人类的生态遗产。"随着人类的成熟和人的全面发展，他们应该能够与包括河流在内的其他生命体同甘共苦、和谐共处。

2. 尊重河流生命的原则

该原则的基本内容是:尊重和维护河流的健康生命;尊重河流的权利和内在价值;维护河流生态系统的隐定性、完整性和多样性。该原则是指河流有生存、繁衍和充分体现自身,以及在“自我实现”中实现自我的权利;河流拥有生存和发展的权利。当人们为了生存发展而不得不开发利用河流时,对河流进行适当的干涉是可以而必要的,但是人类没有任何权利毁灭河流。人们开发利用河流的各种行为是否正确,取决于它是否体现了尊重河流生命和河流生态过程这一道德态度。尊重河流生命的原则体现了人们对河流生态系统和人与河流的关系的正确理解,体现了人们对河流的终极关怀态度。河流拥有不受伤害的权利。这是对人对生命义务的一种延伸,旨在要求人类的一切活动不应严重损害河流的完整和正常功能。这里的“严重损害”是指对河流造成的不可逆转或不可修复的损害。它充分考虑到了任何正常的河流开发(拦水筑坝)活动会对河流生态造成一定的影响,但这种影响应当是可以弥补和修复的。人类开发利用河流的行为,如果以严重损害河流为代价,就是错误的。

3. 维护整体性原则

整体性原则在经济、社会发展领域的运用就是流域经济、社会和环境保护协调发展、可持续发展原则。要坚持整体利益高于局部利益原则,人类一切活动都应服从河流生态系统健康的需要。一种行为是否正确,取决于它是否从河流整体利益与人类利益相协调,而非仅仅依据人的意愿和需要这一立场。人与河流是一个相互依赖的整体。它要求人类在确定河流资源的开发利用时必须充分考虑河流的整体状况,尤其是河流生态利益。任何在河流的开发利用过程中只考虑人的利益、特别是某些人的某种利益的行为都是错误的。环境与资源是经济、社会发展的物质基础和物质源泉,人与自然的矛盾是人类生存和发展的最基本的矛盾,经济、社会和环境的相互作用伴随着人类开发、利用自然的全过程。因此,协调经济、社会和环境的关系始终是社会发展的一个较为核心的问题,实现经济、社会和环境的可持续发展始终是环境伦理追求的目标。

4. 责任和补偿原则

该原则是指人类应该对其开发利用河流的行为负责，当对河流造成污染、破坏和其他损害时，责任人必须做出必要的补偿，以恢复河流的健康状态。该原则要求人们履行这样一种义务：当河流生态健康受到损害的时候，责任人必须重新恢复河流生态平衡。如果责任人的做法打破了自己和河流道德主体之间公正的平衡，为自己的这种行为负责就须承认自己的错误行为给自己带来的这种特殊义务。这里，我们需要考虑河流健康生命受到损害的两种不同情形。第一种情形是：损害河流的行为不仅违反河流伦理的上述原则，而且违反了人际伦理的基本原则。如超限取水，不仅违反了河流伦理也违反了人际伦理的公正原则。其行为显然是错误的。第二种情形是：损害河流的行为虽然违反了河流伦理，但却是一个有效的人际伦理规则所要求的，如虽然在限定范围内取水，但因自然的原因使河流来水偏少，导致经济用水挤占了河流生态用水，从而使河流基本流量无法保证，由此损害了河流健康状况。当人际伦理与河流伦理发生冲突时，我们可以依据一组评价标准对何种原则具有优先性进行排序，并通过运用排序后的原则秩序来判断我们行为的正当性。这一组评价标准由更基本的两条原则组成：在权衡人与河流利益的优先秩序上应遵循生存需要高于基本需要、基本需要高于非基本需要的原则。例如：当河流的生存需要（生态用水）与人的非基本需要（如航运用水）冲突时，以前者优先；当河流的基本需要与人类的基本需要冲突时，即人类与河流同时面临生存需要且无任何其他选择时（如河流生态用水与人饮用水的冲突），人的利益具有优先性。

5. 其他原则

其他原则有河流可持续利用原则、河流保护原则、河流安全原则、预防原则、公平原则（包括代内公平、代际公平原则和种际公平原则）、团结合作原则等。在地球上，人的确是一个独特的存在物。但是，人的这种独特的地位赋予他的，不是掠夺的权利，而是保护的义务。人为“天地之秀”，是大自然的神经和良知，他应当成为河流的守护人，而非占有者。河流既是人类社会经济发展的重要物质基础，也是哺乳人类和其他生命的母亲，保护河流不仅是一种以“开明自利”为基础的权宜之计，同时，也是人类必须用生命来承担的一种道德义务。

三、河流伦理的基本观念

（一）人与水和谐相处观

生态伦理的基本出发点和特点是调整人与自然的关系，调整人与自然关系的目标是追求人与自然的和谐相处。当代新兴的生态伦理和环境道德都赞成“人与自然和谐共处的思想”，河流伦理将追求人与水（即河流）的和谐作为其出发点和目标。

1. 和谐的概念和含义

从哲学范畴看，和谐是事物本质中差异面的统一，是事物存在和发展的一种有序状态，是矛盾同一性的一种表现形式，它反映矛盾统一体在其发展过程中对立面的统一性、完整性、一致性以及对立面冲突的有限性、平衡性和合乎规律性。

和谐是人类的一种理想秩序，包括人与人的和谐和人与自然的和谐两个方面。所谓和谐社会，就是指人与人和谐相处、人与自然和谐相处的社会。“人与自然和谐共处”这一基本理念不是凭空产生的，而是人类现实利益与理性智慧、科学态度与道德精神相结合的产物，是整个伦理学、法学、哲学、生态学甚至马克思主义理论与环境法制建设实践共同发展的结晶。世界的哲学和宗教中有很多追求“和谐”的思想，例如，印度哲学中的“众生平等”观具有和谐的指向，古希腊柏拉图的《理想国》也提到和谐[1]。英国著名的诗人、剧作家和批评家德莱顿（1631～1700年）颂道：“从和谐的氛围中，从天堂般的和谐氛围中，这一世界的图景开始了：从和谐到和谐，它踏着每一个音符，走完了通向人类的美满历程。”值得指出的是，中华传统文化从来追求人与自然的和谐，追求天人合一；中国传统的哲学、宗教、文学、艺术、医学、建筑，无不蕴藏着人与自然的亲和关系、浸润着天地人和谐的生态文明。在中

[1] 参阅张乃根著：《西方法哲学史纲》，中国政法大学出版社1997年修订版，第12页。

国传统文化中，“和谐”可以说是一种“道”，也可以说是一种“术”；它既可以表现为“法”，也可以形成为“势”；奉和谐之道，行和谐之术，立和谐之法，造和谐之势，则政无不通，人无不和，国无不泰，民无不安。

实现人与自然的和谐相处、和谐发展，包括非常丰富的内涵和深远的意义。它建立在人与自然共生共荣共发展、人与自然双赢的理念上，强调“以人为本，以自然为根”和“以人为主导，以自然为基础”的思想，包括实现社会生产力与自然生产力相和谐、经济再生产与自然再生产相和谐、经济系统与生态系统相和谐、“人化自然”与“未人化自然”相和谐、人与自然的和谐共处等内容。

2. “人与水和谐”是我国水资源环境工作的经验总结和理论研究成果

人与自然和谐相处，是人类在历经20世纪环境污染、生态破坏和资源危机后，在认真总结人与自然关系的经验与教训基础上，经过反复思索和实践形成的一种崭新的理念，代表了人类对人与自然关系的最新认识，是可持续发展社会法制建设的思想基础之一。

正如“人与自然相和谐观”是我国环境资源工作的经验总结和理论成果一样，“人与水即河流）和谐”也是我国水资源环境工作的经验总结和理论成果。

通过几十年环境资源工作的实践，我国已经形成“人与自然相和谐观”，并且这种“人与自然相和谐观”已经成为科学发展观中的一项重要内容。可持续发展作为我国的国家发展战略，包括发展原则、和谐原则和公正原则等原则，其中一项重要内容就是强调人与自然的和谐相处。

2004年，中共十六届四中全会通过的《中共中央关于加强党的执政能力建设的决定》(2004年9月19日中国共产党第十六届中央委员会第四次全体会议通过)，首次提出了构建社会主义和谐社会的概念，决定将“构建社会主义和谐社会”正式列为中国共产党全面提高执政能力的五大能力之一。胡锦涛总书记在阐明社会主义和谐社会的基本特征时指出，“我们所要建设的社会主义和谐社会，应该是民主法治、公平正义、诚信友爱、充满活力、安定有序、人与自然和谐相处的社会”;而“人与自然和谐相处,就是生产发展,生活富裕,生态良好”[1]。

2004年4月23日,水利部部长汪恕诚在中国水利学会第八次全国会员代表大会上的学术报告《再谈人与自然和谐相处——兼论大坝与生态》中指出:当前,中国水资源工作面临四项任务,即解决洪涝灾害、干旱缺水、水土流失和水污染严重等四大水问题;这些问题表面上是水对人的伤害,但本质上是人对水的伤害造成的后果;破解中国的四大水问题,最核心的理念是人与自然和谐相处,必须在牢固树立人与自然和谐相处理念的基础上,牢牢把握四个核心要点[2];这四个要点的核心思想,就是要切实从人定胜天转变为人与自然和谐相处,进而实现以水资源的可持续利用保障经济社会可持续发展的目标。他还强调指出:“人与自然和谐相处,是可持续发展最核心的问题。因此,今后要坚持把人与自然和谐相处的理念作为指导各项水利工作的核心理念,推动治水事业再上一个新的台阶。这正是科学发展观在水利工作中的具体体现。”

(二)河流生命观

河流伦理建立在承认和尊重河流生命的基础上,其目标是维护河流健康生命。正如河流伦理是建立在生态伦理的基础上一样,河流生命观也属于自然体生命观的范畴。在古代很长时间内,人类把河流看成是供给人类乳汁的母亲,对河流充满感恩。在文明发达之后,江河湖泊仍然被视为大地母亲的血脉。

自然体生命观最早期和最初的形式是原始文化中普遍流行的万物有灵论。从生态学眼光看,河流拥有自己的要素、结构,特别是具有类似新陈代谢的功能,而所有这些特征均与复杂的有机体类似。因此,我们有理由把地表的各种江河视为一个又一个复合的生命体,它们的生

---

[1] 胡锦涛:《在省部级主要领导干部提高构建社会主义和谐社会能力专题研讨班上的讲话》,《人民日报》2005年6月27日。

[2] 四个要点是:第一,给洪水以出路,这是解决我国洪涝灾害问题的要点;第二,建设节水型社会,提高水资源的利用效率和效益,这是解决我国干旱缺水问题的要点;第三,充分依靠大自然的自我修复能力,这是解决水土流失问题的要点;第四,发展绿色经济,严格排污权管理,这是解决水污染问题的要点。

死、健康状况与其中各种生物的生死、健康状况是密切相关的。地球上每一种生命形式,每个生命个体或生物种群,都有其发生、进化、发展和最终衰亡的生命过程,河流也有其基本的生命规律与节律。河流由河流源头、湿地、通河湖泊,以及众多不同级别的支流和干流,组成流动的水网、水系或河系。河流生命的核心是水,命脉是流动。河流生命的形成、发展与演变是一个自然过程,有其自身的发展规律,并对外界行为有着巨大的反作用力和规范性。

生命是宇宙间最伟大,也是最生动、最富于魅力的存在形式。从人类文明的发展过程看,生命问题是最经久不衰的论题,尊重生命是人类文明永恒的主旋律。河流不仅具有内在的生命力,而且创造生命。河流是哺育万物的绿色生命,它结束了早期地质时期的单调与死寂,宣告了物种进化时代的到来。河流是流域内所有生命形式的发源地和载体,它为人类以及各种动植物等生命体提供了栖息与繁衍的场所和基本的物质保障,人类只是河流生态系统中的一个组成部分。河流的生命是与人息息相关的,人的生命价值来源于自然界的生命创造,人不能离开河流(水)而生存,河流也需要人的生命存在去实现其生命支撑价值,但河流的生命规律不以人类的意志为转移。

(三)河流价值观

河流伦理建立在承认河流价值的基础上,承认并重视河流的价值是河流伦理的一项重要内容。

1. 河流具有自然价值或环境价值

从环境学、生态学和环境资源法学的观点看,河流是一种自然环境要素,是一种自然资源。河流价值的概念包含在自然价值或环境价值的概念之中。

当代生态伦理学、环境学和生态学认为,包括河流在内的自然体的价值(即环境资源的价值)具有如下的特点:第一,包括河流在内的环境资源价值具有多重性,既包括使用价值,又包括劳动价值;既有工具价值,又有内在价值。自然界作为人和其他生命生存和发展的资源,能满足人和其他生命生存和发展的需要,实现人和其他生命的利益。所谓自然界的外在价值,是它作为他物的手段或工具的价值。所谓自然界的内在价值，是它自身的生存和发展；这是由自然事物的性质决定的，由生命和自然界的目的性加以解释的价值。第二，包括河流在内的环境资源具有重要的使用价值。例如，河流的使用价值包括经济价值、社会价值和生态价值（或环境价值），以及科学价值、教育价值、文化价值、医疗价值、宗教价值、美学价值、娱乐价值等，即河流具有满足人的生产需求、生活需求、文化需求、欣赏需求、美学需求等多种功能和用途。第三，包括河流在内的环境资源的内在价值不同于传统的劳动价值、交换价值。无论自然体（即环境资源的价值）是否经过人类劳动加工，也不管某些人承认与否，它都内在地存在于环境之中。不同的个人可以站在不同角度或以不同的利益来评价环境的价值，但无法以个人的意志或利益来否定自然环境的价值。第四，包括河流在内的环境要素具有整体性、有机性、联系性，各自然环境资源要素的价值存在于整体环境中。生态系统中个体的价值是与它在共同体中的角色价值和自然整体的母体价值联系在一起的，自然的整个网络系统是多种价值的转换器。第五，河流等自然体的某些生态价值、环境价值的实现或满足具有双重性，即肯定性和否定性。它对某一主体的满足，往往带来对另一价值主体需求的限制和否定。例如，水流对上游居民需求的满足往往带来对下游居民需求的限制或否定。

从经济学的角度看，包括河流在内的环境资源的价值包括两个方面：一是自然资源、环境本身的价值即使用价值；二是社会对自然资源、环境进行的人、财、物投入的价值即劳动价值。事实上，现在的人类社会依赖的自然环境，供人类社会利用的自然资源已经打上了人的活动或劳动的印记。随着生态平衡的要求以及人类需求的剧增，自然资源的有限性，环境资源的稀缺性，环境资源负荷能力的有限性，更增添了资源和环境的价值。因而，自然资源的丰饶度、自然资源的自然地理位置和经济地理位置、自然资源上附加的人类劳动的程度以及资源本身功能的多样性都成了环境资源价值计量的重要因素。所以，作为环境存在的一切对人类消费有用的自然资源都具有使用价值和价值。

进一步的研究发现，包括河流在内的环境资源价值主要由如下几个方面构成：第一，维持生命、维持生态平衡的价值。任何一条河流都是一个完整的生态系统。这是环境价值最本质、最基础的方面。第二,经济价值。任何一条河流都承载着水、湿地和水生物等自然资源。自然资源是社会生产和生活的物质源泉,许多资源具有传统意义上的经济价值,可以作为原材料或财富进入生产流通交换领域。由于包括河流在内的环境资源具有经济价值,所以,要对自然资源、环境资源进行经济核算,即进行资源的实物核算,包括计算自然资源的存量(或储备量)和流量,资源的经济价值及其增减,并在确定自然资源财富的基础上确定国民总财富和国民生产总值。第三,自然环境具有纳污和净化功能,并且这种纳污能力有限、自净能力有限,是一种有限的、稀缺的资源。第四,美学价值。任何一条河流都有其特有的自然风光和自然魅力。包括河流在内的自然环境是美的源泉,是自然美、艺术美的基础。它为人类提供美丽的花草树木和其他景观,奇异的动植物和自然现象。第五,科学文化价值。任何一条河流都是历史的见证人和人类文化的源泉。包括河流在内的自然环境是产生和推动科学、文明与艺术的基础,不同的自然环境和区域形成了不同特色的文化遗产和文明现象。

水是生命之源,人类文明的摇篮。地球上每一条江河都是人类的母亲河,给人类以养育之恩。经过水资源危机的当代社会对于河流的价值的认识更为强烈和直接。河流作为自然界平等的一员,是地球生命系统中无与伦比的宝贵财富。河道是大地的“血脉”,河道、河湾、滩涂、湖泊、湿地共同形成相互贯通、功能齐全的生态圈。草木、鱼虾、鸟类以及各种动物与这个生态圈共生共存,相依为命。河流的生态功能具体包括渠道、栖息地、保护湿地等三个方面。渠道功能是指河流中河道系统可以作为能量、物质和生物流动的通路。河道由水流形成,又为收集和转运河水和沉积物服务。还有很多其他物质和生物群系通过河流进行移动。河流通常也是植物分布和植物在新的地区扎根生长的重要渠道。流动的水可以长距离地迁移和沉积植物种子。栖息地是生物能够正常地生活、生长、觅食、繁殖以及进行生命循环周期中其他的重要组成部分的区域。栖息地为生物和生物群落提供空间、食物、水源以及庇护场所等生命所必需的一些要素。湿地具有维护生态安全、保护生物多样性等功能,被形象地比喻成“地球的肾脏”。如果没有河流为其提供充足的水源,湿地很难长久维系。

正是由于对包括河流在内的环境资源的价值的研究和探讨,才逐步促成环境经济学、生态伦理学和生态哲学等新学科的产生。在各种新的价值理论中,霍尔姆斯·罗尔斯顿的价值观最具有代表性和影响力,他认为:自然环境和自然资源有内在的价值或固有的价值,自然的价值是由自然系统的结构决定的一种性质;判断自然界各种事物的价值和效用不能仅仅以人的需要和利益取向为依据,而应该以整个自然环境和生态系统(人是自然环境和生态系统的一个部分)的需要为依据;人类必须尊重自然的固有价值,并使之成为人类价值体系的一个有机组成部分。他在其《哲学走向原野》这一名著中指出:"原野就产生生命的根源而论,其本身是有内在价值的。"❶他于1975年指出:"如果我们现在把'人'这一概念普遍化,我们就会发现它的范围是如何慢慢地扩大了……包括外人、陌生人、婴儿、儿童、黑人、犹太人、奴隶、女人、印地安人、犯人、老人、精神病人和畸形人,我们现在甚至已开始考虑胎儿的地位问题。生态伦理学提出的问题是,我们是否应再一次把'人'这一概念普遍化,从而承认生态系统的每一个生物构成者的内在价值。"❷他相信:"从长远的客观的角度来看,自然系统作为一个创生万物的系统,是有内在价值的"❸。环境资源具有价值的新价值观的确立,表明了人(价值主体)与自然(价值客体)之间的利益关系,即自然对人的需要同自然满足人的需要之间的关系;表明了自然环境对人的需要而言的某种有用性,对个人、集体、社会、国家乃至整个人类社会所具有的积极意义。环境资源价值论不仅是有关价值的理论,而且也是说明人与自然关系特别是人与自然的利益关系的理论。它为采用经济政策、经济措施、市场机制、产权机制调整人与自然的关系,提供了理论根据和理论支持。

---

❶ 参看王晓明等泽:《霍尔姆斯·罗尔斯顿:价值走向原野》,《哈尔滨师专学报》1996年第1期。

❷ 《大自然的权利》,第2页。

❸ [美]霍尔姆斯·罗尔斯顿著.杨通进译:《环境伦理学》,中国社会科学出版社2000年版,第2页。

在中国，由于长期流行“只有劳动创造价值、自然环境没有价值”的观点，实行（自然）资源无价、环境无价、原料低价、制成品高价的价格政策，曾蔓延“只向自然索取、不向自然投入，只向环境排污、不向环境投资，只顾污染破坏环境、不顾治理恢复环境”的习气，结果造成了环境污染、生态破坏、资源枯竭日益加剧的严重局面。惨痛的教训使得中国的学者开始借鉴国外的新理论，重新审视自己长期奉行的价值观。余谋昌教授于1987年发表的《生态学中的价值概念》，把自然价值称为“生态价值”。笔者在1988年出版的《中国环境政策概论》一书中曾专门论述自然环境的价值，认为：“当代环境保护领域的确出现了许多马克思、恩格斯、列宁、斯大林当时所没有看到或没有预料到的新情况，面对这些新问题，我们不能死扣住他们的个别词句不改，而应该坚持以辩证唯物主义和历史唯物主义为指导对新问题进行探索及研究，制定出正确的政策。如马克思在《资本论》中曾认为：‘生产上利用的自然物质，如土地、海洋、矿山、森林等，不是资本的价值要素，只要提高原有劳动的紧张程度，不增加货币资本，就可以从外延方面或内含方面，加强对这种自然物质的利用。’❶他还认为，像空气、处女地、天然草地、野生林等等，不是由于劳动而对人有用的自然力及自然物，是不花费资本家分文的，因而只有使用价值而没有价值。随着人类环境保护事业的发展，人们不得不对自然环境付出巨大的劳动，资本家不得不付出排污费、资源税及其他保护环境的费用，从而产生了环境资源价值观或环境资本、环境价值等新的观点。”❷

随着环境保护和资源可持续利用工作的发展，在建设资源节约型社会、环境友好社会与和谐社会的建设中，我国政府、学者和社会各界逐步加深了对包括河流在内的环境资源价值的认识和理解，包括河流价值（河流的内在价值和使用价值）在内的环境资源价值观、生态价值论等新的观点和理论，正在我国环境资源工作、水利工作中发挥越来越积极的作用。

---

❶ 《马克思恩格斯全集》第24卷，第304页。

❷ 蔡守秋著：《中国环境政策概论》，武汉大学出版社1988年版，第二章。

2. 河流具有价值主体性

按照辩证唯物主义的观点，主体与客体的区分是相对的，主体性表现的程度也有很大的差别。人类既是人的认识的主体也是人的认识的客体，人不仅需要认识外界也需要认识自己。人既是进行认识和采取行动的主体，也是另一些人进行认识和采取行动的客体，同时，还是外界和外力（包括动物、河流等自然物）的作用对象即客体。人既不是唯一的主体，也不是最高的主体。非人存在物也具有主体性，从而亦有自己的内在价值和权利。把主体性理解为人的自我意识的展现或人的意识的确定性，是对主体性过分狭隘的理解，是人类"自恋情结"的表现。当近现代思想家们强调人是唯一的主体时，无非是指在自然界中，人是居于主动和主导地位的，并且人是具有能动性和创造性的存在。如果这样理解主体性的话，那么，主体的本质特征无非就是主动性、主导性、能动性和创造性的综合。如果凡处于主导或主动地位且具有能动作用和创造能力的存在都可以是主体的话，那么，河流也拥有主体性地位，也可以成为主体。

自然的主体性还表现在其内在强大的创造性，大自然创造出无数人类根本无法创造的事物，如日月星辰、山川河流，连人类自身也是自然界长期演化的产物，正是这种创造力使整个自然界呈现出一种纷繁复杂、丰富多彩的图景。宇宙的产生与进化本身就表现了它的创造性，我们今天创造的电脑、卫星、多莉羊与大自然的创造相比又能算得上什么呢？显然，人类仅仅看到自身的创造性而否认自然的创造性是不公正的。关于自然价值的来源，霍尔姆斯·罗尔斯顿认为，是大自然在进化过程中创造出了各种各样的价值。价值就是自然物身上所具有的那些创造性属性，这些属性使得自然物不仅极力通过对环境的主动适应来求得自己的生存和发展，而且它们彼此之间相互依赖、相互竞争的协同进化也使得大自然本身的复杂性和创造性得到增加，使得生命朝着多样化和精致化的方向进化。从某种意义上讲，自然才是最高的、绝对的主体。大自然不仅创造了价值，而且创造出了评判这些价值的人类。

任何事物的主动性都是相对的，人类在自然界的主动地位是相对于其他物种而言的。地球上的其他存在不具有高于人类的主动性并不意味着它们根本没有主动力量，更不意味着整个大自然也不具有高于人类的主动性。一场大洪水就会使人类束手无策，从而使人类失去其主动性。1998 年，中国发生特大洪水，数千人丧生，数万人流离失所，数千亿经济损失，谁能说这不是河流处于主导地位？

所有这些都表明，自然与人一样也具有主动性、创造性和能动性，并且这些特征能够通过自然与自然之间、自然与人之间的相互作用表现出来。在相互作用过程中，自然的内在规律彼此协调，从而维持着自然系统的和谐平衡状态，由此构成一个精巧而生机勃勃的世界。另一方面，自然又以自身的主动性为人提供有利生存的条件，同时通过限制性的规定，要求人类社会必须在遵循自然规律和尊严的基础上进步和发展。因此，自然主体性决非某种人格化的赋予，而是它自身所固有，并且在绝对意义上高于人的主体性。

从系统科学的角度看，河流的产生是自然界自组织的结果，作为大自然的子系统，河流也是按照一定的自然规律进行自我组织、自我维持和自我表达的系统，通过这些方式达到自己的目的，完成自己的使命，从而实现自身的发展和演化。这一切均是自为的，无须参照系。因为，每一事物都是独特的，是自身目的的中心，表现为既能实现自己和种的生存，又能向更高的组织水平进化，即使从外部看河流也是具有目的性的。因此，河流与人一样，也拥有主体性地位，河流也拥有内在价值。

3. 河流具有自己的目的和内在价值

河流伦理学承认并高度重视河流所具有的内在价值，承认河流具有自己的目的性，在某种意义上可以认为，河流的内在目的和内在价值不仅是当代河流价值论的核心，也是当代河流伦理的思想基础。

河流伦理学的这种认识主要来源于当代的生态伦理学和环境伦理学。深层生态学认为：自然界的多样性具有自身的（内在）价值；把价值等同于对人类的价值是极大的偏见；植物物种由于具有内在价值而应受到保护；我们必须尊重和保护自然，自然自身有价值，而不只是它对人有价值，人要与自然和谐共处；必须服从自然规律，如环境承载力规律，它意味着地球支撑人口的数量是有限的。当代生态伦理学认为：自然环境资源具有价值，包括外在价值和内在价值；这种价值具有客观性，可以用事物的内在目的性加以说明。这种自然价值论（即自然界具有内在的和客观的价值的理论）是有机论世界观的理论核心。

当代生态伦理学认为，包括河流在内的自然环境资源具有不以人的主观意志而转移的内在目的和内在价值。美国色拉俱乐部的创始人约翰·缪尔（J. Muir，1838～1914年）通过亲身实践领悟到了大自然的内在目的和内在价值。1864年，为了逃兵役，缪尔躲进了休伦湖北部的加拿大荒野中。他在荒野中发现，那些野兰花等植物在无人看见的情况下默默地生长、繁荣并死去，它们不仅非常美丽而且与人没有任何瓜葛。由此他进一步研究，得出了如下结论：大自然肯定首先是，而且最重要的也是为了它自己和它的创造者而存在的；“大自然创造出动物和植物的目的，很可能首先是为了这些动植物本身的幸福，而不可能是为了一个存在物的幸福而创造出所有其他动植物”；“我尚未发现任何证据可以证明，任何一个动物不是为了它自己，而是为了其他动物而被创造出来的”；“我们被告知，这个世界是特地为人而造的——这是一个完全没有得到事实证明的假设……人为什么要高估自己作为一个伟大的整体创造物的渺小部分的价值呢？”❶他还认为，上帝渗透在万物之中，不仅动物，而且植物，甚至岩石和水也是“神圣灵魂的火花”，人们尊敬自然的基础在于承认它是人类所属的被造群体的一部分。美国生态学先驱约翰·缪尔科利考特强调，“有机的存在具有内在目的，因而，每一个体是自身意向的目的，每一个体具有内在价值。这些事实导致了某种责任”❷。著名环境伦理学家约瑟夫·伍德·克鲁奇（J. W. Krutch）在1956年发表的《生命的伟大链条》一书中阐发了存在于西方（特别是基督教）思想中一种最古老的观点，即：上帝所创造的每一个创造物对他来说都是有目的的、重要的、有价值的❸。人的主体性表现为随机应变地适应环境的能力和有目的、有计划地改变环境以达到自己目的的能力，亦即通过努力而实现自己目的能力。然而，并非

❶ 缪尔：《步行千米到海湾》，W·F·贝德编（波士顿，1917），第324、356页。
❷ J·B· 科利考特：《罗尔斯顿论内在价值：一种解构》，《哲学译丛》1999年第2期。
❸ 请参看《大自然的权利》，第93页。

只有人的行为才具有目的性。从系统科学的角度，就不难发现目的是自然界自身存在的反映，它与系统的结构稳定性有着密切的关联。任何自然存在物都具有保持自身存在的能力，否则，自然界就无法构成一个有活力的系统。关于系统的目的性说明已经很好地证明了目的性并非人类所独有的特征，自组织系统普遍具有目的性。自然界是根据部分适应整体，整体又作为部分适应更高层次的整体的原则来构建的，自然界整体可以被看成是一个自我修复、自我建构的系统。可见自然界中的各种系统都有不同程度的目的性和能动性。国际环境伦理学学会主席霍尔姆斯·罗尔斯顿认为，人类只有根据自然本身的价值，才会有对自然和生命的真正尊重[1]。

河流伦理认为，河流作为生命整体，具有内在目的性，即“生”的目的性或生命的目的性。生命的目的性，是指向着完善、完美的方向发展，亦可称之为善，也就是中国古代思想家所称的“天道”和“天命”。河流是它自身生存的目的，是它自身存在的尺度。同时，河流的目的性是二元的，河流的价值是内外合一的，是内在价值和外在价值的统一。事实上，此前人们对河流工具价值的张扬，遮蔽的是河流的内在价值；此时的河流，完全地蜕变为人的形式化的工具。实际上，河流作为生命，她不仅自己独立存在，而且以其广阔的空间、时间和拓展带，繁衍、滋养、推动了众多生命体的存在，从岸边的各类植物到水中各类动物，整个流域形成一个丰富多彩、无边无际的生物圈。这就是地球上全部生态关系的缩影，每一种存在既是其自身生存的目的和尺度，也是其他存在物的条件和因素。因此，人负有保障河流内在价值和实现其外在价值的义务。

当我们说河流具有内在价值时，我们是在肯定河流的存在本身就是有价值的，这种价值的存在与人无关。河流的存在除了对陆地生物提供生存环境以外，它的存在本身就是它的目的，这种目的通过河流的连续性、完整性以及它的生态功能（如过滤、屏蔽、通道、源汇和生物栖息等功能）展现出来，并通过它与地球生态系统的物质循环、能量转化

[1] 余谋昌文章《环境意识与可持续发展》，《世界环境》1995 年第 4 期，第 15 页。

和信息传输发生作用,维持着对于地球水圈的循环和平衡。河流作为地质运动的产物,其产生本身就已经揭示了自然的目的性和规律性。自大自然创造出河流以来,它们已经自主存在了数十亿年,期间的一切变化都表明它对自然运动的适应性调整。将河流看成是有生命的存在,表明我们已经认同了河流的目的性和创造性,这意味着河流也是拥有内在价值的主体。

最后必须指出的是,生态伦理主张河流等环境资源具有自身目的性和内在价值,并没有否定在价值问题上主体与客体之间的联系。关于自然价值的客观性和主观性的统一,可以从本体论、认识论和实践论三个层次上来认识。从本体论上看,自然物质是自然价值的载体。自然价值是由自然物质的结构、功能和性质决定的,所以具有不以人的意志为转移的客观性;自然物质的结构、功能和性质,它不依赖人是否评价它、体验它或怎么评价它、体验它。从认识论的角度看,人作为价值主体对自然价值的认识、评价和体验,又是主观的。一般所说的自然价值的确是人类心智的产物,"没有评价者,价值就不存在",但评价者仍然不能脱离评价对象即自然物,没有评价对象也不会有评价者评出的价值。从实践论的角度看,自然价值是评价对象的客观性和评价主体的主观性的统一,事实和价值二者没有不可逾越的鸿沟。价值主体根据自已的爱好、兴趣、标准去认识、评价和体验自然物质,对自然物质作出价值判断,得出自然物具有价值的结论,这是一种主观判断,是自然价值的主观性;但是,无论这种主观判断和主观性如何强烈或如何纯洁,它始终是对该自然物质这种客体的认识、评价和体验,仍然离不开自然物本身,因而始终具有客体性;只有当人类通过对 A 自然物质的认识、评价和体验之后,却得出 B 自然物质具有价值的结论或判断,那才称得上是纯粹的主观性,而这种纯粹的主观性是根本不存在也根本没有意义的。所以,自然物质的价值是主观性和客观性的统一。

(四)河流权利观

当代生态伦理学对河流等自然体权利的观点,是生态伦理学的一个重要新发展。

1. 河流权利及自然体权利

首先必须指出的是,"河流的(道德)权利"不是"河流的人权",更不是河流伦理将河流等同于人。"河流的道德权利"与"河流的人权"是两个不同的概念,正如"自然体的权利"不同于"人的权利"一样。从"生态利益中心主义"思想出发,论述自然的权利有其理论上的合理性。河流权利是自然体权利的一种,河流权利属于自然体权利的范畴。虽然生态伦理学关于河流权利的专门论述或观点不多,但已有不少关于自然体权利的论述。

所谓自然体的权利,又称自然环境、自然资源的权利,包括自然个体和自然整体的权利,如动物的权利、植物的权利、非人生命体的权利、自然体权利和大自然(或环境)的权利等种类繁多的具体权利,因而是一种抽象的、概括的提法。对动物、河流等自然体的权利的种类和具体内容,目前还没有达到统一的认识。一般认为,动物、河流等各种自然体有生存(自由)权、不受人任意侵害(污染、破坏)权、受人保护(尊重)权、获得人道主义(或仁慈主义)待遇权等。生态学家把生物平等原则建立在所有存在物都拥有的这样一种权利——即生存、免遭过度的人类干扰的自由及追求其幸福的"与生俱来的"、"内在的"、(或以往的哲学家所说的)"天赋的"权利——的基础之上。

承认和维护河流的自然权利主要包括如下涵义:河流的生命及其生存权利应该受到人们尊重;人们在利用河流资源时,应充分考虑河流的上述权利,优先满足河流的生态需水量,不夺取、不挤占河流生存的基本水量,不人为地分割水域;开发利用河流必须按照河流生态规律进行,经济活动中污染物不能直接排入河道,要自觉防治因污染破坏河流生态环境而损害河流健康生命。承认河流的自然权利是承认河流具有自身的目的和内在价值的逻辑结果;河流自身的目的和内在价值是其拥有自然权利的基础;河流伦理所确认的人对河流的责任是对河流权利的道德保障;承认和维护河流的自然权利,是人类对河流理性和善性的升华,是当代河流伦理较传统伦理更为先进、发达的体现。

在伦理学的领域,任何义务都是与权利对称的,既不会有只有权利而无义务的道德主体,也无只有义务而无权利的道德主体。河流承载着对人的义务，因而也应该拥有自身的权利。作为权利的所有者，它有权维护自己的生存利益，对侵犯它们利益的行为提出挑战。当人类损害它的生存利益时，它有权作出反应。赋予河流基本的权利也就规定了我们对河流的责任与义务，这意味着河流不再仅仅只是供我们开发利用的资源，而是需要与尊重其他生命一样，给予河流必要的尊重。必须强调的是，河流权利是与人对河流的责任联系在一起的概念，只有形成承认和维护河流的自然权利的道德观念，并在此观念的指导下形成维护河流自然权利的责任和义务，才能有效解决河流伦理普及和实施的问题。生态伦理学认为，不仅要关注人对人的责任，还要关注人对自然的责任。人对包括河流在内的自然所承担的责任主要体现在：一是考虑当代人的平等的河流利益，以及这种利益的实现和保护；二是考虑子孙后代的河流利益，为保证这种利益，要维护河流的生态潜力和河流生物多样性；三是考虑河流的生命、利益和权利，它是当代人和后代人实现自己利益的基础。

2. 河流权利的内容

如果任何一种目的性的存在都拥有道德资格的话，那么，我们对河流自身具有客观的内在价值的说明，也就意味着河流拥有了某种权利。也就是说，河流不仅是为自身目的的价值而存在，还拥有为自身目的而存在的自然权利。

河流伦理中的河流权利，是指河流所享有的自然生存权利，主要指河流健康权即维护河流健康生命的权利，这是一种天赋的、道德的权利。所谓河流健康生命，通常是指河流生态系统的整体性未受到损害，河流生态系统处于正常的、良性循环状态。河流健康状况的评价可以由河道过流能力、水质、河口湿地健康程度、河流生物多样性和对两岸供水的满足程度等指标来确定。人类视野中的河流健康生命通常是指河流生态功能与服务于人的经济功能都能处在正常状态，但二者既紧密联系又常常发生矛盾。一方面人类要尽力强化河流的经济功能，另一方面人类大规模的经济活动又损害河流生态系统的健康，同时弱化河流的经济功能。河流健康生命的观念需要我们认识到生态功能是经济功能的支撑力量，要求重视河流的生态功能。因此，河流健康生命不仅要求基本水量，还要求有清洁的水质；稳定的河道，健康的流域生态系统等方面都是河流健康的标志。河流健康权是在河流生存权利基础上的更高权利要求，它有利于更好、更有效、更全面地发挥河流的生命力及其功能。维持河流健康生命的权利，就是要维护河流的自我维持能力、相对稳定性和自然生态系统及人类基本需求。

自然权利是河流最强硬的道德货币，河流为实现自身价值而拥有的自然权利包括如下内容：

(1)河流的完整性权利。河流是一个连续贯通的有机体，大跨度的时空分布和充沛水量是它区别于其他水体的基本特征。现实中，作为大气和地球水文循环不可或缺的链条，河流的完整性权利屡屡被侵犯，其后果直接导致了流域生态系统的巨大断裂和民族文化心理的缺失。河流权利生存权利的第一个要求便是河流的完整性。除非为了人类生存，人类不得以任何理由将河流化整为零甚至瓜分殆尽。河流完整性权利还包括湿地以及流域的完整性要求，即保留和存续天然湿地，并将洪泛区纳入流域生态系一体考虑，恢复河滩地以及蓄水洼地等。

(2)河流的连续性权利。河流的生命在于河水的流动，河流是一个连续的有机耦合的生态系统，流域是一个连续的整体。流域的连续性表现在流域内水域的连续性，包括地表水和地下水的连续性、水域和陆域的连续性。不适当的人类活动和水工建筑会切割水域之间、水陆之间的生命链条，破坏水陆的连续性，并因而造成天然湿地消失，栖息于湿地的大量物种惨遭灭绝，并最终导致河流走向枯萎和衰亡。

(3)河流的清洁性权利。流域的气、水、土圈对一些污染物可以通过物理、化学、生物等作用，使其降解，对污染物具有一定的净化能力，即河流具有保持其水质清洁的自然权利。由于人类生产和生活活动产生的大量废弃物排入河流，致使河流中的污染物量超过河流或地区的净化能力，就会造成河流流域内总体环境质量的持续下降，继而导致流域净化能力的下降，使流域的环境状况陷入恶性循环；这是对河流清洁性权利的侵犯。

(4)指河流基本水量权。是指为维持河流生命存活而必需的基本水量的权利，即河流拥有从自身所汇集的水资源中获得保证其自身生存的水量的基本权利。河流生命的最重要保障是维持河流的基本水量(包括基本流量和最低水位),基本水量是河流生命力存在的保证,只有水量才是显示河流存在的基本要素。尽管不同的河流对水量的要求有差别,但通常会有一个基本的水量(包括基本流量和最低水位),这既是河流区别于沟渠的特征又是维持河流生态系统的必要条件。作为河流生命存在的本质特征,基本水量和完整性是河流实现其目的和所有功能的根本前提,显示河流生命活力的水流也只能通过河流的最低水位和基本流量来表征。河流的权利首先表现为最低水位权利或基本流量权利。对维护河流基本流量和最低水位的要求,实际是就是维护河流的生存权利或生态权利。但是,极端的人类小心主义者认为,包括河流在内的大自然是为人类所安排的,把河水吃光喝净是天经地义的事情,因而,在一个相当长的时期内河流的基本水量权并没有得到人们的承认和维护。

(5)河流的造物权利。河流作为流域生命的共同保障,拥有创造并哺育所有物种生长繁衍、让所有存在物的自我实现、最大限度的多样性、最大限度的共生以及让共生现象最大化的权利。尤其是河口地区,河流输沙入海的过程,既是一个填海造陆的过程,也是一个生态造物的过程。在这一广阔地区,依赖水域生存的各种生物形成了特殊的流域生态系统。当河流的流动被改变或者终结时,这一流域生态系统被破坏,也就终结了这一丰富多彩的造物过程。

第二节　河流法概述

一、河流法是水法的一个重要组成部分

环境资源法学界一般认为,河流法是水法的一个重要组成部分。从理论研究的角度看,水法的概念、内涵和调整对象范围要宽于河流法,并且一般在水法的基础上或以水法为前提来进一步研究河流法。

(一)水及水法的概念

水法是水环境资源法的简称,是指调整因开发、利用、保护、治理水

环境资源及其管理活动所产生的社会关系的法律规范的总称，是指与水资源、水环境的开发、利用、保护、治理及其管理活动有关的各种成文法规、习惯法、判例法和其他法律表现形式的总和，或者说是指关于水环境资源开发、利用、保护、治理及其管理的各种法律规范和法律渊源（这里的法律渊源不是指法律的来源，而是指法的各种表现形式）的总和。

从环境学、生态学的角度看，水是地球生物圈的基本构成部分。水法中的水，一般由水法律法规本身加以定义。但是，不同水法律法规对水有不同的定义，并且即使在同一部水法律法规中，也往往同时使用水、水体、水资源、水环境、河流湖泊等不同的称谓或概念。水法中的水，有时等同于水环境和水资源的总和或水体，但有时的范围较窄。水体包括水、水床（包括水岸和水的底土等）、水生物、水上（中）景观等，也有人用水量、水质、水外观、水生态系统和水床这些因素来表示水体，水体是由水、水中生物和其他物质、水岸水底等共同形成的水生态系统。水资源的概念一般在自然资源的框架内界定，但即便是自然资源范畴内的水资源也有不同的定义。根据 1977 年联合国教科文组织（UNESCO）给水资源下的定义：水资源“指可利用或有可能被利用的水源，这个水源应具有足够的数量和可用的质量，并能够在某一地点为满足某种用途而可被利用。”广义的水资源是指水环境资源或水体资源，即指“可利用或有可能被利用的各种天然的或人为的水体。这种水体应该与土地连在一起构成一个水生态系统，并应具有足够可用的数量和质量的水。”狭义的水资源，仅指上述水体中的水，即指“可利用或有可能被利用的各种天然的或人为的水体中的水。这种水与土地连在一起构成一个水生态系统，并应具有足够可用的数量和质量的水。”水环境是水环境保护法或水污染防治法常用的概念，是指作为环境要素存在的水体，与广义的水资源或水的概念基本相同；如果将整个围绕人周围的非人类物质世界称为自然环境，水环境就是自然环境中的一个组成部分，也称为环境要素。环境保护法中的水环境包括天然水环境和人工水环境两类。天然水环境包括海洋环境、陆地水环境、地下水环境；陆地水环境主要指江、河、湖泊；人工水环境主要指经过人工改造的水环境，如通过水利工程形成的水库、人造河（运河）与江河相联的人工湖、渠道等。目前环境资源法中的水环境资源则是水环境与水资源的总称，但不包括水产品。水产品是指经过人类劳动加工的、与水体分离的、在市场上进行交换的水。

（二）水法的体系

所谓水法，并不是仅指某一部法律，如《中华人民共和国水法》，而是指由许多有关水的法律所组成的体系。例如，法国的水法体系由近 50 种法典、法律、条例、政令组成。在苏联，水法体系包括《苏联和各加盟共和国水立法纲要》（1970 年）、根据该纲要颁布的其他水立法文件、各加盟共和国的水法典，以及政府的规则、条例和细则等其他水立法文件。所谓水法体系，是指由具有共同宗旨、性质相似、相互关联的有关水的法律法规或法律规范所组成的有机整体。1975 年，在西班牙巴伦西亚召开了“世界水法体系国际会议”，目的是用统一的形式记述各国作为水资源管理手段而制定的各种水法体系，探讨水法的功能并按现代状况研究建立合理的水法体系。1976 年，在委内瑞拉首都加拉加斯由国际水法协会召开了“关于水法和水行政第二次国际会议”，对水法体系的问题进行了讨论。1977 年，在阿根廷的马德普拉塔召开了第三次关于水法体系的研究讨论会。从世界范围看，水法体系可以分为如下三类：一是习惯法体系，它起源于宗教，主张水由一个共同体管理，遵守水法的公共性和严格的分配原则；二是传统法体系，它以近代私有制为基础，主张在国家的监督下，水资源为私人专用；三是现代水法体系，主张在国家控制下的水管理，实施以公共利益原则和市场经济原则相结合的水政策。

从有关水的法律的内容看，水法体系的组成主要包括如下几个方面的法律：

第一，综合性的水法，一般冠之为“水法”、“水资源法”、“水管资源管理法”等名称。如英国的《水资源法》（1963 年）就是英国对水资源的开发、利用、保护进行全面管理的法律，在英国水法中居于重要地位。《苏联各加盟共和国水立法纲要》（1970 年），是苏联的基本水法，它规定了水立法的目的、任务、水国家所有制、国家和各加盟共和国调整水利关系的权限、水的国家管理和监督，水的开发、利用和保护，违反水立法的责任等问题。《塞尔维亚共和国水法》包括“水利”（第三、四、五章，包括水利组织、水利规划、水利许可证等内容）、“防止水土流失”（第八章）、“防洪和抗洪”（第九章）、“水的利用和保护”（第十章）、“水的保护”（第十一章，包括防治水污染）等内容。《加拿大水法》是一部为管理加拿大的水资源而制定的法律，它包括与保育（conservation）、开发（development）、利用（utilization）水资源有关的方案的研究、计划和实施。《加拿大水法》中的“水资源管理”指保育、开发、利用水资源，包括研究、收集资料、保存记录、计划和计划的实施、水量水质的控制和调整。《匈牙利水法》、《保加利亚水法》、美国的《水资源规划法》（1965 年）、《法国水法》（1964 年）等也是综合性较强的法律，大都包括水利、保护水资源、水权、水害等内容。《南非共和国水法》（1998 年）更是一部内容广泛的综合性法律。

第二，水（资源）利用法，如供水法、工业用水法、农业用水法、城市用水法、开采地下水法等。如美国的《供水法》（1938 年），印度的《孟买灌溉法》（1879 年）、《中央邦灌溉法》（1931 年）、《迈索尔灌溉法》（1963 年）等。

第三，水利法，如水利工程法、水库法、水利设施法等。如美国的《科罗拉多河蓄水工程法》（1956 年）、《联邦水利工程游览法》（1965 年）等。

第四，水运法，如航道法、航运法、船舶航行法、河道法等。

第五，水能法，如水电站法等。

第六，水污染防治法，如工业排水法、下水道法及各种控制水污染物排放的法规。如美国的《水污染防治法》（1972 年），英国的《河流防污法》（1876 年）、《河流洁净法》（1960 年）、《土地排水法》（1961 年），印度的《北部渠道和排水法》（1873 年）等。

第七，水资源保护法，广义的水资源保护法包括保护水质水量、防治对水资源的污染和其他非污染性的损害，这里的水资源保护法是相对于上述水污染防治法而言，侧重于保护水量、防治对水资源的各种非污染性损害，如水土保持法、风景河流法、水生生物保护法等。如美国的《水土保持和利用法》(1939 年)等。

第八,水害防治法,主要指防治有关水的自然灾害的法规,如防洪法等,与防治对水的人为性损害不同。

第九,特殊水体法(即有关河流或某个特定河流、湖泊或某个特定湖泊、流域或某个特定流域的法律,地下水法、饮用水源法),如英国的《河流法》、日本的《河流法》(1964 年)等。

第十,其他与水开发、利用、保护有关的法律,如在工业法、农业法、矿产法、城市法、乡村法等法律中往往包含许多有关水资源利用和保护的内容,如美国的《国家工业恢复法》(1933 年)就包含许多有关水资源利用和保护的内容。

在中国,防治水害和开发水利历来都是关系治国安邦和国计民生的大事。为了保护和合理利用水环境资源,我国十分重视水法制建设,特别是 1988 年《水法》颁布施行以来,国家先后制定或修订了《水土保持法》(1991 年)、《防洪法》(1997 年)、《水污染防治法》(1996 年修订)、《河道管理条例》(1988 年)、《取水许可制度实施办法》(1993 年)等法律法规,到 2002 年已初步形成了一个由水法律(4 件)、行政法规(20 件)、地方性法规(160 多件)、水利部等部门规章(90 件)、地方政府规章(170 多件)和规范性文件组成的水法规体系,为水资源的开发、利用、保护和管理以及水利法制建设提供了良好的基础,使各项水事活动基本实现了有法可依。2002 年 8 月 29 日,九届全国人大常委会第 29 次会议审议通过了《水法》(修订草案)。这标志着我国水利法制建设从此进入了全面推进从传统水利向现代水利、可持续发展水利转变,建设节水防污型社会,促进经济、社会与生态环境、水资源协调发展、可持续发展的新阶段。

(三)河流法的概念和主要内容

河流法是指调整因河流开发、利用、保护、治理和管理而发生的社会关系的各种法律规范和法律表现形式(法律渊源)的总称。河流法是水法的主体部分,其典型代表是某河流或某领域的专门法规。

通过河流立法以合理开发、利用、保护、治理和管理河流,是各国行之有效的通行做法,是大江大河流域(包括国际性河流)可持续发展和环境资源保护的成功经验。奥地利于1984年制定了《荒溪流域治理法》,开展了以恢复森林为中心的山区流域管理,该法被认为是世界上第一部流域法律。

国外河流立法的形式,一般包括如下几个方面:①专门的河流立法,即针对某条河流或河流流域的专门立法。②综合性的河流立法,即与河流、水资源、水环境有关的法律,如各种形式的水法、水资源法、防洪法、河道法、水污染防治法、水土保持法等。③其他法律中有关河流开发、利用、保护、管理的内容。④有关河流开发、利用、保护、管理的衡平法和判例法。

世界多数国家所采用的河流管理方式是流域管理,其立法可分为两种形式:一是对单条河流的立法,确定流域管理机构和流域管理制度,解决该河流管理中存在的主要问题;二是进行综合性流域立法,由国家制定流域管理及设立流域机构的原则和程序,在此基础上,成立流域机构。下面对几个国家的流域管理立法及其法律制度作简要分析。

如果将河流视为一个由水流、岸滨、水中生物组成的综合生态系统,可以将河流法分为五大部分:综合性的河流法律,如《水法》、《某流域管理法》、《某河流法》;以保护河流生态环境为主要内容的河流保护法,包括保护河流生物为主的渔业法、水生动植物保护法;以防治河流污染为主要内容的河流防污法;以防治河流水土流失为主的河流水土保持法、防沙治沙法;以防洪为主的防洪法;以规范河流资源开发、利用、管理为主的水电法、航运法、河道法、水库法、水坝法等;以保护河流湿地为主的湖泊法、湿地法;等等。

二、水法是环境资源法的一个重要组成部分

环境资源法学界一般认为,水法是环境资源法的一个组成部分。从理论研究的角度看,环境资源法的概念、内涵和调整对象范围要宽于水法,并且一般在环境资源法的基础上来进一步研究河流法。因此,要研究、了解河流法和水法,必须研究了解环境资源法。

(一)环境资源及环境资源法的概念

所谓环境资源法,是指关于环境资源的开发、利用、保护、改善及其

管理的各种法律规范和法律表现形式的总和。在法学上，不但不同国家对有关环境与资源方面的法律有不同的称呼，即使在同一国家也有不同的名称。目前，国内外法学界同时流行环境法、环境资源法、生态法、国土资源法、环境和资源保护法、环境保护法、资源法等名称。在我国，学术界一般将环境资源法简称为环境法，也有的学者、教材专著将其称为环境保护法、环境保护和自然资源法、环境和自然资源法等。经过从1972年以来30多年的发展，目前国内外法学界一般认为，环境资源法是一个新兴的、独立的法律部门，环境资源法学是一个新兴的独立的法律二级学科。在中国，根据国务院学位委员会和国家教育委员会1997年6月颁布的《授予博士、硕士学位和培养研究生的学科、专业目录》(1997年)，法学专业即法学一级学科共分为如下十大二级学科：法学理论；法律史；宪法学与行政法学；刑法学；民商法学(含劳动法学、社会保障法学)；诉讼法学；经济法学；环境与资源保护法学；国际法学(含国际公法、国际私法、国际经济法)；军事法学。这说明，环境与资源保护法学即环境资源法学专业(学科)已经得到国家的正式批准。

不同国家的法律和不同学者之所以对环境资源法的名称和概念有不同的定义或理解，大都是基于对环境资源的不同认识和理解。

一般认为，资源是指对人有用或有使用价值的某种东西。广义的资源包括自然资源、经济资源、人力资源等各种资源；狭义的资源则仅指自然资源。环境资源法中的资源是指自然资源。自然资源是自然界形成的可供人类利用的一切物质和能量的总称。《中国大百科全书(法学)》中的“国土法”词条反映了上述看法。该词条认为：“国土资源包括自然资源和与之直接相关的社会资源。自然资源指能够为人们所利用作为生产资料和生活资料来源的自然要素，一般包括土地资源、水资源、生物资源、气候资源、旅游资源等；社会资源一般包括人口和劳动力的状况和分布，人们的科学文化状况和传统、社会生产和生活设施状况等。”[1]对自然资源，人们根据其不同的目的和要求进行分类，如地下资源和地表资源，可更新资源、不可更新资源和恒定性资源，可分拨

[1] 《中国大百科全书(法学)》，中国大百科全书出版社1984年版，第254页。

自然资源(appropriable)和不可分拨自然资源等(inappropriable)❶。另一种较为普遍的分法是将自然资源分为土地资源、水资源、海洋资源、大气资源、矿产资源、生物资源(主要指野生动植物资源)、旅游资源等自然资源,其中水、土资源是两种最基本的自然资源。

一般认为,环境总是相对于某个中心而言的,人们把这个中心称为主体,把围绕着中心的周围世界称为环境。中心不同,环境的内容也有所不同。生物中心主义的环境以生物(包括人和动植物、微生物)为中心,生态中心主义的环境以生态或生态系统(包括生物与其赖以生存发展的非生命物质)为中心。环境资源法律和政策中的环境概念大都以人为中心,例如《阿拉伯联盟环境与发展宣言》(1986 年)明确指出:"环境乃指环绕人周围的一切。"如果以一个人或一群人为中心,那么,围绕这个人或这群人的周围世界大体上可以分为两个部分:一是主要由其他人及其生活物质条件形成的社会环境,二是社会环境以外的物质世界即自然环境。所以《辞海》将环境概括为"周围的境况。如自然环境,社会环境"❷。马克思主义的创始人也认为,人"不仅生活在自然中,而且生活在人类社会中"❸。如果以整个人类为中心,那么,围绕整个人类的周围世界就是人类环境。通常所说的人类环境就是指以整个人类为中心、除人类以外的非人类世界即自然环境。自然环境是一个复杂庞大、多层次、多单元的系统。根据人类对环境内涵的知识,我们把组成自然环境的各个成分叫做环境因素或环境介质。由于环境因素很多,我们将重要的环境因素叫做环境要素。自然环境是由各种环境因素或环境要素组成的统一体。根据需要,有时将某种环境要素或某

---

❶ 美国第一个诺贝尔经济学奖得主、著名经济学家保罗·萨缪尔森所著的《微观经济学》(第 16 版)认为:可分拨自然资源包括土地、像石油和天然气那样的矿产资源,以及森林;不可分拨自然资源是一种对个人免费而具有社会成本的资源,外部性是指那些生产或消费对其他团体强征了不可补偿的成本或给予了无须补偿的收益的情形。参看[美]保罗·萨缪尔森、威廉·诺德豪斯著,萧琛等译:《微观经济学》(第 16 版),华夏出版社、麦格劳·希尔出版公司 1999 年版,第 263 页。

❷ 《辞海》,上海辞书出版社 1979 年版,第 2575 页。

❸ 《马克思恩格斯选集》第 4 卷,人民出版社 1972 年版,第 226 页。

些环境因素的组合称为某种环境,如由森林、草原、山岭、荒野、江河湖海等环境要素组成的天然环境;由人文遗迹、城市、乡村、风景名胜区等环境要素组成的人为环境(在自然科学中也称"社会环境");由不同层次、大小的生态系统组成的生态环境和不同生活功能区组成的生活环境。

法律对环境的定义主要有概括式和列举式两种,有时也将概括式与列举式结合起来。例如:《联合国人类环境宣言》(1972 年)、《美国国家环境政策法》(1969 年)等环境政策文件和法律都将环境分为天然环境和人为环境两个方面。根据《中华人民共和国环境保护法》(1989 年)❶,"本法所称环境,是指影响人类生存和发展的各种天然的和经过人工改造的自然因素的总体,包括大气、水、海洋、土地、矿藏、森林、草原、野生生物、自然遗迹、人文遗迹、自然保护区、风景名胜区、城市和乡村等"。天然环境是早于人类出现之前就已经存在的或非人工培育的环境,如大气、海洋、高山、荒野等。人为环境,是人类实践的产物,是人类在天然环境的基础上加工、创造的物质环境,是人工生态系统与自然生态系统的综合。随着人类社会的发展与进步,人与环境相互作用的加强,人为环境因素越来越多,纯粹的天然环境因素越来越少。有的学者主张法律上的环境是指天然环境;但是,许多学者认为,目前纯粹的天然环境已经很少,环境应该包括天然环境和人为环境两个方面。有人认为诸如城市、村庄等人工物不属于自然环境(简称环境)的范畴,但"世界给人的影响广大而深远,人对自然的改变毕竟微乎其微。所以我仍可以把人改造过的自然称作'自然'"❷。

值得注意的是,在传统法律(如民法)中一直有物和财产的概念而没有环境的概念,为了将环境资源法中的环境、资源与传统法律中的物、财产既联系起来又区别开来,《日本公害对策法》(1967 年)和日本《环境基本法》(1993 年)第 2 条均规定:"本法所称

---

❶ 本书以后引用中国法律时,省略"中华人民共和国"这 7 个字。

❷ (美)R·W·爱默生(R. W. Emerson)著. 博凡译:《自然沉思录》(Nature and Some other Essays),上海社会科学出版社 1993 年版,第 3 页。

‘生活环境’，是指与人类生活有密切关系的财产，与人类生活有密切关系的动物和植物，以及这些动植物的生存环境。”韩国1978年《环境保护法》第2条规定：“本法所称‘环境’系指作为自然状态的自然环境和与人类生存有密切关系的财产，与人类生活有密切关系的动物和植物，以及这些动植物所在的生存环境。”可见环境资源法中的环境的内涵要大于传统民商法中的财产，环境中的某些要素或成分（如土地、森林）可以成为民商法中的财产，除此之外，它还包括不一定属于私有财产的动植物，以及大气、水、土地等动植物的生存环境和作为自然状态的自然环境。从广义上讲，自然环境和自然资源是财富的源泉或本身就是财富，但民法等法律中的物或财产是由法律定义并有特定法律含义的，德国民法典就明确规定动物不是物，至于动植物的生存环境以及作为自然状态的自然环境（如大气、海洋等）一般不属于传统民法等法律中财产的范畴。另外，环境资源法中的环境具有整体性、地理联系性和生态联系性等特点，某些环境要素（如大气、海洋）以及作为整体性的环境具有公共性、不能独占性、消费不排他性等特点，这使得保护环境的环境资源法机制与保护财产的其他法律机制具有根本不同的性质和特点。明确环境资源法律上的环境与其他法律（民法、商法、经济法等法律）上的物或财产的联系与区别，对于掌握环境资源法与其他法的联系与区别具有重要意义。

在环境资源法中的各种“环境”概念，大都肯定了人与环境的相互作用和影响，表明了人与自然的关系。澳大利亚1979年的《环境规划与评估法》将环境定义为“影响人类、个人或人的社会群体之周围事物的所有方面”。斯洛伐克1993年《环境保护法》将环境解释为“已经或可能被人类影响的那一部分自然界。……生活环境是直接影响人类的那一部分环境。”上述环境定义都清楚明确地说明了环境与人的密切关系，包括人对环境的影响（包括直接影响和间接影响）和环境对人的影响。

所谓人与自然的关系（或人与自然环境的关系、人与环境资源的关系，又称人与环境的关系、人与物的关系），是指人与自然之间的相互联系、影响和作用；由于人与自然的某种状态，包括运动状态和相对静止状态，必然反映人与自然的某种关系，因而，人与自然的关系也指人与自然或“人与环境”这一综合体所呈现的各种状态。人与自然关系中的人，包括个人、单位（包括企业事业单位、法人单位和非法人单位）、政府组织（包括国家中央政府组织、地方政府组织和国际政府间组织）、非政府非赢利民间组织和社会团体、全人类（包括当代人类和未来世代的人类）。人与自然关系中的自然，是指各种天然的和经过人工改造过的自然因素的总称。一些法学家对人与人的关系非常熟悉，但对人与自然的关系却研究不深、了解不多。其实，人与自然的关系如同人与人的关系一样复杂多样，有的人之所以对“人与自然的关系”产生错觉，其根源就在于没有认识到人与自然关系的丰富多样性。从不同角度可以将现实生活中人与自然的关系分为：时间关系，空间关系，生态关系，物质交流关系和利用关系，利益关系，因果关系，带感情色彩的身份关系（如朋友关系、伙伴关系等）以及其他关系。不能一讲人与自然的关系，就单纯地理解为人与自然的平等主体关系，更不能从“本质上”将人与自然的关系视为人与人的关系。

人与自然的关系既包括作为整体的人类（复数人）与作为整体的环境（复数环境因素）之间的关系，也包括个别人（单个人）与个别环境因素（单个环境因素）之间的关系。当谈到人们（复数人）与自然的关系时，当然是先有人与人的关系才有人们（复数人）与自然的关系，即先由人组成人们然后才有人们与自然的关系；正如谈到整体的环境（复数环境因素）与人的关系时，同样是先有物与物的关系才有整体的环境（复数环境因素）与人的关系一样，即只有先由物与物形成环境（复数环境因素），然后才有环境（复数环境因素）与人的关系；这时，决不可用人与人的关系否定人与自然的关系，或用物与物的关系否定人与自然的关系。

在法律中明确承认和肯定人与自然（环境资源）的关系，为环境资源法调整人与自然关系的理论提供了坚实的法律基础。法律保护环境也就是法律保护人与环境之间的良好的、平衡的、和谐的关系；

用法律调整人与自然的关系，实际就是用法律保护和改善环境资源。

目前，在专业机关和学科领域存在着一种将国土、环境、资源和土地概念作扩大解释的趋势。一是大国土观点，如《全国计划部门普法辅导讲话》（第 200 页）指出，“我们认为，国土、资源、环境三者既有相同之处，也有不同的内容。国土包括国土资源和国土环境，国土应该是一个总体的概念，资源和环境都是国土的具体概念”。二是大环境观点，认为环境的内涵比资源和国土广，自然资源包含在环境要素之中。马世骏等专家在给中央书记处讲课的讲稿中指出，“自然环境不仅是人类吸取基本生命物质的场所，也是为人类提供生产建设原料的基地，环境是资源已逐渐为人民所认识。”❶ 三是大资源观点，认为自然资源既是资源又是环境因素也形成国土，某种环境因素或环境条件可能一时无用，但对整个人类来说所有环境因素都是自然资源。“人类在生产、生活和精神上所需的所有物质、能量、信息、劳力、资金、技术、机能等‘初始投入’和环境要素都是资源。……自然资源是主要由自然界所生成的资源，包括矿产资源、能源资源、土地资源、水资源、森林资源、生物资源、海洋资源和自然旅游资源等。”❷ 四是大土地观点，认为土地不仅是土，广义的土地就是国土，1975 年联合国粮农组织发表的“土地评价纲要”给土地下的定义是，“一片土地的地理学定义是指地球表面的一个特定地区：其特性包含着此地面以上和以下垂直的生物圈的一切比较稳定或周期循环的要素，如大气、土壤、地质、水文、动植物密度，人类过去和现在相互作用的结果等，因为这些要素及其相互作用对人类现在和将来利用土地都会产生深远的影响”。

从概念的内涵看，环境、资源和国土是三个从不同角度、有不同侧重点并相互交叉的概念。环境概念强调整体性、生态联系性，人类

---

❶ 国家环境保护局编：《环境工作通讯汇编》。中国环境科学出版社 1984 年版，第 231 页。

❷ 秦大河等著：《第二章 中国资源与可持续发展》，载于陈复等主编的《中国人口资源环境与可持续发展战略研究》（第 1 卷），中国环境科学出版社 2000 年版，第 273 页。

环境无国界。资源概念强调使用价值、可开发利用性，自然资源是财源。国土概念强调区域性、主权性，国土有国界。本文使用的“环境资源”概念包括环境与自然资源两个方面，是环境与自然资源的总称，不仅仅是指“环境容量、环境净化能力或环境美也是一种资源”这种狭义的环境资源。本文之所以在使用环境资源这一概念的同时，有时还使用环境、资源、国土、土地等概念，是从不同角度而言，也考虑到不同部门、行业和学科已经形成的习惯用法和术语。

(二)环境资源法体系

环境资源法不是指某一个法律规范、某项法律规定或某部环境法规，而是具有共同宗旨、性质相似、相互关联的一系列法律规范、法律规定和其他有关法律渊源所组成的环境资源法体系。例如，日本于1972年出版的《环境法规总览》已汇集110多项法规；到20世纪80年代初，日本仅在渔业方面的法律、法令、规则等规范性文件就有100多种，《日本国土六法》已汇集500多项法规，日本通商产业省资源能源厅出版的《能源六法》已汇集大量能源法规。到20世纪70年，美国已制定几十个联邦环境法律和近千件联邦环境法规，联邦德国已有160多项环境法律、法规，瑞典、英国、法国等也各有几十项环境法律、法规。到2005年年底，我国已经初步形成环境资源法体系，制定环境保护法律9部、自然资源法15部，20多部与环境资源密切相关的其他法律，800余项国家环境保护标准，批准和签署多边国际环境条约51项，先后与美国、日本、加拿大、俄罗斯等42个国家签署双边环境保护合作协议或谅解备忘录（包括14个核安全合作协议)，各地方人大和政府制定的地方性环境法规和地方政府规章1600余项。

所谓环境资源法体系（简称环境法体系)，就是指由相互联系、相互补充、相互制约，旨在调整因环境资源开发、利用、保护、改善及其管理的法律规范和其他法律渊源所组成的系统。这里的法律规范，是指由国家制定或认可，以国家强制力保障其实施，并由假定（或条件)、指示（或处理)、后果三要素组成的行为规则；包括但不限于由假定、处理和制裁三要素组成的制裁性法律规范。这里的法律规定和其他法律渊源，是泛指各种法律、法规以及国家认可的其他法律规范性文件中的有关规定和其他有关法律渊源，包括：实体内容、程序性规定、法律规定的理念、原则和政策，习惯和判例等。

从不同角度，可以将环境法体系分为法律规范体系、法规体系、现行体系、目标体系和学术体系等类型。环境法律现行体系和目标体系，是从时间角度对环境法体系的定义。前者就目前环境法的状况而言，是指由现有环境资源法律规范或法规组成的系统；后者就将来环境法的状况而言，是指按照国家的立法规划或计划在一定时期内建成的体系。现行体系一般不够完善，而目标体系则仅仅是一种规划和设想。环境立法的计划特别是环境立法长远规划，主要是设计、规划环境法的目标体系。学术体系是指专家学者从学术理论研究的角度提出的环境法体系。由于不同学者或不同学派对环境法的目的、任务、保护对象、调整对象、表现形式等问题有不同的看法，其主张的环境法体系也有不同的范围。学术体系带有学术味、理想化，由于它是通过理论分析研究提出来的，参考综合了各种现行体系、目标体系和其他的学术体系，因而比较全面。不同的学术体系代表不同的学术思想和学派，通过不同的学术体系的比较和争鸣，可以促进环境法现行体系、目标体系和其他体系的优化、健全和发展。环境资源法体系的发展、健全程度，是衡量一个国家环境资源法制和环境管理水平的重要标志。建立健全环境资源法体系，对于加强环境资源法制建设和环境管理，加强对合理开发、利用和保护、改善环境的法律控制，具有重要的意义。

为了掌握不同国家和地区的环境资源法体系，特别需要从如下几个方面来理解。

1. 从法系来了解环境资源法体系

法系(legal system)，是由若干国家和特定地区具有某种共性或共同传统的法律体系的总称。这里的法系并不是指一个国家的法律的总称，而是指一些国家或地区的法律的总称，是指同一类法律的总称；这些国家或地区的法律之所以构成一类，是因为从某种标准来看，它们具有一种共性或共同的传统。世界上公认的法系主要有5种：东方文明包括中华法系❶、印度法系和伊斯兰法系；西方法律文明中包括民法法系（大陆法系）和普通法系（英美法系）。要了解世界上主要国家的环境资源法的特点，必须对不同法系的特点有所了解，对环境资源法系而言，特别需要了解大陆法系和英美法系的环境资源法的特点。

大陆法系，又称为罗马法系、民法法系、法典法系或罗马－日耳曼法系。大陆法系是指以罗马法为历史渊源，以《法国民法典》和《德国民法典》为主要标志或与其有继受关系并因之具有某些相似性的各国家和各地区法律的总称。大陆法系的分布范围以欧洲大陆为中心，包括美洲、亚洲和非洲的许多国家和地区。大陆法系的基本特点是：①以成文法（制定法）为主，重视法典编纂。大陆法系最大的特点是法典化。法典编纂运动在19世纪与20世纪推广到罗马－日耳曼法系的所有国家，这些国家之间法的亲密关系不仅表现在全部采取了编纂法典的方法，也表现在把法律规范分成若干法典的归类方式上。法国颁布五部拿破仑法典，提供了范例。在罗马－日耳曼法系各国，可以看到同样的五部基础法典。②判例不创立"法律规范"。大陆法源体系承认判例的重要性，但是法官不是立法者，判例也不是"法律规范"的来源。这是因为，在大陆法系国家，法官并不遵循先例主义原则。即使判例可能确立一定的规范，但"它们是不稳定的规范，在审理新案件时随时可被否定或变更"。③公法与私法的划分。公、私法的划分在大陆法系国家的法学研究和法学教育中十分重要。目前的划分主要有法国模式和德国模式。在法国，公法通常包括宪法、行政法、财政法和国际公法；私法有民法、商法、民事诉讼法和刑法。在德国，公法包括宪法、行政法、税法、刑法、刑事诉讼法、民事诉讼法、破产法、国际公法和调整州与其他公共机构的关系的州法；私法则有民法、商法、公司法、版权法、竞

❶ 历史上中国法律文化灿烂、政治清明之时，也是中国社会兴盛之世。如秦代的"商鞅变法"与统一中国、礼刑文化与西周的繁荣富强、礼法文化与汉代的文景之治和唐代的贞观之治。特别是唐代，中国法律文化和律令政治发达至为周边诸国所模仿，形成以中国为本土、以唐律为代表、以礼法结合为特征，影响及于朝鲜、日本、琉球、安南（今日之越南）、西域（今日新疆及中亚一带）的法律文化系统，谓之中华法系。自16世纪中叶以后，中华法系开始走向衰败和落后。

争法、专利法、商标法和国际私法等。④“实体中心主义”。大陆法系一直主张实体法是主体，程序法是从法。实体法概括各种行为规则，确认各种权利和义务，所以是法律的核心。程序法主要是为了实现实体法中的权利和义务而设定的，因而从属于实体法。⑤“法学家的法”。从大陆法系的历史发展过程中，法学家及其法律学说起着主导作用。

英美法系通常是指以英国中世纪以来的普通法为基础、以判例法为主要标志并与其存在继受关系因之具有某些相似性、不变性的各国家和各地区的法律的总称。英美法系又被称为英国法系或普通法法系、判例法法系或海洋法系。英美法系的分布范围主要是：欧洲的英国本土、爱尔兰、美国、加拿大、澳大利亚、新西兰、印度、新加坡、缅甸和中国的香港等。英美法系的基本特点是：①非法典化的法律表现形式（或渊源）。同大陆法系法典化的法律渊源不同，英美法系从未全面实现法典化。编纂法典的思想受到了来自法律职业者们的强烈反对，律师们不愿意看到他们所熟悉的探究法律的技术被法典弄得一文不值。所以，不论在英国，还是在美国，乃至在整个英美法系，法律渊源都没有实现全面的法典化。②判例法。“判例法”又称为“法官创造的法律”（“法官法”）。它是指某一法院在一个判决中所含有的法律原则或规则，对本院或其他法院以后的审判来说，具有约束力或说服力。也就是说，判例法是法官通过判决形成的法律规范。在英美法系的历史上，判例法是在普通法和衡平法发展的过程中形成起来的。判例法是英美法系最具特色的一种制度，它不是一种适用法律的方法，而是相对于大陆法系国家的成文法或制定法而言的一种法律形式。判例法的精神实质是要求法院将判例作为处理今后相同或相似案件的依据，体现的是其规范效力，在这一层面上它与成文法或制定法具有相同的意义。其基本原理是“遵循先例”，即法院审理案件时，必须将先前法院的判例作为审理和裁决的法律依据；对于本院和上级法院已经生效的判决所处理过的问题，如果再遇到与其相同或相似的案件，在没有新情况和提不出更充分的理由时，就不得作出与过去的判决相反或不一致的判决。法院的审级越高，其判例适用的范围就越广，所有法院必须考虑本院以前的判例；上诉审法院一般也要受自己判例的约束，最高审级法院判例,对所有下级法院都有约束力。③普通法与衡平法的划分。在英美法系中,否认公法与私法的划分,是一种悠久的法律传统,而占统治地位的对法律的基本划分是普通法与衡平法的划分。普通法(common law)是指起源于英格兰的,建立在以正义、理性和常识为依据的普遍原则的基础上的不成文法律体系[1]。普通法的表现形式是判例。在英、美法系国家,普通法是法的主要渊源之一。普通法与衡平法的区别,主要在于:普通法属于严格的法律规则,而衡平法在尊重法律的同时,要考虑良心的需要和道德戒律的要求,以便对普通法进行补充;通常,普通法包括刑法、契约法和民事侵权行为法;衡平法包括不动产法、信托财产法、合伙法、破产法和遗嘱解释与遗产清理问题;普通法由普通法法院实施,衡平法由衡平法法院实施,1875 年以后,普通法和衡平法则由统一的法院施行,实际上衡平法通常只由大法官施行;普通法诉讼程序比衡平法诉讼程序严格和复杂,其法律救济手段一般是损害赔偿。衡平法的补救办法比普通法的救济办法更多地或更大程度上来自法官的自由裁量权,衡平法允许法院向被告发出命令或禁令,被告若违反禁令则将被监禁或将被扣押财产。④英美法系奉行"程序中心主义",是一种以诉讼为中心的法系,其核心问题是当事人怎样通过一定程序获得法院的救济。⑤英美法是"法律家的法"。如果说大陆法系比较重视大学的法学教育和法律学说,那么,在英美法系则是法律家占据主导地位,法律更多受到律师和法官们的影响,而不是大学教授们的影响。目前在英美法系国家,环境资源法体系实际上是指环境资源法渊源或表现形式的总和,包括与环境资源利用保护有关的制定法、普通法、衡平法和司法判例等。在美国,环境资源法主要包括与环境资源有关的衡平法、侵权法和公共托管原则等。衡平法中的一些原则,如"不以损害他人财产的方式使用自己的财产"、"不允许没有补偿的损害行为"等在当代环境法的实践中已经得到广泛应用。侵权法中关于妨害(nuisance)、侵犯(trespass)、过失(negligence)、严格责任(strict liabil-

---

[1] [美]斯蒂芬·H·吉菲斯,《法律词典》(英文版),[美]拜伦教育丛书有限公司,1984 年版,第 81 页。

ity)、河岸所有权(riparian right)和先占(prior appropriation)的习惯法规则,自20世纪70年代以来,经过改进,已在环境诉讼的实践中得到广泛应用。公共托管原则或公共信托理论在美国、英国等国的环境诉讼实践中已经得到较大的发展,甚至得到了诸如《密执安州1970年环境保护法》等成文法的确认。在普通法系国家,判例主要用于解释成文法和适用普通法的原则,在一些普通法系国家的环境法中已经形成一个庞大的、丰富的、具有特殊结构的环境判例法体系;在法国、奥地利等大陆法系国家,判例虽然不是法的表现形式(或渊源),但在某些情况下,法院做出的解释成文法的判决也被认为具有制定法的性质和作用。

伊斯兰法系，又称为阿拉伯法系、穆斯林法系、回回法系和穆罕默德法系。它是指以《古兰经》为基础形成和发展起来的伊斯兰法的总称。伊斯兰法系是宗教法，而不是世俗法，不是各个伊斯兰国家的法律的总称，而是这些伊斯兰国家中穆斯林所信奉的伊斯兰法的总称。伊斯兰法是属人法，凡是穆斯林，都施行伊斯兰法。目前，伴随着伊斯兰教的广泛传播，伊斯兰法系也分布在世界的广大地区，包括西亚、北非、南亚、东南亚、南部非洲及其他地区。伊斯兰法系的基本特点如下：

第一，特有的思想基础。伊斯兰法在原则上是不变的，是绝对的、永远有效的规范，任何立法者和立法机关都无权对它进行修改。独特的神意观念和立法思想，导致伊斯兰法长期被置入固定不变的铸模，并使之具有僵化性和保守性。

第二，法律与宗教合一。在穆斯林社会，法律是宗教的一个方面，法律依存或从属于宗教。这就是说，一方面，伊斯兰法只是伊斯兰教各个方面中的一个部分；另一方面，伊斯兰教本质上是法律的宗教，如同犹太教一样。

第三，独特的“法源”体系。“法源”即法的表现形式。伊斯兰古典法源理论体系的创始人、伊斯兰法学之父穆罕默德认为伊斯兰法系有四大法源：①《古兰经》。亦译为《可兰经》，是伊斯兰教和伊斯兰法的核心或最高准绳，也是伊斯兰法最重要的法源。②《圣训》。《圣训》专指穆罕默德的行为或先例，即“圣行”。按照伊斯兰教的精神，先知的行为就是一种榜样，可以用来指引穆斯林。③“公议”。“公议”即“法学家的一致意见”。④“类比”，又称为“类推”。伊斯兰法律的类比涉及的只能是对伊斯兰法的解释，而不是发展和创制新的伊斯兰规则。所以，类比又被视为解释和实施伊斯兰法的一种方式。伊斯兰法有四大法源，充分说明了伊斯兰法系的固有特色。法源的多样性，一方面反映了伊斯兰法的神启性；另一方面又有助于克服伊斯兰法的僵化与保守，使伊斯兰法在一定程度上满足社会发展变化的需要。伊斯兰法学家在伊斯兰法发展过程中一直发挥着主导作用，他们的著作成了伊斯兰法的化身，伊斯兰法也成了“法学家的法律”。

第四，特殊的地位和影响。伊斯兰教是一种精神信仰、价值观念和文化体系，是一套完整的社会、政治和法律制度乃至生活方式，这决定了伊斯兰法在伊斯兰国家中特殊的地位和对这些国家制定法的很大影响。

另外，除了专门的伊斯兰法系外，我们应该特别注意西方国家宗教与法律的密切关系。伯尔曼教授指出，法律与宗教都产生于人性的共同情感。它们代表人类生活中的两个方面：法律意味着秩序，宗教意味着信仰。没有法律，人类便无法维系社会；失去信仰，人类则无以面对未来的世界。它们二者相通，相互依存。众所周知，基督教给法律发展以极其深刻的影响，法律的许多基本原则和精神是从基督教中发展来的。宗教规范与法律规范具有某些共同的要素，法律规范中所包含着的仪式、传统、权威和普遍性要素有些起源于宗教中的相应因素。宗教规范与法律规范的执行机制也有相似之处，法律规范的执行表现通过法律解释机制，随着法律解释的发展出现了专门的法学家阶层和一些专门的著作，宗教规范的执行也是如此。在西方的历史上，基督教在其发展各个历史阶段，给法律注入各种精神，并成功地使法律制度适应于人类的需要。希伯来的法律与宗教不分。后来罗马皇帝皈依基督后，把立法活动作为基督教的职责，并按基督教的思想修订法律。伯尔曼教授还明确地指出，中世纪晚期的教会法乃是西方最早的现代法律制度“最先让西方人懂得现代法律制度是怎么回事的，正是教会”。西方教会法的内容非常广泛，包括婚姻法、继承法、侵权行为法、刑法、契约法、财产法、衡平法、诉讼法等。这些法连同其发展原则本身，已渗入到西方世俗法律之中。从这里，实际上产生了西方法的通用语言，产生了能够有机发展的西方法律传统；法律规范成为文化，被认为是神意的具体化；法律的神圣性弘扬光大，几乎使其成为宗教的一个组成部分；法律从宗教中获得了普遍性、神圣性和权威性。这也是为什么法律在西方社会有至上的权威和宗教般的神圣，能得到普遍遵守，深深扎根于社会的原因。政教分立是近代资产阶级革命、文艺复兴和宗教改革运动的结果。当代世界各国，特别是发达国家，大多都实行政教分离的制度，反对宗教干涉国家事务，并把这一点看作文明社会的一个标志。宗教已失去如中世纪那样对整个社会——包括对法律——的统治地位，但作为一种传统，或习惯法，仍然在某些社会领域起着重要的作用，如在西方一些国家仍然把宗教的结婚仪式作为婚姻成立的法定条件。而在一些政教合一的国家，宗教规范仍然发挥着法律般的作用，伊斯兰法系仍然在一些国家占据着统治地位。由于西方的宗教在社会生活中具有重要作用，我们当研究西方法律制度时，决不可忽视宗教的重要意义。

2. 从我国立法体制来了解环境资源法体系

环境资源法规体系，又称立法体系，是指由相互联系、相互补充、相互制约，有关环境资源开发、利用、保护、改善及其管理的法律、法规、规章和其他具有法律约束力的规范性文件所组成的系统；是从制定法角度对环境资源法体系的定义。从现行立法体制或法律法规的效力级别看，我国环境资源法规体系主要由如下七个层次构成。

(1) 宪法。宪法主要规定国家在环境资源开发、利用、保护、改善及其管理方面的基本职责（即基本权利和基本义务）、基本政策以及单位和公民的环境权利等基本问题。到 1995 年，有 60 多个国家的宪法规定了保护环境和自然资源的内容，越来越多的国家特别是发展中国家的宪法已将环境保护规定为国家的职责及公民的权利和义务。我国宪法中有不少关于合理开发、利用和保护、改善环境资源的规定。宪法是国家的根本大法，宪法中有关环境保护的规定具有指导性、原则性和政策性，它构成我国环境资源法制的宪法基础。

(2)环境资源法律。环境资源法律是指由全国人民代表大会及其常务委员会制定的有关环境资源开发、利用、保护、改善及其管理的法律。

环境资源法律包括基本法律和法律。其中由全国人大制定的法律称基本法律，如《民法通则》（1986 年）、《刑法》（1997 年）、《中外合资经营企业法》（1979 年颁布，1990 年、2001 年修改）等基本法律均有环境资源保护的内容。其中由全国人大常委会制定的法律称法律，如《固体废物污染环境防治法》（1995 年）等法律。

也可以将环境资源法律分为专门性的环境资源法律和非专门性的相关法律。专门性的环境资源法律是专门调整环境社会关系的法律，包括综合性的专门法律（如《环境保护法》）和单行性的专门法律（如《大气污染防治法》）。相对于综合性的专门法律而言，单行性的专门法律仅调整某个方面的环境社会关系。目前我国已经制定大量防治污染、自然保护、资源管理、区域开发、城乡建设、灾害防治方面的单行法律。非专门性的有关法律，是指除专门性的环境资源法律之外，与环境资源有关的经济法律、民商法律、刑事法律、诉讼法律等法律。如《食品卫生法》（1995 年）、《海商法》（1992 年）、《农业法》（1993 年）、《乡镇企业法》（1996 年）、《标准化法》（1988 年）、《治安管理处罚法》（2005 年）等法律，都有与环境资源管理有关的内容。

(3)环境资源行政法规。环境行政法规是指国务院制定的有关环境资源开发、利用、保护、改善及其管理的行政法规。目前国务院已制定许多防治环境污染和环境破坏、保护环境和自然资源的行政法规，如《自然保护区条例》(1994 年)、《淮河流域水污染防治暂行条例》(1995 年)等。

(4)地方环境资源法规。地方环境资源法规，是指由各省、自治区、直辖市和其他依法有地方法规制定权的地方人民代表大会及其常务委员会制定的有关环境资源开发、利用、保护、改善及其管理的地方法规，包括《立法法》(2000 年)中规定的地方性法规、自治条例和单行条例。如《湖北省环境保护条例》(1994 年 12 月 2 日湖北省第八届人民代表大会常务委员会第 10 次会议通过)等。

(5)环境资源部门规章。环境部门规章,是指国务院所属各部、委和其他依法有行政规章制定权的国家行政部门制定的有关环境资源开发、利用、保护、改善及其管理的行政规章。如《排放污染物申报登记管理规定》(1992 年 8 月国家环保局发布)、《防治尾矿污染环境管理规定》(1992 年 8 月国家环境保护局发布)等。

(6)地方政府环境规章。地方政府环境规章,是指由各省、自治区、直辖市人民政府和其他依法有地方行政规章制定权的地方人民政府制定的有关环境资源开发、利用、保护、改善及其管理的地方行政规章。如《北京市防治大气污染管理暂行办法》(1984 年 3 月北京市人民政府颁布)、《湖北省排污费征收管理实施办法》(1995 年 9 月湖北省人民政府发布)等。

(7)各种依法制定或由国家认可并具有法律效力的环境资源标准、规划和国际条约。各种依法制定并具有法律效力的环境资源标准及其有关法律规定中的标准,包括环境保护标准、环境卫生绿化标准、城乡建设标准、资源开发利用标准等。许多环境资源法律、法规、规章中都有环境标准的规定,如《环境标准管理办法》(1999 年)就是一个关于环境标准的行政规章。

各种依法制定并有法律效力的有关环境资源方面的计（规）划和有关法律规定的计（规）划，包括由国家立法机关批准或通过的国家经济社会发展计（规）划、全国国土规划；由国务院批准的城市规划、经济区规划和其他区域开发整治规划；各种环境资源法律明确规定必须制定和实施的污染控制计划、资源开采计划等。目前，中国已制定一系列环境规划、计划。如《全国土地利用总体规划纲要》、《全国水土保持规划纲要》、《中国七大江河流域综合规划》等。有关法律、法规和行政规章，如《环境保护计划管理办法》（1994 年），对上述有关计划、规划的编制、审批、效力和实施等问题作了专门规定。根据《水法》（2002 年）第 18 条的规定，“规划一经批准，必须严格执行”。

我国缔结或者参加的国际环境条约是国内环境资源法的一个重要渊源。“条约是两个或两个以上国际法主体依据国际法确定其相互间权利和义务的一致的意思表示。”[1]目前,国际社会已经签订数以百计的有关环境保护的公约、协定、议定书等条约文件,这些条约以不同的方式成为有关条约缔约方的国内法的一部分,即国内法的渊源。目前中国已经签订、参加60多个与环境资源有关的国际条约,除中国宣布予以保留的条款外,它们都构成中国环境资源法体系的一个组成部分。

(8)其他环境规范性文件。其他环境规范性文件,是指除上述6类外,由县级以上人民代表大会及其常务委员会、人民政府依照宪法、法律的规定制定的有关合理开发、利用和保护、改善环境和资源方面的规范性文件。根据《宪法》的规定,“地方各级人民代表大会在本行政区域内……依照法律规定的权限,通过和发布决议”(第九十九条),“县级以上地方各级人民政府依照法律规定的权限……发布决定和命令”(第一百零七条)。例如:《湖北省建设项目环境保护管理实施细则》(湖北省环境保护局、湖北省计委、湖北省经委1988年2月颁发)和《湖北省环境保护设施管理办法》(湖北省环境保护局1988年3月颁发)。对于上述规范性文件,有的学者认为不属于法规的范畴。

上述8个层次的效力级别如下:《宪法》是我国环境资源法体系的基础,在整个环境资源法规体系中具有最高的法律效力,其他层次都不得同宪法相抵触;环境资源法律具有仅次于宪法的法律效力,除宪法以外的其他层次不得与法律相抵触;环境行政法规必须根据宪法和法律制定;地方环境资源法规不得同宪法、法律和行政法规相抵触;环境部门规章必须根据法律和行政法规制定;地方政府环境规章根据法律、行政法规、地方法规和部门规章制定。在环境行政诉讼中,环境资源法律、法规称为“依据法”,环境部门规章称为“参照法”,其他规范性文件只有参考的价值。标准、规划的法律效力由有关法律法规明确规定。从立法体制的角度建立环境资源法规体系,要注意维护我国环境资源法制的统一性,发挥中央和地方立法机关以及各个层次法规的作用。

---

[1] 王铁崖主编:《国际法》。法律出版社1995年版,第401页。

在具体适用法律而发生法律冲突时，除法律明确规定外，一般按照“大法优于小法（或高级别的法优于低级别的法），后法优于前法（新法优于旧法），特殊法优于普通法，国际法优于国内法（除我国宣布保留的条款外）”的原则处理。

可以把上述环境资源标准、计划、国际条约和相关部门法律中的有关规定作为环境资源法体系的配套部分。值得注意的是，目前美国、日本、欧盟成员国等西方工业发达国家非常重视标准和计划在环境资源法中的作用，标准控制和计划控制已成为对环境资源活动法律调控的重要手段。在有些国家，环境资源标准通常以法规的形式颁布，环境资源规划以法案的形式由议会通过。欧盟有关防止放射性污染的标准由《欧洲原子能共同体条约》（1957 年）规定，该条约还规定应该依据该标准制定有关欧盟法规；欧盟的污染物排放标准也以法规的形式公布。根据《欧洲联盟条约》（1992 年），欧共体环境行动规划按立法程序通过，不仅本身具有法律性质而且具有造法功能（即规定依据该规划来制定有关环境资源法规）。我们应该重视标准和计划在环境资源法体系中的地位和作用。

3. 从内容来了解环境资源法体系

从环境资源法体系的内容看，可以将环境资源法体系分为如下几大块或子体系：

（1）以防治环境污染为主要内容的环境保护法子体系，简称污染防治法；

（2）以自然资源开发、利用及其管理为主要内容的自然资源法子体系，又称自然资源利用和管理法；

（3）以城市、乡村和区域开发整治为主要内容的国土开发整治法子体系；

（4）以防治自然灾害为主要内容的灾害防治法子体系；

（5）以保护野生动植物及其栖息环境为主要内容自然保护法子体系；

（6）以防治生态破坏和建设生态环境为主要内容的生态环境建设法子体系；

(7)以能源开发、利用、节约及其管理为主要内容的能源法子体系;

(8)其他子体系。按照上述划分方法,有人将水法或水环境资源法仅仅纳入自然资源法子体系或灾害防治法子体系是不够准确的,水法或水环境资源法方面的法律法规,与上面8个子体系都有关,也就是说,它的内容可以分别纳入上述8个方面。

也可以从环境资源法律法规的内容联系和功能的角度,将环境资源法体系作如下划分:

(1)综合性环境资源法律或者具有较强综合性的法律。综合性环境资源法律又称环境基本法,是从全局出发,对整体环境以及合理开发、利用和保护、改善环境资源的重大问题作出规定的法律,在整个环境资源法规体系中处于牵头地位。目前我国尚没有一部囊括所有环境资源问题或环境资源事务的综合性的环境资源法律或环境资源法典;也有人认为,所谓综合性的环境资源法律的内容也是相对的或逐步完善的,甚至可以有几部环境资源综合性法律,在目前情况下可以认为《环境保护法》(1989年)等法律属于环境综合性法律。综合性环境资源法律或具有较强综合性的环境资源法律是20世纪60年代的产物,被认为是当代环境资源法成为一个独立的法律部门的主要标志,在整个环境资源法规体系中处于牵头地位或中心地位。

(2)单行性专门环境资源法规。单行性专门环境资源法规,是相对综合性环境资源法律而言,专门对某种环境要素或对环境资源开发、利用、保护、改善及其管理的某个方面的问题作出规定的法规。可以根据法律法规的内部联系和功能,将环境资源单行法规分为一级法或基干法、二级法、三级法、四级法等。例如,在防治环境污染方面可以分为《中华人民共和国污染防治法》(基干法)、《某某省水污染防治法》(二级法)或《长江水污染防治条例》(三级法)、湘江水污染防治条例(四级法)等。

还可以从环境资源法体系的内容即自然资源类型和自然环境要素出发,将该体系划分为如下几个子体系:土地法子体系,水法子体系,海洋环境资源法子体系,大气环境资源法子体系,矿产环境资源法子体系，生物多样性法子体系，旅游环境资源、自然遗迹和文化遗迹法子体系。按照这种划分法，可以明确地认定，水法或水环境资源法是环境资源法体系中一个子体系，并且是一个非常重要的子体系。

（三）环境资源法的特点

环境资源法作为一个新兴的独立的法律部门，除具有法律的共性外，还具有如下区别于其他法律部门的明显特征。

1. 调整对象的特殊性

一个法律部门能否独立，主要取决于它是否有独特的调整对象，环境资源法的调整对象就是人与自然的关系以及和环境资源有关的人与人的关系。

调整人与人的关系，保护有利于执政阶级或阶层的社会环境（包括社会制度、社会秩序、民族文化传统等），维护执政阶级的利益，维护有利于执政阶级的人与人之间的关系，这是一切法律在调整对象方面的共性，环境资源法也不例外。但是，环境资源法的调整对象具有不同于其他法律部门的特殊性。它既调整人与自然的关系，也调整和环境资源有关的人与人的关系；既保护有利于执政阶级的社会环境、社会关系和社会秩序，也保护人类共享的自然环境；更强调保护人与自然和谐共处的关系和秩序。我们说环境资源法是调整因环境资源开发、利用、保护、改善及其管理而发生的社会关系的法律规范的总和，或者说环境资源法调整因环境资源开发、利用、保护、改善及其管理而发生的社会关系，这时已经将社会与环境、人与自然紧密地联系在一起，这里的社会关系本身就包含了人与自然的关系，因为离开了环境资源这一媒介就不可能有环境资源法的社会关系。现代环境资源法的产生，主要是人与自然的矛盾的激化、人与环境的关系的不协调的结果。环境资源法的根本目的和宗旨，是保护人类赖以生存发展的环境、协调人与环境的关系。

环境资源法调整对象的特殊性，是其作为一个独立的法律部门、区别于其他法律部门的基本标志，也是环境资源法具有综合性、科学技术性和公益性的基础。环境资源法既调整人与自然的关系，又调整和环境资源有关的人与人的关系。调整人与人的关系反映包括环境资源法在内的法的共性,调整人与自然的关系反映环境资源法的特性。从总体上看,调整人与自然的关系,是环境资源法这一独立的法律部门产生的基本原因、发展的决定因素、长期存在的根本目的,是环境资源法的主导方面、本质方面;调整人与人的关系,是为了调整人与自然的关系的需要,是实现人与自然和谐共处的途径和手段。关于环境资源法这一特征,我国法学界正在逐步形成共识。由于国家制定为法规的技术规范,即属于法律规范。它不仅调整人与自然的关系,而且调整人和人的关系❶。吴祖谋、李双元等主编的《法学概论》指出,“执行社会职能的法律规范确有其自身的特点。例如这类规范多属技术性规范,侧重调整人与自然界的关系”❷。《国土法的理论与实践》❸和《调整论——对主流法理学的反思与补充》❹等书对环境资源法既调整人与自然的关系,又调整和环境资源有关的人与人的关系这一特点,作了详细阐述。

必须指出，关于环境资源法的调整对象，不仅是一种法学理论和法律观点，也是一种法律实践和法律规定。环境资源法中的保护对象、防治客体与环境资源法的调整对象、立法目的和任务存在着不可分割的联系，只有将环境资源法的保护对象、防治客体与环境资源法的调整对象、立法目的和任务联系起来，才能正确理解和掌握环境资源法的调整对象。目前，许多国家的环境资源法律和国际环境资源法律政策文件已经明确或承认人与自然的关系。例如，俄罗斯《联邦环境保护法》（1991 年）第 1 条规定，“以保护自然资源和个人生活方式为目标、调整社会与自然的关系，是俄罗斯联邦环境立法的首要任务之一”。瑞典《自然保护法》（1991 年修改本）第 1 条明确规定，“必须正确地对待自然”。1971 年 2 月 2 日订于伊朗拉姆萨的《关于特别是作为水禽栖息地的国际重要湿地公约》申明，国际环境

❶ 上海辞书出版社 1984 年版,第 395 页。
❷ 吴祖谋、李双元等主编:《法学概论》,武汉大学出版社 1988 年版,第 27 页。
❸ 蔡守秋著:《国土法的理论与实践》,中国环境科学出版社 1991 年版,第 6 ~ 11 页。
❹ 蔡守秋著:《调整论——对主流法理学的反思与补充》,高等教育出版社 2003 年版。

保护法“承认人类同其环境的相互依存关系”。1972年联合国人类环境会议通过的《人类环境宣言》指出：“为了在自然界里取得自由，人类必须利用知识在同自然合作的情况下建设一个较好的环境。”提出人与自然合作的观点，即将自然作为人的平等的合作伙伴的观点，是对人与自然关系的重大改进。1982年10月28日联合国大会通过的第371号决议即《世界自然宪章》指出：“应尊重大自然，不得损害大自然的基本过程。”该宪章确定的有关保护环境、人类与大自然和谐相处的一套规则，已得到国际环境资源法和包括中国在内的许多国家的认可。

2. 综合性

环境资源法具有很强的综合性，它是在以往环境保护法、自然资源法、土地法、能源法、灾害防治法和区域开发整治法基础上的更高层次的综合。目前，整个环境资源法体系已经向涉及环境、经济、社会这三个领域的可持续环境资源法的方向发展，当代环境资源法正在成为“对所有环境、资源进行统一规划管理”，“着眼于环境、经济、社会可持续发展、协调发展的”，“面向系统型”的法律。环境问题的综合性、环境保护对象的广泛性和保护方法的多样性，决定了环境资源法是一个高度综合化的法律部门；相关法律部门的交叉和相关学科的渗透，则为这种综合性奠定了雄厚的基础。环境资源法的综合性主要表现在以下几个方面：

（1）环境资源法既调整人与人的关系，又调整人与自然的关系；既保护有利于执政阶级的社会环境、社会秩序，又保护人类共享的自然环境、自然秩序。环境资源法调整的关系涉及各种错综复杂的行政关系、经济关系、社会关系、区域关系和生态关系。因此，环境资源法的综合性主要基于环境资源法的特定调整对象。

（2）环境资源法律关系的主体广泛，客体丰富，权利义务涉及人类社会和自然环境、自然资源和社会资源、环境与经济社会发展等领域。

（3）环境资源法的调整机制包括市场机制、行政机制和社会机制等三大机制，它的法律措施涉及经济的、行政的、技术的、宣传教育的各种手段。强有力的行政执法机构、市场调整手段和广泛的公众参与相结合则是这种综合性的突出表现。

(4)环境资源法的法律规范是有关法律规范、技术规范和道德规范的综合,不但包括具有特色的环境资源法规范,而且包括有关的宪法规范、民法规范、行政法规范、刑法规范、经济法规范、诉讼法规范和国际法规范。环境资源法是环境实体法和程序法的结合,既有公法的性质又有私法的性质,既有社会法的性质又有生态法的性质。

3. 科学技术性

环境资源法具有很强的科学技术性，它不仅反映社会经济规律和自然生态规律，还反映人与自然相互作用的规律（有人称为环境规律)。现代环境问题既是经济问题、社会问题，又是生态问题；现代环境保护工作是一种科学技术性很强的活动；旨在解决环境问题、为环境工作服务的环境资源法必须建立在科学理论和科学技术的基础上。环境资源法的目的和任务，是保障合理开发、利用、保护和改善环境，而自然界是按照自己所固有的客观规律发展的，不以人的意志为转移。因此，环境资源法必须遵循自然生态规律、依靠科学技术才能达到其目的。环境资源法的根本宗旨，是协调人与自然的关系，而人与自然的关系（即相互作用和影响）有其特定的规律，环境资源法必须遵循人与自然相互作用的规律。作为环境资源法科学技术性的反映，是它含有许多法定化的技术性规范和技术性政策，如环境标准、环境监测规程、合理开发利用环境资源的操作规程、防治环境污染和破坏的生产工艺技术要求等。环境资源法中的许多规定措施都来自环境科学研究成果，没有环境科学技术，就没有切实可行的环境资源法规。例如,《美国国家环境政策法》（1969 年）第 2 节第 2 条关于“在作出可能对人类环境产生影响的规划和决定时，采用一种能够确保综合自然科学和社会科学以及环境设计工艺的系统的多学科的方法”的规定,《关于环境影响评价书编制的规定》（韩国环境部，1997 年 10 月）第 13 条关于“环境影响评价书的编制应根据科学的事实，符合客观性、逻辑性原则，并应在编制过程中综合运用自然科学、社会科学、应用科学等”的规定，充分说明了环境资源法的科学技术性。概括地说，环境资源法的科学技术性特征主要根源于环境资源法具有调整人与自然关系的宗旨和功能，主要表现是许多环境资源法律规范兼有技术规范的特性。

4. 公益性

人类共同生存的地球和共同拥有的天空,是不可分割的整体。环境问题,关系到地球上每个国家人民的前途和命运。解决环境问题,维护和创造人类共同生活的美好家园,是人们共同的愿望。

环境资源法主要解决人与自然的矛盾、协调人与自然的关系，这种矛盾和关系主要以人的整体为一方，以自然环境为另一方；而不是主要以一部分人为一方，以另一部分人为另一方；这是任何社会、国家都存在的基本矛盾、基本关系。环境资源法保护的环境，是人类生存、经济发展、社会繁荣的物质基础，整体环境不可能为某个阶级、阶层或个人独占，作为公有物的环境具有消费不排他性和不可独占性；保护好环境资源，既对工业发达国家、执政阶级、管理阶层和当代人有利，也对发展中国家、非执政阶级、被管理阶层和子孙后代有利。环境资源法防治的环境污染和环境破坏，主要是一种伴随生产、生活活动产生的公害，无论是社会主义制度国家还是资本主义制度国家，无论是全民所有制企业还是私人企业，只要生产和消费都有可能产生环境污染和破坏；许多环境污染和破坏具有流动性、累积性、复合性，它既对发展中国家也对发达国家、既对领导管理阶层也对劳动群众、既对当代人也对子孙后代产生危害；环境质量的恶化，不会仅对执政阶级有害而对其他阶级有利。环境资源法所支持、保障的环境保护工作，基本上是一种公益事业，是人道主义性质的大业。在中国，环境资源法具有既反映执政阶级与管理阶层的意志、利益和要求的阶级性，又具有反映整个中华民族全体人民意志、利益和要求的公益性或社会性。它不仅为整个中华民族及其子孙后代造福，也为整个人类及其子孙后代造福。作为公益性的表现形式和必然结果，是环境资源法的共同性；同其他法律相比，各国环境资源法有许多共同的、可以相互借鉴的内容，包括环境保护原则、手段、措施、标准、制度和程序方面的共同性。

5. 环境资源法的其他特点

环境资源法学的基本理念，是指合乎自然生态规律、社会经济规律和环境规律（即人与环境相互作用规律）的基本观念。其特色理论，是有关环境资源法既调整人与自然的关系、又调整和环境资源有关的人与人的关系的理论。环境资源法在调整机制、调整方法、基本原则和法律制度等方面也有其特殊性，有一套富于特色的环境法律原则和环境法律制度；有其特定的调整机制、调整方法和强有力的行政执法机构；有其特色的环境权理论、自然权理论和自然资源权理论。

三、法律调整人与自然关系的理论

(一)法律调整人与自然关系的理论的发展概况

与现实生活中的人与自然关系相对应，人与自然的关系在法律发展史上也有不同的表现形式。在人类社会的早期，在人们的意识中并没有将人与自然、人与动物等物截然分开。这时的法律（如奴隶社会的法律）是人与物不分、人与自然不分的法律，人可以是主体（如家长、丈夫、奴隶主）也可以是客体（如子女、妻子、奴隶），人可以是人也可以是物（如奴隶），物可以是主体（如牛马）也可以是客体（如财物），一些学者将法理解为适用于一切物的规则。接着，一些法律（如神权法、宗教法）将自然（环境资源）的一部分视为上帝、神、神物，将人与自然的关系视为人与上帝（神或神物）之间的关系，即将人与自然的关系视为人与神的关系。随后，一些法律（如物权法、财产法）将自然（环境资源）的一部分视为人的占有物、支配物和财产物，将人与自然的关系视为占有关系、支配关系和任意处分的关系，简称为人与物的关系、人与财产的关系，即主体与对象的关系。后来，一些法律（如自然资源法、环保法）将自然（环境资源）的一部分视为开发利用对象、保护对象，将人与自然的关系视为利用关系、保护关系，简称人与环境的关系、人与自然资源的关系，即主体与客体的关系。还有一些法律（如动物权利法、人类生态法）将自然（环境资源）的一部分视为主体、朋友和合作伙伴，将人与自然的关系视为平等关系，即主体与主体的关系。也就是说，在法律中的人与自然的关系，经历了一个人与物不分的模糊关系、人与神的崇拜关系、人与物的占有关系、主体与对象的任意支配关系、主体与客体的利用关系、主体与保护对象的保护关系、主体与主体的平等关系的发展变化过程。对于法律中存在的各种人与自然的关系，历来法学家有不同的看法和评价，由此形成了有关人与自然关系的各种法学思想和理论观点。

1. 国外调整人与自然关系的法律和法学理论

在古代或很早以前就有有关防治环境污染、保护自然资源的法令，例如，罗马法规定，如从屋内向道路或其他公共场所投掷物件或使其流出或浇泼，而对他人造成损害的，即构成“流出投掷物诉讼”(Actio de Effusis et de Jectis)❶。古希腊学者柏拉图曾在其著作《法律》中指出，“水可以受到任何药物的污染，因此需要法律保护如下：任何故意污染者除付出赔偿以外，应负责使用任何规定的方法来净化水的源头或容器”❷；但那时并没有形成现代意义的环境资源法和环境资源法学。从总体上看，无论是苏格拉底（公元前470～前399年）还是柏拉图，其主流思想都是轻视自然。柏拉图的学生亚里士多德（公元前384～前322年）在其《政治学》一书中认为，“如果说‘自然所作所为既不残缺，亦无虚度’，那么天生一切动物应当都可以供给人类的利用”。这一思想为后来共和时期以权威观为主导的罗马法学家关于严格法的学说作出了最好的阐释，统治整个西方世界长达1600多年。

法律调整人与自然关系并不是一个新问题，它也有一个历史的发展过程。从法律和法学发展的历史看，在最初的法律中和人与物并没有十分明确的界限，最初的法学同时研究人对人的关系和人对物的关系。古代希腊人认为，城邦和法律，纯属大自然现象，即自然形成的，“人天然是城邦的动物”❸。自然是不可侵犯的，自然的法律亦然，苏格

❶ 郑玉波：《公害与民事责任》，台湾《法令月刊》第22卷第3期，第68页。

❷ 转引自《联合国环境规划署第16届会议报告》（英文版），第52页。

❸ 亚里士多德著，吴寿彭译：《政治学》，商务印书馆1983年版，第31页。

拉底之死便是捍卫他对自然的法的信仰[1]。古代的法律或古代的民法,如罗马法,它们既是"人法"也是"物法"。

希腊古代法是古希腊各奴隶制城邦法律的总称。其中的雅典法律(公元前5~前4世纪)是古希腊法律文化的典范和最高发展。在雅典法律中,奴隶只是主人的财产,被视为物而不是人,也就是说雅典法律中的自然人与自然物并没有明确的界限。罗马法(Roman Law)是指罗马奴隶制国家形成(公元前7~前5世纪间)至拜占廷(东罗马)皇帝查士丁尼(527~565年在位)一千余年中罗马的奴隶制法,其代表是《十二铜表法》、《查士丁尼民法大全》等。查士丁尼《法学总论》认为:自然法(则)就是自然界教给一切动物的法(则);这种法则并不为人类所专有,它亦为生长在陆地、海洋、空中所有飞禽走兽所共享,一切动物,甚至最野性的兽类都有表明它们知道这种法(则)的标志[2]。罗马法分人法和物法两大部分。人法主要规定人的权利能力与行为能力。物法主要规定各种财产权和财产问题。罗马法中的人法特别是有关家庭的法律,将家庭成员分为自权人与他权人,每个家庭只有一个被称为"家父"的男人是自权人,他在家庭中拥有绝对的权力(称家父权),他可以支配其他家庭成员,其他家庭成员(包括配偶、子女等)只是他权人。奴隶被认为是"物",没有自由权,也没有其他任何权利。奴隶被奴隶主奴役、虐待以致杀害,视为当然;被别人打伤时,只能由奴隶主以财产受到损失为理由,要求加害人赔偿其损失。到查士丁尼时代,也只是对杀害奴隶略加限制,对被解放的奴隶给以较宽待遇,始终不承认奴隶是

---

[1] 公元前399年,古希腊最伟大的哲学家苏格拉底,被雅典城邦公决为离经叛道,并处以极刑,被判死刑。他是在完全符合雅典法治的前提下,依据当时的法律以民主投票的方式判处死刑的,当时雅典公民民主投票的结果是:280:221。他死于其毕生热爱的雅典同胞之手。他的忠实学生、门派传人柏拉图,栩栩如生地刻画了哲人临终前的言谈举止,令我们瞻仰到这位著名知识精英面对死亡时的优雅和高贵。后来人们普遍意识到,这是整个雅典城邦的耻辱。有人说,古希腊哲学家苏格拉底遭遇了一场彻头彻尾的大冤案,但他用生命捍卫了思想的尊严,在监狱中演出了一场令后代人心灵震撼的生离死别。也有人说,苏格拉底死于民主的暴政,是在民主身上永远留下的一个污点。还有人认为,真正杀死苏格拉底的不是民主本身,而是民主的审判,是披着民主外衣但背离了司法自身灵魂的雅典司法。

[2] [罗马]查士丁尼:《法学总论》,商务印书馆1988年版,第533页。

法律上的权利主体。因此,在罗马法中虽然提到人与物,但人与物并没有确切的定义和界限,人也可以被视为物。正如敏锐的思想家黑格尔所发现的,“罗马法就不可能对人下定义,因为奴隶并不包括在人之内,奴隶等级的存在实已破坏了人的概念。对所有权和所有者下定义,在许多情形下也同样是危险的”❶,“按照罗马法那种不合法的和不合乎伦理的规定,孩子对父亲来说是物,因而父亲可在法律上占有他的孩子,不过他对孩子仍处于爱这种伦理关系中。因之在罗马法中产生了物与非物这两种规定完全不法的结合”❷。黑格尔认为罗马法的缺点,从同时调整人与人的关系和人与自然的关系的环境法学理论看,也许是罗马法的优点,因为它没有在法律上将人与自然(物)截然分开或回避人与物的关系,没有将本来意义上的人与自然的关系人为地理解为人与人的关系(而一些法律或法学理论硬是将人与自然的关系理解为人与人的关系,只承认人权,不承认物权,只承认保护环境的所有权,不承认保护环境)。

随着社会的发展,特别是资产阶级第一次工业革命以后,随着人的智慧、能力的提高,科学技术和经济的发展,特别是人类中心主义、人本主义和唯意志论的地位和作用在理论界的确立,人的地位、作用和能力被夸大到无限的高度。启蒙运动开启了人性法的历史,完全人本位的法现象出现了。人本位的法主要有两个类型:身份法和契约法,这就是梅因爵士贴过的标签。这个阶段的法律逐步凌驾于自然,这是其与自然法的本质区别。身份法的最重要贡献是赋予人以相对于客体自然的主体资格即法律人格,尽管早期身份法的主体范围是十足狭窄的。随后,主体人格的明晰需要对应地确定资源的分配与交易,于是契约规则便取代身份规则而成为人域内最主流的秩序规则。于是,既强调人对人关系、又面对人对物关系的罗马法逐渐向“对人关系法”的角度倾斜,罗马法开始变成民法,民法开始变成“人法”,物的观念以及“人对物的关系”逐步淡出。但是,法律并没有完全否认“人与物”的关系,例

❶ 黑格尔著,范扬、张企泰译:《法哲学原理》,商务印书馆,1982 年第一版,第 2 页。

❷ 《法哲学原理》,第 52 页。

如1804年的《法国民法典》，在体制上采用了人法和物法的分编；其中有关所有权、用益权、使用权、役权、地役权的规定明确体现了人与物的关系。该法中“财产与其占有人的关系”（第2卷第1编第3章的标题）、“对物之所生物的添附权”（第2卷第2编第1章的标题）、“对与一物结合并连成一体之物的添附权”（第2卷第2编第2章的标题）等都直接表明了人与物的关系。1900年生效的《德国民法典》，把体例上分为人法与物法的两分制加以扩充，改为总则、债权、物权、亲属、继承等5编的体例，不少地方仍沿袭了罗马法的传统。当然，这种人与物的关系仅仅是人对物的占有关系、支配关系，不是当代环境资源法学意义上的人与自然的关系。

第二次世界大战以后，特别是进入20世纪50年代以来，随着人类开发利用环境资源的规模和程度的日益加强，环境污染、资源枯竭、生态破坏等环境资源问题日益突出，人们开始从资产阶级工业革命、工业化、城市化的苦果、挫折和失误中觉醒，也逐步认识到仅强调人与人的关系、不注意人与自然的关系的危害性，开始将调整、协调人与自然关系的问题提到议事日程。与此相适应，在各国的法制建设中，一些调整人与自然关系的法律条款、一批调整人与自然关系的环境资源法律相继出台，研究人与自然关系的法学理论开始崭露头角。

1954年，美国一批学者最早提出了“环境科学”这一名词并成立了环境科学学会；不久，国际科学联合会理事会于1968年设立了环境问题科学委员会。同时，环境问题的严重和环境管理的强化，也对环境立法提出了迫切的要求。为了适应环境立法的理论需要，在新兴的环境科学的带动下，包括新自然法学派在内的法学家们开始研究对环境问题实行法律调控的理论，一些工业发达国家在60年代兴起了关于环境权理论和人与自然关系理论的学术讨论。1971年，当代新自然法学派的代表约翰·罗尔斯教授发表了著名的《正义论》，一些环境法学家在《正义论》和其他自然哲学、环境道德学观点的影响下，相继提出了环境正义、绿色正义、环境公平、环境权、大自然的权利等主张，诸如《绿色正义》❶、《环境正义》❷、《大自然的权利》❸等有关人与自然的关系的环境法学理论著作相继出版。随着环境问题的深化、环境伦理的普及、人与自然和谐共处思想的形成和可持续发展战略的实施，开始出现用法律调整人与自然环境关系的新的理论和学说。一些工业发达国家的环境法律开始冲破传统法律观念的束缚，在环境资源法律中公开、明确地申明和规定人与自然的关系。

1969 年，美国国会通过了对法律调整人与自然关系的理论具有深远影响的《国家环境政策法》，该法用十分简练而明确的语言宣告了人与自然关系在环境资源法中的地位和作用。该法指出：人类活动对于自然环境的一切构成部分的内在联系具有深远影响，恢复和保持环境质量对于人类的普遍幸福和发展具有极端重要性（第 1 节第 1 条，这实际上是通过法律确认了人与自然的关系）；国会的政策是采取一切切实可行的手段和措施，创造和保持人类与自然得以在一种建设性的和谐中生存的各种条件（第 1 节第 1 条，这实际上是将人与自然的和谐规定为国家环境政策和法律的目标，将建立健全调整人与自然关系的法律手段和措施作为环境立法的主要任务）；本法的目的之一是，最广泛地合理使用环境而不使恶化，或对健康和安全造成危害，或者引起其他不良的和不应有的后果（第 1 节第 2 条，这实际上通过法律确认了人与自然之间的因果关系）；国会批准和命令，联邦政府的一切官署均应做到，在作出可能对人类环境产生影响的规划和决定时，采用一种能够确保综合利用自然科学和社会科学以及环境设计工艺的系统的多学科的方法（第 2 节第 2 条第 1 款，这实际上是通过法律确认了政府规划和决定等抽象行政行为对环境的影响，以及环境资源法学的综合性）；国会批准和命令，联邦政府的一切官署均应做到，在对人类环境质量具有重

---

❶ Green Justice: The Environment and the Courts. By Thomas More Hoban and Richard Oliver Brooks, Published in 1987 in the United States of America by Westview Press, Inc. ISBN 0 - 8133 - 03261 - 7.

❷ Environmental Justice, by Peter S. Wenz, published in 1988 by State University of New York Press, Inc. ISBN 0 - 88706 - 645 - 5.

❸ [美]纳什著，杨通进译：《大自然的权利》，青岛出版社 1999 年版。

大影响的每一项立法建议或立法报告和其他重大联邦行动中，均应由负责官员提供一份报告，详细说明拟议中的行动将会对环境产生的影响（第2节第2条第3款，这实际上是建立了调整人与自然关系的最重要的法律机制和法律制度，即环境影响评价制度）。《美国环境教育法》（1970年）进一步明确了人与自然的关系，强调"'环境教育'是指关于人与其自然环境和人造环境之间的关系的教育过程，包括人口、环境污染、资源分布和消耗、资源保护、资源和环境的开发技术和经济效果，以及城市和农村开发计划，同整个人类环境之间的相互关系"。

在其他国家的环境资源法律中，也以不同的方式和法律条款确认了人与自然关系在法律中的含义、地位和重要性。例如，在环境资源法中的各种"环境"概念，大都肯定了人与环境的相互作用和影响，表明了人与自然的关系。澳大利亚1979年的《环境规划与评估法》将环境定义为"影响人类、个人或人的社会群体之周围事物的所有方面"。斯洛伐克1993年《环境保护法》将环境解释为"已经或可能被人类影响的那一部分自然界。……生活环境是直接影响人类的那一部分环境"。印度《环境保护法》（1986年）关于"环境"包括大气、水和土地以及他们"与人类和其他现存生物、植物、微生物和资产的相互关系"的规定，也肯定环境就是表示人与自然的关系。俄罗斯《联邦环境保护法》（1991年）明确宣布"以保护自然资源和个人生活方式为目标、调整社会与自然的关系，是俄罗斯联邦环境立法的首要任务之一"的规定（第1条）。瑞典《自然保护法》（1991年修改本）第1条明确规定"必须正确地对待自然"。日本于1993年11月19日修订颁布的《环境基本法》对人与自然的关系作了如下明确而详细的规定："环境负荷"是指由于人类活动对环境产生的、有可能成为不利于保护环境的因素的影响；"全球环境保护"是指由于人为活动而给全球性或区域性的环境带来影响的环境保护；"公害"是指危害人的健康或生活环境（包括与人的生活有密切关系的财产以及动植物及其繁衍的环境）的企（事）业活动及其他人为活动；把作为自然施惠的资源的环境维持在正常的水平上，是人类健康的文化生活所不可缺少的；人为活动增加了环境的负荷，从而使人类存续基础的生态平衡出现被破坏的危险；保持人与自然的密切接触[1]。韩国《环境政策基本法》(1993 年 6 月)在第 24 条(自然环境的保全)明确规定,"鉴于自然环境和生态系统的保全是人类的生存及生活的基本,因此国家和国民应努力维持、保全自然的秩序和均衡"。上述环境法都以明确的法律语言肯定了法律中的人与自然的关系,包括人对环境的影响(包括直接影响和间接影响)和环境对人的影响。

国内法对人与自然关系的反映很快体现在国际环境资源法律文件之中。当代环境资源法(无论是国内环境法还是国际环境法)的一个重要贡献,就是不厌其烦地、严肃郑重地向人们宣示人与自然的关系,展示环境资源对人的影响和作用,说明采取措施调整人与自然关系的必要性和重要性。1971 年,《关于特别是作为水禽栖息地的国际重要湿地公约》(1971 年 2 月 2 日订于伊朗拉姆萨)的序言申明,国际环境保护法"承认人类同其环境的相互依存关系"。1972 年《联合国人类环境宣言》强调"人类必须利用知识在同自然合作的情况下建设一个较好的环境",即提出了"人与自然合作"的观点。1980 年 3 月 5 日,联合国向全世界发出呼吁:"必须研究自然的、社会的、生态的经济的以及利用自然资源过程中的基本关系,确保全球持续发展。"1982 年 10 月 28 日联合国大会通过的第 371 号决议即《世界自然宪章》规定了一整套处理人与自然关系的原则,并且逐步获得国际环境资源法和包括中国在内的许多国家的认可。《保护臭氧层维也纳公约》(1985 年)强调:"意识到臭氧层的变化对人类健康和环境可能造成有害影响","决心要保护人类健康和环境使免受臭氧层变化所引起的不利影响","采取适当的立法和行政措施,从事合作,协调适当的政策以便在发现其管辖或控制范围内的某些人类活动已经或可能由于改变或可能改变臭氧层而造成不利影响时,对这些活动加以控制、限制、削减或禁止"。《关于消耗臭氧层物质的蒙特利尔议定书》(1987 年)也强调:"铭记着它们(即缔约国)有义务采取适当措施保护人类健康和环境,使免受足以

[1] 请参看,中新环境管理咨询有限公司编译、赵国庆主编的《外国环境法选编》中的日本《环境基本法》,中国政法大学出版社,第一辑下册第 978 ~ 981 页。

改变或可能改变臭氧层的人类活动所造成的或可能造成的不利影响”,“认识到全世界某些物质的排放会大大消耗和以其他方式改变臭氧层,对人类健康和环境可能带来不利影响”,“决心采取公平地控制消耗臭氧层物质全球排放总量的预防措施,以保护臭氧层”。1988 年发表的《我们共同的未来》及 1992 年联合国环境与发展会议通过的《联合国环境与发展宣言》确立了“人与自然和谐”的可持续发展观。1992 年联合国环境与发展大会通过的《21 世纪议程》,有 200 多处提及包含环境友好含义的“无害环境”(Environmentally sound)的概念,并正式提出了“环境友好”(Environmentally friendlly)的概念。《欧洲联盟条约》(1992 年)第 2 条明确规定,共同体的任务是“在整个共同体内促进经济活动的协调、平衡发展,尊重(respecting)环境的可持续的和非膨胀的增长”。

与各种有关调整人与自然关系的各种道德规范、政策文件和法律法规相适应,国外一些国家逐步发展、形成了调整人与自然关系的法学理论,包括但不限于新的自然法学理论、新的对物关系论、新的天赋权利论、动物权利论、自然体权利论、法律所拟制主体论、代理论、技术规范论,以及综合性的环境资源法学理论和生态法学理论。例如,自然法学派著名代表人物孟德斯鸠(公元 1689 ~ 1755 年)在 1748 年发表的《论法的精神》中指出:“从最广泛的意义来说,法是由事物的性质产生出来的必然关系。在这个意义上,一切存在物都有它们的法。上帝有他的法;物质世界有它的法;高于人类的‘智灵们’有他们的法;兽类有他们的法。”❶在民法学中一向有调整人与物关系的物权法和财产权法理论。罗马法学中的物权(ius in re)是指反映权利人的直接行使于物上的权利。至于英美法系中的产权,则更加体现人与物的关系。《新大不列颠百科全书》认为产权是“政府所认可的或规定的个人与客体之间的关系”❷,即产权是指人作为主体与物这种客体间的关系。许多

❶ [法]孟德斯鸠著,张雁深译:《论法的精神(上卷)》,商务印书馆,1961 年版。

❷ Encyclopedia Britannica, Inc.《新大不列颠百科全书》(英文版),第 15 版,第 26 卷,第 175 页。

民法学者主张物权调整人与物的关系的观点，认为物权关系直接表现的是人与物的关系，这就是早期的乃至当今的许多民法都将物权定义为人对物的支配性权力的道理。技术规范论是法律调整人与自然关系的一种重要理论。技术规范是人们在生产实践中的经验总结和对自然规律的认识与运用，它依据生产经验与自然规则的要求，规定人们如何使用劳动对象、生产工具、交通工具等。技术规范之所以能够调整人与自然的关系，是因为人们通过技术规范的制定和实施，可以规定人对自然、环境资源和其他非人物体的态度和作用，可以确认、规定、改善、变更人与自然的关系。许多法学家认为，技术规范可以调整人与自然的关系，技术性规范上升为法律规范后，仍然能够调整人与自然的关系。技术规范论对法律调整人与自然关系的最大贡献是：包括环境资源法律规范、技术规范在内的行为规范能否调整人与自然的关系，和自然（物）是否成为主体无关；动物、植物和非人自然体无论是作为行为规范中的客体还是作为主体，包括环境资源法律规范、技术规范在内的行为规范都可以调整人与自然的关系。另外，法律拟制人理论也是法律调整人与自然关系的一个重要理论。罗马法在人类法律史上第一次构建了与丰富多彩的现实人泾渭分明的“法律人”，这种法律人实际上是一种法律符号，例如人格化的动物或物体是当时罗马普通法上的第三种 persona，除了牛马等动物外，有时物体也会被赋予人格，如海商法上的船只。之后，各国法律相继规定公司作为法律主体。法律拟制人是建立法律秩序的一种技术，法律拟制人的特征在于法律的拟制，它不必是有生命和意志的人，动物也可以成为法律上的人。由于法律可以将动物、植物、物、抽象物等设立为法律拟制人，实际上也就调整了人与物（自然）的关系。

2. 中国调整人与自然关系的法律和法学理论

在中国古代的法学理论中，不仅不存在绝对排斥人与自然关系的理念，而且到处闪耀着宇宙一体、天人相类、人法天地、天人感通、顺天应人的“天人合一”光芒。例如，浙江大学法学院的梁清华讲师，在研究中国法律思想史时发现,《易传》[1]在《易经》以天道比拟人道的思维模式的基础上,吸收了儒家的伦理观、道家的天道观、阴阳家的阴阳学说,建构了兼具自然主义和人文主义色彩的天人合一哲学,对中国封建法的思维模式和价值取向产生了深远影响。她在论述《易传》天人合一哲学对中国封建法产生的深远影响时指出,《易传》"使中国封建法在思维模式上具有鲜明的整体思维的特征。人们认为法律这种社会现象不能脱离天地万物而单独从人类本身考察,相应地立法、司法活动也不是独立的与天地万物隔绝开来的人事活动";"受这种整体思维模式的影响,在立法上,封建统治者把天地、万物、人类全部纳入法律调整的范围,法律不止调整人际关系,还要调整人与天地万物的关系。这主要表现在人对天地万物的利用上。……《易传》天人合一哲学为封建统治者因时、因地立法提供了形而上的理论依据,这突出表现在封建统治者保护自然资源的法令上"。

中华人民共和国成立以来的法学理论基本上是有关人与人关系(即人际关系、人域关系),特别是阶级关系的法学理论,没有或很少有人与自然或人与环境的关系的法学理论。那时中国实行法律虚无主义,私法即民法理论没有基本的生存空间,更没有物权法存在的余地,在一个相当长时期内盛行的是对"对物关系说"的革命大批判。有些学者虽然提出过零散的人与自然关系的学术主张,但立即被扣上资产阶级法学观的帽子而遭到批判和压制,结果造成了在法学界谁谈论人与自然的关系就遭殃的恐怖局面。

长期以来,我国法学界对环境资源法的研究主要是一种基于法律规范分析和法律制度研究的应用性研究,很少涉及或深入研究诸如法律调整人与自然关系等环境资源法的基本理论问题。

从中共十一届三中全会以来,为了扭转环境资源问题日益恶化的趋势和人与自然关系失衡的恶果,我国政府和有关社会组织开始注意并研究调整人与自然关系的道德、政策和法律问题,有关调整人与自然

[1] 《易传》是战国中后期社会急剧变革的产物,它由《文言》、《象》、《系词》、《杂卦》等十部分组成。

关系的环境资源政策文件和法律法规等法律规范性文件相继出台。

1989年12月颁布的《环境保护法》第六条明确规定,“一切单位和个人都有保护环境的义务”,学界普遍认为这一法律规定是社会流行的“保护环境,人人有责”这一道德格言的法定化。1994年3月国务院通过的《中国21世纪议程》强调,“突出经济、社会与环境之间的联系与协调。通过法规约束、政策引导和调控,推进经济与社会和环境的协调发展”。《国务院关于落实科学发展观加强环境保护的决定》(国务院2005年12月3日)一开始就强调指出:“为全面落实科学发展观,加快构建包括人与自然和谐在内的社会主义和谐社会,全面实现建设小康社会的奋斗目标,必须把环境保护摆在更加重要的战略位置。”该决定还指出:“积极推进经济结构调整和经济增长方式的根本性转变,切实改变‘先污染后治理、边治理边破坏’的状况,依靠科技进步,发展循环经济,倡导生态文明,强化环境法治,完善监管体制,建立长效机制,建设资源节约型和环境友好型社会”;“以促进人与自然和谐为重点,强化生态保护”;“要加大环境保护基本国策和环境法制的宣传力度,弘扬环境文化,倡导生态文明,以环境补偿促进社会公平,以生态平衡推进社会和谐,以环境文化丰富精神文明。”“促进循环经济的发展……实行清洁生产……大力倡导环境友好的消费方式,实行环境标识、环境认证和政府绿色采购制度,完善再生资源回收利用体系。大力推行建筑节能,发展绿色建筑。推进污水再生利用和垃圾处理与资源化回收,建设节水型城市。推动生态省(市、县)、环境保护模范城市、环境友好企业和绿色社区、绿色学校等创建活动。”

到2002年,我国已经初步形成调整人与自然关系的环境资源法体系,已经有一些地方法规对环境道德作了规定。另外,我国已经制定《野生动物保护法》等自然保护法,目前已有学者提议制定中国动物福利法。在法律中明确承认人与自然的关系,特别是承认人的各种行为对环境的影响,是我国环境资源法的一个显著特点,它从实体法的角度宣告了那些认为“不存在人与自然的法律关系”的“法学理论”的破产。只要翻开任何一部中国环境资源法律,人们都可以发现法律中规定的人与自然的关系。例如,2002年颁布的《环境影响评价法》第一条明确规定，“促进经济、社会和环境的协调发展”。2003 年颁布的《行政许可法》第十一条规定，“促进经济、社会和生态环境协调发展”。特别值得注意的是，《环境影响评价法》（2002 年）对人与自然的关系作了明确的肯定和承认，对人的行为（包括决策行为和具体建设行为）对自然（环境资源）的影响规定了严格的环境影响评价制度。该法明确指出，该法的目的就是为了“预防因规划和建设项目实施后对环境造成不良影响”（第一条）；所谓环境影响评价“是指对规划和建设项目实施后可能造成的环境影响进行分析、预测和评估，提出预防或者减轻不良环境影响的对策和措施，进行跟踪监测的方法与制度”（第二条）；专项规划的环境影响报告书应当包括“实施该规划对环境可能造成影响的分析、预测和评估”、“预防或者减轻不良环境影响的对策和措施”等内容（第十条）；明确规定“国家根据建设项目对环境的影响程度，对建设项目的环境影响评价实行分类管理”（第十六条）；建设项目的环境影响报告书应当包括“建设项目对环境可能造成影响的分析、预测和评估”等内容（第十七条）。该法有关分析、预测、评估、预防或者减轻不良环境影响的法律措施和制度，对于用法律调整人与自然的关系具有重要的作用和意义。

随着改革开放的深入发展，以研究人与自然的关系为基本对象的环境科学理论开始在我国传播，自然科学和社会科学的综合化趋势逐步增强，一批以研究人与自然的关系为对象的交叉学科、边缘学科、新兴学科逐步成熟，一些专门研究法学基本理论的学者专家开始介绍和研究中国古代及外国有关人与自然的关系的理论、学说，包括新的自然哲学、新自然法学和环境伦理学等。随着我国环境保护事业和环境资源法的发展，研究通过法律调整人与自然关系的环境资源法学理论得到了较大的发展。环境资源法学界将马克思主义关于人与自然的关系的思想、环境伦理学和现代环境科学中的精华作为其认识论，审慎地吸收国外环境资源法学研究成果，逐步形成了富有特色的关于调整人与自然的关系的环境资源法学理论。其中，除武汉大学环境资源法研究所一些专门论述人与自然的关系的环境资源法学论文或专著外，青年法理学家江山一连发表了几篇（部）法学理论方面的专著，如《中国法理念》[1]、《中国自然法的现代意义》[2]、《互助与自足——法与经济的历史逻辑通论》[3]、《法的自然精神导论》[4]等，从法学理论和法的发展历史上比较系统、深刻地阐述了法在调整人与自然环境关系方面的作用，介绍了调整人与自然的关系的新自然法理论。在民法学界，经过对物权法和物权理论的几十年压制，民法学者开始重新审查和研究物权法学理论，制定物权法和民法典中物权篇的任务也提上了国家立法机关的议事日程。《法理学》[5]认为：环境资源法"是一个新兴的独立的法律部门，并具有其他法律所不具有的特殊性：在调整对象上，它既调整人与人的关系，也调整人与自然的关系"；"事实上，环境资源法规范大部分都是由技术规范被国家赋予法律效力而成，本来就是调整人与自然关系的"；"在内容上环境资源法科学技术性强，既反映社会经济规律，又反映自然生态规律；它必须建立在科学理论和科学技术的基础上"；"过去，甚至现在，法学界都一致认为法律调整的是社会关系，即人与人之间的关系，这无疑是正确的。但是在可持续发展战略实施中，将有大量的技术规范被赋予法律效力，而技术规范是调整人与自然的关系的。因此，在实施可持续发展过程中，能否说法律在调整人与人之间的关系的基础上，有时也涉及人与自然的关系？我认为这业已成为事实"。

（二）法律调整人与自然关系的法学理论

环境资源法经过漫长的历史发展时期，环境资源法学经过许多环境资源法专家的长期摸索和反复探讨，逐渐形成了独特的环境资源法学基本理论，这就是有关法律既调整人与自然的关系、又调整和环境资源有关的人与人的关系的理论。2003 年 9 月，高等教育出版社发表了

---

[1] 中国地质大学出版社 1989 年 7 月版。

[2] 收入《儒学与法律文化》，复旦大学出版社 1992 年 9 月版。

[3] 中国政法大学出版社 1994 年 2 月第 1 版。

[4] 江山著：《法的自然精神导论》，北京，法律出版社 1997 年版。

[5] 张文显主编：《法理学》第 405～407 页，高等教育出版社、北京大学出版社 1999 年版。

《调整论——对主流法理学的反思与补充》[1]这一80万字的学术专著，对法律调整人与自然关系的理论进行了全面系统的总结和阐述。

所谓调整论，是指有关环境资源法既调整人与自然的关系、又调整与环境资源有关的人与人的关系的各种观点。从广义上讲，调整论是关于法律既调整人与人的关系又调整人与物（包括环境、自然资源和大自然）的关系的各种观点的总称。调整论是将环境资源法与其他法律部门、将环境资源法学与其他法律学科联系起来、区别开来的理论；是说明环境资源法的本质、特点和规律的理论，是对环境资源法的长远发展、总体发展起指导作用的理论；是体现环境资源法的基本价值取向和基本理念，将生态伦理、环境道德与环境资源法制结合起来以实现环境资源法治的理论。调整论的主要内容和观点如下。

1. *法律应该、能够和可以调整好人与自然的关系*

第一，法律应该调整人与自然的关系，应该为建设和谐社会发挥作用

人与自然的关系，是指人与自然之间的相互联系、影响和作用。它是存在于一切社会形态中的一种基本社会关系。法律之所以应该调整人与自然的关系、应该为建设和谐社会发挥作用，主要基于如下理由：

（1）人与自然关系的重要性，决定了用法律调整人与自然关系的必要性。在历史观中，没有比人与人的相互作用、人与自然的相互作用更根本的相互作用了，全部社会现象，包括意识现象中的各种相互作用，不仅来源于这两个根本的相互作用，而且归根到底只有通过这两个相互作用才得到正确的说明。整个人类社会的发展史也就是人与人的关系和人与自然关系的发展史。环境资源法律之所以要调整人与自然的关系，首先是由人与自然关系的重要性决定的。人与自然关系的发展演变是环境资源法调整人与自然关系的主要动力，人与自然关系发展演变到一定程度，无论当时的伦理道德或政策法律是否调整人与自然的关系，都会要求伦理道德或政策法律去调整人与自然的关系。人

[1] 请参看蔡守秋著：《调整论——对主流法理学的反思与补充》，高等教育出版社2003年版；《人与自然关系中的环境资源法》，《现代法学》2002年第3期。

类的伦理道德或政策法律的调整范围是与日俱进的、也是可变的，在某个时期的伦理道德或政策法律不愿意或不能够调整的关系或对象，在另一个时期可能成为伦理道德或政策法律愿意或能够调整的关系或对象。

（2）实践证明，包括环境污染、生态破坏和资源危机在内的环境资源问题的产生，主要是人类没有正确处理好人与自然的关系和人与人的关系，是人与自然关系处理不当、失当、失衡和日益恶化的结果；防治环境污染、保护和改善生态环境也只能基于人与自然关系的改进和改善。经过 20 世纪 50～70 年代的环境资源危机，无论是政府领导人、社会大众和科学技术人员都认识到，当代严重的环境资源生态问题实质上是人与自然关系的失衡问题、失调问题、恶化问题。要想防治环境资源问题，必须采用各种手段、通过各种途径正确处理、协调人与自然的关系及与环境资源问题有关的人与人的关系。环境资源法作为保护环境资源的武器和手段，应该发挥它在调整人与自然关系领域的作用。

（3）我国法律、法学界和法制建设对调整人与自然关系的否认、轻视，是造成我国环境资源问题和人地关系紧张、人天关系不和的一个重要原因；正在兴起的对人与自然关系的政策、法律、理论的重视，是我国实现经济、社会和环境可持续发展，实现人与人的和谐、人与自然的和谐的基本保障。从以色列与巴勒斯坦的长期战争，到我国三峡移民、黄河小浪底水库移民、浙江千岛湖水库等水利工程的移民问题等，都说明人与自然的关系不同于人与人的关系，人与人的关系无法取代人与自然的关系。

（4）法律调整人与自然的关系，是建设资源节约型社会、环境友好社会与和谐社会对法律和法学理论提出的基本要求。和谐社会的基本特征包括人与人和谐相处、人与自然和谐相处。建设和谐社会就是要正确处理人与人的关系和人与自然的关系、实现人与人的和谐相处和人与自然的和谐相处。

第二，法律能够调整人与自然的关系，能够促进和保障和谐社会的建设

所谓法律调整，是指法律影响、改变、协调特定对象的活动。法律

调整是从法的运作方面描述法的实现、法在生活中如何起作用的一个范畴。

所谓环境资源法调整人与自然的关系，包括如下含义：

（1）环境资源法调整人与自然的关系，是指环境资源法对人与自然关系的作用。

（2）法律调整包括直接调整和间接调整等各种方式，当我们论及环境资源法的调整对象时是指直接调整，所谓直接调整是指法律直接规定人对自然（环境因素）如何行为。

（3）说环境资源法能够调整人与自然的关系，既不是指大自然或物（如老虎）能够调整人与自然的关系，也不是指环境资源法能够调整自然因素（如老虎）或自然过程，更不是指环境资源法调整大自然中的物与物（如老虎与兔子）的关系。

法律之所以能够调整人与自然的关系、能够促进和保障和谐社会的建设，主要原因是：法律是人的行为规则；人的行为可以分为对人的行为和对自然的行为，人对人的行为形成人与人的关系，人对自然的行为形成人与自然的关系；法律既可以规定人对人的行为，也可以规定人对自然的行为，因而，法律既能够调整人与人的关系，也能够调整人与自然的关系。

环境法能否调整人与自然的关系，取决于环境资源法中是否规定了人与自然的关系即是否存在人与自然的法定关系，取决于该环境资源法律法规是否得到实施。这和某些人对人与自然关系的性质的看法和主张无关，即无论某些人将人与自然之间的关系视为法律关系还是非法律关系、实际关系还是意志关系、思想关系还是物质关系、主体与客体之间的关系还是主体与主体之间的关系，无论人们是否承认法律中存在人与自然的关系，环境法都反映、体现和调整人与自然的关系。

第三，法律如何调整人与自然的关系，如何促进和保障和谐社会的建设

调整论不仅提出了法律如何调整人与自然关系的各种理论主张，也研究分析了法律调整人与自然关系的方法、机制和制度。

（1）将现实生活中人类调整人与自然关系的各种机制法定化。人

类可以通过各种工具和方法调整（包括直接调整和间接调整）人与自然的关系，正如人类可以通过各种工具和方法调整人与人的关系一样。从组织制度出发，常见的调整人与自然关系的方法和机制主要有行政调整机制、市场调整机制和社会调整机制。行政调整机制通过国家（政府）组织或行政当局，以行政机制、行政手段等“看得见的政府之手”，调整人与自然的关系。行政调整机制的主体部分是指令性控制手段（CACs）。理想的政府调整机制是“善政”（good government）。善政的要素是：严明的法度、健全的机构、清廉的官员、严格的管理制度、很高的行政效率。市场调整机制通过作为市场主体的企业组织，以市场机制或市场这一看不见的手调整人与自然的关系。理想的市场调整机制是自由公平竞争的自由市场。非行政非市场调整机制，又称社会调整机制、治理机制和第三种调整机制❶。它与传统的第一种调整机制（行政机制）和第二种调整机制（市场机制）不同，它以非营利、非统治手段的治理为特征，以各种公共的或私人的个人和机构的合作与协调为特征，主要适用于公民社会或市民社会（civil society）即非政府非营利组织（Non－Governmental、Non－Profit Organizations）。理想的治理机制称为“善治”（或良治，good governance）。良治的要素是合法性（legitimacy，严明的法度）、透明性（transparency，要求公开的信息）、责任性（accountability，常见的中文翻译是责任、公信度、公信力、问责性等，要求清廉的官员）、法治（rule of law）、效益（effectiveness，要求很高的行政效率）、回应（responsiveness）、协调性（要求良好的行政服务）。第三种调整机制的主体部分是建立在合作和协商基础上的协议手段（EAs）、环境公开（又称绿色公开，GPs）手段和公众参与手段。法律调整人与自然关系的机制是将上述调整机制有选择地法定化。

（2）采用综合的、渐进的调整人与自然关系的法律机制。各国在调整人与自然关系的法律调整机制方面，一般采用将传统部门法调整机制与环境资源法调整机制相结合的综合调整机制，前者主要包括私

❶　蔡守秋：《第三种调整机制——从环境资源保护和环境资源法角度进行研究》（上、下），《中国发展》2004 年第 1、2 期。

法调整机制和公法调整机制，后者主要指环境资源法的专门调整机制。由于法律对人与自然关系的调整，是一个渐进的、不断发展的、与时俱进的过程，因而各国都采取渐进的法律调整机制。正如法律对人与人的关系的调整一样，法律不可能、也没有必要调整一切人与自然的关系。法律调整什么类型的人与自然关系、何时开始调整、以什么方式调整，应该因时因地因事制宜。

(3)形成以生态化方法为特色的环境资源法调整机制。环境资源法调整人与自然关系的调整机制，包括其他法律部门的相关调整机制和环境资源专门法所特有的调整机制即生态化调整机制。生态化调整机制，是指区别于传统法律调整机制的、环境资源法所特有的调整机制，它是法律调整人与自然关系的专门机制、主要机制和核心机制。生态化调整机制的主要特点是，在基本理念上主要强调环境正义、环境公平、环境安全、环境秩序(人与自然和谐相处)、环境效率(生态效益、经济效益和社会效益的统一)，在方法上主要采用生态法学的分析方法，在内容上主要由大量禁止性环境资源行为规范和系统性的环境资源法律制度组成。环境资源法调整人与自然关系的法律机制的主体部分是法律规范和法律制度。

生态化调整机制的一个重要表现和典型代表是综合生态系统管理(Intergrated Ecosystem Management，简称 IEM)，又称综合生态系统管理方法(IEM Approach，有人译为综合生态管理方式、综合生态管理途径)、综合生态系统管理理念，有时简称综合生态管理、生态系统管理、生态系统方法。综合生态系统方法理论是对环境资源法发展为生态法的最具有理论和实践指导作用的具体理论❶。1999 年通过的《加拿大环境保护法》在其前言中强调“加拿大政府认可生态系统方法的重要性”；在第 2 条中强调，在本法的执行中，加拿大政府除应当遵守加拿大宪法和法律外，还应当“实施考虑到生态系统的独特的和基本的特性的生态系统方法。国家环保总局政策法规司司长杨朝飞强调：要坚

❶ 参看蔡守秋著：《论综合生态系统管理》，《甘肃政法学院学报》2006 年第 3 期；《综合生态系统管理法的发展概况》，《政法论坛》2006 年第 3 期。

持“生态系统方式”的管理思想,即近年来在国际上推崇和流行的生态保护综合管理的指导思想,主张生态保护应以生态系统结构的合理性、功能的良好性和生态过程的完整性为目标,从单要素管理向多要素综合管理的转变,从行政区域向流域的系统管理转变,生命系统与非生命系统的统一管理,生态监测与科研为基础的科学管理,将人类活动纳入生态系统的协调管理;生态环境是一个完整的、有机联系的系统,对生态环境的诸要素应采用系统的观点,统筹管理,更加强调生态环境管理体制的统一性和综合性❶。

综合生态系统管理是指管理自然资源和自然环境的一种综合管理战略与方法,它要求综合对待生态系统的各组成成分,综合考虑社会、经济、自然(包括环境、资源和生物等)的需要和价值,综合采用多学科的知识和方法,综合运用行政的、市场的和社会的调整机制,来解决资源利用、生态保护和生态系统退化的问题,以达到创造和实现经济的、社会的和环境的多元惠益,实现人与自然的和谐共处。2004 年召开的《生物多样性公约》缔约方第七次会议通过的《生态系统方式决定》(UNEP/CBD/COP/7/21,VII/11 生态系统方式)指出:“生态系统方式是综合管理土地、水和生物资源,公平促进其保护与可持续利用的战略。生态系统方式的应用将有助于实现《公约》以下三个目标的平衡:保护;可持续利用;以及公平和公正分享基因资源的利用所带来的利益。此外,生态系统方式已被可持续发展问题世界首脑会议认可为加强可持续发展和减缓贫穷的一个重要手段。”综合生态系统管理既是一种新的理念、原则,又是一种新的管理策略、方式和方法,它是运用多学科知识、多种调整机制的综合方法框架,是体现良治思想、适合于公民社会和生态社区建设的方法。它不仅对整个环境资源管理、环境资源法制建设和环境资源法学的发展具有重要理论意义和实践意义,而且对指导、促进和加强我国的环境资源管理工作、环境资源法制建设,特别是指导和促进西部 6 个省(区)防治土地退化的规划管理工作和法制建设工作具有长远的理论指导意义和重要的现实作用。例如,中

❶ 王娅:《树立科学的生态保护观》,《中国环境报》2003 年 3 月 25 日。

国/全球环境基金干旱生态系统土地退化防治伙伴关系(PRC - GEF Partnership on Land Degradation in Dryland Ecosystems),是全球环境基金在土地退化方面与中国政府达成的第一个伙伴关系,是全球环境资金资助的第12个业务领域(GEF业务规划12即GEF—OP12)。它是一个综合生态系统管理项目,旨在采用综合生态管理手段解决土地退化问题,预计10年总投资为15亿美元。中国政府高度重视该项目的实施,已经成立由财政部牵头、以国家11个部门(包括全国人大法制工作委员会、国家发展与改革委员会、科技部、财政部、国土资源部、水利部、农业部、国家环境保护总局、国家林业局、国务院法制办公室和中国科学院)为成员单位的项目指导委员会、项目协调办公室和项目执行办公室。各项目省(区)已经成立相应的机构。中国全球环境基金干旱生态系统土地退化防治伙伴关系(PRC - GEF—OP12)项目指导委员会、项目协调办公室和项目执行办公室已经与甘肃、青海、新疆、宁夏、内蒙古、陕西等省(区)的政府达成承诺,要致力于提高项目省(区)的法规政策体系在防治土地退化方面的能力。这项法律改革作为中国可持续环境与自然资源法律改革的重要组成部分,将采用综合生态系统管理的理念和方法,并借鉴国际上最好的实践经验。中国政府希望通过推进综合生态系统管理,特别是采取协调的、科学的、参与式的、适用性的管理方法来管理自然资源和生态环境,并使其法治化、制度化,以达到有效防治土地退化的目标。

运用生态化方法,环境资源法已经形成一整套调整人与自然关系的法律规范和法律制度,主要包括:环境资源调查(监测、监视、勘查、普查、抽查等)制度;环境资源信息显示(报告、统计、公告、牌示等)制度;环境资源问题预防(包括环境影响评价、规划、功能分区和预警)制度;环境资源行为(包括提倡、允许、命令、禁止、要求某种行为)规范体系;环境资源整治(治理、恢复、改善等)制度;环境资源补偿(赔偿)制度;环境资源行为奖惩制度;环境资源法律责任制度;环境资源行为监督(包括议会监督、行政监督、司法监督和其他社会监督)、管理制度;环境资源公众参与制度等。例如,环境资源法律中明确规定的大量禁止性行为规范和著名的环境影响评价制度。

(4)提倡容纳不同法学理论和法律学说进行解释的调整人与自然关系的法律机制。对于法律调整人与自然关系的机制,特别是对那些规定人与自然关系的法律行为规范,可以用不同的法律理论和法律学说进行解释。通过法律调整人与自然关系这个平台,法学家和法律工作者们可以综合运用当代新的自然科学理论、人文科学理论和法学理论,进行创新思维,拓展法的调整范围、功能和作用,创制新的调整人与自然关系的行为规范、法益、权利、义务和法律制度,进一步促进和谐社会的建设。在如何调整人与自然关系的问题上存在不同主张、观点、学说、理论和学派,是正常现象,是适应人与自然关系的多样性所产生的人类文化多样性的表现。在法律如何调整人与自然关系方面,调整论不主张一个模式、一种方法、一条途径、一种主义、一种学说、一种理论,而是主张和提倡多元化、多样化、多种调整机制,主张和提倡多个模式、多种方法、多条途径、多种主义、多种学说、多种理论的百花齐放、百家争鸣。只有通过"有关法律如何调整人与自然关系"的不同主张、观点、理论和学说的争鸣、比较、相互补充,才能促进法律调整人与自然关系的法律机制的健全,才能更好地发挥法律在建设和谐社会中的作用。

2. 调整人与自然的关系是环境法的主要作用和功能

所谓法律调整,是指作为主体的法律影响、改变、协调(包括建立、产生、确认、赋予、作用、控制、改进、改善、消灭等)特定对象(包括人,人的行为、状态、关系、事项、工作和秩序等)的活动。因此,法律调整是从法的运作方面描述法的实现、法在生活中如何起作用的一个范畴。当谈到环境资源法调整人与自然关系时,环境资源法是主体,调整是环境资源法的一种作用或功能。环境资源法律对人与自然关系的调整,是指环境资源法根据社会经济规律和自然生态规律,根据环境资源法的目的和需要,运用法律规定的各种行为规则、措施和制度,对人与自然的关系所施加的影响、改变和协调,包括确认、限制、改变、消灭、禁止、鼓励、提倡某种人与自然的关系。我们说环境资源法能够调整人与自然的关系,实际上是指环境资源法具有调整人与自然关系的作用,即环境资源法的调整主要是指法的作用、功能和运行机制。

环境资源法律之所以应该、能够调整人与自然的关系,是基于法律的目的、任务、作用和功能以及人与自然的关系是一种可以为人调整的关系这一基本性质。环境资源法的目的、任务、作用和功能之一,就是保护环境、合理开发利用资源,就是调整人与自然的关系。所谓调整人与自然的关系,也就是调整人与环境资源的关系;用法律调整人与自然的关系,实际就是用法律保护和改善环境资源。随着法律的发展和演变,法律的目的、任务、作用和功能正朝着多元化的方向发展,法律具有越来越广泛的任务、作用和功能。从总体上看,调整人与自然的关系,是环境法这一独立的法律部门产生的基本原因、发展的决定因素、长期存在的根本目的,是环境法的主导方面、本质方面;调整人与人的关系,是为了调整人与自然的关系的需要,是实现人与自然和谐共处的途径和手段。环境法能否调整人与自然的关系,与法律关系中主体个人的目的(这里指为人,还是为自然)、态度(这里指以人类为中心,还是以生态为中心)或法律的倾向性(这里指倾向于人的利益,还是倾向于动物或自然利益)无关;但是,环境法调整人与自然关系的效益和效率则与调整目的、态度和倾向性密切相关。环境法调整人与自然的关系,可以出于保护人的生命、健康和财产的目的,也可以出于保护环境和自然的目的,还可以二者兼之;既可以是为了人的利益,也可以是为了自然的利益,还可以二者兼之。究竟是以人为主或偏向于人,还是以自然为主或偏向于自然,即法律调整的天平偏向谁,应该具体情况具体分析,这正是法律调整人与自然关系所要解决的问题,而不能作为否定法律调整人与自然关系的理由。环境资源法既调整人与人的关系,又调整人与自然的关系,还因为在环境资源工作、环境保护活动和建设和谐社会中人与人的关系和人与自然的关系并不是水火不相容的、有你无我的关系,而是一种共存、互容、密不可分的关系,即凡是对环境有影响的人为活动都可能同时产生或影响这两种关系。只有用调整人与自然的关系的法学理论,从人与自然的关系的本质特点出发,阐明环境法以保护环境资源为主,以调整人与自然的关系为主,既调整人与自然的关系又调整与之相关的人与人的关系、既保护自然环境又保护社会环境、既维护自然秩序又维护社会秩序,才能解释清楚环境法的性质和特征。

调整论分析了法律调整人、人的思想、人的行为、人与人的关系、人与自然的关系、人的权利义务的异同。法律调整人、调整人的行为、调整人与人的关系、调整权利义务关系是四级概念,法律调整人≠调整人的行为≠调整人与人的关系≠调整权利义务关系。调整对象是人,属于第一级概念;调整对象是人的行为,属于第二级概念;调整对象是人与人的关系和人与自然的关系,属于第三级概念;调整对象是人的权利义务关系,属于第四级概念。从第一级概念到第四级概念是越来越具体。人包括人的行为和人的思想,调整人包括调整人的思想、行为以及人与人的关系、人与物的关系等许多内容,因而调整人并不等于调整人的行为,也不等于调整人与人的关系。同理,调整人的行为也并不等于调整人与人的关系,因为人的行为可以形成人与人的关系和人与自然的关系这两种关系;调整人与人的关系也不等于调整权利义务关系,因为人与人的关系多种多样,而权利义务关系只是人与人的关系中的一种。说法律的调整对象是法律权利义务关系,等于说法律的调整对象是法律,这是同义反复。环境资源法所调整的人与自然关系可以纳入社会关系的范畴,不宜将社会关系和人与自然关系对立起来。由于环境资源法所调整的人与自然关系是经过法律规定和法律实施即人的社会活动所形成的法律关系，所以可以将环境资源法所调整的人与自然关系视为一种社会关系或纳入社会关系的范畴。环境资源法所调整的人与自然关系不是仅指主体与主体之间的关系，而是包括主体与主体之间、主体与客体之间的各种关系，主要是指主体与客体之间的关系。

环境资源法调整人与自然的关系具有可操作性,它不仅仅是一个理论问题,而且是一个实践问题。当代社会一切合理开发、利用、保护、改善和管理环境资源的努力都是为了调整好人与自然的关系,实现人与自然的和谐共处;持续利用环境资源的实质和环境资源工作的宗旨,就是按照自然生态规律和社会经济规律调整好人与自然的关系。所谓加强环境资源法制建设,实现环境资源法治,就是用法律调整人与自然关系的活动,就是用法律规范合理开发、利用、保护、改善和管理环境资源的活动。

环境资源法不是凭空创造人与自然的关系,环境资源法调整人与自然的关系是对现实的人与自然关系的正当化、法定化。环境资源法所调整的人与自然的关系，是指环境资源法所规定并通过其实施加以影响、作用和控制的人与自然的关系，法律没有规定或没有发生实际影响、作用和控制的人与自然的关系不是环境资源法所调整的人与自然的关系。法律调整人与自然的关系是指直接调整。所谓法律直接调整人与自然的关系，是指法律直接规定或者法律直接授权有关行政机关或有关规范性文件直接规定人对环境资源的行为（简称人对自然行为、人对物行为或对自然行为、对物行为）或人与自然的关系，即法律直接规定或明确个人、单位和组织对环境资源能够做什么、不能够做什么、鼓励做什么、禁止做什么。

因实施调整措施而导致人与自然关系改进很少或没有变化甚至变差的现象，称为调整失灵、调整无效、调整不当或调整失误。环境资源法学中调整人与自然关系的调整主要指有效调整，是指通过法律规定的各种方法、手段、工具引起人与自然关系向着对人和环境有利的方向变化，包括人与自然关系从混乱到有序、从失调到平衡、从有害到有利、从不好到好、从较好到很好、从不和谐到和谐等，即调整人与自然关系是指促进、引起人与自然的关系向着好的、有利的方向变化的行为。

法律调整什么类型的人与自然的关系、何时开始调整、以什么方式或机制调整，是有选择的、有取舍的，因时因地制宜的。正如法律对人与人的关系的调整一样，法律不可能一下子调整所有的人与自然的关系，也没有必要调整一切人与自然的关系。不能因为现行法律没有调整某种人与自然的关系，或现行立法机关没有采纳某项调整人与自然的关系的法律、法规、法律制度、法律原则、法律理念、法律条款、立法建议或法律观点，而否定法律能够调整人与自然的关系。环境资源法对人与自然关系的调整，是一个渐进的、不断发展的过程，可以与时俱进，可以通过评价不断改进。过去已经调整的某种人与自然的关系，现在可以不进行法律调整；现在没有调整的，将来可以调整；现在正在调整的，将来可能不再调整；现在法律没有调整，或现在法学家存在不同意见，不等于以后不能调整。

环境法所调整的人与自然的关系，可以是主体与客体之间的关系，也可以是主体与主体之间的关系（在法律赋予动物、非人生命体和环境以主体资格的情况下），应该具体问题具体分析。根据现行法律，环境法所调整的人与自然关系，大量的是主体与客体之间的关系。考察法律调整人与自然关系的历史发现，迄今为止，法律所调整的人与自然关系已经从调整狭隘的人与物的关系（某些物是环境资源因素）、人与财产的关系（某些财产是环境资源因素）、人与自然资源的开发利用关系逐步发展到人与环境资源的保护关系、人与环境资源的管理关系、人与家养动物的人道主义关系、人与珍贵稀有野生动植物的保护和代理关系等类型。随着环境污染、生态破坏、资源危机的恶化，环境保护事业的发达，以及环境资源法制建设的发展，当今所有的环境资源法律或法规，都毫无例外地包含人与自然的关系、反映人与自然的关系、调整人与自然的关系。法律所调整的人与自然关系多种多样，非常丰富。一部良好的环境资源法律就是一张人与自然关系的关系网，就是一幅反映、描绘人与自然和谐共处关系的蓝图。

3. 奉行“主、客一体化”的研究范式❶

近现代科学、近现代工业社会的研究范式（Paradigm）是以笛卡尔、培根和牛顿为代表的“主、客二分法”，这种“主、客二分法”是近现代民法的根基，也是以传统民法为代表的主流法理学的研究范式。这种“主、客二分法”范式包括“人、物二分法”、“心、身二分法”和“人与人的关系、物与物的关系二分法”，其基本含义如下：①将整个世界截然划分为人与物、人类社会与自然界、主体与客体这两大部分，不承认或不研究介于人与物、人类社会与自然界、主体与客体之间的其他东西（例如将主体与客体联系起来的物质、因素、条件或力，介于人与物之间的高等动物、上帝等因素），不重视主体与客体、人与物之间的相互联系、转化和统一。②将人截然划分为人的心（心灵、思想、精神、意志）和人的身（身体）这两个方面，不重视人心和人身之间的相互联系、转化和统一，不承认或不研究介于人心和人身之间的其他东西（如人

❶　参看蔡守秋著：《论法学研究范式的革新——以环境资源法学为视角》，《法商研究》2003 年第 3 期。

的语言、行为等)。③将所有关系截然划分为人与人的关系和物与物的关系这两种关系,不承认或千方百计地化解介于人与人的关系、物与物的关系之间的人与物的关系或人与自然的关系。④认为人是主体,人永远是主体,人不能是客体;物是客体,物永远是客体,物不能成为主体。⑤认为人是第一性的,物是第二性的;人的心(心灵、思想、精神或意志)形成物并决定物。⑥认为人有内在价值和意志自由,有法律主体资格或法律主体地位、享有法律权利并承担法律义务;物没有内在价值和意志自由,物没有法律主体资格、法律主体地位、没有法律权利和法律义务。⑦认为人与人的关系决定人与物的关系,人与物的关系只能通过人与人的关系来体现和运作。例如,我国主流法理学特别是民法学者认为,"从民法的基本方法论或者说民法的哲学立场观察,民法社会的基本构成结构,是人与物,这是市民社会的两种基本的物质表现形式,除此之外没有第三种物质形式的存在。其中,人在民法社会中处于主体地位,支配着整个世界;而物组成这个社会的基础,是民法社会的客体,人对物具有支配的权利,然后才能改造世界,推动社会的进步。在民法社会中,我们用民事法律关系的方法来分析民法社会的时候,这就是一个民法的方法论问题,也就是民法哲学问题。因此,我们看待民法社会的时候,就要从主体、客体与内容等角度进行阐述,这也说明以民事法律关系来分析民法社会,它是最基本的方法。而这种关系也是建立在民法社会'人与物'的二元结构的基础之上的。即人是主体,物是客体,二者是支配关系"❶。也就是说,我国主流法学的基本研究范式是"主、客二分法",即将大千世界分为人与物、主体与客体这两个方面,其中人是主体、物是客体。

上述将大千世界作如此简单而机械划分的方法受到了后现代思潮的激烈抨击。德国法理学家阿图尔·考夫曼在其所著《后现代法哲学——告别演说》中指出:"后现代思想首先应该克服现代的二元论,即:主体与客体的分离,一切欲望的冲动抑或自由释放之间的选择以及

❶ 杨立新:《关于建立法律物格的设想》,清华大学环境资源与能源法研究中心主办的《资讯动态》2005 年第 12 期。杨立新民法网,2005 年 4 月 18 日刊登。

（人们极为看重！）唯理性和非唯性之间的对立。”❶“当人们奉守主体、客体图式时，认识中的客体与主体是严格分开的。……在取向于意义内涵的知性科学（不同于解释因果关系的自然科学）中，主体、客体图式原则上不起什么作用。”❷“一个想要理解某种意义的人完全必然地将持先入之见，从而也首先将其自我带进理解过程。这样一种理解并不是对象性的（因为意义并非实质），但也不是主观的（而是反射的和取向于传统的，如同取向于情境一样）。相反，它始终是主体－客体同时并存。任何一种要把知性科学中的唯理性和知性个性分离开来的尝试，都是注定要失败的。”❸法国思想家德里达指出，“传统的‘二元对立’之所以必须被颠覆，是因为它构成了迄今为止一切社会等级制和暴戾统治的理论基础。作为一种策略，‘解构’在批判和摧毁‘二元对立’的同时，又建构和实现原有的、‘二元对立’所不可能控制的某种因素和新力量，造成彻底摆脱‘二元对立’后进行无止境的自由游戏的新局面。”❹美国“后现代研究中心”主任大卫·雷·格里芬教授指出：“二元论自身证明了它很难从理论上得到坚持，尤其是当进化论观点为人们接受之后就更是这样”，“绝大多数现代科学家和哲学家都认为二元论是站不住脚的”❺。“主、客二分法”的主要弊病是将人与自然、主体与客体分割开来、对立起来，是将人与人的关系和人与自然的关系、主体和客体的关系、人与自然的关系绝对化。“如果我们认真解读马克思的文本的话，就会发现，马克思从未把人类社会与自然抽象地对立起来。”❻马克思主义认为，“历史可以从两个方面来考察，可以把它

❶ ［德］阿图尔·考夫曼著，米健译：《后现代法哲学——告别演说》，法律出版社 2000 年版，第 8 页。

❷ 《后现代法哲学——告别演说》，第 32 页。

❸ 《后现代法哲学——告别演说》，第 33 页。

❹ ［法］德里达《论精神，海德格尔与有关精神问题》（A），冯俊《后现代主义哲学讲演录》（C），北京商务印书馆 2003 年版，第 305 页。

❺ ［美］大卫·雷·格里芬编，王成兵译：《后现代精神》一书，中央编译出版社 1998 年版，第 220 页。

❻ 俞吾金：《运用差异分析法研究马克思的学说》，《马克思主义、列宁主义研究》人大复印资料 2005 年第 3 期第 19 页。

划分为自然史和人类史。这两方面是密切相联的;只要有人存在,自然史和人类史就彼此相互制约"[1];"过去的一切历史观不是完全忽视了历史的这一现实基础,就是把它仅仅看成与历史过程没有任何联系的附带因素。……这样就把人对自然的关系从历史中排除出去了,因而造成了自然界和历史之间的对立"[2];"人作为自然的、肉体的、感性的、对象性的存在物,和动物一样,是受动的,受制约的和受限制的存在物"[3];人们越来越认识到人类主体"自身和自然界的一致,而那种把精神和物质、人类和自然、灵魂和肉体对立起来的荒谬的、反自然的观点,也就愈不能存在了"[4]。

在后现代科学和法学思想的抨击下,现代法学理论开始反思和变革,其中一个重要反映就是在大陆法系老祖宗德国所发生的变革。1988 年 3 月 10 日,奥地利国民会议通过一部关于动物法律地位的联邦法律,专门对《奥地利民法典》作出修正,涉及到该民法典的第 285 条和第 1332 条。原第 285 条"物的定义"规定:"一切与人相区别且供人使用者,在法律意义上称为物。"该条修正新增的第 285a 条规定:"动物不是物。它们受到特别法的保护。关于物的规定仅于无特别规定的情形准用于动物。"1990 年修订的《德国民法典》和 1992 年修订的《瑞士民法典》相继规定"动物不是物",动物不是 things,而是 beings。《德国民法典》将原《德国民法典》第一编总则编中的第二章"物"更名为"物,动物";在第 90 条中明确规定,"动物不是物。它们由特别法加以保护。除另有其他规定外,对动物适用有关物的规定"[5]。2002 年 12 月 4 日,瑞士通过了一个对民法典、债法、刑法及联邦债与破产法进行修正的《动物基本条款》。其中所涉民法的 9 个条文中,第 641a 条规定:"1. 动物不是物。2. 对于动物,只要不存在特别规定,适用可适用

---

[1] 《马克思恩格斯全集》第 3 卷第 20 页,人民出版社 1965 年版。

[2] 《马克思恩格斯全集》第 20 卷第 520 页,人民出版社 1971 年版。

[3] 《马克思恩格斯全集》第 42 卷第 167 页,人民出版社 1979 年版。

[4] 《马克思恩格斯全集》第 3 卷第 44 页,人民出版社 1965 年版。

[5] 请参看郑红、贾红梅译《德国民法典》,1896 年 8 月 18 日通过,2000 年 3 月 30 日最近一次修改,法律出版社 2001 年版。

于物的规定。”在法律上明确规定动物既不是人，也不是物，动物就是动物，是对传统法律“主、客二分法”、“人、物二分法”的否定和突破。

法律要调整好人与自然的关系，宜采用“主、客一体化”的研究范式，即整体论世界观或生态世界观范式，又称“人与自然关系和人与人关系相结合”的环境资源法学研究范式，这种研究范式反映了环境资源法学所特有的价值观、伦理观、认识论和方法论，构成了环境资源法学的基本理论的基础。所谓“主、客一体化”，是指将主体与客体或者主观与客观这二者联系起来、结合起来，进行综合考虑。“主、客一体化”就是综合地（全面的、辩证的）考虑主体与客体的问题以及它们之间的关系，即“既关注人，又关注物，并且将人与物联系起来；既研究人与人的关系，又研究人与自然的关系，并且将研究人与人的关系和研究人与自然的关系结合起来”。

“主、客一体化”研究范式提供了不同于“主、客二分法”研究范式的法律调整思路：

（1）根据“主、客二分法”研究范式，主流法理学只研究法律中人与人的关系，千方百计地否定、回避、化解、轻视法律中人与自然的关系；只重视和强调人与人的关系，认为人与自然的关系实质上或实际上是人与人的关系，可以用人与人的关系代替或取代人与自然的关系，只要处理好了人与人的关系，就可以处理好人与自然的关系。根据“主、客一体化”研究范式，调整论认为，人与人的关系不能代替人与自然的关系，除了处理好人与人的关系外，还要处理好人与自然的关系；法学应该研究法律中人与自然的关系和人与人的关系，环境资源法学应该专门面对、研究、分析、深化法律中人与自然的关系。

（2）根据“主、客二分法”研究范式，主流法理学只研究法律中主体与主体之间的关系，否定、回避、不研究法律中主体与客体之间的关系。根据“主、客一体化”研究范式，调整论既研究法律中主体与主体之间的关系，也研究法律中主体与客体之间的关系；认为不仅在现实生活中人与自然的关系大量表现为主体与客体之间的关系，在法律规范和法律案件中人与自然的关系也大量表现为主体与客体的关系。

（3）根据“主、客二分法”研究范式，主流法理学坚持法律中的主体只能是人、永远是人、人不能成为法律中的客体,物只能是客体、永远是客体、物不能成为法律中的主体。根据“主、客一体化”研究范式,调整论认为主体和客体是相对的、相互联系的、在一定情况下可以互相转化的,人可以成为法律中的主体,在大部分情况下人是主体,但也可以成为法律中的客体;物在大多数情况下是客体,但在某些情况下也可以成为主体。

4. 设置“生态人”的法律人模式

虽然调整论研究的是法律调整人与自然关系的理论和规律,但并没有脱离对人的研究即“以人为本”,而是将人与自然联系起来研究人并设置法律人的模式,将“以人为本”同时运用到人与人的关系和人与自然的关系之中,在强调“以人为本时”坚持“以自然为根”,在强调“以人为主导时”坚持“以自然为基础”。

只调整人与人的关系的传统法学理论所构建的“人的模式”即“法律人”(主要是“经济人”)模式的要点是:每一个具体的人、个体的人都生活在人类社会之中,没有孤立的单个人,只有与其他人相联系的社会人,人的本质是人与人的关系即人的社会性的统一;每个人都有追求幸福、自由和个人利益(自利性)最大化的倾向(但这里的个人利益主要指经济利益)。由此人的模式推导出法律只调整人与人的关系的结论,并推导出法律调整人与人关系的市场、行政和社会调整机制等机制。

调整论构建的“人的模式”即“法律人”(在环境资源法学中称为“生态人”或“环境人”)模式的要点是:

(1)每一个具体的人、个体的人,既与其他人发生联系,也与自然(包括环境资源)发生联系;人的本质是人与人的关系和人与自然的关系即人的社会性和自然性的统一。“法律人是作为关系总和的人。在这些关系中,人相对于其他人和物而存在。所有的秩序都有关系特征。法律人不是实体,人是关系。法律人是关系和关系者的结构统一。”[1]

---

[1] [德]阿图尔·考夫曼著,米健译:《后现代法哲学——告别演说》,法律出版社2000年版,第51页。

(2)个人通过其行为建立和变革人与人的关系和人与自然的关系。人的行为可以分为对人的行为和对自然(非人物)的行为,人对人的行为形成人与人的关系,人对自然(非人物)的行为形成人与自然的关系。法律是规制人的行为的行为规则,并且是具有法律强制力的行为规则。法律既可以规定人对人的行为,也可以规定人对自然(非人物)的行为。因而法律既能够调整人与人的关系,也能够调整人与自然(非人物)的关系。

(3)每个人只能通过自身与其他人的关系和自身与自然(环境资源)的关系求生存、求发展、求利益、求幸福。人的一切行为的目的是追求最大的效益(包括经济效益、社会效益和生态效益),只有和谐的人与人的关系、和谐的人与自然的关系才能提供最大的效益。正如古希腊罗马时期斯多葛学派的创始人芝诺所说的:“人生的目的就在于与自然和谐相处。”[1]“如果想获得幸福,一个人与他的环境之间就需要一种和谐的调整。”[2]卡尔·贝克尔指出:“人类的心灵中永远跳动着渴求普遍和谐的愿望。”[3]人生的目的就在于人与人和谐相处、人与自然和谐相处,即追求和谐的人与人的关系、和谐的人与自然的关系是人的行为的不朽动力。只要每个人都追求和谐的人与人的关系和人与自然的关系,整个社会就会走向人与人和谐共处、人与自然和谐共处的和谐社会。法律可以通过规制或变更人对人、人对自然的行为规则,或者规定或维护人与自然的资格、利益和状态;可以适应调整人与人的关系和调整人与自然关系的需要,创制新的行为规则、权利、义务、法律制度,形成既调整人与人的关系又调整人与自然的关系的新的调整机制;从而调整人与人、人与自然的关系,保障人与人、人与自然的和谐共处,促进人类生态系统即人类社会的可持续发展。

---

[1] 王诺:《欧美生态文学》,北京大学出版社 2003 年版,第 25 页。

[2] [美]艾温·辛格著,郜元宝译:《我们的迷惘》,广西师范大学出版社 2002 年版,第 108 页。

[3] 卡尔·贝克尔:《18 世纪哲学家的圣城》(纽黑文:耶鲁大学出版社,1932),第 63 页。转引自[美]大卫·雷·格里芬编、王成兵译的《后现代精神》一书,中央编译出版社 1998 年版,第 214 页。

如果说"经济人"模式的前提或假定是,追求自身利益(主要指经济利益)是人身上最强大的动力,只有利用这一动力或"看不见的手",才能实现社会公共利益的最大化。如果"生态人"模式的前提或假定是,人从自身与其他人的关系和自身与自然(环境资源)的关系中求发展、求幸福、求利益(包括经济、社会和生态利益)是人的不朽动力;那么,人类和法律只有利用这一动力或"看不见的手",才能实现人类社会与自然的和谐相处,才能实现经济、社会和环境的协调发展、全面发展和可持续发展,才能构建人与人和谐相处、人与自然和谐相处的和谐社会。

5. 建立解释人与自然关系的法律关系理论

目前较为流行的法律关系理论是:法律关系是人与人之间的权利义务关系;法律关系只能是主体和主体之间的关系,主体和客体或人与自然之间不能构成法律关系。其构成要素是:①参与法律关系的主体——简称权利主体;②构成法律关系内容的权利和义务;③法律关系主体间权利和义务所指向的对象——简称为权利客体……法律关系是一种思想关系,它由生产关系所决定❶。

有些学者主张的法律关系理论是一种狭义的或狭窄的法律关系理论,它仅包括法律权利(义务)主体之间的法律关系,甚至仅仅指合法的民事法律行为、双方合意行为或合同行为所引起的法律关系。它不包括:除法律权利主体之外的其他法律主体之间的关系;法律主体与客体之间的关系;由物权行为、单方自觉守法行为、违法行为、侵权行为、犯罪行为、单方行政命令行为引起的法律关系;由法律考虑的行为和法律事件(如婴儿、白痴、精神病人和动物的行为,洪水、火山爆发、地震等自然灾害)等所引起的法律关系。狭义的法律关系理论只能是解释和解决法律只能调整人与人的关系、不能调整人与自然关系的法律关系理论,它不可能解释和解决法律规定的其他关系特别是人与自然的关系。概括起来,目前较为流行的民法法律关系理论主要存在如下缺陷:

❶ 《中国大百科全书(法学)》,中国大百科全书出版社 1984 年版,第 99 页。

(1)没有区别法律关系主体、法律权利主体和法律主体这三个概念。曾世雄教授指出,民法以生活资源为本位(权利仅仅是生活资源的一个组成部分,即仅仅是法律规定的部分内容),生活资源主要包括权利、法益和自由资源,权利是民法提供完整保护的资源,法益是民法提供局部保护的资源,自由资源是纳入民法范畴但却不为民法所保护或民法对其放任自流的特定资源(如公海、荒山之兽等)。法律上的主体,是指依法律规定,享有或负担生活资源变动效果之实体;法律上的主体起码应该包括权利的主体、法益的主体和自由资源的主体等三种;权利的主体并不等于法律主体❶。

(2)没有区分社会关系中的物质关系和思想关系、行为关系与意志关系,将法律关系说成是思想关系。张文显教授指出:"用形而上学的方法把法律关系死死地限定在意志关系的范畴内,把法律关系与社会关系之间形式与内容的辩证关系简单化为精神与物质的关系,致使法律成为脱离其内容的空壳。"❷周永坤教授也认为,"至于说法律关系是思想社会关系,这是容易引起误解的判断"❸。法律调整现实生活中的实际关系,而不是调整抽象的思想关系。

(3)混淆了法定关系与法律关系、现实关系与想象关系、原始关系与对原关系的侵权关系❹这三组概念,即用法律关系否定法定关系、用想象关系否定现实关系、用侵权关系模糊原始关系。

(4)没有认真考虑法律关系三要素与法律关系的逻辑联系。主流法理学一方面将主体、客体和权利义务作为法律关系的三大要素,另一方面又将法律关系仅仅说成是"人与人之间的权利和义务关系",也就是说,法律关系可以不考虑客体物的存在、主体人和客体物之间的关系,这在逻辑上是不能自圆其说的。按照该法律关系的定义,其逻辑结

---

❶ 曾世雄:《民法总则之现在与未来》,中国政法大学出版社 2001 年版。

❷ 张文显著:《法哲学范畴研究(修订版)》,中国政法大学出版社 2001 年版,第 95 页。

❸ 周永坤著:《法理学——全球视野》,法律出版社 2000 年版,第 122 ~ 123 页。

❹ 原始关系是指法律规定的关系,例如法律规定的物权关系,对原始关系的侵权关系是因为原始关系的存在,有可能发生的因阻碍和侵犯物权所有人占有其物所形成的侵权关系。

论应该是法律关系的构成要素只包括权利主体(即人)这一个要素。同时,该定义也产生了一个逻辑问题,在上述法律关系三要素中,作者将人与人的关系(即主体与主体的关系)定义为法律关系,那么,人与物(即主体与客体的关系)就是什么关系呢?显然,该定义根本没有考虑法律规范所确认和调整的主体与客体的关系即人与物的关系。

(5)没有区分真实的人与自然的关系和法律拟制的人与自然的关系。

(6)没有区分人与人的关系和权利义务的关系,表面上坚持法律关系是人与人的关系的定论,逻辑上得出法律关系是物与物的关系的悖论。主流法理学关于法律关系理论和定义的最大失误是将法律关系说成是"人与人之间的权利和义务关系"。根据大陆法系的法学理论,无论是《法国民法典》还是《德国民法典》,权利(义务)都被界定为物(抽象物、无体物)而不是人;无论是权利与权利的关系、权利与义务的关系,还是义务与义务的关系,逻辑上都是指物与物的关系,而不是指人与人的关系;即使将"权利与权利的关系"改换成"人的权利与人的权利的关系",也仍然指的是物与物的关系。例如,从逻辑上分析,张三哥(某男)的狗与李四娘(某女)的狗的关系不等于张三哥与李四娘的关系即人与人的关系,张三哥的公狗与李四娘的母狗之间发生关系,更不等于张三哥与李四娘之间发生了关系。因此,说"法律关系是由法律规范所确认和调整的人与人之间的权利和义务关系"实际上是说"法律关系是物与物的关系"。调整论认为,法律调整的对象是指现实的社会关系,而不是指法律关系或法律权利义务关系,更不能以人与自然关系不是法律关系理论中的法律关系,而否定法律可以调整人与自然的关系。例如,中国民法学会的副会长赵万一指出:民法调整的财产关系不是权利义务关系即法律关系,"作为规定权利义务内容的民法,是不能调整已经具有权利义务内容的法律关系的。因为后者已具有法律效力,而调整则是赋予某一社会关系法律效力";"从马克思主义学说的观点看,作为民法调整对象的财产关系和上升为法律的财产关系,泾渭分明,决不容许混为一谈";"我们认为,民法所调整的财产关系指的是生产关系或经济关系”[1]。从逻辑上看，说法律调整对象是法律关系或是权利义务关系，等于是说法律的调整对象是法律，这是同义反复。

调整论认为，环境资源法所调整的人与自然的关系是环境资源法所规定的人与自然的关系；环境资源法能否调整人与自然的关系，和人与自然关系是否被传统法律关系理论认可为法律关系无关，即使目前某些法学家不承认法律规定的人与自然关系是一种法律关系，也不能否认现实法制实践中人与自然关系的存在，更不意味着环境资源法不能调整人与自然的关系；因为环境资源法对人与自然关系的调整，属于环境资源法的功能和现实作用问题，而传统法律关系理论是否将人与自然的关系认定为法律关系，主要是对法律关系定义的理解问题。

调整论认为，环境资源法律关系是由环境资源法的规定和实施所确认、形成、变更和消灭的人与人的关系和人与自然的关系，或者说是指由环境资源法律规定、控制（又称规制）的行为（即环境资源法律行为，简称环境法律行为）所形成的人与人的关系和人与自然的关系，是环境资源法作用于“社会和自然这一综合体”、环境资源法从静态到动态的过程和结果，是包括环境资源法律秩序在内的环境资源法律价值得以表现和实现的形式。环境资源法律关系是现实的人与自然的关系和有关人与人的关系被环境资源法所调整的各个部分的综合体，是客观存在的现实中的人与自然的关系在环境资源法律上的反映和表现，现实中的人与自然的关系是环境资源法律关系的实体内容。环境资源法律关系中的人与自然的关系，是现实的人与自然关系和环境资源法中规定的人与自然关系的统一。环境资源法律关系的一个重要特点是，以环境法律行为为起点分析主体、客体和内容，将行为的发起者作为主体，将行为指向或作用的对象作为客体，将行为本身（包括权利义务）作为法律关系的内容，将人与自然的关系纳入法律关系的范畴，重视主体和客体之间的关系。环境资源法律关系是在环境资源法律框架范围内由具体法律行为所形成的一种广义的法律关系。广义的法律关

[1] 《马克思恩格斯选集》第 2 卷第 123 页。

系包括：法律主体与法律主体之间的关系；法律主体与客体之间的关系；由民事行为、行政行为、刑事行为、诉讼行为等法律行为引起的法律关系；由合法行为、自觉守法行为、双方合意行为、单方行为所引起的法律关系；由物权行为和债权行为所引起的法律关系；由违法行为、侵权行为、犯罪行为、行政命令行为引起的法律关系；由法律规范的行为和法律考虑的行为和法律事件（如婴儿、白痴、精神病人和动物的行为，如洪水、火山爆发、地震等自然灾害）等所引起的法律关系。广义的法律关系理论，即调整论的法律关系理论，是科学解释和解决法律调整既调整人与人的关系、又调整人与自然关系的新的法律关系理论。

调整论认为，要区别法定关系与法律关系、现实关系与想象关系、原始关系与侵权关系这三组概念，主张法律关系向法定关系接近、想象关系与现实关系脱钩、侵权关系与原始关系分开。环境资源法所调整的人与自然的关系是环境资源法规定的人与自然的关系，是一种法律规定的关系即法定关系；法律关系是一个专门术语，法律关系理论中的“法律关系”概念是对法律规定、控制的各种关系即法定关系的选择、概括和理论抽象，法律关系概念中的关系是法学家对各种法定关系的选择与取舍，不等于法律、法律现象和法律案例中存在的各种关系。法律规定的关系种类很多，包括人与人的关系、物与物的关系、人与物的关系，其中有些关系（如法律主体人与主体人之间的关系）被某些法学家定义为法律关系，而另一些关系（如法律主体人与客体物之间的关系）被某些法学家排除在法律关系之外。调整论认为，应该将法律规定的人与自然的关系（包括主体人与客体自然之间的关系）纳入到法律关系的范畴，将法律关系与法定关系统一起来。现实关系是指现行法律规定和实施中存在的关系，例如现行的物权关系，就是主体人对物的占有关系或占有状态；想象的物权关系是指现行的物权关系在将来或今后可能发生、但目前并没有发生的关系和状态。调整论认为，在分析具体的法律关系时，不能把想象的关系当作现实的关系，而应该将想象关系与现实关系脱钩，这样才能抓住法律关系的本质与特征。原始关系是指法律规定的关系即法律规定的初始状态，例如法律规定的债权关系、物权关系；对原始关系的侵权关系是因为原始关系的存在，有可能发生的因侵犯原始关系而形成的侵权关系，包括行政侵权和民事侵权，例如因阻碍和侵犯物权所有人占有其物、债权所有人交易其物所形成的侵权关系。调整论主张，应该将原始关系与侵权关系分开；如果在界定原始关系时，引入侵权关系，就会搞乱原始法律关系的性质和特点，得出“物权是指权利人在法定的范围内直接支配一定的物，并排斥他人干涉的权利”，“物权关系包括因侵权产生的行政关系、刑事关系”的结论即“人对物的关系，实质上反映的是人与人之间的关系”的结论；就会得出债权是“特定当事人之间得请求为特定行为的法律关系，并排斥他人干涉的权利”；“债权关系包括因侵犯债权行为而产生的行政关系、刑事关系”的结论即“债权人与债务人之间的平等主体关系，实质上反映的是民事主体与侵权行政机关的不平等的行政关系”的结论。按照此等逻辑，还可以得出“国际法表面上看是调整国家与国家之间的国际关系，实质或实际上是调整国内人与人之间的国内关系”的结论。

第三节　河流伦理对河流法的影响和作用

一、概述

河流伦理道德与河流法规包括大量有关人对河流的行为的社会规范。河流伦理道德和河流法的发展过程证明，河流伦理道德和河流法的关系密切，它们相互渗透、互相补充、相得益彰。河流伦理道德和河流法的关系包括二者相互联系、影响和作用的许多内容，其中河流伦理对河流法的影响和作用是河流伦理与河流法的关系的一个重要方面，或者说是以河流伦理为主导方面的河流伦理与河流法的关系。河流伦理的提出将在观念的层面改变我们传统的河流立法思路，也为河流法的实施提供崭新的理念和行动原则，使我们能够从价值与伦理角度来评价河流法制建设的正当性和合理性。

河流伦理道德是河流文明的支柱与核心，也是河流法律的价值追求，是决定河流法律的面貌和内容的最接近的基础。它对河流法律具有基础性作用、引导作用、维护作用、推动作用,有利于提高或增强人们对河流法律的正当性(又称合法性)、有效性的认可,这些积极作用已被越来越多的人所认可。

河流伦理对河流法的影响和作用的一个主要方面是河流伦理道德的法律化。河流论理道德一旦形成并普及,就会本能地滋生一种向河流法律渗透、扩展的动力,必然会对河流法律产生各种各样的影响、作用甚至压力,甚至直接或间接地进入河流法律。

"河流伦理道德的法律化",主要是指河流伦理道德对河流立法的影响和作用。在现实生活中,河流伦理对河流法的影响和作用及"河流伦理道德的法律化"是有条件的、有选择的、适当的法律化,不是无条件的、盲目的、不当的法律化。在把某种河流伦理道德原则、道德规范法律化的过程中,要注意该道德原则、道德规范与河流法律原则、法律规范在性能和内涵上是否有一致性,否则,会带来有害后果。虽然河流法律的一个重要特点是其法律强制性或以国家强制力为后盾,但是河流法律还具有指导性、引导性、提倡性、预防性等特点;虽然河流法律的主要功能是他律(他治)和治标(治外),但河流法律也包含一定的自律(自治)和治本(治内)成分。河流伦理道德法律化不仅仅意味着将道德上升为强制性法律规范,而且包括将河流伦理道德上升为河流法律理念、法律原则、法规规范等多种形式。

概括起来,河流伦理道德对河流法律的影响主要表面在:

(1)促使河流立法将一些河流伦理道德规范直接上升为河流法律规范,包括上升为含有法律责任的法律规范(如禁止性法律规范、命令性法律规范、义务性法律规范等)和不含有法律责任的法律规范(如指导性、引导性、提倡性、预防性法律规范),实现道德与法律的直接结合。一般做法是将维系整个河流流域生态系统正常运行的一些重要河流伦理道德规范上升为禁止性、义务性或授权性的法律规范,通过河流立法确认某些河流伦理道德标准为法律标准。

(2)促使河流立法将一些河流伦理道德原则转变成法律原则,使之具有一定的法律效力,实现河流伦理道德与河流法律的间接结合。

(3)推动通过司法解释、法官判决、承认判例的法律效力等途径形成准用性河流伦理道德规范，使准用道德规范作为河流成文法的有效补充，实现道德与法律的弹性结合。这主要适用于英美法系国家，这样做可以使法治与德治的结合不致脱离法治的轨道，能够有效防止自由裁量权的无限扩大，预防司法腐败。

（4）通过河流伦理道德原则和价值观指导河流法律实施。河流法要实现其所希望的河流流域秩序，必须取得河流流域大多数社会成员的道德认同，必须和主流社会认同的河流伦理道德价值吻合或一致。在此基础上，河流法才会获得自己存在的、带有根本性的、具有普遍意义的价值基础；也只有如此，河流法才会得到有效承认和“普遍的遵循”。河流伦理道德有利于形成一套信仰河流法律权威，唯河流正义、用水公平、尊重河流健康生命的观念，有利于将符合河流伦理道德精神和原则的守法、执法和履行法律义务，内化为一种道德义务、信念或转变为自觉守法行为、自觉依法办事行为。河流伦理道德具有促进和保障河流法律实施、提高河流法律效益等作用，有利于完成从法律强制到自觉守法的转变，有利于实现由应然的法治理想向实然的理想法治的转换。河流法律的执法者、守法者将自身的河流伦理道德意识和道德修养反映到河流法的执行和遵守中，可以提高河流法律实施的效率和效益。

河流伦理道德法律化应有范围和程度的限制，应该遵循伦理与法的融合与协调的原则。国家管理活动、经济活动和社会生活的复杂性、多样性，河流伦理道德规范的多层次性、广泛性以及法律与道德在功能和实施途径上的不同，决定了不可能将所有的河流伦理道德规范一一细化为具体的法律规定，只有基本河流伦理道德或那些有必要有条件上升为法律规定的河流伦理道德才可法律化。河流伦理道德的法律化实际上是河流法律对道德的形式化和技术化，即只能将那些可能被形式化、技术化的河流伦理道德要求转化为法律，那些无法操作的、在现实中缺乏普遍可行性，以及通过法的形式和技术无法表达和适用的河流伦理道德要求则不宜法律化。河流伦理道德的法律化，不得危及河流流域管理，不得超出流域内社会公众的容忍程度。不可能将所有违反河流伦理道德的行为上升为违反法律的行为，如果将全部违反河流伦理道德行为变为违法行为，那就等于由河流法律取代了河流伦理道德，或者说由河流伦理道德取代了河流法律，这是不符合人类创设河流伦理道德和河流法律的目的和其理想目标的。因此，既要防止将那些有必要有条件上升为河流法律规定的河流伦理道德拒于河流法律大门之外的倾向，也要预防和杜绝河流伦理道德泛法律化的倾向。

二、河流伦理对河流法律基本理念的影响

河流伦理内涵了我们对人与河流和谐共处的主观价值追求，这种追求导致河流伦理不只是能够影响河流法律的具体规则，而且会影响河流法的基本理念、指导思想和基本原则。

（一）河流伦理道德对河流法基本理念的影响

在河流伦理的影响下，河流生态伦理道德的河流正义、河流健康生命、水生态安全、公平用水、人与水和谐等基本理念正在成为河流法的基本理念❶。

1. 河流正义

维护和追求环境正义（environmental justice）是生态伦理的基本观念，在河流伦理上表现为河流正义。河流正义作为河流立法的基本理念，要求所有的法律都能体现河流正义，要求从正义的角度和标准对河流法律的合法性（在英文中称 Legitimacy）或正当性进行评价，既要考虑河流实体法又要考虑河流程序法方面的正义性、公平性。概括起来，河流正义对河流法的基本要求如下：

（1）河流正义要求河流法应该合乎自然，即合乎河流的自然生态规律、河流流域的社会经济规律和人与水相互作用的规律。合乎自然生态规律不是指维持原状，自然、社会和环境本身是不断进化的。河流正义强调对河流资源的可持续利用，强调在不超越河流生态系统的承载力和环境容量的基础上发展流域经济。

（2）河流正义是将水生态安全、公平用水、人与水和谐等基本理念

---

❶ 参看蔡守秋著：《论环境资源法学的基本理念》（之一、二、三、四），《河海大学学报（哲学社会科学版）》2005 年第 1、2、3、4 期。

有机联系起来的基础性理念。从河流正义理念可以推导出水生态安全、公平用水、人与水和谐等河流法理念。其中,维护水生态安全是对河流正义的起码要求;维护和追求人与河流和谐共处、人与人和谐共处的河流流域秩序,是最能体现河流正义的特色观念、核心观念,河流正义表示河流法应该维护和追求人与水和谐共处、人与人和谐共处的环境秩序。河流正义表示河流法应该维护和实现代内公平、代际公平、区际公平和种际公平。代内公平,即当代各种人都能公平地利用河流资源或得到河流的恩惠。代际公平,即当代人和后代人都能公平地利用河流资源或得到河流的恩惠。区际公平,即河流上下游、左右岸等不同河流流域区域的人们都能公平地利用河流资源或得到河流的恩惠。种际公平,即河流流域生态系统的各种物种都能公平地利用河流资源或得到河流的恩惠。

2. 河流健康生命

"尊重生命"是生态伦理的核心观点,河流伦理建立在承认和尊重河流生命的基础上,其目标是维护河流健康生命,这反映到河流法上就是促使河流法形成了"尊重和维护河流健康生命"的基本理念。河流由河流源头、干流、湿地、通河湖泊,以及众多不同级别的支流组成流动的水网、水系或河系。河流生命的核心是水,命脉是流动;河流都有一个完整贯穿的河道形态;河流的流量、流态、洪水、河床、湿地、水质和动植物共同构成了一种波澜壮阔而又互相耦合的生命形态。当代河流法规定不得使河流低于维持河流生态的最少流量和最低水位,规定非经环境影响评价和依法许可不得滥围填河流、阻隔河流,就是"尊重和维护河流健康生命"这一基本理念的反映。

3. 水生态安全

尊重和维护河流生命首先要保障河流安全,河流伦理对河流生命的尊重和维持,反映在河流法上,是水生态安全观、水资源安全观和河流安全观的确立。如果河流法治秩序不表现为一种河流流域安全的秩序,它就不能算是法治秩序,因为法治秩序的核心是安全。水生态安全、水资源安全和河流安全是最起码的河流流域秩序,是人与河流和谐、人与人和谐的起码要求和最低标准。流域可持续发展要求满足流域全体人民的基本需要，而维护河流流域安全正是人们的一种基本需要，从某种意义上可以认为河流流域安全是可持续发展的核心。维护河流安全或水生态安全是河流法的灵魂，是构建河流法律体系的出发点，是制定和实施河流法的指导思想。从某种意义上可以认为，河流安全问题是我国河流流域保护管理的核心和最高形式。我国《防洪法》已经将“防治洪水，防御、减轻洪涝灾害，维护人民的生命和财产安全，保障社会主义现代化建设顺利进行”作为该法的目的。从河流法方面强调维护河流生态安全，强化水安全意识，树立水生态安全理念，加强河流安全或水生态安全法制建设，防治包括水污染和水生态破坏在内的各种水生态安全问题，将使生活在河流流域的广大人民获得一个安全可靠、安居乐业的生活环境和生态环境，这将对振兴河流经济和河流文化、促进河流流域的经济社会的可持续发展具有重大影响。

河流流域内个别产业甚至流域经济危机是短暂的，而流域生态危机则是长期的。一旦形成大范围不可逆转的河流生态系统破坏，河流流域居民的生存就会受到根本威胁。维护河流生态安全作为河流法的一项基本理念，贯穿在河流法整个体系之中，其中一个重要体现是有关防洪抗洪、防治水污染、防治水生态破坏、防治水土流失的专门法律、法规，包括但不限于：防治因生物技术、转基因生物产品、外来物种入侵、滥捕滥采水生生物等人为因素所引起的河流生物多样性锐减和物种灭绝等河流生物安全问题的法律；有关防治洪灾、旱灾、泥石流等河流自然灾害、地质灾害等河流安全问题的法律；有关维护河流水源地、水源林、岸坡、湿地等河流生态系统要素或河流自然资源安全的法律；有关防治因放射性污染、核污染所引起的河流安全问题的法律；防治危险化学品、农药、化肥等所引起的河流安全问题的法律；有关河流生态安全事故和纠纷处理的法律；有关河流生态安全管理体制、管理机构、管理制度的法律；有关河流生态安全规划、标准、监测、监视的法律；等等。

4. 公平用水

法律乃是建立在公平基础上的一种和平秩序，强调公平既是人类历史上最古老而又最恒久的法律价值之一，又是现代人类社会的一种基本法律价值。河流伦理对河流法的一个重要影响是将原有法律公平观发展为物种公平和公平用水。生态伦理强调物种公平，物种公平观在河流伦理方面的一个重要体现为各物种的用水公平。

公平用水的含义是指：河流流域管理机构或水行政主管部门在分配或供应水资源时合情合理、公正正直、不偏私、无偏见，不但从水量上讲是公平的，而且从分配形式和程序上讲也是公平的。用水公平包括用水权利公平、用水机会公平、水量分配公平、人道主义公平、各物种用水公平和分水程序公平等内容。用水权利公平，是指每一个人都具有平等的亲水权、基本用水权、清洁水权、水环境权和其他水资源环境权益，主要是指公民各种水资源环境权平等。用水机会公平，是指满足人对水资源的不同层次的需要和不同的人对水资源的不同层次的需要，以利于发挥每个人的潜能。水量分配公平，是指法律在配置水资源时或政府在分配水资源时，必须公平。人道主义公平，是指在配水供水时实行照顾弱者、扶持弱者的政策，为其生存发展提供基本的环境资源条件。受河流伦理影响而发展来的公平用水观不同于传统公平之处是扩大了公平的范围，极大地丰富了传统公平观的内涵和外延：从时间角度分析，它涵盖代内公平和代际公平，包括今天活着的人之间的用水公平，今天的人类与未来的人类之间的用水公平；从空间角度分析，包括社会个体之间的公平、社会群体或集团之间的公平、区际公平（如东部沿海地区和中、西部地区之间的用水公平，城市和乡村之间的用水公平）和种际之间的公平（特别是人类与其他生物物种之间的用水公平）；从内容角度分析，它包括水资源开发利用的公平、水环境资源收益的公平和水环境保护责任的公平。

5. 人与河流和谐相处

和谐是人类的一种理想秩序，包括人与人的和谐和人与自然的和谐两个方面。所谓和谐社会就是指人与人和谐相处、人与自然和谐相处的社会。人与人及人与自然的和谐是未来社会价值体系的核心概念，河流流域秩序的核心也是人与人的和谐相处和人与自然的和谐相处。以往的河流法主要追求河流流域的人与人之间的社会秩序，而将人与自然之间的秩序（生态秩序或环境秩序）排除在外。河流伦理将追求人与水（即河流）的和谐作为其出发点和目标，河流伦理的贡献是促进了河流法秩序理念的扩充。当代河流法在河流伦理的影响下，开始遵循“人与自然和谐相处”这一基本理念实现对传统河流法律体系进行重构。河流法律在追求人类社会秩序井然的同时，也关注人与自然界之间的有序性，通过法律协调人与河流的关系，实现人与河流的和谐共处。当代河流法律的任务就是建立人与河流相和谐的秩序，把传统的人与河流对立的发展机制改造成为人与河流和谐的发展机制，以实现河流流域环境与经济、人与自然的协调发展。从这个意义上可以认为，“维护和追求人与河流和谐共处”是最能体现河流正义的特色观念、核心观念，也是河流法的主导精神之一。包括河流法在内的法律对人与人的和谐和人与自然的和谐的追求，已经使“和谐”观从“秩序”观中脱颖而出，开始形成独立的“法的和谐价值”。所谓“法的和谐价值”，主要指法律将追求人与人的和谐和人与自然的和谐作为其目标和出发点。对法的和谐价值的认识的深化和创新，将促进法律意识、法律原则和法律规范的革新与发展。

在河流伦理的影响下，河流法正越来越多地体现“人与水和谐相处”这一基本理念，其主要表现是：将促进人与水和谐或人与河流和谐作为河流法的立法目的和出发点，正确处理人与自然之间、人与人之间的两大基本关系，促进人与人的和谐发展和人与河流的和谐发展；在河流法中创造和保持人与水得以在共处与和谐中生存的各种条件，满足河流流域当代居民及其子孙对于社会、经济以及其他方面的要求；将人与水和谐的理念贯穿于治理河流、防治洪水、建造河流水利工程、流域管理、流域规划等法律制度和法律措施之中；规定以人水和谐的态度和方式开发利用水资源，建设节水型社会和对河流友好的社会。例如，美国 1969 年颁布的《国家环境政策法》已经宣布“促进人类与环境之间的充分和谐”、“创造和保持人类与自然得以共处与和谐中生存的各种条件”的基本理念。《世界自然宪章》也强调，“人类与大自然和谐相处，才有最好的机会发挥创造力和得到休息与娱乐”。

（二）河流伦理道德对河流法指导思想和基本原则的影响

从各国河流法发展的特点和趋势看，当代各国河流法的指导思想大都涉及如下几个方面：

（1）与生态伦理、河流伦理具有密切联系的河流生态学、河流生态系统方法正在逐步深入到河流法之中。不少国际河流条约非常强调河流的系统性、整体性，强调对河流生态系统的系统保护、整体保护，重视保护河流生态系统的完整性和生物多样性，重视维护和恢复河流的自然功能和生态平衡，注意将防治河流污染与保护河流生态、恢复河流生态结合起来，将保护水流和湿地、水流与水生生物结合起来，主张对跨界水体的利用以生态完善和合理的水管理、保护水资源和环境保护为目标。如由玻利维亚、巴西、哥伦比亚、秘鲁等国签订的《亚马逊河合作条约》（1978 年 7 月 3 日）强调，“各缔约国愿采取共同行动和努力以增进各国的亚马逊地区的和谐发展，使之产生公平互利的结果，使环境受到保护，使这些地区的自然资源得到保护和合理使用”（第一条）；“各缔约国认为有必要对开发亚马逊河区域的动植物资源进行合理规划，以维护区域内的生态平衡和保护生物种类”（第七条）。

（2）与生态伦理具有密切联系的可持续发展思想、战略或原则，包括生态可持续性、河流的可持续利用等，开始成为河流法的指导思想。在国内河流法方面，大都将追求河流流域的经济、社会、生态、环境的可持续发展作为立法目的。例如，《南非共和国水法》（1998 年）第一章规定了南非水法的基本原则，强调“可持续性和公平公正用水”是南非水资源开发、利用、保护、管理和控制的重要指导原则。中国《水法》将“实现水资源的可持续利用”作为立法目的之一。受全球可持续发展战略的影响，一些国际河流条约在原则上、理念上或公约序言中接受了可持续发展思想，强调其目是满足流域环境生态目标、经济与社会需求，强调为当代人及后代人保护和可持续利用国际河流、实现可持续发展。

（3）与生态伦理具有密切联系的生态保护、维护生态平衡以及综合生态系统管理方法和管理原则，逐渐发展成为河流法的指导原则。目前各国水法或河流法规定或体现的水资源原则或流域管理原则主要有：遵循河流自然生态规律的原则，生态系统综合管理原则，多目标发展原则，水资源的开发、利用与保护相结合的原则（河流流域法必须统筹流域经济、社会和生态环境的协调发展，必须坚持流域经济、社会和生态环境保护协调发展的原则),水资源的合理开发利用和可持续利用原则,节约用水、综合用水的原则,水资源有偿使用的原则,重视预防、防治结合的原则,水的分类分级管理原则,重点保护原则,水资源的流域管理原则,水资源保护服务于公共利益原则,污染者负担原则,环境民主原则或公众参与原则等。上述河流法的原则与包括河流伦理在内的生态伦理或多或少不同程度地存在着联系。

生态伦理、河流伦理主要通过可持续发展战略或思想对河流法的指导思想和原则产生影响

自 20 世纪 80 年代中期以来,包括水法、河流法在内的环境资源法发展的一个重要特点是环境资源法在理论和实践上都受到可持续发展的强烈影响,其指导思想正在发生一些新的、重大的变化:可持续发展正在成为包括水法、河流法在内的环境资源法的指导原则,环境资源法正在成为实施可持续发展的重要保障手段。

1987 年,世界环境与发展委员会发表了著名的《布伦特兰报告》即《我们共同的未来》,该报告提出:“可持续发展(Sustainable development)是既满足当代人需求而又不妨碍后代人满足其需求能力的发展。”[1]经过一段时间的研究、筹划和推广,可持续发展逐渐被许多国际组织和国家所采纳和实施。1992 年 6 月,在巴西里约热内卢召开的联合国环境与发展会议,通过、签署了《里约环境与发展宣言》、《21 世纪议程》、《气候变化框架公约》、《生物多样性公约》和《关于森林问题的原则声明》等 5 个体现可持续发展新思想、贯彻可持续发展战略的文件。《里约环境与发展宣言》多次提到可持续发展,强调“各国应当合作加强本国能力的建设,以实现可持续发展”。《21 世纪议程》提供了一个涉及与全球可持续发展有关的所有领域的行动计划,是在全球、区域和各国范围内实现可持续发展的行动纲领,它还要求各国制定和组织实施相应的可持续发展战略、计划和政策。会后,许多国际组织和国家纷纷制定、贯彻可持续发展的战略、环境大法、国际法律政策文件和行动计划,掀起了一场可持续发展的社会变革运动,世界开始进入“可

[1] Our Common Future,牛津大学出版社 1987 年版,第 87 页。

持续发展时期”。例如,欧盟国家于1997年签署的《阿姆斯特丹条约》已经将实现可持续发展作为欧盟的中心目标。根据联合国环境与发展会议提出的意见,联合国经社理事会(ECOSOC)于1993年1月建立了可持续发展委员会(Commission on Sustainable Development, UNCSD)。这是一个由53个成员组成的政府间组织,它作为经社理事会的一个职能委员会、一个永久性的部长级委员会,将协调在各国际组织之间的可持续发展的努力,主要负责监视《里约环境与发展宣言》和《21世纪议程》的实施,每年召开一次会议。2002年8月26日~9月4日,为纪念人类环境会议30周年、里约环境与发展大会10周年,在南非约翰内斯堡举行了联合国可持续发展世界首脑会议(又称第二届地球首脑会议),有192个政府、104位国家的元首或政府首脑、5000多个非政府组织、2000多个媒体组织出席会议,会议通过了名为《约翰内斯堡可持续发展承诺》的政治宣言和《可持续发展实施计划》(又译为《执行计划》),形成了220多项“伙伴关系倡议”,突出强调了可持续发展的3个支柱即经济增长、社会发展和环境保护相互促进和相互协调的重要性,又一次在全球范围内掀起可持续发展的热潮。在国家这个层级上,自布伦特兰报告发表以来,许多国家已经赞同将决心实现可持续发展作为他们国家经济政策的基石,并制定了体现或实施可持续发展战略的法律、法规、政策文件和行动计划。例如:玻利维亚于1992年成立了主管环境和发展事务的可持续发展和环境部;爱沙尼亚于1995年制定了《可持续发展法》;澳大利亚新南威尔士州制定了《能源可持续发展法》(1995年,Sustainable Energy Development Act 1995 No 96, New South Wales),成立了可持续能源顾问委员会,设立了可持续能源基金。在1993年6月,克林顿总统任命了总统可持续发展委员会(PCSD)。到1996年,已经有150多个国家成立了国家可持续发展委员会或类似的机构。目前,可持续发展已经成为国际社会在20世纪80年代后期提出并逐步实施的新的发展活动和社会变革运动,是一种新的发展方式或发展模式,是一种新的发展哲学和发展理论;追求可持续发展,是人类社会的最佳选择和共同任务,是各国政府的庄严承诺和奋斗目标;将谋求可持续发展作为制定和实施国家计划、政策、法律、法规的指导思想，已成为世界许多国家的政府的新的发展战略。

中国政府和中国人民一直十分关注和重视可持续发展问题，在国内和国际社会贯彻可持续发展战略、发起可持续发展社会变革运动方面发挥了重要作用。联合国环境与发展会议召开之后不久，中共中央和国务院批准了外交部和国家环境保护局关于出席联合国环境与发展会议的报告，提出了环境与发展十大对策，简称《中国环境与发展十大对策》，明确提出并具体规定了“实行持续发展战略”[1]。1994 年 3 月 25 日，国务院第十六次常务会议讨论通过了《中国 21 世纪议程》。该议程有 120 多万字，集中了政府各部门正在进行和将要组织实施的各类计划，包括 184 个方案领域，内容涵盖了中国人口、经济、社会、资源、环境的可持续发展战略、政策和行动框架，具有综合性、指导性和可操作性，是中国制定国民经济和社会发展中长期计划的一个指导性文件。1996 年 3 月 17 日，第八届全国人民代表大会第四次会议批准的《中华人民共和国国民经济和社会发展“九五”计划和 2010 年远景目标纲要》，提出了“实施可持续发展战略，推进社会事业全面发展”的目标、政策和措施。1996 年 8 月 3 日发布的《国务院关于环境保护若干问题的决定》，从环境保护方面具体规定了实施可持续发展战略的目标、要求、政策和措施。1998 年 8 月修订的《土地管理法》、1999 年 12 月修改《海洋环境保护法》、2000 年 4 月修改的《大气污染防治法》，以及 2002 年通过的《清洁生产法》、《环境影响评价法》和修订的《水法》等法律已经将促进“可持续发展”作为立法目的。2002 年 8 月，中国政府发表了《中华人民共和国可持续发展报告》，该报告强调，中国将以人为本，以人与自然和谐为主线，以发展经济为核心，以提高人民群众生活质量为根本出发点，以科技和体制创新为突破口，不断提高综合国力和竞争力，全面推进经济、社会与人口、资源、环境的持续发展。为了促进经济、社会和环境的协调发展，中国选择了正确的环境保护思想和战略，制定并实施了一系列保护环境的政策，已经确立环境保护是中国的一项基本国策，已经把实施可持续发展作为现代化建设的一项重大战略。

---

[1] 《中国环境报》，1992 年 9 月 17 日第一版。

可持续发展成为包括水法、河流法在内的环境资源法的指导思想和原则，这是自20世纪80年代中期以来，包括水法、河流法在内的环境资源法的指导思想的一个新的、重大的变化。由于法的指导思想、原则、战略，是对法律具有全局影响、全程影响、长远影响、根本影响的因素，是对环境资源领域的人与人的关系和人与自然的关系的总体调整，因而包括水法、河流法在内的环境资源法的指导思想的变化具有十分广泛、深远的影响和作用。由于将可持续发展的战略和理论作为包括水法、河流法在内的环境资源法的指导思想和基本原则，包括水法、河流法在内的环境资源法的各个方面都被打上了可持续发展的烙印。当代，包括水法、河流法在内的环境资源法的许多特征和发展热点，如当代环境资源法的综合化、经济化、政治化、民主化、科技化、全球化等，都与将实施可持续发展战略作为环境资源法的指导思想、将环境资源法视为实施可持续发展的主要保障手段有关。目前，包括水法、河流法在内的环境资源法存在着一种借助生态伦理环境道德解决认识问题，并将一些生态伦理、环境道德规范法定化的趋势，其主要表现是：环境伦理、生态道德逐渐进入环境法的认识论，生态伦理道德规范不断被法定化，环境法律规范不断被道德化，环境道德或生态伦理逐渐成为环境权利、自然体权利的伦理根据和实行环境法治的条件。这种趋势使得包括水法、河流法在内的环境资源法有了环境道德规范的支持，使得包括水法、河流法在内的环境资源法在公众心目中更具有合法性（或正当性）、有效性和说服力，使得依法处理人与自然的关系、实现人与自然和谐、人与河和谐有了生态伦理道德基础。流域治理和河流保护运动的发展过程证明，包括河流伦理在内的生态伦理与河流法的关系密切，它们相互渗透、互相补充、相得益彰。当代国际社会和各国非常重视生态伦理道德对河流等环境资源立法、执法、司法的伦理指导和舆论推动作用，当代的河流立法、环境立法和执法常常借助于生态伦理道德来解决认识问题。从这个意义上可以认为，可持续发展成为包括水法、河流法在内的环境资源法的指导思想是人类法律文明进步的一种表现；是当代包括水法、河流法在内的环境资源法日趋成熟的标志。

多年来，美国、加拿大、澳大利亚等工业发达国家发表、出版了大量有关可持续发展和环境资源保护的法律政策论文和著作，其中包括许多用可持续发展观对现行法学和法律制度进行审查、批判、更新的见解和内容。例如，1995 年日本法哲学年会以“环境问题的法哲学”为题对传统法的价值观和方法论进行了反思。美国学者苏珊 L·史密斯在《生态可持续发展：综合的经济学、生态学和法学》一文中指出：“除了影响国际法和政策外，可持续发展的概念将必然影响环境和自然资源法。可持续发展将影响政府的组织结构以及如何处理公众纠纷。最终，可持续发展将对我们在哪里生活、我们如何工作以及孩子的数量等问题发生深远的影响。实际上，可持续发展与美国生活或者法律的所有方面都有关系。……考虑到这些广泛的影响，执业律师必须对可持续发展及其对法律无法规避的影响加强了解。”❶她还从可持续发展的影响出发，具体地分析了现行美国法律的如下问题：第一，在过去的 20 年，是对人类身体健康的关心而不是对保护生态支持系统的关心，一直支配着环境政策。幸运的是，人类健康和生态系统的健康并不是相互排斥的，使河流适于养鱼和适于游泳的努力，通常有助于创造高质量的生态系统；基于空气质量标准改善人类健康的努力，也可以帮助其他物种；清除危险废物的努力满足人类健康标准，也有利于所有物种。然而，环境保护计划的占统治地位的重点是人类健康，并且仅仅是人类健康。第二，美国的现行自然资源法律没有系统地保护生物多样性。生物多样性包括物种多样性、遗传多样性和生态系统多样性。

（三）可持续发展对河流法的指导思想的影响，在一定程度上是生态伦理对河流法指导思想的影响

可持续发展成为包括河流法在内的环境资源法的指导思想，反映了包括河流伦理在内的生态伦理道德对包括河流法在内的环境资源法的指导思想的影响。

许多专家学者指出，可持续发展战略、思想、原则和理论的一个重要理论来源、思想基础是包括河流伦理在内的生态伦理道德，或者说它

❶ Susan L. Smith. “Ecologically Sustainable Development: Integrating Economics, Ecology, and Law”, Willamette Law Review, Spring, 1995.

的不少内容、观点都来自生态伦理道德。一些生态哲学家认为,可持续发展是经济持续性、生态持续性和社会持续性三者统一的,即"人－社会－自然"系统的和谐发展。从可持续发展思想的渊源看,它与持续利用、持久产出、持久发展等思想有关,特别是与生态可持续性和生态保护具有十分密切的联系。可持续利用是可持续发展思想的源泉之一,也是可持续发展原则的一个重要组成部分。可持续利用,又称或者又译为持续利用、持久利用、可持久利用、永续利用,是指以可持续的方式利用自然资源。根据1992年《生物多样性公约》第2条规定的用语解释,"'持久使用'是指使用生物多样性组成部分的方式和速度不会导致生物多样性的长期衰落,从而保持其满足今世后代的需要和期望的潜力"。对于可再生资源,可持续利用指的是在保持它的最佳再生能力前提下的利用;对不可再生资源,则指的是保存和不以使其耗尽的方式的利用。明确说明"可持续发展"概念的第一个国际政治文件,是由国际资源和自然保护联合会(IUCN)、世界野生生物基金会(WWF)、联合国环境规划署(UNEP)、联合国教科文组织(UNESCO)和联合国粮农组织(FAO)共同审定的《世界保护战略》,其副标题是"为了可持续发展的生物资源保护"❶。《世界保护战略》以面向广大读者的出版形式发表于1980年,是促进可持续发展原则以及解决由经济发展决定所产生的严重环境问题的第一个尝试。该战略将"保育(有人译为保护)"定义为:"人类使用生物圈的管理,以便其能够对当代人产生最大的可持续的利益,同时保持其满足后代的需要和急需的潜力。"该战略确定了3个主要保护目标:①保持基本的生态过程和生命维持系统;②保存遗传的多样性;③可持续地利用物种和生态系统。这些保护目标确实反映了可持续发展的基本原则。该战略的发表促进了许多国家的环境保护战略的产生。1980年3月5日,联合国向全世界发出呼吁:"必须研究自然的、社会的、生态的、经济的以及利用自然资源过程中

❶ 在我国有人译为《世界自然资源保护大纲——持续开发的生物资源保护》,英文标题是 World Conservation Strategy,副标题是 Living Resource For Conservation Sustainable Development。

的基本关系，确保全球持续发展。”❶在1982年，国际社会承认了在《世界自然宪章》中的有关可持续发展的核心观念。在世界环境与发展委员会于1985年10月28～29日在圣保罗举行的公众听证会上，戴勒塔奇（Sergio Dialetachi）认为：“我们必须首先找到一种新的将人和自然界的关系放在首位的伦理观。”❷1986年召开的世界自然保护联盟国际会议（IUCN）认为，可持续发展寻求对如下5个范围广泛的问题作出反映：①保护和发展的协调；②人类基本需要的满意；③实现社会平等和社会公平；④保障社会自治和文化多样性；⑤保持生态完整性。《共产党人杂志》主编弗罗洛夫（I. T. Frolov）在1986年12月8日世界环境与发展委员会召开的公众听证会上的发言指出：“人类正处于其发展新阶段的临界点。我们不仅应当促进加强我们的物质、科学和技术基础，而且，最重要的是，促进人类心理上新的价值和人道主义愿望的形成，因为知识和仁慈是‘永恒的真理’，它构成了人性的基础。我们需要新的社会、道德、科学和生态概念，这些概念应由今世和后代人的新的生活条件所决定。”❸1991年，世界自然保护同盟、联合国环境规划署和世界野生物基金会共同编制并在1992年联合国环境与发展会议上广为散发的《保护地球——可持续生存战略》（又称《世界保护战略》）❹，把“可持续发展”定义为：“在支持的生态系统的承载能力内改善人类的生活质量。”该战略认为：基于互相尊重与关心和保护地球的道德准则是持续生存的基础；我们的生存依赖于对其他物种的使用，这不仅是使用问题，而且也是道德问题，我们要保证它们的生存并保护其生境；应把人类的道德观念从人与人之间的关系扩展到人与自然的关系；应把保护环境、尊重自然、维持持续生存作为人类的道德准则；各行各业的

---

❶ 刘东辉，从“增长的极限”到“持续发展”：可持续发展之路，北京大学出版社1994年版，第33～37页。

❷ 世界环境与发展委员会著，王之佳、柯金良等译：《我们共同的未来》。吉林人民出版社1997年版，第87页。

❸ 《我们共同的未来》第46～47页。

❹ 世界自然保护同盟、联合国环境规划署、世界野生生物基金会共同编制，国家环境保护局外事办公室译：中国环境科学出版社1992年版。

人们应将这种道德准则融于个人行为和职业行为的准则之中。该战略指出，可持续发展是一种崭新的生存与发展哲学，一种新的价值观。它提出了如下生存原则：建立一个可持续社会；尊重并保护生活社区；改善人类生活质量；保护地球的生命力和多样性；维持在地球的承载能力之内；改变个人的态度和生活习惯；使公民团体能够关心自己的环境；提供协调发展与保护的国家网络；建立全球联盟。在生态伦理道德的强大舆论下，联合国环境和发展大会通过了体现可持续发展道德意识和观念的《里约环境与发展宣言》和《21 世纪议程》。该宣言指出，"认识到我们的家乡地球的整体性和相互依存性"，人类"应享有以与自然相和谐的方式过健康而富有生产成果的生活的权利"。为了使地球成为人类、动植物共同生息繁衍、和谐相处的美好家园，为了更好地保护地球上的各种物种，联合国大会于 1995 年将每年的 12 月 29 日定为"国际生物多样性日"；联合国环境规划署将 1997 年"世界环境日"的主题定为"为了地球上的生命"。

一些专家学者通过对可持续发展内容的分析研究，进一步阐明了可持续发展与生态伦理道德的关系。国际环境和发展研究所（IIED）的一些经济学家和生态学家提出了一个关于可持续发展的过程模型（process model），包括《里约环境与发展宣言》中提出的所有生态、经济和社会目标。其中生态目标是遗传多样性，恢复能力和生物生产力；经济目标是商品生产和服务的增加，满足基本需要或者减少贫困，提高公平；社会目标是文化多样性，社会公正，男女平等和公众参与❶。

不少专家指出，"人与自然相和谐观"是可持续发展观的基本内容，"可持续发展战略的思想核心在于正确规范人与自然之间、人与人之间的两大基本关系"❷。可持续发展作为国家发展战略，包括发展原则、和谐原则和公正原则等原则，其中一项重要内容就是强调人与自然的和谐相处。《我们共同的未来》在其第二章"走向可持续发

---

❶ 见 John Holmberg 和 Richard Sandbrook 所著《可持续发展：应该做什么?》一文。

❷ 中国可持续发展林业战略研究项目组编：《中国可持续发展林业战略研究总论》。中国林业出版社 2003 年版，第 202 页。

展"的结论中指出："从广义上来说，可持续发展战略旨在促进人类之间以及人类与自然之间的和谐。"❶ 中国科学院可持续发展战略组组长、中国科学院中美环境与可持续发展研究中心主任（中方）牛文元教授一直将综合协调人与自然的关系和人与人的关系作为可持续发展理论的核心问题，他认为：可持续发展"是对'人与自然关系'、'人与人关系'两大正确认识的完整综合。它始终贯彻着'人与自然的平衡、人与人的和谐'这两大主线，并由此出发，去进一步探寻'人类活动的理性规则，人与自然的协同进化，发展轨迹的时空耦合，人类需求的自控能力，社会约束的自律程度，以及人类活动的整体效益准则和普遍认同的道德规范'等，通过平衡、自制、优化、协调，最终达到人与自然之间的协同以及人与人之间的公正"❷。总之，可持续发展的核心是协调好人与自然的关系，目的是促进人与人的和谐发展和人与自然的和谐发展。可持续发展观强调在发展过程中精心维护人类生存与发展的可持续性，使我们在维护人类社会井然秩序的同时，尽人类所能去维护和恢复自然界的有序性。美国纽约州立大学 1988 年出版的《环境公平》一书指出："生态伦理和生态哲学有许多政治的、法律的和道德的结果。从道德上讲，环境伦理促使人们更多地意识到其对自然的权利和责任"，"环境伦理学争论的法律后果意义相当深远。某些环境律师已经提出生命权利的普通法，这是一种首先由美国最高法院法官道格拉斯（Douglas）在他对矿王谷案件（Mineral King Case，1973）的不同意见中提出的。在引用了奥尔多·利奥波德的著名的大地伦理主张后，法官道格拉斯认为：'当代公众对保护自然生态平衡的关心，必然导致对那些就环境问题提起诉讼的人授予诉讼资格，以便为了公众自身的保护而就环境

---

❶ 世界环境与发展委员会著，王之佳、柯金良等译：《我们共同的未来》。吉林人民出版社 1997 年版，第 80 页。

❷ 牛文元：《可持续发展战略——21 世纪中国的必然选择》，载于陈复等主编的《中国人口资源环境与可持续发展战略研究》（第 1 卷），中国环境科学出版社 2000 年版，第 123～124 页。

问题提起诉讼。'"❶

有学者强调,可持续发展意识是反映可持续发展这一人类活动或社会变革的思想、理论、情感、意志、知觉等观念形态的总和。在联合国的一些文件中,可持续发展意识有时也称为世界文明(world civilization)、全球道德(global ethic)、共同人性(our common humanity)等。培养可持续发展意识,树立可持续发展的道德观和价值观,是人类在逐步接受可持续发展战略和模式之后的又一进步,是更深刻的公众参与;同时,只有每个人都对自己生活的地球、对人类大家庭的幸福和对未来抱有强烈的责任感,才能形成一个推动可持续发展的强大的人力资源和知识资源。如果没有可持续发展的意识,人类很难积极主动地参与可持续发展进程。可持续发展意识的主要特征如下:第一,综合思维。综合思维要求全局观和整体观,要求把人类、社会、自然环境和经济作为一个整体,统一考虑,注意协调约束各自的行为限度,达到一个动态的发展平衡。这种思维方式表现在社会发展战略的选择上就是要综合决策。第二,可持续发展的价值观。可持续发展的价值评定不仅是以人类为尺度,而且是以更深层次的人类-自然系统为目标;不仅是以人类的利益为目标,而是以人类与自然和谐发展为目标。在价值观上,既承认自然界对于人类的各种价值,也承认自然界自身存在的价值,即它对地球生命支持系统具有的存在价值,对于生命和自然界可持续发展的价值。既然自然资源是有限的和有价的,就必须珍惜保护、有偿使用,追求效率与公平。可持续发展价值观的确立,将决定公众的行为取向,是公众参与的动力源泉。第三,可持续发展的道德观。可持续发展要求人们具有高度的文化水平和道德水平,认识人类自身活动对自然和社会发展的影响和后果,明确自己对社会、子孙后代的崇高责任。人类不但要对自己讲道德,而且要对自然环境讲道德。道德调整的范围应从人与人的关系扩展到人类社会与自然界的关系。这种道德观的目标是人类、社会和自然、环境的协调。第四,可持续发展的经济观和社会

❶ Peter S. Wenz, Environmental Justice, State University of New York Press, 1988, pp 149 ~ 151.

观。经济增长是生产值(如国民生产总值 GNP)的提高,它并不等于经济发展。经济发展的目的是在人类、社会、环境系统相互协调的前提下,提高人类的生活质量。因此,不能以损害环境的方式去追求经济增长。在经济增长过程中,环境成本应当内部化,应当考虑自然资源的使用成本、用户成本(机会成本)、风险成本等,应当寻求集约型的经济发展模式、采用清洁生产技术。可持续发展的社会应该是追求公平(包括代内公平和代际公平)、正义、民主、自由、多样性、多样化、发展机会公平和趋向共同富裕的社会。可持续发展的法律意识(包括法律理论、观念和思想)则是可持续发展意识的一个重要方面。原全国人大环境与资源保护委员会主任、联合国可持续发展高级咨询委员会委员曲格平在谈到可持续发展所引发的社会变革时指出:"这是一场绿色变革。这场变革虽然没有旌旗猎猎的场面和嘹亮的军号声,但是,它势不可挡,必将冲破一切陈旧观念,建立新的秩序,重塑我们的生活,从根本上改变我们的世界。"[1]六年后,他在回顾世界环境保护的历史进程时再次指出,这种绿色变革"是一种从物质生产方式到政治、法律及社会文化观念的整体转变,是一种'大转变',需要采取涉及经济、社会、政治和文化各个方面的'大战略'";"第一,从物质生产方式上看,要向生态系统回归,按照自然生态规律,在经济、技术等各个方面不断进行创新,比较全面地改造现有的物质生产体系,建立起相应的、由不同生态经济体系,包括工业、农业、城市等各种类型构成的循环经济体系,其目的不是传统 GDP 的增长,而是基本需求满足基础上的生活质量的改善。第二,从政治、法律和道德上看,要把对生命的尊重和对自然的生态系统的爱护纳入到政治、法律和道德体系中,把生命和自然生态系统作为与'人'一样公正、公平对待的'主体',同自然平等相处,崇尚简朴的生活和有节制的物质消费,人类的需求不能超越地球生态系统的承载能力。第三,从世界观和认识论上看,要从工业社会主导的个体主义和还原论转变为自然整体主义和有机论,确认人不应与自然相分离,而是自然的一部分;包括人在内的所有存在物的性质,是由它与其他存在

[1] 1996 年 10 月 8 日《中国环境报》文章《世界正面临着一场变革》。

物以及与自然整体的关系决定的。”❶

可持续发展与传统发展方式的主要区别是:①强调经济、社会和环境目标的一体化。主要表现是:改变环境政策、经济发展政策和社会发展政策的模式;改变那种环境资源保护总是要与经济增长和社会发展相冲突的传统观念。②在社会经济活动中体现环境资源的价值。主要表现是:保护和改善生态环境;实现对自然资源的合理利用;在生产、消费过程中不破坏、少破坏甚至改善环境资源条件;经济核算同时考虑生产收益与环境代价、内部经济性和外部经济性。③在伦理、哲学方面体现人与自然的共同进化思想。主要表现是:发展以环境资源为基础,与环境承载能力相协调;主张人与自然的和谐共处,人与环境系统维持最和谐的关系、最长久的稳定和最大的生产量。④在发展过程中兼顾当代和后代利益。主要表现是:满足人类的基本需求;提倡代内公平和代际公平;正确处理代内公平与代际公平的关系;维持适当的发展速度和发展质量。可持续发展建立在这样一个基本事实的基础上,从宏观角度、长远角度看:地球只有一个,地球上的人类及其自然环境是一个有机联系的整体,地球上的各种生态系统是一个有机联系的整体;世界即人类社会也只有一个,人类各个部分(包括各个民族、国家、社区)的发展是一个有机联系的整体;人与自然、自然与社会是一个统一体。“人类共同生存的地球和共同拥有的天空,是不可分割的整体”,“环境问题,关系到地球上每个国家人民的前途和命运。解决环境问题,维护和创造人类共同生活的美好家园,是我国人民共同的愿望。”《里约环境与发展宣言》的原则 4 强调“环境保护应是发展进程的一个整体组成部分”。可持续发展是统一整体中的各个部分的共同发展,是一种整体发展;不考虑整体效益和整体联系,用牺牲一个部分、一个国家的发展去获得另一个部分、另一个国家的发展,或者不断扩大不同部分、国家之间的发展差距,不是可持续发展的特征。整体性体现可持续发展的共同性、系统性、综合性、全局性和有机联系性,是衡量可持续发展的

❶ 曲格平:《从斯德哥尔摩到约翰内斯堡的发展道路》,《中国环境报》2002 年 11 月 15 日。

重要特征。整体性体现在法律上，是将整个法制建设作为一项系统工程，注意法律的统一性和完整性，防止法律仅仅为少数人、少数阶层、少数国家、一两代人服务，不为多数人、多数阶层、多数国家、子孙后代服务，而要着眼于整个人类社会、当代人和后代人、人和环境的可持续发展。

可持续发展的许多特点都与生态伦理道德有关，主要表现在以下几个方面。

第一，可持续发展强调综合性、协调性，反映了当代综合生态系统管理的思想。可持续发展以自然环境为基础，与环境承载能力相协调，是制度、技术、生态三种创新的协调，是经济、社会和环境的协调发展。可持续发展强调的是综合决策、全面规划、统筹兼顾以及各个系统的协调发展、同步发展，单个系统的孤立的发展不是可持续发展的特征。协调是对发展的科学限制、是可持续的条件，协调性是可持续发展的重要特征，协调机制是建立和维持可持续发展秩序的主要机制。实施可持续发展战略必须协调好个人、集体、区域、国家、全球利益；兼顾眼前、暂时、直接、局部和长远、永久、间接、全局利益。协调性体现在法律上，是将法律视为协调人类社会可持续发展进程中各种重要关系、利益的工具，重视利益衡平原则，不断发展、完善诸如综合决策、统筹兼顾、公众参与等法定的协调方式、制度和机制，逐步形成内外协调的法律体系。

第二，可持续发展是多样性、多元化的发展，只能建立在生物多样性（包括遗传多样性、物种多样性、生态系统多样性等）、区域多样性（包括社区多样性、经济贸易开发区多样性、国家多样性、国际性区域多样性等）、经济多样性（包括经济体制多样性、经济主体多样性、经济运作调控方式多样性等）、社会多样性（包括社会制度多样性、社会组织多样性、民族文化多样性等）的基础上。多样性是保证可持续发展生机勃勃、生动活泼、内涵丰富、气象万千的主要因素，是衡量可持续发展状态的主要标志。

第三，可持续发展是以人为中心、以环境为基础的发展，只有当人与人、人与环境和谐共处时，可持续发展才能变成现实。可持续发展不主张“极端的人类中心论”和“自然中心论”，主张“人与自然和谐共处论”。可持续发展建立在这样一个基本事实的基础上，世界由人类社会和自然环境这两大系统组成。自然环境或地球是由各种环境要素和自然资源组成的、早在人类产生之前就已存在的系统，人类社会是由人、人与人之间形成的关系以及人为活动产物所组成的系统。可持续发展承认自然环境具有价值，它体现和追求的正是人与人、人与自然、社会与环境的和谐共处。人与自然和谐的限度，是人的活动或人类社会的发展不能超过地球或自然环境的承载能力或自我调节能力。和谐性反映可持续发展中人与自然这两大系统的状态和关系。和谐性反映在法律和法学上，就是将调整两种关系、维护两种秩序、保护两种环境作为法律的重要功能，将追求两种和谐作为法律的重要目的，通过法律正确、科学地反映和调整人与人的关系以及人与自然的关系。

可持续发展战略建立在科学的基础上，只有依靠包括生态学在内的科学技术、采用科学技术手段才能实现可持续发展。科学技术是第一生产力，可持续发展是建立在知识经济、信息产业、生态农业和环保产业基础上的发展。向可持续发展社会过渡的关键是合理利用环境资源。为此，应重视和发展科学技术和教育，经济增长应从粗放型转变为集约型，从外延为主转变为内涵为主，从单一型转变为综合型，提倡清洁生产，推广绿色环保产品，改变“高投入、高消耗、高污染”的生产消费模式。科学性反映在法律上，就是在法制建设中遵循社会经济规律和自然生态规律，充分发挥科学和知识的作用，从实际出发，实事求是，将理想与现实、需要与可能、理论与实践结合起来，制定正义而求实的良法，形成科学而合理的法律体系，努力形成与可持续发展这一新的发展方式、发展观相适应的法律思想和法治秩序。

三、河流伦理对河流法律内容的影响

（一）河流伦理道德对河流法律内容影响的应然性

首先必须指出的是，所谓河流伦理道德对河流法律内容的影响包括但不等于、不限于将河流道德规范上升为河流法律规范，影响的应然性也不是指河流道德规范必然会自发地、即时地上升为河流法律规范。河流伦理道德对河流法律内容影响的应然性涉及河流伦理道德对河流法律内容的直接的、间接的、即时的和长远的各种影响,而要将这种影响的应然性变为现实性,则需要一定的条件或者说需要创造一定的条件。

河流伦理道德是河流法律的伦理基础和内在根据,河流伦理道德信条和标准是制定河流法律规范的重要来源。一个社会的主流河流伦理道德价值观念和倾向,往往影响甚至决定着该社会河流法的创制行为、创制过程及创制的河流法本身的价值标准和价值倾向。河流伦理道德的善恶评价力量,和其他力量一起,会导致旧河流法的修改乃至废止,以及相关新河流法规的出台。虽然不能说现有的所有河流伦理道德都能够自发地发展成为河流法律,或者说现有的所有河流伦理道德都理所当然地构成河流法律的基础,但是谁也不能否认河流伦理对河流立法的基础性作用。

一般认为,现行的主要河流法律都有其相应的河流伦理基础,如果在有关领域已经形成相应的主流河流伦理道德,则在该领域的河流法应该建立在与其相对应的河流伦理基础上。在河流法发展史上,河流伦理道德一直对河流法具有重要影响。根本违反主流河流伦理道德的行为规范不可能上升为河流法律规范,河流伦理道德才是河流法的内涵,河流立法者应该服从或考虑河流伦理关系,正如游泳的人应该服从水的本性一样,否则,就会碰壁。实践证明,河流伦理对河流立法活动具有引导作用和促进作用;河流伦理道德的状况制约着河流立法的发展,河流伦理道德为河流立法指明方向;现行河流伦理道德的形成和存在是启动和促成相关河流立法的重要因素,河流立法可以将社会所公认的河流伦理道德上升为河流法律,从而取得广泛的河流伦理道德基础。只有将河流伦理与河流立法结合起来,将某些河流伦理上升为法律规范,只有将基本的河流法律权利和义务变成人人自觉遵守的河流伦理的一部分,将河流法建立在河流伦理的基础上,才能从根本上提高河流法的可操作性、可执行性和实施效益。河流伦理道德规范的法定化,是好的河流法由此产生和发展的过程,它在某种程度上决定着河流法的本质和特点,从而构成河流法治的基石。河流立法需要在原有的河流伦理道德中寻找立足点,河流立法应该与河流伦理道德相一致。

河流立法要做到根深叶茂,应该建立在深厚的河流伦理基础上。

随着河流污染和生态破坏问题的严重化、河流生态保护的复杂化,无论河流法律如何严密,它总有漏洞、总有跟不上河流流域管理步伐之处;不管河流法律调整的范围多么广阔,总有鞭长莫及的地方。因此,凡是河流法律或河流法治不及之处,皆是河流伦理道德或德治用武之地。河流伦理可以填补立河流法的空白和实施的局限。

(二)河流伦理道德对河流法律内容影响的范围

1. 对河流的主体资格和法律权利的影响

某些法学理论中的"主、客二分法"认为,人就是人,物就是物,人与物的分立和划分是截然的,人不可能转化为物,物也不可能转化为人。在当代生态伦理的影响和推动下,新的"主、客一体化"法学研究范式认为,人与物的划分是相对的,人与物在一定条件下是可以相互转化的。人与物在一定条件下相互转化主要包括如下几种情况:人从作为物的受精卵、胚胎转化为人;人通过死亡转化为物;从人类的产生、发展、消亡过程看,人是从猩猩、类人猿等物转化而来的,人类在消亡时也会转化为物;人可以通过法律拟制将人转化为法律上的物,如古代法中的奴隶甚至子女;也可以通过法律拟制将物转化为法律上的人,如某些法律将某种基金规定为法人。由于人与物是在一定条件下下相互转化的,因而在某些特殊情况下,判断某个东西究竟是人还是物非常困难,甚至无法确定。例如,关于判断人死亡的标准问题,实际是判断一个人从什么时候转化为物的问题,是以脑死亡为标准还是以心脏停止跳动为标准?人是以自由意志、理性为标准还是以人的活体为标准?为什么没有或缺乏自由意志、理性的人(如白痴、植物病人、胚胎、失去理性的杀人狂等)也在法律上被认为是人?人与物相互转化的理论,为法律确立包括河流、动植物在内的生态或生态系统的主体资格和法律地位奠定了理论基础。

在20世纪80年代以前,伦理学曾拒绝"道德权利"的概念,伦理学家和提倡道德的人大都认为,道德是讲奉献、无私和助人的高尚风尚,如果讲权利就难以提倡道德,为此有人甚至主张将权利"从伦理学领域驱逐出去"。其实,这是一种传统看法,并不符合道德和伦理的新近发展。早在20世纪80年代初,英国哲学家辛格(M. G. Singer)在总结西方伦理学的发展趋势时已经指出,"现在,权利概念成了伦理学的中心。……无疑,义务比权利更根本仍是哲学中具有权威的观点,但权利现在是讨论的热门"❶。我国也有学者认为,从一定意义上讲,伦理学和法学都是"权利之学"❷。一般而言,道德上的权利并不等于法律上的权利,道德权利可以为法律所认可,也可以不被法律认可。但是,道德是法律的先在法,它在逻辑上优先于法律,在功能上则对法律构成批判和评价的标准;法律是善良公平之术,"所谓善良,即是道德,所谓公平,即是正义"❸。由于道德规范的义务性,道德上的资格就意味着要求权利,道德要求的权利则预示着进一步上升为法律权利的可能。当河流的权利获得道德的支持,也就为其进入法律,最终上升为法律权利提供了前提。

在以往的河流法中,河流是权利主体的对象"物"。过去,我国环境资源法学界甚至整个法学界一般将包括河流生态系统在内的生态系统或生态视为"客体物"。其实,生态系统(人类生态系统)既不是人,也不是物,而是人与物的综合体。生态就是指一切生物的生存状态,以及它们之间和它们与环境之间的环环相扣的关系。生态系统是分层次的,有小有大,当代生态学中的生态系统是指人类生态系统。"生态系统这个概念是一元论的,它将植物、动物、人类社会以及环境整合在一起,以这样的方式可以将它们之间的相互作用在一个单一的框架内加以分析。它主要强调一个完整或整体系统的功能,而不是将各组分分割开来。"❹人类生态系统是人类系统与环境系统在特定空间的组合。生态系统最基本的特征是它的整体性,包括人在内的任何生物都不能脱离环境而单独存在,它表明生态系统各种因素的普遍联系和相互作

---

❶ [美]约瑟夫·P·德马科著,石毓彬译:《现代世界伦理学新趋向》,中国青年出版社1990年版,第346页。

❷ 程立显:《社会公正论》,北京大学出版社1998年版,第35页。

❸ 张宏生主编:《西方法律思想史》北京大学出版社1983年版,第71页。

❹ [英]E·马尔特比等编著,康乐、韩兴国等译:《生态系统管理——科学与社会问题》。科学出版社2003年版,第2页。

用。生物与其环境统一的原理被称为生态学的第一原理，也是当前研究人与自然关系、环境与发展关系必须遵循的第一原理。大自然中的万物构成了地球上互相联系的生命之网，人是大自然的有机组成部分，是生命之网中的一个节点，是世间万物生态链条中的一环，一旦生态链条断裂、生命之网破碎，人类将无法生存。现代生态学把自然界看作是生态系统，这是对生物界的新看法；把世界看作是“人－社会－自然”的人类生态系统，这是对世界的新看法。我国法学界的某些学者将生态或生态系统简单地视为“客体物”是对当代生态学“生态”概念的误读，是用“主、客二分法”的传统研究范式对“生态”得出的片面理解。

河流生态伦理认为，河流流域生态系统是由河水、河道、堤岸，以及在其中生长的动物、植物和生活在沿岸的人构成的一个有机整体即河流流域共同体，人、其他河流生物都是这个共同体中的成员。河流伦理在扩大共同体边界的同时，也改变了人类的地位，使人从河流的征服者转变成河流共同体的普通一员。生命是值得尊重的，人类、河流都是生命共同体中的普通一员。将河流生态排除在“客体物”之外，不仅意味着“主、客二分法”的破产，也为河流成为主体（包括法律中的主体）奠定了合法性或正当性基础。这意味着，人类应尊重和维护包括人在内的所有河流共同体中的成员的权利；也意味着他没有任何特权把自己凌驾于其他成员之上。在河流生态伦理看来，所谓“环境正义”或“种际公正”就是建立人的权利与河流权利的和谐关系，人类公正行为的概念应该扩大到对生物和自然界的关心和爱护以及对生态（河流生态）权利的尊重和维护上面。

河流法与河流伦理一样，都建立在对河流内在价值的承认上。河流伦理将仅仅面向人类自身的价值观扩大到大自然和河流，承认包括河流在内的整个自然具有自身的价值，承认不同物种之间在它们相互依存这个意义上有生存权利。《欧洲保护野生生物和自然界的伯尔尼公约》(1979 年）指出：“野生动植物构成具有美学、科学、文化、创造性、经济和内在价值的自然遗产，必须保存它们并将之传给后代。”《世界自然宪章》(1982 年 10 月 28 日联合国大会通过）指出：“每种生命形式都是独特的，无论对人类的价值如何，都应得到尊重。为了承认其他有机体的内在价值，人类必须受行为道德准则的约束。”1992 年《生物多样性公约》强调，缔约国“意识到生物多样性的内在价值，以及生物多样性及其组成部分的生态、遗传、社会、经济、科学、教育、文化、娱乐和美学价值”。既然河流具有内在价值，人类有什么理由不尊重它存在的资格和应有的权利呢？河流伦理的价值尺度是以尊重河流健康生命为前提的，既要人们承认河流永续生存的权利，又要人们承担保护大地的责任和义务。河流伦理把道德权利扩大到河流流域的所有成员和共同体本身，确认他（它）们在一种自然状态中持续存在的权利，这既是生态学的进化，也是伦理学的进化。从河流共同体的思想出发，论述河流的权利有其理论上的合理性的。一旦河流获得了道德主体地位，就意味着河流具备了获得法律权利的潜力。如果将尊重河流生命的河流伦理理念确认为法的价值理念的基础，那么就应当在河流法律上确认和保护河流生命的权利。至于河流权利的代理者和行使者是谁，则属于立法技术和法律实施问题。在人与河流的法律秩序中，没有单向的人对河流的支配关系，人与河流是互益、互助、共生的。如果河流的生命权和生存权没有得到河流法的保护，人的生存权也将无可存在。

河流法律权利主要指法律对河流利益、生存资格和受保护地位的确认❶。河流权利不是河流的人权，因为河流不是人。河流权利是一种概括式提法，包括河流的生存权、生命权、不受人任意侵害（污染、破坏）权、受人保护（尊重）权等，这些权利的具体涵义和内容应通过具体河流法律条文明确。其中，河流生存权关注的重点不是河流生态系统中某个个体的生死而是由许多个体形成的整体持续状态、不是某个体的生存权利而是整个河流的生存权利。必须指出的是，由于河流法律意识的缺失，保障河流权利主要依赖对人的义务设置和从法律上建立自然体的代理制度。尽管目前已经有相当的立法主张和公益诉讼实

---

❶ 参看蔡守秋著：《论动物福利法的基本理念》，山东科技大学学报（社会科学版）2006 年第 1 期。人大复印资料经济法学、劳动法学卷 2006 年第 7 期；《从对〈德国民法典〉第 90a 条的理解展开环境资源法学与民法学的对话》，南阳师范学院学报 2006 年第 4 期，中国人民大学复印报刊资料《民商法学》2006 年第 10 期；《简评动物权利之争》，中州学刊 2006 年第 6 期。

践，河流权利在法律上的完备仍将是一个十分艰巨而漫长的渐进过程，这有待于人类环境意识、环境法治观念和生态道德的提高。

2. 对河流法其他内容的影响

（1）对河流立法的目的的影响。生态伦理的目的观与自然法学的目的观有密切联系，它促使河流法重视并追求法的本源和价值，并从价值层面出发论证法律的道德价值基础和基本目的，认为河流法律应以河流伦理道德为基础。河流伦理启迪、唤醒人们对河流全面价值的关注和尊重，引导人们关心人与河流的和谐发展，促使人们认识到“善”就是保护和发展河流生命的价值，“恶”就是妨害、毁灭河流生命的价值。反映到河流法上就是河流法将保护河流、河流生态系统、河流生物多样性与保护河流流域、促进流域经济社会的发展并列为河流法的目的，或者形成河流法的多元目的。这集中地反映在水法或河流法的第一条即立法目的上。

（2）对人对河流的行为规则的影响。河流伦理的认识功能促使河流法在规范人对河流的行为时，按照河流生态伦理道德标准选择法律控制的人对河流行为的类型及控制程度，从而对人与河流的关系进行规范。河流伦理反映特殊的研究对象——人类与河流、不同地域的人类、不同时代人类的利益关系，并通过凝聚了各种利益关系的伦理意识、伦理标准、伦理理想、伦理判断，来帮助人们了解自身在伦理关系中的地位、角色、作用，了解自己对河流、对他人的义务和责任，从而确立较完备的行为尺度。河流伦理促使河流法要求人类面对河流时进行自我约束和管理，人对河流开发、利用、保护和管理的各种行为应符合河流生态伦理。例如，河流法通过建立调查、调研、咨询、评估等制度对流域建设及管理决策进行干预，使决策从单纯的河流治理技术考虑向包括河流生态伦理在内的综合考虑转向，推动流域由单纯工程治理向综合治理和善治转变。河流生态伦理道德对河流水资源调度分配的影响之一，是促使某些河流法律法规规定在分配河流水资源时不得使河流低于其最小流量和最低水位。河流生态伦理道德对防洪的影响之一，是促使某些河流法律法规根据洪水规律规定防治洪水防治措施，特别是在防治洪水时考虑湿地的维持和保护。河流生态伦理道德对防治水污染和水生态破坏的影响,是促使某些河流法律法规设立河流保护区、河流功能区,加强对不同类型的河流生态系统的保护。

(3)对河流法律措施、法律制度的影响。例如,河流伦理道德可以为河流法中的标准、河流监测和河流评价提供必要的价值基础和基本准则。河流伦理学要求人们热爱、尊重和赞美河流,高度评价它的价值,在此基础上可以建立一种符合经济、生态、伦理和审美的河流质量标准、河流价值评价体系和河流监测制度。传统河流管理政策总是用经济尺度来代替伦理尺度,全然不考虑河流的内在价值,只把河流当作资源来管理,即河流利用的伦理仍然是由经济私利统治着的,人们只是从经济学的尺度对河流进行价值评价,只是从经济学的尺度采取利用和保护的措施。河流伦理要求改变以单一的经济私利为基础的河流保护系统,因为它往往忽视、进而排除那些在河流共同体中没有商业价值的许多成分,而这些成分正是河流系统完善功能的基础。

河流生态伦理道德对河流流域机构、河流管理体制、河流流域管理机构的职责的影响之一,是促使某些河流法律规范性文件规定河流流域管理机构是河流的代理人。

河流生态伦理道德对河流流域规划的影响,是规定在制定河流规划时必须全面考虑、统筹兼顾河流用水、河流保护和河流流域的可持续发展,强调保证适当的生态用水、环境用水。

河流生态伦理道德促使某些河流法律规范性文件对保护河流景观、河流生物多样性作出规定,以体现河流的多元价值。

河流生态伦理道德促使某些河流法律规范性文件对水文化、水社区、城市水环境建设和节水型社会作出规定,为实现人与河流和谐创造条件。

河流生态伦理道德促使某些河流法律规范性文件规定公民水环境权,建立健全河流公益诉讼制度。

四、河流伦理对河流法律实施的影响

(一)河流伦理对河流法律实施的影响的应然性

河流伦理道德风尚的形成对于河流法的实施具有基础作用,或者说现行河流伦理道德是相关河流立法得以贯彻实施的基础，对河流法律实施起着不可忽视的促进作用。

与河流法律相一致的河流伦理道德构成河流法律实施的思想认识基础，从而提高守法和执法的自觉性和积极性。在人们心目中或社会舆论中，衡量河流法律好与坏的一个重要标准是它与河流伦理道德的关系。没有河流伦理道德基础的河流法律必然得不到社会和公众的认同，也就是说，河流伦理可以为河流法律的实施奠定牢固的思想基础。实行河流法治的基本前提是树立河流法律的权威即河流法律的权威必须被信仰，这种信仰只能来自崇尚河流法律的河流法律伦理观。

在守法方面，河流伦理道德意识可以提高人们遵守河流法律的自觉性和维护河流法律的权威、尊严，同违反河流法犯罪作斗争的积极性。遵守河流法律是实现河流法治的根本要素，遵守河流法不仅意味着人们的行为应该遵守河流法律的规定，还意味着遵守河流法律是人们的一种信念。河流法治的力量和它的健康发展在更大程度上取决于广大群众对待河流法律的态度。只有当普通老百姓也认可河流法律的规定时，河流法治才是根深蒂固的。如果河流法的规定被大多数人认为是违反河流伦理道德的，那么，这些法律规定就很有可能不为人们所遵守。虽然河流法律的实施最终以国家强制力为保障，但河流法律的强制性是有限的，如果没有形成自发性服从，政府靠强制在任何时候最多只能执行河流法律规范的一小部分，而河流伦理可以弥补河流法律强制性的有限性。好的河流伦理道德观念的确立与传播有利于增强人们的守河流法观念，形成自发性服从，即河流伦理对河流法律具有促进作用。日本《自然环境保护基本方针》(1973 年)明确提出："为了使自然资源能得到有效的保护，使我国每个公民养成珍惜自然资源和自觉地保护与保全自然的习惯，应当积极地在学校和社会上进行环境教育，以使公民对人与自然的关系有更深刻的认识，对自然有更深的爱和养成良好的道德风尚。"违反主流河流伦理道德规范往往是违反河流法律和犯罪的先兆，良好河流伦理道德风尚的形成和普及往往可以起到减少违法行为、预防犯罪的作用。从这个意义上讲，河流伦理对河流法律具有降低河流法治成本、减少河流法治阻力的协助作用。

在执行河流法方面，河流伦理道德为河流法律的实施规定了界限。负责河流行政执法的行政官员和负责司法的法官在确定河流法的执行标准时或进行自由裁量时，会潜在地或有意识地受到河流伦理道德标准的影响。所谓执法公正或司法公平多以符合河流伦理道德为基础，实际上任何一件由相关河流管理官员或相关河流法官自由裁决的案件都是在他们的河流伦理道德标准影响下处理的，较高的河流伦理道德可以保证执法者做到秉公而断、执法严明。特别是在并行普通法与衡平法的英美法系国家，有关河流的衡平法在尊重河流法律的同时，要考虑良心的需要和河流伦理道德戒律的要求，以便对有关河流的普通法进行补充。在存在河流法律缺失或河流法律不完善的情况下，行政执法者或法官往往借助于河流伦理道德价值观念、原则和规范进行自由裁量。当河流法律出现模糊不清和令人怀疑的情形时，执法者所持有的河流伦理信念，对他解释某一河流法规或将一条业已确立的规则适用于某种新的情形来讲，往往起着一种决定性的作用；当然这种作用应是有限度的，不得损害河流法律的权威，只有在河流法无明文规定又无相应的河流法解释时，方才可以考虑。

（二）河流伦理对河流法律实施的影响的大致范围

伦理、信仰和舆论的力量是巨大的，在欧盟国家中河流伦理对河流法律实施的影响可以找到许多例子。在中国，人们曾经在“征服河流，战胜自然”的舆论鼓动之下，盲目地向黄河进攻，长期超限利用黄河；也曾经在“保护母亲河”的舆论感召之下，植树造林、涵养水源，积极参与河流生态环境建设。概括起来，良好的河流伦理道德对于提高河流立法的可操作性、可执行性和实施效益等方面具有重要作用和影响，主要表现在如下几个方面：河流伦理对河流法律可操作性、可执行性的增强作用；河流伦理对河流法律实施效益的放大作用；河流伦理对河流守法、行政执法和司法的作用；河流伦理对河流法实施监督方面的作用，特别是流域公众参与河流保护、建设和管理的问题。

第三章

国内外河流立法的实践

第一节　国际河流立法的实践

一、国际河流法概述

（一）国际河流法的发展概况

有关国际河流立法的实践，主要表现在国际性河流方面。国际河流，是指陆地上的那些处于两个或两个以上国家的领土上或管辖权之下的淡水水体，包括界河、多国河流、国际河流、跨国湖泊和跨国的地下水体[1]。据统计，世界上有261个流域跨越两个或更多国家的政治疆

[1] 王曦编著：《国际环境法》，法律出版社1998年版，第187页。

界[1]。这些国际流域占地球陆地面积的45.3%，影响到约40%的世界人口，占全球河流量近60%，储存的水量约占世界淡水资源的一半。全世界共有145个国家的部分领土在国际流域内，1/2以上的国家有一半以上的国土为国际河流范围，21个国家全境都在国际流域内；有19条河流流域分布在5个或更多国家，其中多瑙河流域分布在17个国家。对跨国水资源及流域生物、非生物资源的争夺，以及对国际河流的环境污染和生态破坏，已经成为引发跨国水资源环境纠纷的主要原因。进入21世纪以来，西方国家特别关注的六大环境热点地区，分别是中东约旦河流域、中亚黑海流域、南亚恒河流域、东南亚湄公河流域、北非尼罗河流域、南撒哈拉沙漠地区，其中五大热点都是与跨界河流有关。可见，当前世界，跨界水污染和水资源利用是引起跨国环境纠纷的最主要原因之一。

我国的国际河流主要分布在东北、西北和西南的陆地边境区，总计有40余条。其中东北地区国际河流有10条界河和3个界湖，水域国境线长达5000公里，主要有黑龙江、额尔古纳河、乌苏里江、图们江、鸭绿江等。西北地区国际河流主要是新疆的3大国际河流，即伊犁河、额尔齐斯河和阿克苏河。全疆由国外入境的水量为88亿立方米，出境水量为240亿立方米。西南地区国际河流主要有雅鲁藏布江、澜沧江、怒江、红河、伊洛瓦底江，它们均为跨越多国的国际河流，都发源于我国境内。近20年来，我国与周边国家已有环境争端和纠纷发生。

为了开发、利用、保护和管理跨越国境的大江大河流域，国际社会几乎都签订了具有法律规范性的国际条约。例如，1886年，德国、卢森堡、荷兰和瑞士签署了《莱茵河流域捕捞大马哈鱼的管理条约》。美国和墨西哥于1906年和1944年分别缔结的《美国和墨西哥关于格兰德河灌溉公约》和《美国和墨西哥关于利用科罗拉多河、蒂华纳河和格兰德河从德克萨斯州奎德曼堡到墨西哥湾水域的条约》。美国和加拿大于1909年签署的《美国和加拿大（英国）关于边界水域及美加边界有

[1] 联合国：《淡水：实地行动》，http://www.un.org/chinese/events/water/background.htm。

关问题的华盛顿条约》（简称《美加（英）边界水域条约）。还有 1960 年《印度和巴基斯坦关于印度河的条约》，法国、德国、卢森堡于 1961 年通过的《关于设立国际委员会保护摩泽尔河免受污染的议定书》，1963 年《尼日尔河流域协定》，喀麦隆、乍得、尼日尔等国在 1964 年签订的《乍得湖流域开发公约和规约》，1966 年国际法协会制定的《国际河流利用规则》（赫尔辛基规则），阿根廷、巴西等国于 1969 年签订的《银河流域条约》，1976 年 12 月 3 日的《保护莱茵河防治化学污染的波恩公约》，美国和加拿大于 1972 年签署的《大湖水质协定》，《关于特别是作为水禽栖息地的国际重要湿地公约》（1971 年），《关于赞比西河流域环境无害管理行动计划协定》（1987 年），《保护和使用跨国界水道和国际湖泊公约》（1992 年），1992 年印度和孟加拉国《关于恒河水域的条约》，11 个中东国家和欧共体于 1994 年 6 月 29 日通过的《为保护和可持续利用多瑙河进行合作的公约》（《多瑙河公约》），1995 年 8 月 28 日南部非洲发展共同体通过的《关于共享河流系统的议定书》，1995 年柬埔寨、老挝、泰国和越南签署的《湄公河流域可持续发展的合作协定》，1997 年 5 月 21 日联合国大会通过的《国际水道非航行利用法律公约》，1999 年签署的《保护莱茵河协议》，等等。

自 19 世纪末至今，国际社会已经形成或签订了 305 个有关国际河流利用的条约或惯例，涉及 200 多条国际河流，仅在过去的 50 多年时间里就签署了 157 项条约。前期的协定主要是处理航运、渔业及边界纠纷；第二次世界大战后形成的协定，主要涉及国际水道的分配、污染控制、洪水控制以及水资源的多目标利用。近 30 年来，由于水灾害、水污染、水资源短缺、水生态危机日趋突出，国际河流法特别是有关具体河流、湖泊的双边和多边条约的发展尤为迅速，如 1995 年《湄公河流域可持续发展合作协定》、1999 年《保护莱菌河公约》等。与此同时，为适应国际河流的多样性、满足各国多种需要，在一些重要国际性机构的努力下，制定了一些具有普遍指导意义和广泛应用价值的纲领性国际条约和一些具体可行的开发利用国际河流的协定。其中包括规范国际淡水资源利用活动的两个基础性法律文件：1966 年由国际法协会制定的《国际河流利用规则》和 1994 年由联合国国际法委员会制定的《非航行利用国际水道法公约》。1992 年 1 月 26 日至 31 日，国际水与环境会议在爱尔兰都柏林召开，会议发表了具有重要意义的《关于水和可持续发展的都柏林宣言》，该宣言提出了 4 项水资源可持续发展的指导原则和 10 项行动议程。2001 年 12 月，在波恩举行了一次主题是“水——可持续发展的关键”的国际淡水会议（Bonn International Fresh Water Conference），通过了《波恩国际淡水会议行动建议》和《波恩国际淡水会议部长宣言》。这两个文件的主要精神是，强调在开发、利用和保护淡水资源方面，所有的国家、所有的人都结成伙伴关系，以实现可持续发展。为了引起全世界各国以及人民对淡水资源问题的重视，联合国将 2003 年宣布为“国际淡水年”。

（二）当代国际河流法发展的主要特点

总的来说，国际河流法的发展趋势是以淡水资源的保护为主要议题，重点集中在水量分配、控制污染和保障所有人得到安全用水和卫生条件方面，其目的在于保护水的质量和生态系统，满足流域环境生态目标、经济与社会需求，实现可持续发展。另外，国际河流法绝大部分是针对国际河流或国际湖泊形成的双边或多边条约和惯例，如《保护莱茵河公约》、《美国加拿大大湖水质协定》及《乍得湖流域开发公约和规约》等。通常这些双边、多边条约仅涉及相关的水道国，与其他国家关系甚微。而针对整个国际淡水资源开发利用和保护进行原则性规定的国际法律文件或惯例较少，目前只有《国际河流利用规则》和《非航行利用国际水道法公约》。可见，在国际河流法中，普遍性国际法律文件较少，而专门性、区域性文件较多，这也是国际河流法的一个重要特点。

当代国际河流法具有如下的发展趋势及特点。

（1）受生态伦理和全球可持续发展战略的影响，一些国际河流条约不仅在原则上、理念上或公约序言中接受了和谐发展、协调发展和可持续发展原则，强调为当代人及后代人保护和可持续利用国际河流，而且越来越多地将和谐发展、可持续发展的思想融入具体的条文之中。例如，由阿根廷、玻利维亚、巴西和乌拉圭等国签订的《银河流域条约》（1969 年 4 月 23 日）强调，“通过联合行动将使本地区的巨大自然资源得到协调和均衡的发展并获得最高利益，将通过对自然资源的合理使用为后代保护这些资源”,“缔约国同意作出联合努力以促进银河流域及其直接影响下的有关地区实现和谐的发展和实质一体化”。

(2)河流生态保护和河流生态系统的科学认识正在逐步深入当代国际河流条约之中。不少国际河流条约非常强调河流的系统性、整体性,强调对河流生态系统的系统保护、整体保护,重视保护河流生态系统的完整性和生物多样性,重视维护和恢复河流的自然功能和生态平衡,注意将防治河流污染与保护河流生态、恢复河流生态结合起来,将保护水流和湿地、水流与水生生物结合起来。主张对跨界水体的利用以生态完善和合理的水管理、保护水资源和环境保护为目标。由玻利维亚、巴西、哥伦比亚、秘鲁等国签订的《亚马逊河合作条约》(1978 年 7 月 3 日)强调,“各缔约国愿采取共同行动和努力以增进各国的亚马逊地区的和谐发展,使之产生公平互利的结果,使环境受到保护,使这些地区的自然资源得到保护和合理使用”(第一条);“各缔约国认为有必要对开发亚马逊河区域的动植物资源进行合理规划,以维护区域内的生态平衡和保护生物种类”(第七条)。

(3)国际河流的法律文件正在逐步纳入尊重环境、尊重河流生命及“人水和谐”的思想,强调实现人与自然、人与水的和谐发展,注意挖掘国际河流的美和休闲价值,实现“人与水共生存”的目标。河流是有生命的,随着河流健康生命受到越来越多的重视,人们通过对以工程为主的治水思路进行反思,提出了“为河流让出空间”、“为湖泊让出空间”、“为洪水让出空间”、“建立河流绿色走廊”等理念,这些理念在越来越多地被国际河流流域国或水道国及国际流域机构所接受,并进一步由理念转变为实际行动,越来越多的国际河流流域管理采用“生命之河”理念。例如,莱茵河流域投资 170 亿美元实施了“为河流让出空间”的行动。这种理念的变化也在有关国际河流流域的协定、规划、行动计划和标准等法律文件中反映出来。

(4)逐渐从对国际河流的单一调整发展到对国际河流的综合调整。早期的国际河流条约一般仅注意对河流单一功能的调整,当代的国际河流条约越来越多地强调对河流的开发、利用、保存、保育(或保全)和管理的综合调整,强调在利用国际河流时要综合考虑人口的、社会的、经济的需要,考虑地理的、水文的、气候的、生态的和其他的自然因素,考虑水道的现有的和潜在的用途,考虑利用中的水资源的保存、保护、开发、节约和有关措施的代价,计划中的或现有替代方案的可得性,重视水资源利用时对其他水道国的影响,将利用、保护水量与水质、地表水与地下水结合起来。分配机制注意考虑地表水和地下水水资源的关系、内陆和沿海水资源的关系、日益扩大的城市化、土地管理、保持生态系统完整的必要性,以及荒漠化的威胁和环境退化问题。

(5)正在或已经形成一套管理国际河流的原则,主要有公平合理利用原则(包括代际公平原则)、参与原则、预防原则(包括损害预防原则和风险预防原则)、不造成重大损害原则、污染者负担原则、受益补偿原则、国际合作原则。强调对国际河流的平等利用、合理利用和无害利用。各水道国应在其领土上以平等的和合理的方式利用国际水道,并应以平等的和合理的方式参与国际水道的利用、开发和保护。对水资源应当作出公平和可持续分配,首先要满足人的基本需求,然后是生态系统的需求,最后是包括粮食安全在内的经济方面的各种需要。分配机制应当保证各种相互竞争需要之间的平衡,考虑水资源的社会、经济和环境价值,需要利用或保护水资源及其生态系统的所有利益相关者的参与,加强被排除在决策过程之外的人、特别是穷人的参与。利用和管理国际河流的参与,包括通过磋商建立国际水道联合管理机制,实行事先知情同意程序,公众积极参与国际河流管理,受项目影响的人们参与项目决策和分享项目利益。在公平利用共享河道系统的资源方面,要遵循利益一致原则;在研究和实施可能对河流系统产生影响的项目方面,要遵循密切合作原则。各缔约国应在主权平等和领土完整的基础上,在灌溉、水电、航运、防洪、渔业、木材漂流、娱乐和旅游业等方面的可持续开发、利用、管理以及保护水资源等领域里进行合作。推动国际水道国在教育、卫生、防治疾病、工业发展方面的区域协作、经济合作和有效合作。

(6)设立国际河流管理机构并确定其职责,已经成为国际河流法的一项重要内容。当代国际河流法强调建立健全流域机构,以流域为基础对国际河流进行流域管理、做好协调工作。大多数国际河流条约,都规定了河流的管理机构和管理河流的基本要求。例如,多瑙河沿岸国家通过签订条约于1948年成立了多瑙河委员会,统一协调和监督多瑙河的保护与管理;喀麦隆、乍得、尼日尔等国在1964年签订《乍得湖流域开发公约和规约》,设立了乍得湖流域委员会和开发基金;阿根廷、巴西等国签订《银河流域条约》(1969年),设立了银河流域政府间协调委员会和银河流域开发基金。《保护和使用跨国界水道和国际湖泊公约》(1992年)规定了成员国和跨国流域机构保护环境的义务、无损害义务、合作的基本义务、公平合理的水资源使用与参与机制等重要问题。这些国际性大江大河管理机构的设立和国际河流条约的签订,使得一些跨国性河流得到了较好的开发和保护。

(7)国际河流法规定的国际河流管理措施日益丰富。当代国际河流法的一项重要内容,是规定开发、利用、保护和管理国际河流的具体措施,特别是有关防治国际河流污染、生态破坏的措施和管理制度。例如,为了预防、控制和减少跨界水体的污染,要求各缔约国制定、实施和提出具有广泛适用性的法律、行政、经济、财政和技术措施,特别是采取一切适当的措施以预防、控制和减少产生或可能产生跨界影响的水污染。在作出关于建设水坝等大型供水基础设施项目的决定之前,应当对各种需求和方案进行参与性综合评估,同时要考虑到预防措施。水道国在本国领土上利用国际水道,应采取一切适当措施防止该利用对其他水道国造成严重损害,包括采取“消除或减轻损害”的措施。工程项目设计应当尽可能减少对水环境产生的潜在不利影响。

(8)有关处理国际河流纠纷的案件和案例逐渐增多,国际河流判例对国际河流法的影响逐渐增强。国际河流法重视形成国际河流纠纷处理机制,注意通过谈判、斡旋、调停、和解等外交方法以及法律方式处理国际河流纠纷,已经产生一些有影响的国际河流纠纷案例。例如,国际常设法院1937年默兹河分流案。该案是因比利时和荷兰两国关于默兹河的利用的争议引起。双方互相谴责对方的运河水闸等工程违反了两国在1863年签订的条约。国际常设法院驳回了双方的指控,指出双方对其境内的河段和运河有利用的自由,只要该利用不损害原来的河道或者改变提水量和储水量。该判决认为沿岸国对其管辖下的河流行使主权权利时，不得妨碍其他沿岸国对该河流行使主权权利。具体在处理有关分流和提水问题时，则应承认国家对国际河流在其境内的河段提水或分流时，不得损害他国利益❶。又如，国际常设法院在1929年河流秩序国际委员会地域管辖权案的判决体现了公平合理利用国际河流的原则。判决认为各沿岸国对于可航行河流具有共同的利益。这种共同利益决定各沿岸国对于航行具有共同的、平等的法律权利。这一判决虽只针对河流的航行权，但它所体现的沿岸国的平等利用的原则是可以适用于对河流的其他用途的❷。

二、全球性国际河流公约法律性文件

（一）1966年《国际河流利用规则》

1966年，国际法协会第52届大会通过了在国际河流法发展中具有里程碑性质的《国际河流利用规则》（Helsinki Rules on the Use of the Waters of International Rivers，又称《赫尔辛基规则》）。《赫尔辛基规则》虽属国际法学术团体——国际法协会制定的文件，不具国际法上的约束力，但由于其不仅对国际法中关于国际河流利用的规则作了系统的编纂，而且其规定的各种规则所依据的原则可用于指导各国对其他形式国际淡水资源的利用，因而，对国际河流开发、利用和保护的法律制度的发展起到了承前启后的作用。

该规则对国际河流法的贡献主要包括以下几个方面：①它宣告了国际水域利用的国际法一般规则，除流域国之间有条约、协定或有约束力的习惯另行规定外，该规则各章所宣告的国际法一般规则适用于国际流域内水域的利用。②它（《赫尔辛基规则》第2条）明确了“国际流域”（international drainage basin）的概念，即“国际流域指跨越两个或两个以上国家，在水系的分水线内的整个地理区域，包括该区域内流向同一终点的地表水和地下水。”③它（第4条）确认了国际流域的公平享用或利用原则，即“每个流域国在其境内有权公平合理分享国际流域

❶ 王曦主编：《国际环境法资料选编》，民主与建设出版社1999年11月第1版。

❷ 王曦编著：《国际环境法》，法律出版社1998年4月第1版。

内水域利用的水益”。④它(第9条)提出并界定了流域的水的自然成分、结构和水质的恶化变质。⑤它(第10条)规定国家有责任防止和减轻对国际流域水体的污染,国家有责任停止其引起污染的行为并对同流域国所受的损失提供赔偿。此外,它还规定了防止与和平解决国际争端的程序,如关于信息交流的规定[1],关于事先通知的规定,关于通过国际联合机构的调查和建议,第三国或国际组织或人士的斡旋、调停、调查规定,关于调解委员会的调解和仲裁庭的仲裁等规定。

(二)1997年《非航行利用国际水道法公约》(简称《公约》)

1997年5月21日,第51届联合国大会通过了联合国国际法委员会制定的《非航行利用国际水道法公约》(United Nations Convention on the Law of the Non – Navigational of International Watercourses),并开放签署。这是非航行利用国际水道法的最新发展,也是第一个在全球范围内调整国际淡水资源利用关系的公约,是国际淡水资源的利用和保护法律制度发展史上继1966年《赫尔辛基规则》之后的又一个具有里程碑意义的重大事件。该公约除序言部分外,共有7部分37条和一个附件,其目的是“保障国际水道的利用、开发、保存、管理和保护,并为当代人及后代而促进对国际水道的最佳和可持续利用”。作为一项框架性公约,它对有关国际水道的非航行使用的基本法律问题作了规定,其适用范围几乎包括了除航行之外与利用国际水道相关的保护、保存和管理措施等所有的事项。该《公约》不仅对相关习惯法进行了编纂,还充分吸收了关于国际淡水资源利用的区域性或双边性条约的内容,并且在许多方面都有突破。

该《公约》的主要内容包括:

(1)对“水道”、“国际水道”和“水道国”等概念予以界定。“水道”(watercourse)指的是“河流和地下水体系统”。“国际水道”(international watercourse)指的是“其若干部分位于不同国家的水道”。“水道国”(watercourse state)指的是“国际水道的部分位于其领土之上的区域经济一体化组织”。国际水道系统是一个水道系统,其组成部分位

---

[1] 《赫尔辛基规则》第29条第1项。

于两个或两个以上国家。在一个国家水域的某部分不受另一个国家水域的使用(影响)的范围内,它们不应被视为包括在国际水道之中。因此,在对该水域系统的使用对另一个国家有影响的范围内,该系统是国际的,但是仅仅是在这个范围内才是国际的;因此,水道没有绝对的而只有相对的国际性。也就是说,水道的国际性并非它的各部分位于不同的国家领土之上,而是基于水道的流动性,上游水道国对水道的利用可能损害下游水道国的利益,这才具有了国际性。因此,沿岸国不引起水道的流向、流量、水质的化学和生物特性发生不良变化的利用,是国家基于国际法享有的主权权利;只有利用在引起严重损害的情形下,各沿岸国对水道的利用才应置于国际水法的调整之下。以"水道"概念代替了"流域",避免了"流域"一词中的"领土"含义,采用"水道"概念使得协调上下游国家长期的用水矛盾成为可能。

(2)规定《公约》与水道协定(watercourse agreement)的关系。根据《公约》在第3条的规定:如不存在相反的协定,本公约不影响水道国依据已生效的协定所享有的权利和应承担的义务;如有必要,上述缔约国可考虑将对其已生效的协定与本公约的基本原则相协调;处于某一流域的水道国之间可订立水道协定,以根据国际水道或其部分的特点适用和调整本公约的规定。

(3)规定国际水道非航行利用的一般原则。除了国际合作原则外,该《公约》还规定了以下三个原则:

第一,平等、合理利用和参与原则。《公约》第5条规定,各水道国应在其领土上以平等的和合理的方式利用国际水道,并应以平等的和合理的方式参与国际水道的利用、开发和保护。关于平等和合理利用所应考虑的因素,《公约》作了如下列举:一是地理的、水文的、气候的、生态的和其他的自然因素;二是水道国的社会、经济需要;三是依赖于水道的人口;四是位于一水道国的水道利用对其他水道国的影响;五是水道的现有的和潜在的用途;六是水道水资源的保存、保护、开发、节约和有关措施的代价;七是对于计划中的或现有替代方案的可得性。

第二,不引起严重损害原则。按照《公约》第7条的规定,不引起严重损害原则是指水道国在本国领土上利用国际水道应采取一切适当措施防止该利用对其他水道国造成严重损害(significant harm)。在上述严重损害已经发生的情况下,除非该引起损害的利用得到受害国的同意,致害国应与受害国就采取一切适当措施消除或减轻损害予以磋商,并在适当的情况下,与受害国讨论赔偿的问题。根据《公约》第7条第2款的规定,在造成严重损害的情况下,应根据第5、6条有关"消除或减轻损害"的规定处理。《公约》第21条规定:"水道国应单独地和在适当情况下共同地预防、减少和控制可能对其他水道国或其环境造成重大损害——包括对人的健康或安全、对水的任何有益目的的使用或对水道的生物资源造成损害的国际水道污染。水道国应采取步骤协调它们在这方面的政策。"第22条规定:"水道国应采取一切必要措施,防止把可能对水道生态系统有不利影响从而对其他水道国造成重大损害的外来或新的物种引进国际水道。"第27条规定:"水道国应单独地和在适当情况下共同地采取一切适当措施,预防或减轻与国际水道有关的可能对其他水道国有害的状况。"《公约》同时还提出"经任何水道国请求,各水道国应进行协商,以期商定彼此同意的预防、减少和控制国际水道污染的措施和方法"。

第三,不同用途之间的关系原则。该原则实质上是公平、合理利用原则及应考虑相关因素的补充内容。《公约》第10条规定,在不存在相反的协议或惯例的情况下,国际水道的任何一项用途都不对其他用途享有固有的优先权。国际水道的用途冲突应根据上述平等、合理利用和参与原则及(或)不引起严重损害原则,并特别注意按照人类不可缺少的需要来加以解决。《公约》包含的一般原则还有合作原则,定期交流数据和信息原则等。

(4)关于计划中措施的规定。《公约》第11、12条规定:"各水道国应就计划采取的措施对国际水道状况可能产生的影响交换资料和相互协商,并在必要时进行谈判。对于计划采取的可能对其他水道国造成重大不利影响的措施,一个水道国在予以执行或允许执行之前,应及时向那些国家发出有关通知。这种通知应附有可以得到的技术数据和资料,包括任何环境影响评估的结果,以便被通知国能够评价计划采取的措施可能造成的影响。"《公约》还规定,拟采取计划措施的水道国应事先通知可能受影响的水道国，在等待答复期间，没有被通知国的同意，不能实施或允许实施计划中的措施。在协商或谈判期间，通知国应停止实施或允许实施计划中的措施6个月，除非另有协定。由此，公约确立了事先知情同意程序。该《公约》还强调，“水道国应经常地交换关于水道状况，特别是属于水文、气象、水文地质和生态性质的和与水质有关的便捷可得的数据和资料以及有关的预报。如果一个水道国请求另一个水道国提供不是便捷可得的数据或资料，后者应尽力满足请求。水道国应尽力以便于获得数据和资料的其他水道国利用的方式收集和在适当情况下处理这种数据和资料”。

(5)关于国际水道的保护、保存和管理的规定。这部分的特点是注重生态系统的保护，强调个别与联合保护相结合。主要的规定有：保护和保存国际水道的生态系统的规定；预防、减少和控制污染；防止对国际水道的生态系统引进外来的或新的对该生态系统有害，并对水道国造成严重损害的物种；保护和保存海洋环境；通过磋商建立国际水道联合管理机制；安全操作和保养国际水道的各种工程设施等。

(6)关于争端解决方式的规定。《公约》除规定了谈判、斡旋、调停、和解等外交方法外，还规定了水道国可以在批准、接受、核准、加入公约时或在此之后的任何时候，向公约保存国书面声明接受国际法院和(或)按公约附件规定的程序建立的仲裁庭的强制管辖。这些规定与其他国际环境条约的争端解决条款并无显著区别。此外，还规定了其他相关条约鲜有的强制调查程序。《公约》第33条第7款是关于强制性事实调查程序的规定，要求缔约国在解决有关公约的适用和解释的争端的6个月后，如果缔约国仍未进入谈判或其他争端解决程序，经任一缔约国要求，都可设立一个事实调查委员会，并赋予调查委员会进入缔约国领土视察任何有关的设施、工厂、设备、建筑物或自然特征的权力，并由委员会提出调查报告和建议，争端当事国应对此慎重考虑。

鉴于该《公约》草案在表决时，联合国第六委员会的工作小组中仅有33国赞成，另外有5国反对，25国弃权，并且反对国几乎都是具有世界或地区影响的大国——法国、中国、印度、土耳其和哥伦比亚。该《公约》规定了较低的生效条件，即存放于联合国秘书处的批准、接受、核准或加入书达到了35份后的第90日。但是,在草案提交联合国大会表决时,它已经获得103张赞成票,所以该《公约》生效的可能性是较大的。中国是五个《公约》反对国之一,如果《公约》生效,虽然它对中国不具有法律约束力,但由于《公约》的造法性条约的性质,它是直接的国际法渊源,必然也会对中国产生重大影响。黑龙江、乌苏里江、鸭绿江和图们江作为中俄、中朝界河以及流经东南亚各国的澜沧江都是《公约》所指的国际水道。中国对这些河流的开发利用同与国际社会的合作密不可分,鉴于中国对《公约》的立场,加快与相关国家的谈判与缔约双边或多边条约已成为迫切的需要。

(三)2001年《波恩国际淡水会议行动建议》(简称《建议》)

2001年《波恩国际淡水会议行动建议》(Bonn International Fresh Water Conference Suggestions of Activities)所提建议是目前国际水法中针对性最强、最具体的建议。该《建议》提出需要优先采取的行动分为三个方面:一是管理行动;二是资金筹措行动;三是社会组织提高能力的行动。其中关于管理行动的建议体现了如下几个新的观念:

(1)人人有公平利用水的保障。这需要各国政府对确保公平和可持续利用水资源负有主要责任,需要利用或保护水资源及其生态系统的所有利益相关者的参与,应当特别注意加强被排除在决策过程之外的人,特别是穷人的参与。

(2)保护水的质量和生态系统,确保为穷人提供供水基础设施和服务。各国政府应当保护保持或恢复地下水、河流、湖泊、湿地和有关沿海地区的生态完整,应当审查国家和国际扶贫方案,赋予水和卫生以及生产性供水基础设施优先地位。

(3)在竞争的需求之间适当分配水资源。对水资源应当作出公平和可持续分配,首先要满足人的基本需求,然后是生态系统的需求,最后是包括粮食安全在内的经济方面的各种需要。分配机制应当保证各种相互竞争需要之间的平衡,考虑到水资源的社会、经济和环境价值。分配机制应考虑到地表水和地下水水资源的关系、内陆和沿海水资源的关系、日益扩大的城市化、土地管理、保持生态系统完整的必要性,以及荒漠化的威胁和环境退化问题。

(4)促进大型项目利益的参与性分享。在作出关于建设水坝等大型供水基础设施项目的决定之前,应当对各种需求和方案进行参与性综合评估,同时要考虑到预防措施。项目设计应当尽可能减少对环境产生的潜在不利影响,并改善受项目影响各方的生活。受项目影响的人们应当能参与项目决策和分享项目利益。应当制定适当机制和鼓励措施。

(5)管理气候变化的风险。水资源管理应当考虑到气候变化,加强辨明趋势、管理风险和适应水旱灾害等危险的能力。预测和预防比对紧急情况作出反应更有效、更经济合算。早期预警系统应当成为水资源开发和规划的组成部分。

此外,还要求从宣传教育开始,制定行为准则,邀请民间团体积极参与,有效地打击腐败,尽可能提高项目从计划到承建和施工整个决策过程对公众的透明度。

(四)1992 年《生物多样性公约》

《生物多样性公约》(Convention on Biological Diversity)是一项保护地球生物多样性的国际性公约,于 1992 年 6 月 1 日由联合国环境规划署发起的政府间谈判委员会第七次会议在内罗毕通过,1992 年 6 月 5 日,由签约国在巴西里约热内卢举行的联合国环境与发展大会上签署。公约于 1993 年 12 月 29 日正式生效。截至 2004 年 2 月,该公约的签字国有 188 个。中国于 1992 年 6 月 11 日签署该公约,1992 年 11 月 7 日批准,1993 年 1 月 5 日交存加入书。该公约的常设秘书处设在加拿大的蒙特利尔。该公约是一项有法律约束力的公约,旨在保护濒临灭绝的植物和动物,最大限度地保护地球上的多种多样的生物资源,以造福于当代和子孙后代。公约规定,发达国家将以赠送或转让的方式向发展中国家提供新的补充资金以补偿它们为保护生物资源而日益增加的费用,应以更实惠的方式向发展中国家转让技术,从而为保护世界上的生物资源提供便利;签约国应为本国境内的植物和野生动物编目造册,制定计划保护濒危的动植物;建立金融机构,以帮助发展中国家实施清点和保护动植物的计划;使用另一个国家自然资源的国家要与那个国家分享研究成果、盈利和技术。联合国《生物多样性公约》缔约国大会是全球履行该公约的最高决策机构，一切有关履行《生物多样性公约》的重大决定都要经过缔约国大会的通过。

由于河流生态系统是一个包括河流生物、湿地在内的综合生态系统，因而《生物多样性公约》，特别是该公约有关综合生态系统管理的内容，与流域管理具有十分重要的联系。目前，对综合生态系统管理的内容规定得最全面的国际法律政策文件是 2000 年《生物多样性公约》缔约方大会第五次会议通过的第 V/6 号决定《生态系统方式》[1]，该决定提出了有关生态系统办法的 5 项导则和 12 项原则，即 COP－5 原则。2004 年召开的《生物多样性公约》缔约方第七次会议正式通过了《生态系统方式决定》（UNEP/CBD/COP/7/21，VII/11 生态系统方式）。

1. 综合生态系统管理的 5 项实施性导则

综合生态系统管理（第 V/6 号）的 5 项实施性导则是：

（1）综合生态管理是有关土地、水和生物资源综合管理的策略，目的是采用一种公平的方法促进它们的保护和可持续利用。因此，运用综合生态管理的方法有利于达到《生物多样性公约》中三个目标的平衡：保护生物多样性、持久使用生物多样性的组成部分以及公平合理地分享由利用遗传资源[2]而产生的惠益。

（2）综合生态管理是建立在合理的科技方法利用的基础上的，特别是关于生物圈各层次的研究。生物圈包括有机体以及它们环境间的基本结构、程序、功能、相互作用。它承认人类及它的文化多样性是构成许多生态系统的重要组成部分。

（3）对结构、程序、功能和相互作用的关注是符合生态系统的定义的。《生物多样性公约》的第二条对“生态系统”的定义是：“生态系统是指植物、动物和微生物群落和它们的无生命环境交互作用形成的、作

[1] 生物多样性公约》缔约方大会第五次会议于 2000 年 5 月 15 日至 26 日在肯尼亚内罗毕的联合国环境规划署总部举行。有 1500 多名与会者出席了会议，代表 156 国家政府以及非政府组织、政府间组织和各种土著和地方社区组织。这次会议这次会议通过了 29 项决定，其中包括有关综合生态系统管理方式的说明及 12 项原则的“生态系统方式”决定（V/6）。

[2] 根据《生物多样性公约》，遗传资源是指具有实际或潜在价值的遗传材料。

为一个功能单位的动态复合体(a dynamic complex)。”与公约有关居留地的定义相比较,这个定义并未明确规定任何具体的空间单位和尺度。因此,生态系统的定义并不需要同生物群系和生态区保持协调,但是它能特指任何尺度的任何功能单位。实际上,分析和决策的尺度把握应该基于具体的实际问题。例如,它可能是一片土壤上的粮食、一个池塘、一片森林、一个生物群系甚至整个生物圈。

(4)综合生态管理要求采用合适的管理方法来处理生态系统的复杂和动态性问题,并要解决对生态系统功能认识上的不足这个问题。生态系统进程经常是非直线的,这些进程的结果通常有滞后性的特点。结果是不连续的,会导致意外和不确定。管理必须能处理这样的不确定因素,而且必须包括在实践中摸索和研究反馈的内容。即使在因果关系还没有完全被科学确定的情况下,有时候还是需要采取一些摸索性的方法。

(5)综合生态管理并不排斥其他的管理和保持方法,例如,生物圈保护、保护区、单一种类保护项目,以及在现行国家政策和立法框架下的其他方法。相反,它可以综合所有这些方法来处理复杂的问题。没有一个单一的方法来实施综合生态管理,因为它依赖于地方、省级的、国家的、地区的以及全球的情况和环境。实际上,综合生态管理可以以多种形式充当一个框架,来解决公约在实际操作中的目标。

2. 综合生态系统管理(第V/6号)的12项原则

综合生态系统管理(第V/6号)的12项原则是:

(1)确定土地、水及其他生命资源管理目标是一种社会选择;

(2)应将管理下放到最低的适当层级;

(3)生态系统管理者应考虑其活动对邻接的和其他的生态系统的(实际的和潜在的)影响;

(4)考虑到管理带来的潜在收益,通常需要从经济学的角度来理解和管理生态系统;

(5)为了保持生态系统服务,保护生态系统结构和功能应成为生态系统方法的一个优先管理目标;

(6)生态系统的管理必须以其自然功能为界限;

(7)应在适当的时空范围实行生态系统方式;

(8)认识到生态系统进程的特点是时限的变化性和效应的滞后性,应从长远制定生态系统管理的目标;

(9)管理必须认识到变化的必然性;

(10)生态系统方式应寻求生物多样性保护与利用间的适当平衡与统一;

(11)生态系统方式应该考虑各种形式的有关信息,包括科学知识、土著民和当地人的知识、创新的和习惯;

(12)生态系统方式应该要求所有相关的社会部门和科学部门参与。

3. 综合生态系统管理的5项导则和12项原则对河流法的启示

综合生态系统管理的5项导则和12项原则对河流法的启示体现在立法理念、立法原则,以及流域管理的政策、措施和法律制度等各个方面,其中最重要的启示是如下三个方面。

(1)综合生态系统管理为流域管理提供了综合管理、综合调整的方法。以生态化调整方法为标志的环境资源法的综合调整机制的主要表现,是综合生态系统管理方法。综合生态系统管理的12项原则都贯穿着综合管理的思想,从这个意义上讲,综合生态系统管理方法是环境资源法综合调整机制的集中体现和典型代表。例如,原则10的实施指南强调,"发展综合的自然资源管理制度和方法,以保障在生物多样性的保育和利用、长远考虑和短期考虑、直接和间接、保护利益和可持续利益以及管理范围之间的适当的平衡和综合";"发展政策的、法律的、组织的和经济的措施,促使所确定的生态系统的组分的保育和利用达到适当的平衡和综合";"推进参与式的综合规划,确保所有可能出现的观点、看法和使用选择都得到考虑和评估";"针对特定问题和具体环境,寻求先进的机制并制定法律来达到适当的平衡"。原则12强调:"生态系统方式应该要求所有相关的社会部门和科学部门参与"。其理由是:生物多样性管理的多数问题都很复杂,有诸多相互影响、副作用和隐蔽的关系,因此应该适当地吸收地方、地区、国家和国际级的必要的专业人士和利益相关者参加。该原则的实施指南进一步指出:

土地、水和生活资源的综合管理要求增进“部门间的,各级政府(国家,省市和地方的)的,政府、公民社会和私人领域的利益相关者之间”的交流与合作。还应该增进国际的和地区的组织间的交流;除此之外,农业、渔业、林业和其他自然资源管理部门可能会影响到生物多样性和生态系统的功能;生态系统方式的有效实施可能要求涉及多学科的专业人员的科学专业知识,包括经济、社会和自然科学。

(2)以流域社区组织为代表的第三部门是流域生态环境保护和流域管理的重要力量。综合生态系统管理的12项原则非常强调非政府组织和公众参与生态系统管理。例如,原则1强调:“确定土地、水及其他生命资源管理目标是一种社会选择”。其理由是:不同社会部门对生态系统的看法取决于其自身经济、文化和社会的需要;原住居民和当地社区是非常重要的利益相关者,他们的权利和利益必须得到认可;文化和生物多样性是生态系统方式的核心构成要素,因而应纳入生态系统管理的范畴。完善的决策过程应包含以下特点:所有的利益方(特别是原住居民和当地社区)都被纳入这一决策过程;所有利益相关者(有关当事人,包括原住居民和当地社区)都要参与对管理目标的清晰表述、界定及意见一致问题的界定做出选择(在原则12中);对于那些不能直接代表自己利益的利益相关者(比如子孙后代和自然界),必须确保它们由他人充分代表;确保决策过程对社会中存在的力量之间的不平等做出补偿,以确保那些通常被边缘化的群体(比如妇女、穷人、原住居民)在参与中不会遭受排斥或压制。建设促成利益相关者之间谈判和讨价还价、处理利益相关者冲突的能力,以达成管理、利用和保护生物资源的决议。原则2强调,管理必须涉及所有的利益相关者,并衡平当地利益与更广泛的公共利益。该原则的实施指南强调:应该确定利益群体,应该将管理工作的具体方面分派给能够代表相关利益群体的主体。目前,我国有关政府部门、流域管理机构对非政府组织和其他利益相关者,以及公众参与问题的重要性缺乏足够的认识,这值得引起我国政府部门、流域管理机构的重视。

(3)“良治”是流域管理的发展趋势。2004年召开的《生物多样性公约》缔约方第七次会议通过的《生态系统方式决定》(UNEP/CBD/

COP/7/21，VII/11，附件一，A，18）强调：“良治（或译为善治，good governance）[1]对生态系统方式的成功应用至关重要。良治包括完善的环境、资源和经济政策以及符合人们的需要的行政体制。这些政策和体制需要以有力和完善的资源管理系统与做法为支柱。决策应符合社会选择，应透明和负责，并应有社会的参与。应将决策责任交给能代表有关社区的适当一级”；“各级的良治对实现生物多样性的可持续利用和保护至关重要。必须确保部门间合作。应将生态系统方式与农业、渔业、林业和对生物多样性具有影响的其他生产体系相结合。根据生态系统方式管理自然资源，需要在一系列级别上（政府各部、管理机构）加强部门间的交流与合作”。目前，我国有关政府部门、流域管理机构对治理理论的认知程度缺乏起码的了解，许多流域管理干部不知道“治理”和“良治”的基本内容及主要特点，这值得引起我国政府部门、流域管理机构的重视。

（4）尊重河流生命、承认河流的主体资格已经成为河流立法中一个重要问题。《生态系统方式决定》在原则 1 中强调：确定土地、水及其他生命资源管理目标是一种社会选择。在论述原则 1 的理由时强调，“文化和生物多样性是生态系统方式的核心构成要素，因而应纳入生态系统管理的范畴”；“生态系统的管理应以公平的方式为生态系统的内在价值（intrinsic values）及其提供给人类的有形或无形的惠益（benefits）服务”。在原则 1 的理由说明中指出：“人类社会中不同群体与自然界之间关系的种类和方式多种多样，每个群体对其周围世界的看法各不相同，同时都强调自身的经济、文化及社会利益和需要”；“同时也要确保子孙后代以及自然界的需要都得到充分代表”；“决策者应该为自己的行为对相应的利益群体负责即应该具有责任性或公信力（accountable）”。该原则 1 的实施指南强调：“所有利益相关者（有关当事人，包括原住居民和当地社区）都要参与对管理目标的清晰表述、

[1] 关于“治理”或“治道”（governance）、善治或良治（good governance）、公信度或公信力（accountability，又译为责任性）等概念的说明，请参看蔡守秋著：《第三种调整机制——从环境资源保护和环境资源法角度进行研究》（上、下），《中国发展》2004 年第 1、2 期。

界定及意见一致问题的界定作出选择(在原则 12 中)";"对于那些不能直接代表自己利益的利益相关者(比如子孙后代和自然界),必须确保它们由他人充分代表";"如果可能,利用现有的社会机制或建立与现存的或预期的社会条件相兼容的新机制";"确保决策者对相应的利益群体负责"。上述有关"同时也要确保子孙后代以及自然界的需要都得到充分代表"、"对于那些不能直接代表自己利益的利益相关者(比如子孙后代和自然界),必须确保它们由他人充分代表"的说明,实际上已经承认河流的利益和河流的主体资格,并且已经明确指出通过代理制度可以使河流享有和行使自己的权利。目前,我国伦理学界和法学界对于河流的主体资格还存在重大分歧,不少专家学者不承认河流有其本身的利益,反对明确河流的主体资格,而《生态系统方式决定》对河流利益和河流主体资格的承认,无疑对尊重河流生命的河流伦理和主张河流权利的河流立法,具有重要的指导和促进作用。

三、区域性国际河流协定

(一)北美洲河流的国际法律保护

北美洲面临的主要问题是水污染。美国和加拿大之间签订的有关边界水域的条约和有关大湖水质的协定,以及美国和墨西哥之间签订的有关边界水域的条约和协定,构成北美洲国际河流开发、利用和保护的国际法基本框架。

1. 1909 年《美加(英)边界水域条约》

北美五大湖是跨越美国和加拿大的水域。管理大湖流域水利用的基本法律是 1909 年签订的《边界水域条约》(BWT),它既确立了有关边界和跨界水的基本法律原则,又创立了国际联合委员会(IJC)。该条约于 1909 年 1 月 11 日由英国与美国在华盛顿签署,其宗旨是"防止在利用边界水域方面发生争议,解决目前在美国和加拿大自治领域共同边界地区有关双方之间以及同对方居民之间的权利、义务和利益(有关)的一切悬而未决的问题,并作出规定以调整和解决今后可能发生的问题"。条约的内容广泛,涉及边界水域的通航、分洪、工程设施建设、引水、水量分配、污染和国际联合机构等问题[1]。该条约第4条规定："双方还同意，边界水域和流经边界的河在其两侧都不应受到污染，而损害对方居民的健康和财产。"从而使该条约成为较早对污染问题作出规定的国际条约之一。该条约第7条规定，设立一个美加国际联合委员会，并赋予其调查权和在必要时要求证人宣誓作证与取证的权力，以及传唤和强制证人向委员会作证的权力[2]。然而，这个条款几乎没有什么效果，致使五大湖被严重污染。早在1912年，IJC就涉及到水污染这项议题，在其后的几十年中，水污染一直为公众所关心。在1964年的一份参考和1970年由国际联合委员会发表的题为"关于伊利湖、安大略湖和圣·劳伦斯河国际段的污染的报告"中，对大湖流域下游污染的关注达到顶峰，这导致美、加两国政府于1972年签订了《美国加拿大大湖水质协定》(Great Lakes Water Quality Agreement)。该协定是美国两国为控制和减轻大湖污染、改善大湖水质而签订的一项双边条约，先后经历了1978年、1983年和1987年三次修订。

1978年修订的《美国加拿大大湖水质协定》，对水质管理采取了一种生态的方法。经过1987年的修订，协定中加强了生态系统的方法，并引入了如《补救行动计划》和《严格控制排放物的全湖管理方案》这些新的水管理方法。1983年由大湖管理理事会创立的《大湖宪章》，是有关大湖水管理的一项重要"软法律"文件，其目的如下：①保持大湖及其支流和相连水域的水位及水流；②保护并保持大湖生态系统的环境平衡；③由有关的州及省提供大湖流域合作计划及水资源的管理；④保护地区内现有的开发；⑤为地区内进一步投资及开发提供保护基础。按照这些目的，《大湖宪章》确定了大湖流域水资源管理的五个原则：大湖流域的整体性、司法合作、大湖流域的水资源保护、事先通知和咨询、合作计划及实践。《大湖宪章》签订后，大湖流域内的各州联合建立了委员会，该委员会是负责大湖、圣劳伦斯河以及"流入到大湖的所有河流、池塘、湖泊、溪流及其他水域、支流"的指定机构。每一个州

---

[1] 王曦编著：《国际环境法》，法律出版社1998年版，第196页。

[2] 《英国(加拿大)美国边界水域条约》第12条。

都应特别考虑委员会有关稳定大湖水位、流入或流出大湖流域的水量和水质的建议。为此,大湖流域的每一个州都制定了保护大湖生态系统的法律。

经过1987年修订的《美国加拿大大湖水质协定》的主要内容包括:①第2条规定其宗旨是"恢复并保持大湖流域生态系统的水体的化学的、物理的和生物学的完善性",为此宣布了三项政策:一是禁止以有害的数量对大湖排放有毒物质,并最终消除任何或所有的具有持续毒性的物质的排放;二是地方、州、省和联邦各级政府应进行有效的合作,为大湖周围的公共废物处理厂的建设提供财政资助;三是各方发展并实施协调的规划过程和最佳管理惯例,以保证对各种污染源的充分控制。②规定了一般目标和相应的具体目标。一般目标包括:在大湖系统的水体中无人类活动引起的形成污泥和损害水生生物和水禽的物资;无有碍观瞻或有害的漂浮物;无改变水体的颜色、气味、味道或其他条件并干扰对水体的有益利用的物质或热;无引起对人类、动物或水生生物有害的条件的物质或热;无引起水生生物的增生并干扰对水体的有益利用的营养成分。③对影响各种污染源的控制以附件的形式分别作了规定,其中包括对城市生活污水、工业污染源、农业与林业等土地利用活动的污染、船舶污染的控制等规定。④规定防治河流污染的措施。例如,该协定规定,两国间应备有联合应急计划供在油类或者危险性污染物排放或排放紧急威胁时使用。⑤规定设立国际联合委员会协助协定的实施,同时还设立一个大湖水质委员会和一个大湖科学顾问委员会,协助国际联合委员会工作[1]。

由于大湖流域的湖泊蓄积了占世界淡水供应量20%的水,因而附近的地区争相从大湖引水,致使引水成为美国和加拿大两国水纠纷的一个方面。经过艰苦的谈判,2006年初,美国8个州与加拿大魁北克省、安大略省在威斯康星州密尔沃基市签署了《大湖—圣劳伦斯流域可持续发展水资源协议》。该协议的主要目的是防止从大湖向其他地区大量出口水,以保护该地区的湖泊免受西部干旱的州的侵扰,保障大

[1] 王曦编著:《国际环境法》,法律出版社1998年版,第198~199页。

湖流域的可持续发展。

2. 美国墨西哥关于国际河流的利用和保护的协定

美国和墨西哥边界地区的河流主要有科罗拉多河和格兰德河。为解决水资源的分配问题以及防止边界的水污染,两国先后缔结了一系列条约和协定。包括1906年《格兰德河灌溉公约》、1944年《美国墨西哥关于利用科罗拉多河、提华纳河和格兰德河(布拉沃河)从德克萨斯奎德曼堡到墨西哥湾水域的条约》以及1973年《关于永久彻底解决科罗拉多河含盐量的国际问题的协定》。1944年的条约对格兰德河、科罗拉多河和提华纳河的水域分配、水流量分配、水力工程的修建、防洪等问题分别作了规定。其中第3条规定"两国同意特别关注边界所有环境卫生问题的解决",但条约没有规定关于水质保护或控制边界污染问题的特殊权力;直到1979,该条约的一个备忘录才使条约的执行委员会有确定水污染问题是否存在的权力。

1983年,美国与墨西哥订立新的框架协定——《拉巴斯协定》(La Paz Agreement),同意就边界环境问题进行合作。共有4个附件,其中两个是关于边界水域。附件一,旨在解决提华纳-圣地亚哥边界地区的环境卫生问题;附件二,则旨在解决危险物质倾倒造成的环境污染问题。该协定首次规定两国有义务防止边界污染,要求两国对污染活动进行监控,对污染源的测量分析进行协商、交换有关信息,对可能影响边界环境的项目进行评价。最重要的是,协定第3条要求拟订实施附件来解决具体问题。

(二)南美洲河流的国际法律保护

南美洲多为发展中国家,其所面临的主要问题是在经济发展中合理开发利用水资源。

1. 1969年《银河流域条约》

银河又称拉普拉塔河,长约320公里;银河流域是指巴拉那河、巴拉圭河、乌拉圭河和银河4条河流组成的大流域,面积约322万平方公里。《银河流域条约》于1969年在巴西签订,其缔约国是银河流域五国,即阿根廷、玻利维亚、巴西、巴拉圭和乌拉圭。该条约的宗旨是"相信通过联合行动将使本地区的巨大自然资源得到协调和均衡的发展并获得最高效益，将通过对自然资源的合理利用为后代保护这些资源”。条约的具体目标包括：便利和改善航运；合理利用水资源；保护和培育动植物；改善交通条件；推动本流域工业的发展和区域协作；在边境地区实行经济合作；在教育、卫生和防治疾病方面进行合作；推进其他共同有利的项目，特别是对本地区自然资源的核查、评估和利用；增进对银河流域的全面了解[1]。该条约第3条决定设立一个流域常设机关——政府间协调委员会，负责促进、协调和关注旨在全面发展银河流域的多国活动和在国际组织支持下提供适当的技术和财政援助，以及执行外交部长会议的决定。该条约规定，银河流域国家的外交部长每年举行一次会议，以便制定共同政策、评估工作成果、指导政府间协调委员会工作等。

2. 1978年《亚马逊河合作条约》

亚马逊河是南美洲最大的河流，长6400公里，流域面积705万平方公里，占南美洲大陆总面积的39%。《亚马逊河合作条约》于1978年7月签订，其缔约国是玻利维亚、巴西、哥伦比亚、厄瓜多尔、圭亚那、秘鲁、苏里南和委内瑞拉8个国家。条约规定了亚马逊河的航运、环境与生态保护、卫生、科技研究、基础设施建设、边界地区的商品零售业、旅游业和人类考古学财富的保护等方面的事项。该条约的目标是，在各国的领土范围内以及相互间为促进亚马逊河区域的和谐发展，并在各缔约国之间公平分配发展所得的利益，以提高各国人民的生活水平和使亚马逊河地区与本国经济相融合而联合努力。该条约第1条提出：“各缔约国愿采取共同行动和努力以增进各国的亚马逊地区的和谐发展，使之产生公平互利的结果，使环境受到保护，使这些地区的自然资源得到保护和合理使用。”该条约的具体措施包括：各缔约国对其本国领土范围内的自然资源享有开发和利用的主权，除国际法规定的限制外，不受其他任何限制；合理利用水资源，对领域的动植物资源进行合理规划和利用，以维护区域内的生态平衡和保护生物种类；促进各缔约国科学研究，促进各缔约国情报和有关机构间的人员交流；各缔约

[1] 《国际环境法》，第202页。

国应就其保护性措施提出年度报告；加强并协调各国亚马逊河地区的卫生工作，防治流行病；在尊重各国法律规定的情况下，合作发展旅游业，合作保护流域的人类考古学财富等。在机构的安排方面，条约规定了各缔约国的非定期外交部长会议，设立了亚马逊河合作理事会。该理事会由高级外交代表组成，每年召开一次会议。条约要求各缔约国成立常设委员会，以便实施公约的规定，执行外交部长非定期会议和亚马逊河合作理事会的决定。

（三）欧盟河流的国际法律保护

在欧盟（欧盟25国的面积74万平方公里，不及长江流域的一半，但是人口与长江流域相当），关于国际河流开发、利用和保护的区域性和双边条约主要包括莱茵河流域利用和保护的多个条约、《跨界水道和国际湖泊保护和利用赫尔辛基公约》、《欧盟水框架指令》以及《为保护和可持续利用多瑙河进行合作的公约》。其中2001年通过的《欧盟水框架法令》（欧盟法令2000/60）》要求25个成员国建立为每个流域建立综合的流域管理委员会，以确保到2015年河流健康状态“良好”。该指令聪明地设立了一个欧洲范围的标准，却让各个成员国采用最符合地方实际的方法来实现它们。该指令包括以下核心要点：所有地表水体和地下水体的水质必须在规定时间内恢复到良好状态；严禁地表水体和地下水体的水质状况发生任何恶化；各国对逐步减少排放、减少重要物质损耗以及遏止这些主要危险物质或让它们逐步停止排放负有责任；以流域为基础对水进行管理，并做好协调工作；公众要积极参与。

1. 莱茵河环境保护诸条约

莱茵河是欧洲继伏尔加河、多瑙河之后的第三大河，全长1320公里，全流域覆盖9个国家，干流经过瑞士、德国、法国、卢森堡、荷兰等5个国家，全流域面积约18.5万平方公里，人口约5000万人，是全世界内河航运最发达、欧洲经济地位最重要的河流；该流域是世界上最著名的“链状密集产业带”。

在欧洲兴起的资产阶级工业革命虽然矗起了许多钢筋水泥大厦，但也摧毁了河流生态，例如荷兰的河狸早在17世纪就已灭绝。以传统的水资源和航运为主要目的的莱茵河流域管理已有100多年的历史，早在1886年就由德国、卢森堡、荷兰和瑞士签署了《莱茵河流域捕捞大马哈鱼的管理条约》。1950年7月11日，瑞士、德国、法国、卢森堡和荷兰共同成立了莱茵河国际保护委员会(ICPR, International Commission for Protection of the Rhine River)。1963年，莱茵河沿岸国签订《关于莱茵河防止污染国际委员会的伯尼协定(修正本)》，建立了莱茵河防治污染国际委员会。在20世纪70年代，莱茵河因污染严重而被称为欧洲的"敞开的下水道"、"浪漫的臭水沟"。由于严重的环境污染造成河流生态平衡的严重破坏，到1965年，上游的无脊椎动物已濒临灭绝，原有的95种鸟类已有12种消失，大马哈鱼在60年代已经在莱茵河绝迹。为了保护和管理莱茵河，莱茵河流域各国采用了最有效的法律手段。莱茵河国家于1976年12月3日签署了《保护莱茵河免受化学污染的波恩公约》和《保护莱茵河免受氯化物污染公约》，从1987年至1997年相继批准了具有法律效力的《莱茵河2000年行动计划》(1987年)、《莱茵河防洪计划》(1995年)。1998年1月22日，在荷兰城市鹿特丹举行的第十二届莱茵河部长级会议通过了《莱茵河可持续发展计划指导方针》。2001年，在法国斯特拉斯堡召开的莱茵河流域国家部长级会议通过了《莱茵河2020计划》。这是一项面向2020年的，综合考虑了生态、经济和社会这3个需要同等对待问题的，旨在实现莱茵河可持续发展的计划，表明了该委员会已着手对水进行整体保护。该计划确立了莱茵河生态系统可持续发展的总体目标、具体目标、标准以及各地、各方面采取的措施，其中最重要目标是：恢复干流，使其发挥莱茵河生态系统的主导作用，恢复莱茵河主要支流，发挥它们作为洄游鱼类栖息地的功能；保存、保护、改善和扩大沿莱茵河地区和莱茵河流域具有生态重要性的地区，为一些植物和动物物种提供生存环境。1999年4月12日，瑞士、法国、德国、卢森堡和荷兰等5个莱茵河流经国家的代表在瑞士首都伯尔尼签署了新的《保护莱茵河公约》。新公约增加了保护莱茵河及沿岸动植物资源，恢复原始河道和预防洪水等新的内容，还规定"绿色和平"和世界自然基金会等非政府组织作为观察员参加保护莱茵河国际委员会的会议和有关工作。

目前，莱茵河保护条约主要包括1963年《关于莱茵河防止污染国际委员会的伯尼协定》、1976 年《保护莱茵河免受化学污染的波恩公约》、1976 年《保护莱茵河免受氯化物污染公约》和 1999 年《保护莱茵河公约》。

《关于莱茵河防止污染国际委员会的伯尼协定》的重要内容是规定设立一个莱茵河防止污染国际委员会。《保护莱茵河免受化学污染的波恩公约》的宗旨，是保护莱茵河不受化学污染，以改进饮用水、工业用水和航行等用途的水质；公约严格管制排入莱茵河的污染物，并以附件一和附件二分别列举受管制的物资。《保护莱茵河免受氯化物污染公约》的宗旨，是改善莱茵河水质，保护其不受氯化物的污染。公约有两项具体目标：一是要求缔约国减少氯化物的排放，二是要求法国修建一座控制并削减阿尔萨斯钾矿排放物的处理厂。《保护莱茵河公约》从整体的角度看待莱茵河生态系统的可持续发展，将河流、河流沿岸与流域冲积区域一起考虑，它将莱茵河定义为包括康斯坦茨湖和荷兰的附属水利系统在内的河流，公约不仅适用于莱茵河，还适用于与之相连的地下水、水陆生态系统、流域以及影响莱茵河的污染。它规定了以下几个原则，一是预防原则，从污染源控制污染排放；二是污染者负担原则，减少损害和对不可避免的损害予以赔偿；三是可持续发展原则，利用最佳技术和最好的环境实践，不将污染从一个部门转移到另一个部门等国际环境法中几乎所有的原则和规则。公约要求建立水资源管理制度，在制定防治洪水、航运和发电的技术措施时尊重环境并考虑生态要求；规定建立废水排放许可证制度，逐步减少危险物质的排放量，监督一般制度和许可证制度的实施，减少事故污染风险并在紧急情况时向其他国家通报。

上述法律文件逐步增强了“尊重河流生命”及“人水和谐”的思想。从 2001 年实施《2020 年莱茵河流域可持续发展综合计划》以来，莱茵河虽然仍发挥着运输大动脉和发电等功能，但为经济发展开发河流的时代已经过去，莱茵河人更关心的是怎样使她“恢复自然”，挖掘她的美和休闲价值，给人以美的享受。目前，莱茵河波光粼粼，水质清澈，水鸟飞翔，天鹅、野鸭在与人默默地交流，人们将莱茵河看做是自然和文化的“遗产长廊”，莱茵河已经进入凸显其休闲、观光功能的“休闲时代”,已经成为世界上管理得最好的一条河,是世界上人与河流关系处理得最成功的一条河。到2020年,莱茵河流域通过沉积物管理计划将河道污染物基本去除,真正实现“人-水共生存”的目标。

莱茵河的成功,是莱茵河流域各国协调合作、共同努力的结果。协调和组织莱茵河管理的这种伟大工作的主要机构就是成立于1950年7月11日的莱茵河国际保护委员会(ICPR,International Commission for Protection of the Rhine River)。该委员会的最高决策机构是各国部长参加的全体会议,每年召开一次,决定重大问题、规定成员国的具体任务,然后由各国实施,费用各自承担;委员会下设一个常设机构(秘书处)管理日常事务。另外设立了一个由非政府组织和政府间组织组成的观察员机构,监督各国工作计划的实施;该机构下设有水质、生态组、排放标准组、可持续发展组、防洪组等专家小组。除了莱茵河国际保护委员会(ICPR),该流域还通过国际协定成立了莱茵河航运中央委员会和莱茵河国际水文委员会(1951年)。莱茵河国际保护委员会(ICPR)通过制定相应法规,严格控制工业、农业、生活固体污染物排入莱茵河,强行对排入河中的工业废水进行无害化处理,包括为减少莱茵河的淤泥污染,对违反有关规定的甚至处以罚金50万欧元以上,这些措施最终使莱茵河的污染很快得到了有效控制。

2.《欧洲赫尔辛基公约》

1992年,联合国欧洲经济委员会在赫尔辛基通过了《跨界水道和国际湖泊保护和利用赫尔辛基公约》(以下简称《欧洲赫尔辛基公约》),适用于整个欧洲及加拿大、美国。该公约与1997年《非航行利用国际水道法公约》的目标有所不同。《欧洲赫尔辛基公约》的目标主要是保护包括地下水在内的水道不受跨界环境损害的影响,防治悬浮和沉积物质,保护生物多样性,维护和恢复水系的自然功能;而国际法委员会起草的《非航行利用国际水道法公约》目标更广,涉及国际水道的所有非航行利用。

该公约的主要内容包括:第一,它为所有的缔约国设立一项一般义务,即在遵循风险预防原则、污染者负担原则和代际公平原则的前提下采取一切适当的措施以预防、控制和减少任何跨界影响。一般义务包括以下四个方面的具体义务:预防、控制和减少产生或可能产生跨界影响的水污染;保证对跨界水体的利用以生态完善和合理的水管理、保护水资源和环境保护为目标;保证跨界水体以合理而平等的方式得到利用;保证保护和在必要情况下恢复生态系统[1]。第二,为了预防、控制和减少跨界水体的污染,各缔约国应制定、实施和提出具有广泛适用性的法律、行政、经济、财政和技术措施。第三,明确规定了国际河流的国际合作原则。公约序言强调,"有效地实现保护和利用跨界水道和国际湖泊只能通过扩大合作予以确保"。公约第2条第6项规定:"为了制定有关具重大意义的集水区或者其中部分的统一政策、方案和策略,沿岸国应当在平等和互惠特别是在双边或者多边协定基础上进行合作以防止、控制和减少跨界影响以及保护跨界水环境或者受此种水体影响的环境。"公约指出各沿岸国应当秉承互惠、善意和睦邻的精神进行协商,从而就公约涉及的问题进行合作。同时还规定,"缔约方应当确保就本公约规定涉及的问题及早地进行最广泛的情报交流","为统一排放限度,沿岸国应交流有关各自规章的情报。如一沿岸国应另一沿岸国请求提供不可得的数据或者信息,前者应尽可能满足此种请求"。沿岸国应当为交流最佳可得技术提供便利,特别是通过促进可得技术的商业性交流;直接与生产接触和合作,包括合资;信息和经验交流和提供技术援助。

3. 1994年《为保护和可持续利用多瑙河进行合作的公约》

针对水污染活动的跨界影响,1994年6月,11个中东欧国家和欧共体通过了《为保护和可持续利用多瑙河进行合作的公约》。该公约主要参照了《欧洲赫尔辛基公约》的规定,是其具体的适用。多瑙河公约采取了综合的方法,是现有保护陆地水环境的条约中最为先进的国际性条约。该公约的主要内容包括:第一,它所适用的领土范围,即拥有2000平方公里流域面积的多瑙河流域国家。第二,公约的目标是可持续和均衡的水管理,包括养护、改善和合理利用江河流域的地表水和地下水。所有措施应以污染者负担原则和预防原则为指南。第三,规

[1] 王曦编著:《国际环境法》,法律出版社1998年版,第207页。

定了公约的基本原则是排放必须受到防治污染的限制。为此,各缔约国应定期清理有关污染源的情况,作为制定联合行动规划的基础。第四,缔约国应致力于减少多瑙河流域的污染源对黑海的污染量。第五,公约规定了具体的预防性水资源措施,主要涉及由硝酸盐、植物保护剂和杀虫剂造成的地下水污染,尤其是规定了减少事故风险的措施。第六,公约设立国际委员会,缔约国根据委员会的建议确定适用于各个工业部门或行业的排放量,包括污染费、浓度。此外,公约第 10 条还规定了报告制度,根据这个制度,缔约国应提供的信息包括:国内关于多瑙河保护和水资源管理的法律、法令和其他规章;可能产生跨界影响的拟议中的活动;国内执行委员会决定的方式、时间表以及财政支出❶。

(四)亚洲淡水资源的国际法律保护

亚洲多是发展中国家,为了生活和经济发展,必须公平合理地开发利用水资源。亚洲关于国际河流与湖泊的条约主要有 1960 年《印度巴基斯坦关于印度河的条约》、1977 年《孟加拉国印度关于分享恒河水和增加径流量的协定》、1995 年《湄公河流域可持续发展合作协定》及以色列与巴勒斯坦解放组织之间关于水资源共享问题的协定。

1. 1960 年《印度巴基斯坦关于印度河的条约》

该条约的签订结束了印度和巴基斯坦之间长期的水争局面。其主旨是河水的分享和分配,也涉及污染防治问题。它确定了印巴两国在印度河的用水范围,决定将该流域的东部三条河流划归印度使用,将该流域西部的三条河流划归巴基斯坦使用。它规定尽可能防止因过度污染河水而影响原来的用途并采取一切合理措施以保证下水道污水及工业废弃物在流入河中之前经过必要的处理。条约规定设立一个印度河常设委员会,每年举行一次例会。它还规定了解决分歧与争端的程序。

2. 1977 年《孟加拉国印度关于分享恒河水和增加径流量的协定》

该协定对印度和孟加拉国两国分享恒河的河水作了制度安排,其目的是确保上游国印度向下游国孟加拉国提供协定规定流量的河水。

---

❶ [法]亚历山大·基斯著,张若思编译:《国际环境法》,法律出版社 2000 年版,第 200 ~ 202 页。

3. 以色列与巴勒斯坦解放组织之间关于水资源共享的协定

巴以冲突持续多年，历来是国际关系中的焦点问题。但是，缺水是这里连续不断地发生暴力冲突的一个重要原因。为此，巴以之间签署了一系列协议。1995 年 9 月 28 日，以色列与巴勒斯坦解放组织之间关于约旦河西岸和加沙地带的临时协定主要是关于水资源共享问题。该协定只是笼统地提到防止水质恶化、防止对水资源和水处理系统的损害，对所有家庭、城市、工农业废水进行处理和再利用。1996 年 2 月 13 日，以色列、约旦和巴勒斯坦解放组织通过了《在与水相关的事务上进行合作的宣言》。该宣言明确指出，新增加的水资源项目将贯彻环境保护的原则；各方都有责任阻止在其管辖范围内污染环境的项目并保证水的质量。宣言建议在可持续水资源管理、沙漠化控制以及发展水利设施的规范、标准和要求方面进行合作❶。

4. 1995 年《湄公河流域可持续发展合作协定》

湄公河发源于中国的唐古拉山脉，在中国境内的部分被称为澜沧江。流经中国、缅甸、老挝、泰国、柬埔寨和越南 6 个国家，在中国境内长约 1612 公里，流域面积 15. 39 万平方公里；在中国境外长约 2888 公里，流域面积 65. 5 万平方公里，被誉为“东方的多瑙河”。联合国亚洲和远东经济委员会从 20 世纪 50 年代中期开始推动、指导和主持湄公河下游流域的全面开发。1957 年 9 月，经该委员会建议，湄公河下游 4 国柬埔寨、老挝、泰国、越南成立湄公河下游流域调查协调委员会。20 世纪 80 年代以后，随着越战和冷战的结束，四国加强了流域开发的合作，于 1995 年 4 月 5 日签订该协定。该协定的特点是将国际环境法中的可持续发展思想贯穿于有关湄公河流域开发和保护的各个方面。该协定共 6 章 42 条，第三章规定了合作的目标和合作领域，要求各缔约国应在主权平等和领土完整的基础上，在灌溉、水电、航运、防洪、渔业、木材漂流、娱乐和旅游业等方面的可持续开发、利用、管理以及保护湄公河的水资源等领域里进行合作。该协定还规定保持湄公河主流的流量及预防和停止对河流产生有害影响的活动，保护湄公河流域使其不

❶ 《国际环境法》，第 205 ~ 206 页。

受污染或其他开发计划和水资源利用的有害影响;规定缔约国在发现有关水质的紧急情况时,必须立即通知并与有关缔约国和联合委员会磋商。

(五)非洲淡水资源的国际法律保护

非洲人口众多,淡水资源匮乏,其人均占有的用水量仅为202立方米,远远低于世界其他各洲。非洲经济发展落后,战乱频繁,在淡水资源方面,目前所要解决的问题是如何公平合理地利用淡水资源。关于国际淡水资源的区域性或双边协定主要有:1959年《苏丹共和国阿拉伯联合共和国关于充分利用尼罗河水的协定》,1963年《尼日尔河流域国家关于航行和经济合作条约》,1964年《乍得湖流域开发公约和规约》,1987年《关于共同赞比兹河系统环境完善管理行动计划的协定》,1995年《关于共享河流系统的议定书》等。

1963年《尼日尔河流域国家关于航行和经济合作条约》规定,对于可能对河流的某个方面、支流和次支流、水域的卫生状况以及动植物的生物特征产生重要影响的任何项目,沿岸国家将在研究和执行这些项目方面进行合作。

1964年《乍得湖流域开发公约和规约》的宗旨是开发和保护位于乍得、尼日尔、尼日利亚、喀麦隆4国交界处的乍得湖水资源。缔约国承诺在征求乍得湖流域委员会的意见之前,不采取任何可能导致水土大量流失、影响流域的水文和湖水构成及水位、影响其他沿岸国的用水和影响水域的卫生条件或生物学特征的措施。公约规定设立乍得湖流域委员会,由8人组成,每个成员国各派2人。

1987年《关于共同赞比兹河系统环境完善管理行动计划的协定》所保护的赞比兹河流经赞比亚、津巴布韦、莫桑比克等国,是非洲南部的一条主要河流。该协定规定了一项旨在促进以环境友好的方式开发赞比兹河的水资源和促进成员国的可持续发展的行动计划。该计划包括环境评价、环境管理、环境立法和支持措施四大部分。同时,该计划还规定了具体的项目类别和项目,确定了工作计划和时间表,规定了机构和财金方面的安排。

1995年《关于共享河流系统的议定书》由南部非洲发展共同体通

过。议定书宣布，在公平利用共享河道系统的资源方面，要遵循利益一致原则；在研究和实施可能对河流系统产生影响的项目方面，要遵循密切合作原则。议定书突出强调可持续发展，要求在为实现更高的生活水平开发资源和为促进可持续发展保护和改善环境方面维持适当平衡。议定书设立了一个流域管理机构，该机构可以提出建议，推动采取关于水控制、共享河流系统的利用以及环境保护的措施。其中建议可以列举禁止或限制进入水域中的物质并推动环境影响评价等[1]。

第二节　外国河流立法的实践

一、美国的河流立法

（一）概述

美国的河流法从源渊上看，虽然属于英美法系即普通法系，但当代美国的河流法体系实际上已经形成不成文法和成文法（制定法）并行、以成文法为主的局面。美国有关河流的成文法主要由水法、水资源法，水污染防治法，防洪法组成。例如，1787 年制定的关于河流的法令。1899 年美国联邦政府颁布了关于水污染防治的最早立法——《垃圾法》（又称《河流和港口法》），该法第 13 条为保障河流和港口的航运活动的正常进行，禁止任何人对通航河流和港口排放任何妨碍航运的废物。1920 年制定了《联邦水力法》和《矿产租用法》。1928 年，美国陆军工程兵团起草了《洪水控制法》。1935 年 4 月，美国首次颁布了《水土保持法》（又译为《水土保护和国内生产配给法》），对土地开垦、耕作、工矿建设等水土流失防治作了相应规定，此后又做了多次修改。1936 年 6 月颁布的《防洪法》明确由土壤保持局负责在流域内开展水土保持工作，为防洪服务，并确定在 12 个州的 11 个流域进行洪水、泥沙控制。1937 年的《标准土壤保持地区法》，授权农牧场主组织地区性

[1] ［法］亚历山大·基斯著，张若思编译：《国际环境法》，法律出版社 2000 年版，第 205 页。

组织,开展土壤保持与水资源保护工作。1937 年制定了《合作农场林业法》,1938 年制定了《供水法》,1939 年制定了《水土保持和利用法》。1939 年的《农业拨款法》,明确土壤保持局管理灌溉与排水工作。1944 年修正的《防洪法》,要求加大流域治理力度,并批准农业部开展 11 个流域的综合治理,其中面积最小的为 1119 平方公里(1964 年治理完毕),最大的 33697 平方公里(到 80 年代才完成治理)。第二次世界大战后,鉴于水污染日益严重,美国国会于 1948 年制定了《联邦水污染防治法》(从 1952 年至 1993 年经过 6 次修改,现称《清洁水法》),该法是现行水污染防治法的最初形式。1954 年 8 月,美国制定了《流域保护与防洪法》(后经 1972 年等多次修改)。1960 制定了《原始河流及风景河流法》。1963 年制定了《北美湿地保护法》、《渔类和野生动物协作法》(1965)。1965 年制定了《水资源规划法》和一项名为《水质法》的《联邦水污染控制法》修正案。1969 年颁布的《自然资源保护法》,内容比较广泛,但水土资源的保护利用,即水土保持是其主要内容之一。1973 年的《公共法》,规定开展土地统计和监督管理计划,包括调查研究土壤侵蚀、泥沙淤积的危害,土地利用情况的变化与趋势等。1974 年颁布了《安全饮用水法》。1976 年颁布了《渔业养护与管理法》。1976 年颁布的《国有森林保护法》中也涉及到许多水土保持内容。1977 年通过的《水土资源保护法》授权农业部对水、土及其他有关资源进行评价,以满足近期和远景需要。1990 年制定了《外来水生生物损害防治法》(Nonindigenous Aquatic Nuisance Prevention and Control Act)。1994 年制定了《洪水保险改革法》。

美国是世界上最早开展流域管理的国家之一,其管理大致可以分为三个阶段:第一阶段以资源的可持续利用为目标,系统地开发流域的水资源以及其他资源;第二阶段以流域的生态环境保护为目标,恢复流域生态,控制和减轻流域环境污染;第三阶段在强调以上两个目标的同时,还确立了流域可持续发展的目标,以此实现流域的综合管理。美国早期的法律将江河湖泊交给美国陆军(1802 年成立的美国陆军工程师兵团)管理。目前,美国环境保护局、内务部(地质调查局、鱼类及野生生物局)、商业部(海洋及大气局)、农业部(自然资源及环境局、垦殖局)、司法部(环境与自然资源分部)、美国联邦紧急事务管理局等不同程度地参与流域管理工作。美国是世界上最早对流域管理进行立法的国家之一,但是美国没有一部全国统一的流域管理法;虽然没有统一的、专门的流域管理法,但是已经制定《田纳西河流域管理局法》、《特拉华河流域协定》、《下科罗拉多河管理局法》等专门的河流法律,在没有专门河流立法的流域主要适用全国有关流域管理或水管理的法规,或通过流域地区的协商与合作进行流域管理。例如,1954 年国会通过的《流域保护与防洪法》(1954 年 8 月制定,后经多次修改)在第一节就申明了该法的意义:“发生在美国河流及其支流流域上的侵蚀、洪水和沙化破坏,造成了人员伤亡和财产损失,对国民福祉构成了威胁;国会认为:为了防止此类损害,促进水的保护、开发、利用和处理,促进土地的保护和利用,以及保存、保护与改善国土、水资源和环境质量,联邦政府应当与各州及其政府部门、土地或水保护区、洪水预防或控制区及其他地方公共部门合作。”该法授权农业部负责小流域综合治理,规定流域面积小于 1000 平方公里的河流和库容小于 1500 万立方米的水库,由农业部土壤保持局在技术上和财政上协助州政府规划和实施;流域面积大于 1000 平方公里的流域,由陆军工程兵团和大流域管理局负责治理。同时规定在防洪建筑物上游必须有 50% 的土地采取各种水土保持措施,才能批准拨款修建。1956 年修正的《水土保持与国内分配法》,提出了大平原土壤保持计划,提供大平原农牧场主长期技术援助与财政补助,并将该计划延续至 1991 年。1962 年颁布的《食物与农业法》,要求土壤保持局在技术、经济上对流域内的灌溉、排水以及土壤侵蚀、农业生产所造成的水、土污染防治给予支持。1994 年,美国宣布放弃主要以建水库作为水资源开发模式的政策,治水重点转向水资源管理与环境恢复。之后美国有 1.6 万公里的河段被联邦法律保护,还有一些河流得到州级立法的保护。同时,美国掀起了一场颇有影响的废坝运动,到 1997 年,全美已经拆除 500 多座拦河坝。1997 年 2 月美国总统克林顿在其施政演说中宣布,将美国 14 条河流列为遗产保护河流,要求全国民众广泛推荐遗产河流的提名。

（二）密西西比河流域立法

美国的密西西比河全长6262公里，整个流域包含6大支流流域、跨越美国的31个州和加拿大的2个省，流域总面积322万平方公里，占美国本土面积的40%，北美面积的1/8，人口约有5000万，河流长度位居世界第四。目前，涉及密西西比河的流域管理部门较多，主要有：美国陆军工程师兵团，它是洪水研究试验和防洪工程规划、设计、建设、维护、管理及咨询的机构。美国联邦政府机构，如美国环保局，内务部下属的地质调查局和鱼类及野生生物局、农业部等。州及地方政府设置的管理机构。流域及子流域的协调或管理机构。

在专门性的流域管理机构方面，早在1879年，美国国会通过法律（Act of Congrees June 28, 1879））成立了密西西比河委员会（MRC）。该委员会由7人组成，全部由美国总统提名并经参议院通过进行任命。国会通过《洪水控制法案》进一步扩大了密西西比河委员会的权力。近年来，密西西比河委员会的职责已经发生变化，已经从以工程建设为主的阶段转向以工程管理为主的阶段。目前主要的流域机构有：密西西比河州际间合作资源协会（MICRA，Mississippi Interstate Cooperative Resouce Association），它是为加强流域内州与州之间的环境资源保护、开发和管理，由流域内28个州于1991年成立的；密西西比河流域联盟（MRBA，The Mississippi River Basin Alliance），这是一个由分布在从密西西比河源头到墨西哥湾的150个基层组织组成的联合会，是一个流域协调机构。另外，密西西比河的6大支流均设有联合会、委员会或管理局，包括田纳西河流域管理局、俄亥俄流域环境卫生委员会、阿肯色－怀特－雷德流域机构间委员会、密苏里流域联合会、下密西西比河自然资源保护委员会、上密西西比河流域协会。

美国虽然没有制定专门的密西西比河法，但对密西西比河的管理却基本上是依法管理。密西西比河流域综合管理采用的法律相当多，内容包括洪水防御、灾害保险、水资源规划、环境保护、自然资源管理、湿地保护等方面，其中国家法律有近20种，还有大量的州的法律以及流域性法律规范性文件。例如：1787年制定了关于河流的法令，1899年制定了《河流与港口法》（又称《垃圾法》），还有1936年的《防洪法》,1938 年的《供水法》,1939 年的《水土保持和利用法》,1948 年的《联邦水污染控制法》,《流域保护与洪水防御法》(1954),《原始河流及风景河流法》(1960),《北美湿地保护法》(1963),《水资源规划法》(1965),《鱼类和野生动物协作法》(1965),《安全饮用水法》(1974),《渔业养护与管理法》(1976 年)。上述法律都是密西西比河管理的法律依据。

1993 年春天和夏天,密西西比河的洪水淹没了 9 个州的 267 万公顷土地,38 人丧命,10 万间房屋被毁,5000 多家企业直接受到洪水影响,造成 120 亿至 160 亿美元损失。1994 年 10 月,针对 1993 年洪水产生的许多问题,经议会通过,克林顿总统签署了《洪水保险改革法》。1965 年 7 月 22 日联邦议会通过的《水资源规划法》就是美国联邦制定的一部流域管理的综合立法,在一定程度上相当于联邦水法,目的是促进地区经济发展,包括环境保护和改善,该法对水资源理事会和河流流域委员会的设立和运行程序进行了规范,协调了水资源和土地资源的规划,以达到自然资源的最优利用。法案规定:联邦成立水资源理事会,其成员由内务部长、农业部长、陆军部长、卫生、教育及福利部长、联邦动力委员会主席组成,规定了工作内容、程序;成立流域委员会的条件,流域委员会成员的职权和责任、资格,委员会的组织、义务、工作程序、经费,理事会向各州提供财政援助方式,规划的原则,航运、防洪、水资源工程及特殊地区的特别条款,工作经费等。该法是密西西比河流域管理的主要法律依据。

美国密西西比河流域管理的发展趋势之一是加强对河流的保护和流域生态系统的管理。例如,密西西比河流域联盟(MRBA)成立的目的就是要实现该流域的综合生态系统管理。该联盟的宗旨是倡导流域内居民参与拯救密西西比河的行动,其使命是保护和恢复流域的生态、经济、文化、历史及娱乐资源,消除种族、阶层及经济地位的障碍。它认为,密西西比河流域是一个庞大的生态系统,局部及区域的环境问题均会对整个流域生态系统造成影响。为此,它要求流域规划既考虑流域资源的开发利用,又考虑流域生态环境的保护;它动员一切力量参与水资源保护和水环境健康问题的解决,倡导环境司法,主张从整体上保护河流系统的生态完整性。为了加强对密西西比河流域生态系统的综合管理,美国环保局在密西西比河流域的6个区域主管、墨西哥湾计划的主管及美国环保局水办公室的长官共同签署了著名的《圣路易斯协定》,该协定认识到:密西西比河是国家历史、文化及环境的重要组成部分,决心采用生态系统方法对密西西比河流域进行最高水平的管理。该协定签订后,美国环保局于1997年成立了密西西比河流域系统工作组(MRBST,Mississippi River Basin system team)。该工作组通过对流域生态系统和水质进行监测和控制,使河流流域和多种多样的自然资源得到整体保护,并使美国环保局与其他联邦机构、部落、地方社区以及居住在流域内的人们达到空前的合作与协调。

(三)田纳西河流域立法

比较公认的、通过立法来保障流域发展的成功典型是美国的田纳西河流域。田纳西河位于美国东南部,长约1450公里,流域面积10.5万平方公里,跨弗吉尼亚、北卡罗来纳、佐治亚、亚拉巴马、田纳西、肯塔基、密西西比等7个州,是美国第五大河。

在实施田纳西河流域综合开发方案之前,该河流域蕴藏丰富的水力资源弃置不用,但河流淤沙沉积,大多数有价值的矿物资源被盲目掠夺,土地严重荒漠化和风化,在20世纪20年代是洪水泛滥频繁、水土流失严重、人民生活十分贫困的地区,是美国有名的经济落后地区、乡间贫民窟。正如斯图尔特·尤德尔所言:“掠夺者来了又去,只留下垂头丧气的人们去收拾残渣。”❶

为了促进和保障田纳西河流域的开发,美国总统罗斯福在推行促进国土开发的新政时期,将治理和开发该河流域作为其新政府的一项重点工程,美国联邦议会于1933年5月18日制定了《田纳西河流域管理局法》(简称TVA法,the TVA's Act,又译为《麻梭浅滩与田纳西流域开发法》),成立了田纳西河流域管理局(简称TVA)。该法是一部隶属于美国宪法的法律,也是美国第一部流域立法,对组织、协调田纳西

❶ [美]菲利普·沙别科夫著,周律等译:《滚滚绿色浪潮美国的环境保护运动》,北京,中国环境科学出版社,第70页。

河流域的可持续开发起到了强有力的法律保障作用。该法颁布后，曾多次进行适时修改和补充，逐步使涉及流域开发和管理的重大举措都得到了相应的法律支撑。该法案系统规定了田纳西河流域管理局的组织方式、行政权（包括立法权）、大坝建设权、土地征用权、经营权、经营方式等，是整个流域管理的基础和保障，其主要内容包括：第一，田纳西河流域管理局（TVA）的职责，董事会人员组成、任免及年薪，下属机构的组建等。该法规定由 TVA 负责田纳西河流域防洪、发电、航运、灌溉、水利工程建设等综合开发和治理的任务。根据 TVA 法案，TVA 的管理由具有政府权力的机构——TVA 董事会和具有咨询性质的机构——地区资源管理理事会实现。董事会由 3 个成员组成，行使 TVA 的一切权力。董事会成员由总统提名，国会任命，任期 5 年，直接向总统和国会负责。董事会下设一个由 15 名高级管理人员组成的执行委员会，其成员分别主管某一方面的业务。TVA 的内设机构由董事会自主设置。地区资源管理委员会是根据 TVA 法和联邦咨询委员会法建立的，目的是提供咨询性意见，促进地方参与流域管理。理事会约有 20 名成员，包括流域内 7 个州的州长指派的代表，TVA 电力系统的代表，防洪、航运、游览和环境等受益方的代表，地方社区的代表，体现了较广泛的代表性。田纳西河流域管理局是一个直接隶属于联邦政府的实体机构，目前雇员总数达 13000 人。第二，TVA 的权限和流域管理的主要制度。该局统一管理田纳西河干流及其支流（包括 49 个水坝），管理流域内的水电工程、洪水控制、土地保护、合理利用土地、植树造林、土地休耕、河流净化、通航、水上游览娱乐以及沿河小工业企业的发展等事务，对整个流域的经济和社会发展具有广泛的权力，包括独立高度的行政管理权力、人事权。TVA 有权代表国家征购或出售田纳西河流域沿岸土地；有权生产、经营电力；甚至有权修正或废除地方法规，并进行立法等。如该法第 18 条授权管理局负责整个田纳西河流域水电工程协调运行和管理调度，以促进田纳西河的防洪和航运；第 26a 条建立了公共用地或自然保护用地制度，赋予管理局理事会在田纳西河流域进行综合开发和治理的批准权，要求在田纳西河及其支流两岸进行维护和治理必须得到理事会批准。1968 年《田纳西河流域管理局法》修订中增加了一个条款，赋予管理局对因公路、铁路桥梁、水坝和其他工程改建影响航运的批准权，类似于我国的河道管理范围内建设项目管理。该局还像一个私营公司，拥有诉权和被诉权、财产权和集资权。同时，管理局还拥有根据流域开发和管理的宗旨修正或废除与该法有冲突的地方法规，以及制定相应的流域规章条例的权力，并可以跨越一般的政治程序，直接向总统和国会汇报，该项权利使该管理局能排除其他行政力量的干涉。第三，TVA 与其他机构和私人的关系的协调。第四，限制和罚则。主要规范 TVA 的行政、经营、管理制度和工作方法。

到目前为止，田纳西河流域已经在航运、防洪、发电、水质、娱乐和土地利用等方面实现了统一开发和管理。由于有法律专门授权，使得田纳西河流域管理局能够根据本流域的资源状况、充分考虑开发工程所必须适应的长期发展要求，制定包括防洪、航运、发电、灌溉、农业生产、植树造林和环境保护等内容的综合性的长远开发方案。到 20 世纪 50 年代中期，已经实现对田纳西河及其支流的梯级开发，控制了洪涝，建成了巨大的航运网，实现了水资源利用率达 90%、田纳西河全程常年通航的目标。该流域从 50 年代起大规模兴建火电站，从 70 年代开始大建核电站；通过丰富低价的电力资源，吸引了大量工业项目，刺激了农村经济的发展。近 20 年来，对于河流的其他用处的需求持续增加，如航运、防洪、娱乐、渔业、水生栖息地、调水、降温等，平衡所有这些河流管理的需要已经成为田纳西河流域管理局的职责。该管理局对流域开展综合整治，结合水利工程大力植树造林，有计划地开采矿产资源，积极发展林业、保护水土、改良气候、改良土壤、美化环境、平衡生态，较好地协调了产业经济发展与环境保护的关系❶。

田纳西河流域规划的制定及其实施将生态规划推向了高潮。早在

---

❶ 参看罗承平等，《为流域管理机构立法》，载《人民珠江》1996 年第 1 期；侯玲，《田纳西河流域管理局的管理特色》，载《美国研究参考资料》1992 年第 6 期；舒庆，《流域环境保护的若干思考》，载《环境工作通讯》；赵峰，《统一监督，加强执法，增大投入》，《中国环境报》，1998 年 6 月 11 日。

罗斯福总统呼吁美国国会批准建立田纳西河流域管理机构时，他就把田纳西河流域规划称为“国家级规划”，要求规划应该为该流域及邻近区域的自然资源开发、流域保护提供保障。田纳西河流域规划最初的基本目标是防洪、发展航运和开发水电，后来逐步扩大到植被恢复、水土保持、新社区建设、农田肥力恢复等多个目标。由于田纳西河流域规划直接促进了田纳西河流域社会经济的发展，因此成为生态整体综合规划的成功代表，也因此成为“E. P. Odum 称为流域生态规划最优单元的经典例证”[1]。

不少学者认为，田纳西河流域的开发是流域综合开发管理的典范，其成功的经验之一就是制定全面开发治理田纳西河流域的专门法律，通过这一专门立法建立具有行政实权的、统筹开发和管理田纳西河流域的流域管理机构即田纳西河流域管理局（TVA）。由于该河流域的治理开发同时具备了专门立法、专门的流域管理机构、专门的综合开发规划这三个要素，所以较好地实现了流域开发、治理和保护的统一，环境资源保护和经济社会发展的统一。

（四）科罗拉多河流域立法

科罗拉多河流经美国西南部的 7 个州，干支流总长 2173 公里，流域面积 626780 平方公里。自 1936 年美国在科罗拉多河上建成胡佛大坝之后，先后在该河的干支流上修建了 106 座水库，总库容达 872 亿立方米，约是该河年平均径流量的 4 倍多，河流全年来水几乎完全被控制。加上在该河干支流上修建的其他大型引水工程，1996 年全河总供水量达到 165 亿立方米，水资源开发利用率已接近 90%。再加上严重的水污染，美国河流协会于 2004 年公布的美国十大濒危河流中，科罗拉多河位居榜首。

科罗拉多河的管理体制，从法律上讲，是由 75 年发展起来的一整套复杂的协定、法律、法院裁决、条约及合同而形成的河流框架（称为《河流法》）。为了更加有效而公平地利用科罗拉多河的水资源，早在

---

[1] 欧阳至云、王如松：《区域生态规划理论与方法》，化学工业出版社 2005 年版，第 10 页。

1921 年,沿河各州就曾要求美国联邦政府协助他们缔结一项河水使用的州际协定即《1922 科罗拉多河协定》,但长期达不成共识。直到 1928 年,国会才通过《1928 年博尔德峡谷工程法案》,并批准了《科罗拉多河协定》。为了实施该法案,加利福尼亚立法机构于 1929 年通过了《1929 年加利福尼亚限额法案》,加利福尼亚各实体于 1931 年缔结了《七方协议》。1944 年,美国与墨西哥签署了《墨西哥水资源条约》,条约规定了包括科罗拉多河在内的 3 条跨国界河流的各国的使用权。在 20 世纪 60 年代至 70 年代,由于进入科罗拉多河水的盐渍度日益增加,导致墨西哥向美国国务院提出外交抗议,为了解决美国与墨西哥之间在科罗拉多河水方面的纠纷,两国在 1973 年修订签署了《1973 墨西哥水资源条约》,接着,美国国会通过了支持该条约的《1974 年科罗拉多河盐渍控制法》。根据加利福尼亚州的《水法》,政府可以保留一部分水权,用于满足日益增长的娱乐和环境要求。

与科罗拉多河下游不同,科罗拉多河上游各州在分配河水方面达成了共识,签署了《科罗拉多河上游协定》,并建立了一个上游委员会来监测和协调各州之间的事务。科罗拉多河上游各州之间的协定导致美国国会于 1956 年通过了《1956 年科罗拉多河蓄水法》,批准了《科罗拉多河上游协定》,并授权联邦政府修建格伦峡谷水坝。由于格伦峡谷水坝正好位于亚利桑那州大峡谷的上方,致使格伦峡谷水坝的修建在美国西部水资源开发史上引起一场著名的环境争议案件。1951 年,亚利桑那州向美国最高法院对加利福尼亚提起诉讼,要求澄清两州在科罗拉多河水资源方面的权利。最高法院于 1964 年作出了《1964 年亚利桑那诉加利福尼亚案的最高法院裁决》。随着亚利桑那和加利福尼亚干流水权的最终解决,国会于 1968 年通过了《1968 年科罗拉多河流域工程法案》,内务部长于 1970 年通过了《科罗拉多河水库长期运作规则》。格伦峡谷水坝建成后,虽然基本上控制了科罗拉多河的上游地区,但大坝的运行也使 90% 的泥沙淤积在库区;由于通过大坝泄水孔下泄的水流为水库底层水,使得坝下水温常年保持在 8 摄氏度左右,失去了天然状态下水温随季节的温差波动性,这大大改变了水流的自然特性和河流的自然地貌特征,从而给科罗拉多大峡谷生态系统带来了严重的影响。为了恢复大峡谷的自然地貌和生态系统,美国有关部门重新讨论了对科罗拉多河的分水协定,增加了环境和生态用水份额,同时大力修建污水处理工程,并以法律的形式规定下来。美国垦务局于1982年启动了格伦峡谷环境研究计划,重点研究水库放水对下游科罗拉多河河滨地貌及水生资源的影响。1996年3月,在格伦峡谷水库正式开展了人工模拟洪水探索试验,以恢复下游河道地貌和生态系统功能。为了保护和恢复科罗拉多河格伦峡谷的生态环境,一些民间环保组织甚至提出了废弃格伦峡大坝、彻底还科罗拉多河以自由的建议。尽管这一建议未被采纳,但大量河流生态遭受破坏的事实,使更多的美国人认识到:由于河流生态系统受人类活动影响的后果难以预测,像格伦峡大坝这样的工程今后不能再建了。

《下科罗拉多河管理局法》于1934年由德克萨斯州议会通过,与田纳西河的管理方式类似,下科罗拉多河也是被建立为一个特区,相应成立管理局,管理局作为管理者,同时又是经营者,以发行债券的方式组织流域开发,负责控制、调蓄和保护科罗拉多河及其支流的水和土地,利用水力发电,防止水害,防治水土流失,涉及河道管理的工程的审查,水污染的预防和治理并颁布相应的条例,负责执行,有偿开展污染治理活动,有偿开发和管理公园、娱乐设施、进行科学研究、保护鱼类和野生动物等。拥有较之田纳西河流域管理局更加广泛的权力。由于田纳西河流域管理局和下科罗拉多河管理局是联邦和州成立的特别机构,联邦和州在授予其管理地位时,同时否定了其他机构对其职责的干预,因此这些机构能够代表美国总统和州长在其特区内行使相应的管理职责,使得管理和经营活动顺利进行。

(五)其他河流流域立法

特拉华河流域跨特拉华、新泽西、纽约、宾夕法尼亚4州,在1961年以前有43个州机构、14个州际机构和19个联邦机构,管理机构重复,相互不协调,经过流域州际委员会联合顾问团调查研究,组织起草,共同缔结《特拉华流域协定》,各州议会分别通过后,1961年9月27日联邦通过,目的是通过综合多目标规划实现对水和相关资源的保护、利用、开发、管理和控制。协定分为四部分,第一部分协定,第二部分实施，第三部分行政管理手册，第四部分专项管理条例。在协定部分说明了制定协定解决的问题、可行性和过程，委员会的组成、权力和职责，给水，污染控制，防洪，娱乐，水力发电，取水和引水，资本金融（主要是借贷和债券发行），规划、方案和预算，委员的职责、工作程序、行为守则、经营活动、审计、土地征用和各种责任；实施部分规定对委员会权力的保留，要求这些权力必须经有关部门批准后才能行使，该部分还包括了各州对协定的认可情况及要求；行政管理手册是第一部分内容操作上的具体规定，分为实践和实施步骤条例、流域管理条例、洪泛区管理条例、供水水费四部分；专项管理条例特别规定了宾夕法尼亚州的地下水保护。

二、欧盟国家的河流立法

（一）法国的河流立法

法国的河流法属于大陆法系，又称为罗马法系。法国是个依法管水的国家，水的法律法规比较健全。法国在1964年颁布的水法是法国采取流域管理模式的法律基础，该法经多次修改、补充与完善，目前采用的是1992年颁布的《水法》。

法国水法以水是国家共同资产为基础，以达到水资源的平衡管理为目的，以流域（片）为单元，建立了水的调度和管理、地方权力机构介入水资源管理的各项制度。总的指导思想是通过流域管理，实现保护各种水源地和湿地的水生态系统，防止污染地表水、地下水和海洋水域，水资源的开发和保护，水作为经济资源的增值，水的卫生等。法国水法或河流法是世界上比较先进的法律，其主要特点如下。

1. 法国河流法有比较先进的理念

法国水法对水资源的开发、利用、保护和管理规定了如下原则：按流域统一管理原则；多目标综合利用原则；水生态系统保护原则；国家公共主管部门和流域开发者（水务局）协同制定水开发总体规划和实施方案；"以水养水、专款专用"的原则，用水户和排污者必须付费；统筹规划原则，制定中长期规划，并确定流域投资优先项目。其中多目标开发原则，强调流域的开发与管理从单一目标向多目标综合开发与管理的方向发展，全面协调水资源开发利用工程与水生态环境保护问题，有利于实现所谓流域水资源的一体化管理。

法国在水环境和大河资源管理方面，自1946年以来已经认识到综合管理（一元化管理、流域管理）的必要性。1964年通过的新《水法》第一次对水资源的综合管理作出了规定，第一次正式规定了流域内的用水户和公众有权参与水资源规划与管理工作。法国自1969年开始采用“水社区”的新理念。1992年法国颁布了称之为《确定和构建水社区》的新水法，该法将欧盟的某些水政策引入法国的法律，规定了流域水环境全面管理规划、水社区、污染者付费政策、协调和合作原则以及流域委员会和流域水务局等重要问题。

目前在法国，河流的开发和管理不是被单纯地视为一项水利工程，而被视为一个自然与人文并重的综合的社会工程，与河流开发利用有关的包括人与人的关系和人与自然的关系。法国罗讷河是一条被人类开发得淋漓尽致的河，是一条完全梯级化和渠化的河，在法国境内532公里长的河段内，从源头到入海口，修建的19级水坝将罗讷河变成了一个由许多水库组成的阶梯。但如此开发、建坝的河，竟没有淹没农田、没有移民。罗讷河全长812公里，仅在法国境内就有长达300公里的工业区，该工业区是从里昂到阿维尼翁的法国最重要的工业区，但是罗讷河已经告别了污染和洪水等问题，目前罗讷河人最关心的是“恢复自然”、“提高沿岸人民的生活质量”。罗讷河由罗讷河管理委员会管理，管理委员会由大区代表、省代表、乡代表、用水者代表、社会经济顾问及国家代表组成，每年召开一次会议，每5年制定一个5年计划。该管理委员会的执行机构是罗讷河水利局。

2. 明确规定水资源管理机构及其职责分工

法国水管理的成功之处主要在于他们遵循自然流域（大水文单元）规律设置流域水管理机构的模式。历史上，法国曾实行以省为基础的水资源管理。随着工业的快速发展和城市化进程的推进，法国水污染日益严重、水资源日益紧缺。针对这种情况，法国在1964年颁布新《水法》，对水资源管理体制进行改革，明确要求“实行以自然水文流域为单元的流域管理模式”，从法律上强化全社会对水污染的治理，确定了治污目标，建立了以流域为基础的解决水问题的机制，将全国按水系划分为六大流域，在各流域建立流域委员会和流域水资源管理局（又称水管局），以期统一规划和管理水资源，在保护环境的前提下，实现流域水资源的高效开发利用。

法国水管理体制分为4级：国家级、流域级、地区级和省市级。其特点是水资源管理的法律和法规体系明确，按流域实行综合、分权的管理。国家级机构主要包括环境部、国家水管理委员会和水管理的部际协调机构。流域级机构包括流域协调总监（行政长官）、流域委员会、流域水管理局、流域行政委员会和罗讷河公司。目前法国的每个流域都有一个水利局，隶属于法国国家生态与可持续发展部。

在水的管理上，法律明确规定了国家、流域委员会、地方省区乡镇分级管理的责任、权利和义务，同时，把参与水事活动的政府机关、事业单位、企业单位的职责明确分开，各自在法律赋予的权限范围内充分发挥作用，若有越权或违法行为发生，通过法律手段予以纠正或处罚。

根据1964年《水法》，法国在全国建立了6个流域委员会（可称水议会，简称RBC）和6个流域水务局（可称流域委托机构，简称RBA）。根据法国水法的规定，流域委员会是一种协商与制定方针的机构，是公共事业管理机构，具有事业单位特点，同时经济上又是独立的，流域机构的主要目标是维护流域的公共利益。流域委员会相当于流域范围的"水议会"，是流域水利问题的立法和咨询机构。委员会组成成员为：用水户、社会团体的有关人士，特别是水利科技方面的专家学者的代表，不同行政区的地方官员代表，中央政府部门的代表。流域委员会的主席由上述代表通过选举产生。流域委员会为非常设机构，每年召开1～2次会议，通过一些决议。其作用是增强水资源开发利用决策中的民主性，对流域长期规划和开发利用方针、收费计划提出权威性咨询意见。

流域水管局是流域委员会的执行机构，同时也是技术和水融资机构。法国的流域水管局是具有管理职能、法人资格和财务独立的事业单位。水管局局长由国家环境部委派，水管局领导层成员组成流域水管局的董事会，董事会对水管局进行管理。董事会的组成成员为：用水户和专业协会的代表；地方官员代表；国家政府有关部门（环境部、渔业部等）的代表，此外还有一名董事来自水管局的职工代表，总体比例基本上是各占1/3。董事长按国家法令提名，任期3年。董事会的职责是负责制定流域水政策和规划、制定水资源开发与水污染治理的5年计划、为公益性水资源工程筹措资金、对公有和私营污染治理工程给予补贴和贷款等。水管局作为董事会的执行机构，主要职能为：征收用水及排污费，制定流域水资源开发利用总体规划，对流域内水资源的开发利用及保护治理单位给予财政支持，资助水利研究项目，收集与发布水信息，提供技术咨询。

流域委员会是议事决策层，流域水管局是管理执行层，二者职能明确，互相监督制约，运转协调。流域委员会与流域水管局的关系是咨询制约的关系。水资源工程和水管局的财务计划，如不能取得流域委员会的批准，将不能付诸实施。流域委员会对水管局水政策及流域规划提出咨询意见，水管局董事会将该意见和决定通过水管局，由水管局局长负责实施。

在流域级之上，还有国家一级的水管理与监督机构。在国家层次上，国家国土规划与环境部是负责水和环境管理工作的主要政府部门，主要职责是制定全国性的水管理政策及法规，制定与水有关的国家标准；审核流域机构水政策、监督水法规的执行情况。在国家一级还设立了国家水委员会负责引导国家水政策的发展走向，起草法规及规章等。

在流域机构之下，还有地方层次上的水管理机构。地方政府按照法律法规，在流域水资源开发管理规划的框架下，提出本区域的水资源开发管理规划，负责生活供水及污水处理等。

3. *对水资源实行生态系统综合管理的方法*

法国《水法》体现了以流域为单位进行综合管理的政策原则，明确规定流域水资源开发管理规划必须由流域委员会来制定。流域委员会每5年制定一次规划，规划有战略目标、有建设重点、有实现目标的具体项目和投资估算，有保证项目有序实施的财政政策。在具体实施上，还辅以各种经济手段，使流域的综合治理能取得实效。流域水资源开发管理规划一经批准，即成为各地方政府从事水资源开发利用保护的重要的水政策和纲领性文件。

将水资源的水量、水质、水工程、水处理等进行综合管理，是法国流域水资源管理的特点与成功的标志。不仅管理地表水，也管理地下水，既从数量上管，又从质量上管，充分考虑生态系统的平衡，体现了对流域水资源的可持续利用和区域社会经济可持续发展的思想。流域委员会通过协调，制定水开发与管理的总体规划。规划确定流域经协调后的水质与水量目标，以及为达到这些目标应采取的措施。流域机构注重从经济、社会、水环境效益上强化水资源的综合管理，重视与强调水质与污染控制管理力度，通过政策、法规、经济手段等方面的措施，减少污染，促进节水。在水资源管理中，流域采取了“以水养水”即“谁用水，谁付费；谁污染水，谁交钱治理”的政策。这样，通过政策与法律手段，确保了流域委员会稳定和充足的资金来源，使流域委员会有财力对流域进行全面规划、统筹兼顾、综合治理。例如，法国的罗讷河公司由国家法律授权进行流域水电和航运资源的开发与管理，带动了整个流域的总体开发治理及水资源的综合利用，将罗讷河流域治理成了世界上少有的美丽的富饶之地，是世界公认的流域综合开发与管理的成功范例。

法国按流域进行的水资源统一管理属于以政府行为为主的资源管理，是以法律的、行政的管理手段为主（如制定流域规划、水资源的配置、确定水权、收取水资源税费、发放取水和排放污水许可证、检测和控制河流水质标准、保护生态系统等），以经济手段为辅，注意行政手段与经济手段的结合。流域的水资源管理是依法有序的管理，一切水事活动均需依法办事，且社会各界都能严格遵守。加强政府在水资源管理特别是在取水许可管理中的调控，是法国流域综合管理的一个重点。流域水管局作为国家的公共部门，具体实施流域委员会所制定的收费政策，向所有水资源的使用者收缴两种费用：用水费，作为从数量上管理水源的资金；污染费，根据排放的污染量来计算，用来改善水源的质量。这些费用均记在水网用户的账单上，依据账单进行收费。收集到的资金用于工程建设和管理运行，以满足流域委员会制定的要求；监测和进行有关水的研究。各供水工程的收费率由水管局与流域委员会商议后决定，要求与计划中各工程的优先次序相一致，由流域委员会按工程的优先次序和供水质量目标经过与地区协商确定。“以水养水”的政策已取得较大的成效，它不仅为流域治理水源计划提供了资金，而且增强了企业及个人节约用水和保护水资源的意识。经济手段可促使人们小心、节约地利用水资源，体现了经济杠杆在流域水资源管理中所起的重要作用，是一种行之有效的方法。

法国《水法》体现的水资源管理的原则之一是“水政策的成功实施要求各个层次的有关用户共同协商和积极参与”，即“协商对话”的原则。这种对话机制是建立在国家级、流域级、地方级 3 个层次上的。就流域的水管理来说，流域水管局董事会的全体成员、用户和国家行政代表进行深入细致的协商对话，制定流域发展规划，协调用水户与开发商之间的冲突。流域委员会针对某一个水源的使用，在各个层次的各用水单位之间开展讨论与协商工作，制定水的规划和管理总纲，确定水的平衡管理方针，协调水的各种用途并调和各地之间可能产生的冲突。对于一些重大的水事活动，流域机构首先向社会各界公布，广泛听取相关水问题的决策意见，决策可以较充分地代表各方的意见和利益，体现出了流域水管理中决策的民主化和科学性。

将水资源管理从狭窄的政府组织框架扩大到更广泛的让利益相关者参与中，是流域水机构对水资源进行民主化管理的做法之一。流域水机构非常重视联合所有用水户共同参与水资源的管理，通常水政策的制定要经由地方政府、各类用水户等有关各方共同协商确定。流域委员会及水管局机构成员中均有约 1/3 是用水户代表。法国的用水户组织已成为用水改革的主要力量。法国水价的确定并不是独裁定价后强制执行，而是采取谨慎又民主的对话方式及水价听证会制度，通过召集供水单位及用水户代表，三方共同协商后灵活而又合理地定价。近年来，为满足欧共体提出的供水水质标准，以及回收新上工程投资的需要，对水价进行过多次调整，但每次调整都充分听取用水户的意见。

（二）欧盟其他国家的河流立法

德国有 6 大水系，包括注入北海的莱茵河、埃姆斯河、威瑟河、易北河，注入波罗的海的奥得河，注入黑海的多瑙河。在德国，通过立法，由莱茵河流经的6个州共同成立了莱茵河净化德意志委员会，这些州还成立了莱茵河卫生净化咨询委员会、莱茵河水事业联合体、莱茵河船舶利益保护协会等民间团体，他们共同负责或参与莱茵河水的管理。1996年11月12日德国制定了《水管理法》(1998年8月25日修订)。

西班牙是世界上最早进行水立法的国家，早在1879年就制定了第一部水法，该法在106年当中一直是西班牙水资源的基本法律。1926年西班牙颁布了《水文地理联合组织法》，即《流域管理局法》(又称《塔霍－赛古拉河联合用水法》)。根据该法在全国设立了流域管理局。现行的《水法》是1985年8月2日议会通过的，该《水法》将水的开发利用定性为国有水产业，把全国分为10个流域群，对流域管理、特别是流域规划作了比较详细、完善的规定。

英国是较早开展水流域立法的国家，英国早在1847年的自来水厂供水法中就对水的保护作出了规定。在当时"人民公共卫生运动"的压力下，英国于1876年颁布了《河流污染防治法》，该法应用普通法中的"河岸权"原则和理论作为保护水环境的法理学依据。1932年制定了《泰晤士河保护法》，1937年制定了《鱼类疾病法》，1945年《水法》设立了水资源管理机构，1948年建立了河流管理局。《1963年水资源法》(1991年修改)对水资源保护管理体制、管理机构及其职责规定了非常丰富具体的内容。该法的第1章规定了"大臣们在水资源方面的职责"，第2章对"河流管理局和水资源委员会"的组成、职权和变动等作了详细规定，第4章对"大臣们在许可证申请方面的权力"作了具体规定，第6章是有关"各河流管理局在土地及工程方面的权力"的规定，第7章是"河流管理局的其他职能"的规定，其他各章和附则也主要是有关水资源管理机构及其职责的规定。根据英国《水资源法》的规定，英国形成了一个包括主管大臣、水资源委员会和河流管理局在内的水管理体系。在中央，住房与地方政府大臣(后来是环境部)主管水资源管理，在涉及渔业及航运时，该大臣应与农业、渔业及粮食大臣或运输大臣采取联合行动。水资源委员会是一个由各方面专家组成的、能胜任水资源管理的全面工作的咨询机构；它除了向住房大臣及各河流管理局提出咨询意见和建议外，还履行住房大臣所赋予它的其他职责。河流管理局是地方上的管理机构，每个管理局分别负责一个或几个流域的水管理工作；它的组成人员绝大部分是其辖区内的郡、郡级市议会所指派的成员，在某些特定情况下，也有少数由其他大臣指派参加该局的成员。也就是说，管理局体现了地方为主、中央为辅的体制。英国共有10个管理局，它们是对河流进行统一规划与管理的权力性机构、经济上独立的机构，分别负责统一管理本流域的河道、渔业、给排水、水资源保护、污染控制、渔业、娱乐、航运、水费的征收等事务，有权提出有关政策、法规和标准，有权控制排放污染物。《水法》规定了水管局组建的程序、委员的任命，水管局开展各项水务活动的要求，并对水管局的工作计划，提供物资和服务保障，相邻供水权、供水公司等活动作了相应规定。1989年的水法，将水管局改造为水务公司。《水资源法》还对发生水污染后的紧急措施等问题作了专门规定。另外，还有《污染控制法》（1974年制定，于1989年修订，称1989年《污染控制修正法》），《鲑鱼和淡水渔业法》（1975年），《水工业法》（1991年），《土地排水法》（1991年），《水电法》（1991年），《流域管理条例》等。

意大利1989年制定的《国土保育法》，被一些学者誉为意大利流域管理法具有划时代意义的重大转变。该法将整个国土划分为许多流域单元，按这些流域的重要性将流域分为国家流域、区际流域和区域流域，凡划分为国家流域均设立流域委员会。流域委员会与该流域内各区域水利部门的关系是：各区域水利部门负责执行各辖区内水利工作（支流由各区域管理，干流由中央政府管理），流域委员会则为中央政府和各区域政府水利部门的协调和综合组织。该法将整个流域视为一个环境生态系统，规定在环境生态系统内的各类活动（如土地使用与水资源利用）均由一个作业中心监督、协调与统合，从而避免产生污染，维护流域资源的生生不息。例如，根据《国土保育法》，意大利最大的流域即波河流域由波河流域委员会主管，该委员会是一个以协调功能为主的机构，在整个流域管理上扮演着各流域参与者之间的协调角色，其主要职责是：从流域综合生态系统保育观点出发，综合与协调各级政府和各种行政机关的活动，以实现保护流域生态系统的目标。《国土保育法》的颁布以及波河流域委员会等流域机构的成立，标志着意大利对流域管理观念的重大改变，即从原先狭隘的防洪及水资源开发利用的角度，扩展至以流域生态系统保护为出发点的流域综合管理；综合与协调各级政府与各种活动，如防洪、水土保持、污水处理、水权分配、土地利用、都市计划、工厂设立、农林管理、游憩设施等，以达到流域生态系统综合管理的目标。

三、其他国家的河流立法

（一）澳大利亚墨累－达令河流域立法

澳大利亚水管理分为联邦、州和地方三级，以州为主，地域与区域相结合，社会与民间组织参与管理。成立于1963年的水资源理事会是该国水资源方面的最高组织，由联邦、州和北部地方的部长组成，联邦国家开发部长任主席。理事会下设若干专业委员会。这些专业委员会从下属各水管局及有关的地方其他政府机构中抽调人员组成。理事会负责制定全国水资源评价规划，研究全国性的关于水的重大课题计划，制定全国水资源管理办法、协议，制定全国饮用水标准，安排和组织有关水的各种会议和学术研究。澳大利亚各州都有自己的水法及水资源委员会或类似的机构，尽管机构名称不同，但基本职责是一致的，都是根据水法，负责水资源的评价、规划、分配、监督开发利用等。

墨累－达令河流域位于澳大利亚东南部，流域面积约100万平方公里，居世界第21位，约占整个国家面积的14%，包括3条河流，其中达令河长度是2740公里，墨累河的干流长度是2530公里，曼伦毕基河长1690公里。墨累－达令河流域范围虽然只占澳大利亚国土面积的14%，但是却养育着全国11%的人口和全国42%的农场，灌溉着占全国总产量75%的作物和牧草，有50%的绵羊和25%的牛在这里的牧场上放养，澳大利亚人通常将墨累－达令河称为生命线。

墨累－达令河流域管理的演变可以划分为三个阶段。第一个阶段是1900年至1920年，其主要特征是：为加快发展，创造更多财富，政府和社团都希望无限制地开发利用墨累河的水资源，而对这种开发对河流的影响缺乏深入的认识，新成立的联邦政府负责为各个州确定行政边界并允许各个州自主管理本辖区内的环境资源。第二个阶段是

1920 年至 1967 年，其主要特征是：为了保证安全供水和防洪抗旱，进行大坝及拦河坝等工程设施的建设与管理，沿河基础设施的建设和管理。第三个阶段是 1968 年至今，其主要特征是：管理对象更加宽泛，包括水质和安全供水、消除各种威胁以及进行水改革。从 20 世纪 60 年代开始，墨累－达令河流域治理从以往以水土资源开发为主转向加强资源和环境保护为主。由于用水量的快速增加，据 1996 年 6 月的调查，流域水资源总体利用水平已经接近可利用极限，在某种程度上甚至已超过极限。在 1998 年，墨累－达令河流域断流时间累计长达 10 个月左右，由此产生的水生态环境问题和流域水事纠纷，严重地制约了流域的可持续发展。为了维护流域生态、减少流域水事纠纷，澳大利亚加强了对墨累－达令河流域的管理。

墨累－达令河流域管理的一个重要特点是依法管理。早在 1863 年，人们就试图在墨累河开展协调管理。在 1884 年，新南威尔士州、维多利亚州和南澳大利亚州共同签署了《墨累河河水管理协议》，这是澳大利亚历史上第一个分水协议。1901 年澳大利亚联邦政府成立，经过长期而艰苦的谈判，澳大利亚联邦政府、新南威尔士州、南澳大利亚州和维多利亚州于 1914 年签署、于 1915 年批准了新的《墨累河河水管理协议》，并根据该协议于 1917 年成立了墨累河流域委员会。该委员会由联邦政府以及有关的三个州政府的代表组成，每一缔约方都拥有否决权，有权利利用各自境内的支流中的水资源。之后，该协议曾于 1924 年、1934 年等经过多次修改。到 20 世纪 70 年代，经过长达 15 年的谈判与协调，于 1985 年签署了新的《墨累－达令河水管理协议》（又译为《墨累－达令河流域协议》），该协议的目的是“促进和协调行之有效的计划和管理活动，以实现对墨累－达令河流域的水、土地以及环境源公平、富有效率并且可持续发展的利用”。该协议强调水质管理，首次将生态环境问题列为协议内容。根据新的协议，于 1985 年成立了墨累－达令河流域部长理事会，由 12 名部长级人员组成，作为该流域综合管理的决策机构。1988 年成立了墨累－达令河流域委员会，作为部长级理事会领导下的一个执行机构。还成立了一个社区咨询委员会（又译为社轩咨询委员会），作为部长级理事会（又译为部长委员会）的咨询协调机构。另外,还成立了 12 个地方流域机构。1992 年产生了全新的《墨累－达令河水管理协议》(又译为《墨累－达令河流域法》,Murray－Darling Basin Act,1993 年)。1993 年,签署该协定的 4 个政府都制定了本州关于墨累－达令河流域的具体法律,明确了《墨累－达令河水管理协议》的法律地位。1996 年、1998 年,昆士兰州、澳大利亚首都领地政府先后签署该协议,使该协议成为澳大利亚土地改革和水改革的法律基础。

在 1993 年《墨累－达令河水管理协议》框架下,墨累－达令河流域管理主要具有如下特点。

1. 新的流域法理念和目标

与早期的《墨累河河水管理协议》相比,新协议体现了流域综合生态系统管理的新理念,即认为流域是一个不可分割的整体,流域内的任何行为活动都应当对下游的其他社区负责,对流域内任何特殊资源的管理,都不能与其他部分相分离[1]。该协议确立了流域生态系统可持续发展的目标,即使用、保护流域环境资源,以便各种生命所赖以生存的过程得以持续,使流域内当前和今后所有人的生活质量得到提高。

2. 建立与流域综合生态系统管理相适应的新的流域管理体制

(1)墨累－达令河流域部长委员会是最高权力机构,负责制定政策。其成员由该流域横跨的 4 个州中负责水、土地及环境保护的部长组成,设一个独立主席,独立主席与每个州政府派出的 2 名主管土地、水资源的副部长共同组成流域的常设机构。流域内任何一个缔约州所实施的土地、水以及环境管理行为或政策如果有损害其他州的可能,就有可能被提交给部长委员会讨论。

(2)墨累－达令河流域委员会负责管理墨累河,执行墨累－达令河流域部长委员会关于自然资源管理的决定,并有向部长委员会“就墨累－达令河流域的水、土地和环境资源管理提出建议的权力”。该委员会由高级公务员组成,由一个独立的总经理负责,既代表经济利益

[1] 陈丽晖、何大明、丁丽勋:《整体流域开发和管理模式:以墨累－达令河为例》,《云南地理环境研究》200 年第 2 期。

又代表环境利益。

(3)成立社区咨询委员会，由墨累－达令河流域部长委员会任命产生社区咨询委员会，该委员会成员包括流域代表、特殊利益相关者群体代表，旨在加强流域机构与流域社团的联系。社区咨询委员会将部长委员会与流域居民直接联系起来，从基层加强对流域的管理：其决策不是以各个州的需求为基础，而是以整个流域的总体利益为基础。

3. 实施与流域综合生态系统管理相适应的新的流域管理政策和措施

(1)实行新的流域自然资源管理战略。1990 年，墨累－达令河流域部长委员会针对流域健康下降问题，启动了“自然资源管理战略”。2001 年，流域部长委员会又制定了《2001～2010 年墨累－达令河流域综合管理战略——确保可持续的未来》作为新的自然资源管理战略。该战略将保持流域生态系统的健康发展作为主要目标，采用综合、透明、有效、成本核算、信息共享等管理手段，进一步明确了流域管理机制、监测、评估与制造制度，并对职责分工、投资、限制人们的开发利用活动等事项作了具体安排。

(2)实施恢复流域生态用水的政策措施。针对大规模开发带来的生态破坏后果，联邦政府于 2002 年同意把一部分水还给斯诺依河，使它的流量达到截流前的 21%，以达到科学家计算出来的维持斯诺依河生态系统不再恶化的最小流量。1993 年，墨累－达令河流部长委员会决定每年从休姆河水库中分给巴马·米尔瓦森林 1000 万立方米的水，用于改善森林湿地的生态环境。墨累－达令河下游的阿德莱德市从水质与水量角度，向联邦政府提出要求，促进了该流域盐碱化治理与分水限额计划的实施。目前，墨累－达令河流域已经成立 18 个属于非营利机构的支流委员会，负责所在流域生态恢复计划的制定与项目设计等工作。

(3)推行明确水权、发展水市场的政策。该流域采取的政策如下：一是实行了取水限额政策，在限额以外，不允许增加新的取水许可；二是在墨累河下游地区开展州际水交易试点，并开展了临时水交易、水权出租等多种交易形式，以此作为取水限额强制措施下的灵活机制，用水权交易形式促进用水结构的调整,使水向高附加值用户转移,以提高水资源利用效率、实现水资源的最佳分配。为了促进水改革的实施,1998年墨累-达令河流域部长委员会着手实施一个新的计划,在新南威尔士、维多利亚和南澳大利亚三个州内引导优先水权的跨州永久转让。经过两年的运作,价值990万澳元的水进行了跨边界交易,其中90%是从上游转移到下游。为了进一步提高跨州水交易的效率,有关部门提出了如下建议:确定对环境的长期义务;扩大对水交易效率的宣传,增加沟通;在所有司法管辖区内完善水交易实施机制;在每个用水许可证上标明防止盐碱化的义务,没有尽到义务时应有补偿措施;精简和理顺3个州的行政管理体系。目前流域内已经存在一个相当活跃的水市场,包括互联网在线交易方式,水交易已经成为提高用水效率的一种有效方式。

4. 实行流域管理良治

为了在流域管理中实现良治,墨累-达令河流域采取了一系列类似于综合生态系统管理12项原则的措施,其中于1987年实行的土地关爱计划(Landcare Programme)是公众参与、社区参与流域管理的一个典范。该计划是以社会民众的广泛直接参与为根本,由公司、政府、社区、科学界等共同参与的社区生态恢复计划,其中农民土地关爱小组是从事生态恢复计划的主体。该计划的特点是"扎根基层",直接面向农民和社区。澳大利亚联邦政府和地方政府支持社区开展生态恢复工作,支持公众参与水资源管理,并通过国家自然信托基金提供稳定的资金支持。2002年,墨累-达令河流域部长级委员会启动了"生命之墨累河"计划,投资1.5亿澳元,通过增加河川的环境流量和洪水淹没几率,改善沿河的重要森林、湖泊、洪泛区湿地、河口和河流水域的生态状况。

(二)加拿大的河流立法

加拿大的河流法规主要由宪法中的有关条款、联邦水法和省水法组成。

《加拿大水法》(1970年)以《宪法》(1867年,以后多次修订)为基础,于1982年修改的《宪法》增加了保护环境是国家和地方政府职责的内容。该宪法规定联邦和省政府拥有水管理的广泛权利，加拿大联邦和各省对水管理的权利必须遵守宪法的条款。

从历史上看，联邦政府在水管理方面的兴趣主要集中于对捕鱼、航运、国际关系的宪法的责任。目前加拿大联邦政府仍然实施英王国制定的对加拿大有关利益条约的权利，即《国际边界水条约法》支持的权利，但是这项权利并没有延伸到加拿大政府按照自己的权力制定的条约。联邦政府还可行使涉及水管理的某种适合的权利，其中与水特别相关的问题是：渠道（与土地及发电有关）、公共港口、灯塔及码头、河湖的改造、用于公共目的的土地划拨、与大湖流域相关的国家公园、联邦对土著土地的关注。根据宪法，加拿大联邦政府在水方面制定了如下法律：《加拿大水法》（1970 年）、《国际河流改善法》（1985 年）、《渔业法》（1985 年）、《航运水保护法》（1985 年）。

加拿大各省在管理其水资源方面起着主要作用。例如，魁北克省目前有一系列与水有关的法规，如《水域法》（1997 年）、《土地使用规划与开发法》（1979 年）、《魁北克省环境法》（1977 年）等。作为《大湖宪章》的一个签字方，魁北克省提出了一项新的、单方或临时从大湖取水的决定，但并没有得到《大湖宪章》全部签名方的同意。1999 年 11 月，魁北克省政府通过了新的《水资源保护法》，专门管理从地表水和地下水取水的问题，并规定“流入魁北克省的水不可以流出省外”。魁北克省的水法主要来源于魁北克民法。按照《民法》，魁北克省的水资源被认为是一种共享资源、一种共有财产。尽管个人不可能拥有水资源，法律还是赋予他有使用水的权利，无论是根据共同的《民法》，还是具体的情况，法律或法规都不禁止公民使用水。安大略省管理水利用的主要法规是《安大略水法》，管理水资源的是省环境部，该法为省的水资源保护提供了广泛的行政方针，其基本内容是，未经环境部许可，禁止每天从井或地表中抽取超过 50000 升水；若防碍了公共或私人的用水利益，即使数量再小环境部也有权禁止抽取。安大略立法机关于 2002 年 12 月 10 日通过了《水与污水系统可持续发展法》，根据该法，每一个城市都需要对提供供水与污水服务的全成本进行评估，提出全面恢复成本的计划，并将其付诸实施。此外，还有一些与水有潜在关系的法规,如《河湖改善法》(1990 年)、《环境保护法》和《安全饮用水法》。《安全饮用水法》为保护安大略的饮用水而颁布的严格的新标准的实施提供了一个强有力的法律框架。

加拿大不列颠哥伦比亚省所有的水资源都属于王室,要获得使用地表水的权利(不包括居民基本生活用水和为了鱼类栖息而保留的水),必须持有用水许可证或根据水法获得批准证。根据该省的水法,该省所有的地产拥有者,在其领地所属的或毗邻的水源都一律平等地按照"时先权先"的原则来获得引水和用水的权利。

加拿大河流立法具有如下突出特点:

1. 重视水管理理念的转变

加拿大的水利工作经历了"水开发"、"水管理"和"可持续水管理"三个发展阶段。1970 年加拿大水法颁布以前属水开发阶段,1970 年至 1987 年期间为水管理阶段,1987 年国际社会提出可持续发展概念后进入可持续水管理阶段。1970 年以前水开发阶段的主要特点是强调开发水资源的工程建设;1970 年至 1987 年水管理阶段的主要特点是强调水资源的规划工作;1987 年以后可持续水管理阶段的特点是围绕可持续发展主题强调水资源的可持续利用。

自 1987 年世界环境与发展委员会在《我们的共同未来》这份报告中提出"可持续发展"概念后,加拿大的水利工作者以及各级政府的官员们便迅速围绕可持续发展这一主题对水资源的管理工作展开了全方位的改革,以实现水资源的可持续利用。加拿大的水利工作由"水管理"转型为"可持续水管理"的主要标志是水管理理念的转变。在 1970 年至 1987 年期间的水管理阶段,水管理理念是仅将水作为一种消费性资源,着眼于如何向当代社会提供足够的水资源,确保当代社会用水需求得到满足。而进入可持续水管理阶段后,水管理理念不仅强调水的消费性价值,也强调水的非消费性价值,着眼于构筑支撑社会可持续发展的水系统,确保当代人和下代人用水权的平等。加拿大的可持续水管理以构筑支撑社会可持续发展的水系统为着眼点,以实现当代人和后代人用水权的平等为目标,体现了加拿大水管理理念的长远性。加拿大的可持续水管理特别强调管理理念的实施,不仅为当代人服务,也为后代人服务。

2. 重视建立高效的水管理机构

健全高效的水管理机构是实施高效水资源管理的基本保障。为满足可持续水管理的需要，加拿大联邦政府、省政府及地方政府的水管理机构进行了较大规模的改革。联邦政府水管理机构的改革以强化对水这一基础性资源的综合管理为目标，主要体现在加拿大环境部、渔业与海洋部及农业部等联邦政府部门在机构重组中，加强了涉及水管理的机构设置。省级政府围绕可持续水管理的机构改革力度最大。主要特点是：成立专门水管理机构，将原来分布于政府诸多机构的水管理权集中于一个或少数几个机构。如萨斯喀彻温（Saskatchewan）省专门成立了一个萨斯喀彻温水公司（Saskatchewan Water Corporation），将省政府拥有所有权的各供水厂和污水处理厂划归该公司经营管理，同时把水资源与水环境的各项行政管理任务也交由该公司负责；再如，阿尔伯达（Alberta）省 1993 年在将省政府的厅级部门由 24 个减为 16 个的过程中，将原来的环境厅、公园与森林厅、土地与野生生物厅合并为环境保护厅，使原来的分散于省政府三个部门的水管理权集中到一个部门。各地方政府的水管理机构的调整是以适应省政府水管理机构的重组为目的，使集中后的省政府水管理机构的各项水管理政策能被高效地执行。

3. 强调采用生态系统综合管理的方法

与管理机构改革相呼应的是管理方法的改革，主要表现为生态系统综合管理的方法和公众参与的制度。生态系统管理方法被认为是实现可持续发展的一种基本方法，加拿大水管理机构已普遍把生态系统方法作为管理区域水资源与水环境的主体方法。该方法是一种一体化的综合管理模式，强调水资源系统的各组成要素及其与人、社会、经济和环境的关系，该方法要求人们在管理水资源过程中应更多地关注水系统而不是水资源。在加拿大，生态系统方法在水管理领域的广泛应用导致了水管理决策信息的多元化。加拿大水管理决策信息的多元化主要体现在水管理决策信息的多学科化和社会化。由于加拿大的可持续水管理将水与社会、经济等联在一起，将水管理与土地、森林等环境资源的管理联在一起,因而水管理机构非常重视水管理决策信息的多元化,水管理决策部门作出科学水管理决策信息来源于越来越多的学科。由于可持续发展的实践客观上需要社会成员的广泛参与,加之水环境问题在加拿大越来越成为一个公众关注的问题,加拿大的水行政管理部门在积极开展水资源可持续利用意识的公众教育的同时,也积极让社会各阶层的成员参与水管理决策,大力推动水管理决策信息的社会化。决策信息的多学科化和社会化使加拿大水管理机构出台的水管理决策越来越合理、越来越公平、越来越能够被高效地执行。

4. 水管理机构的职责

《加拿大水法》的主要内容是有关管理机构职责的规定。例如,该法第4条规定:"为了有利于形成有关加拿大水资源的政策和纲领,保证以有利于所有加拿大人的利益积极利用这些水资源,考虑加拿大地理特点和水资源特征的情况,部长可以在得到理事会主管人员的同意下,和一个或多个省政府,在国家、省、地区、湖泊或河流的基础上,共同安排建立省政府间的委员会或其他组织。其目的是:A. 不断地协商有关水资源的事情,为研究、计划、保存、发展、利用的重点提出建议;B. 为水资源的政策和纲领提供建议。C. 为协调水资源的政策和纲领提供便利。"

在水管理机构的职责中,又特别突出部长的职责。例如,第五条规定:"在本法的范围内,在水资源管理工作涉及国家利益的情况下,部长在得到理事会主管人员的同意后,可以与一个或多个省政府共同商讨这些水资源管理的措施。"第6条规定:"(1)在第(2)条款下,在涉及任何联邦水域、国家在水资源管理方面有管辖权的水域、涉及国家重大利益的国际或边境水域,在得到理事会的同意下,部长可以直接实施有关的措施和方案。(2)理事会的主管不应同意部长在国家有管辖权的、国际和边境水域方案,除非在第5条款下部长与在水资源管理方面有疑问,有着共同利益的一个或多个省政府达成协议,采取了许多措施,而且这些努力失败。(3)在按照(1)条款采取措施时,部长应优先考虑依照第4条可能发展的事项。"第7条规定:"部长可以对有关水资源管理的任何方面或任何特殊水资源的管理进行调查,收集材料和建立档案，或者提供给任何一个省政府、机构、个人或一起合作的省政府、机构、个人进行调查、收集材料、建立档案。”第11条规定：“(1)部长在得到理事会主管的同意下，可以与在以下的水质管理方面有着共同利益的某个省或几个省达成协议：A. 任何联邦水域。B. 虽不是联邦水域，但这一水域的水质管理已成为国内关注的重大问题。(2)涉及条款(1)的协议应：A. 指明协议中提到的水质管理的水域。B. 提供有关水体的水质管理方案。C. 允许部长和这些省一起，完成机构的组合，或命名一个现存的组织作为加拿大或省权力下的机构，或为了加拿大、省政府的利益进行工作或履行职责，作为一个水质管理机构联合部长和与(1)有关的各省，计划、启动、实施第15条中规定的事项。”第25条规定：“(1)部长为了实施该法规，可以任命任何合格的人做监管或分析员，但是加拿大政府其他部门或机构的合格官员为另一法规履行同样的职责时，部长应尽可能地任命那一个官员。(2)部长应发给每一个监管人员一份任命书，可以进入一个监督员应该进入的，第26条(1)规定的区域、地方、房屋、交通工具。如果需要，可以制作证书。”

另外，该法还规定了其他有关机构的职责。例如，第13条规定：“(1)当国家具有管辖权的任何水体成为国内关注的重大事情时，理事会可以依据第(2)款，根据部长的建议，把这些水体指定为水质管理区域，并且授权部长任命一个现存的组织，为了加拿大的利益工作、履行职责。该组织的权力在加拿大的权限范围内，它作为一个水质管理机构计划、启动、实施第15条中的有关事项。(2)理事会可以依据第(1)款有权：A. 理事会认为部长依据第11条，在国家有管辖权的水质管理区域，与有者共同利益的各省或几个省达成协议，并且这些努力失败。B. 虽然依据第11条达成有关国家管辖权的水域的协议，并且依据协议成立或任命了一个机构，部长和协议中的某个省的主管不同意机构的水质标准的建议，而且不能达成一致意见。由于不能达成一致，依据第11条达成的协议终止。C. 理事会的主管在部长的建议下可以指明任何联邦水域作为一个水质管理区域，授权部长任命一个在加拿大权力范围内的组织，执行协议的工作、履行协议的职责，作为水质管理机构计划、启动、实施第15条有关的规定。”第14条规定：“(1)一个联邦机构实际上是一个陛下的代理，他只有作为代理时才可以行使他的权力。(2)机构为了陛下的利益，可以以陛下的名义或自己的名义签订合同。(3)联邦机构获得的任何财产是陛下的财产，产权归属于陛下或他自己。(4)在诉讼和其他法律程序中，如果联邦机构不是陛下的代理，都可以在有管辖权的法院以代理机构的名义作被告，而不论它是以它自己的名义还是以陛下的名义。”

实际上，加拿大水法的主要内容就是规定政府主管部门有关水的职权。明确而详细地规定国家水资源管理机关的职责、职权，这是依法行政、依法管理保护水资源、建设水资源保护法治秩序，防止行政越权、滥用权力和违法行政的根本保证。在这个方面，我国水资源保护立法应该吸取加拿大水法的经验和教训，加强有关水资源保护的管理体制、组织机构及其职责的立法。

(三)南非共和国河流立法

南非国土总面积 1.221 亿公顷，1990 年人口 3806.7 万。1998 年通过的《南非共和国水法》是在废除了种族歧视之后近年制定的一部比较详尽的水法。

《南非共和国水法》(1998 年)共有 16 章，第 1 章是解释和基本原则，第 2 章是水管理战略，第 3 章是水资源保护，第 4 章是用水，第 5 章规定了财务条款，第 6 章规定了部长和司长的一般权力和责任，第 7 章规定了流域管理机构，第 8 章对用水户协会作了规定，第 9 章规定了咨询委员会，第 10 章对国际水管理作了规定，第 11 章规定了国家水利工程，第 12 章对土地的权利作了规定，第 13 章对观测、评估和信息作了规定，第 14 章规定了投诉与争端的解决，第 15 章对违法行为及其纠正作了规定，第 16 章是一般条款和过渡条款，附录部分包括“允许用水、土地使用权的申办程序、流域管理机构可以行使的权力和应尽的责任、水主管机构的管理工作和计划工作、用水户协会的章程范本、水法庭、已废除的法律文件”等内容。

该水法反映了一些新的水理念，这可以从该法的序言和立法目的看出。例如，该法序言申明：“人们认识到水是一种稀有的，且时空分布不均衡的国有资源。水以多种不同的形态存在于一个单一的、各种形态相互依赖的自然循环过程之中。人们还认识到水是一种属于全体人民的自然资源，而以往南非的种族歧视的法律和制度妨碍了人们公平公正地得到水，也妨碍了水资源的合理开发和利用；现在人们承认应由中央政府全面负责管理全国的水资源及其开发和利用，包括公平公正地分配水源使其得到有效益的利用和分配，以及处理一些国际水事项。人们还认识到水资源管理的最终目的是要使水达到可持续的利用，从而使所有的用水户受益。人们还认识到保护水资源的质量，对于保证水资源的可持续利用和维护所有用水户的利益是必不可少的。最后，人们还认识到需要综合治理水资源的各个方面，必要时应将水资源管理职能的重点放在地区层或流域层上，要使人人都能参与对水资源的管理。"该法第 2 条规定："本法的目的是要在考虑下述因素的前提下，保证对国家水资源进行开发、利用、保护、保持、管理和控制：(a)满足当代和今后几代人的基本用水需求；(b)促进公平公正用水；(c)纠正过去的种族歧视和男女不平等的后果；(d)鼓励为公共利益做好有效率、有效益和可持续用水；(e)促进社会和经济发展；(f)满足日益增长的用水需求；(g)保护水生生态系统和相关生态系统，以及其他生物多样性；(h)减少和防止水资源污染和水质恶化；(i)履行国际义务；(j)提高坝工安全度；(k)治理洪水和干旱；并为实现此目的而建立适当的体制，保证该体制能有适当的社区组织，不同的种族和性别的代表。"

该法第 1 章规定了南非水法的基本原则，认为"可持续性和公平公正用水被认为是南非水资源开发、利用、保护、管理和控制的重要指导原则。这些原则明确了这一代人和今后几代人对水资源的基本需求，以及在保护水资源及与其他国家分享部分水资源方面、通过用水促进社会经济发展方面，以及在建立适当体制机构以实现本水法目标等方面的一些需要"。另外，该法还规定了"使用者付费"和"污染者付费"等具体原则。南非是一个缺水的国家，为了鼓励节约用水，规定"使用者付费"和"污染者付费"的原则，可以提供节约用水的经济动力。该法规定优先分配国家稀缺的水资源到最重要的用途上，包括保留一定的水量来维持河流的环境和确保人们基本的生活用水。例如，南非林业是用水大户，因水资源紧张，对林业用水非议多了起来。为此，国家修订了林业政策，1972 年政府颁布法令限制林业扩张。1995 年林业与水利双方达成共同协议，并由政府林业与水利部形成文件，公诸于众。根据政府文件规定，集水区分三类：I 类集水区需水量大，新造林完全禁止；在 II 类集水区，造林后，河流年均水流量的减少不得超过 5%；在 III 类集水区，新造林对年均水流量的影响不得超过 10%。

该法第 3 条规定国家是水资源的公共托管人，"(1)作为国家水资源的公共受托人，中央政府(通过部长的工作)必须从维护全体人民的利益出发，保证水源能够以可持续的和公平公正的方式得到开发、利用、保护、保持、管理和控制，并应与宪法规定的法令相一致。(2)不限定于本条第(1)节，部长最终有责任保证从维护公共利益出发使水得以公平配置和有益利用，并提高水的环境价值。(3)中央政府，通过部长的工作有权对南非共和国所有水的利用、流动和控制进行调节和管理"。

该法"第 4 条用水权利"明确规定："(1)任何人均可从水源地取水用水，供合理的家庭生活用水、庭院浇灌、牲畜饮用、消防和游览等目的使用，如本水法附录 1 中所列。(2)根据本法第 34 条，任何人均可继续不断地进行合法用水。(3)任何人均可根据本水法的一般授权或特许权使用水源。(4)根据本水法授予某人的用水权利，将取代按其他法律可能使他另外享有或执行的任何用水权：(a)取水或用水；(b)阻断水流或引走水流；(c)影响水的质量；(d)容纳任何特定的水流；(e)容纳任何特定质量的水流；(f)建设、运行或维护水利工程。"

第 2 章规定了水资源管理战略。该法是南非唯一强调国家水资源战略的水法。一是实施流域管理战略。与国家水资源战略相适应，南非水法规定流域管理机构应当在与各方面受益者和有关人士达成协议的基础上，制定本流域水资源管理区的流域管理战略，并负责检查实施。南非已建立一个由 19 个流域管理机构组成的国家系统以鼓励表现好的地方政府。二是实施水资源的储备量制度。南非水法规定，水资源的保护应当从储备量上进行，水资源储备量包括人的基本需求储备量和生态储备量，生态储备量是保护水资源的水生生态系统所需要的用水，涉及水量和水质两个，并划定等级加以保护，水资源储备量是部长、司长、国家机关和水主管机构执行水法的依据。该法“要求部长与社会各界充分咨商，逐步开发一项国家水资源战略。这项战略应能为全国范围的水资源开发、利用、保护、保持、管理和控制提出一个整体框架，为水在地区级或流域级和在一个确定的水资源管理区内进行管理提供框架。国家水资源战略对各有关当局和机构都具有约束力，它们将被要求按本水法规定行使权力和履行职责，有关方面则应不时地对这项战略进行必要的审查。”该法还对国家水资源战略的具体内容和实施作了规定，“要求每个流域管理机构在其水资源管理区辖范围内逐步制定一项该区辖的水资源流域管理战略。各流域管理战略应与国家水资源战略相协调。在发展这项战略的过程中，流域管理机构必须与各方面的受益者及有关人士就与水有关的事项寻求合作和达成协议。流域管理战略应包括一项水的配置计划，对于该战略应经常进行审查。流域管理战略应提出现在和未来的用水户的分配水的原则，同时应考虑到有关水资源开发、利用、保护、保持、管理和控制的所有事项”。

在此基础上对流域管理战略的制定程序、内容和实施等提出了具体要求。该法第 9 条规定的流域管理战略的内容有：(a) 考虑第 3 章提出的水资源等级和水质目标、储备要求，必要时还有国际义务；(b) 不与国家水资源战略相抵触；(c) 提出流域管理机构对本水资源管理辖区内的水资源开发、利用、保护、保持、管理和控制的战略、目标、计划、准则和程序；(d) 考虑水资源管理辖区内的地质、人口、土地利用、气候、植物和水利工程等；(e) 包括第 23 条所规定的水量分配计划，该计划应说明分配水量的原则，并考虑第 27 条第(1)节提出的因素；(f) 考虑按其他法律[包括按 1997 年南非水服务法(1997 年南非第 108 号法律)颁布的发展计划]编制的某些有关的国家或地区计划；(g) 使公众能够参与水资源辖区内的水资源管理；(h) 考虑当前的和今后可能的用水户的需要和期望；(i) 提出需要建立的一些机构。”

该法第 3 章对水资源保护作了明确规定，强调对全部水资源实施全面的综合保护。由于南非是一个水资源极度缺乏的国家，该水法对水资源储备作了专门规定。南非的水资源储备量包括人的基本需求储备量和生态储备量两部分。人的基本需求储备量是指单个人对水资源的基本需求,包括饮用、食品加工和人的健康用水。生态储备量是指保护水资源的水生生态系统所需要的用水。生态储备量涉及水量和水质两个方面,并随水资源的等级而有变化。要求部长对某些重要水源的全部或部分确定其储备量。如果某一水源尚未对其进行分类,则可先初步确定其储备量,以后再用新数据予以取换。水资源储备量确定以后,它们将对各有关当局和机构工作具有约束力,如同水资源等级和资源质量目标的情况一样。

第 3 章第 4 部对水分污染的防治作了明确规定,要求凡拥有、控制或占用土地者都应当负责采取措施防止水资源污染;否则,有关流域管理机构将出面采取一些必要的防治措施,所需费用则由应对这项污染工作负责者予以补偿。该法第 19 条明确规定,如果在某块土地上正在进行,或已进行了一些足以引起或可能引起水资源污染的活动或情况,或存在其他一些足以引起或可能引起水资源污染的情况,则土地所有者、管理人或占用者必须采取一切必要措施防止这类污染的发生、继续或重新发生。所涉及的措施包括:(a)制止、调整或控制一些可能引起污染的活动或作业;(b)要求遵守规定的排污标准或管理办法;(c)封存或预防污染物质的转移;(d)消除任何污染源;(e)治理污染造成的影响;(f)治理对河床和河岸的干扰和影响。"流域管理机构可以指示尚未按法律规定采取上述措施者:(a)在限期内采取具体措施;(b)持续采取这类措施;(c)在限期内完成这类措施。""如果有关人员未遵守,或未能充分遵守第(3)节所述的指示,则流域管理机构可以采取它认为是必要的措施来纠正该项污染情况。"流域管理机构可以共同或分别向有关责任人收取由于采取措施所发生的全部费用。

在第 4 章规定了用水管理的一般原则。从广义来说,用水包括取水存水、可能导致河流流量减少的活动、排污和污水处理措施、受控制的活动(严重影响水质的活动)、改变河道、因某些目地而排除地下水,以及旅游等。第 21 条规定的用水包括:(a)从某一水源地取水;(b)蓄水;(c)阻挡或引水入河道;(d)涉及第 36 条提出的减少河道流量的活动；(e)涉及第 37 条第(1)节或第 38 条第(1)节提出的有控制的活动；(f)通过管道、渠道、下水道、出海口或其他输水道排放污染物或污水进入水源地问题；(g)以对水资源有严重危害影响的方式处理污水问题；(h)以任何方式处理工业或发电过程排放的废水，或工业或发电过程加热的水；(i)改变河床、河岸、河水流向特性等；(j)如果为了有效持续一项活动，或为保护人身安全有必要而将水引走、排放或处理至地下；(k)为游览目的用水。为了维护河流生命，《南非水法》第 4 章第 4 部分规定："导致河流流量减少的活动本部分允许部长在与公众咨询后，对一些可能导致河道流量减少的陆地上的活动进行管制，宣布此类活动为导致河流流量减少的活动。"一项活动是否被宣布为减少流量的活动，取决于许多因素，如流量的减少程度、减少的时间，以及它对有关水资源和其他用水户的影响等。

(四)墨西哥的河流立法

在 1512 年被西班牙征服前，墨西哥人与水的关系既包括宗教内容也包括实用内容，有几大水神使人们确信，水是公共资源而不是可为私人拥有的商品；现实使得有必要确立用水准则，以确定谁可以用水，如何解决用水户之间的冲突以及如何解决洪水问题。墨西哥被西班牙征服后，在长达 300 年的时间里，水为国王所拥有，用水需得到皇家的许可，这些权利在 1821 年国家独立时转交给国家。目前墨西哥宪法是在 1910 年大变革后于 1917 年制定的，它承认国家是其领土内所有水资源的所有者，并授权政府管理这些资源及授予用水许可权(第 27 款)。1926 年墨西哥颁布了《联邦水利灌溉法》，成立了国家灌溉委员会，1937 年成立了国家电力委员会。从 1947 年至 1976 年，由水资源部管理水资源，除修建基础设施和经营灌区外，水资源部还做了以下工作：在主要流域内建立流域机构；起草第一部《联邦水法》，于 1972 年获国会批准；1975 年编制第一个国家水规划。1976 年，出于对农业的重视，成立了联合的农业和水资源部。由于 20 世纪 80 年代的金融危机，放慢了新建工程的建设步伐，但是也使税法中增加了"用水者付费"及"污染者付费"的原则。此外，水资源紧缺及污染问题，特别是在墨西哥城，使人们的忧虑日益增加，人们越来越感到这些问题不能通过农业部很好地解决。因此,1989 年成立了国家水管理局和国家水资源委员会,1992 年 12 月 2 日《国家水法》正式通过,取代了 1972 年的《联邦水法》,1994 年颁布了《国家水法实施细则》。墨西哥已接受国际共识,即"用水管理应以法规、经济和参与手段的完美结合为基础",除宪法、《国家水法》外,与水资源有关的法律还有国际条约(特别是与美国的条约)、国家财产法、联邦税法、环境法及由各州法律通过的环境和供水法,所有这些法律为目前的水行政管理体制和水费制度打下了基础。

1992 年的《国家水法》承认保护"生态水流"的必要性,联邦政府为了公共利益可以保留水量,并规定通过用水特许权转让的方式建立水市场。该法要求"在被认为适合进行水资源的规划、开发和管理的理想地理单元的流域内,对地表水和地下水的水量和水质进行统一管理"。为了加强对水资源的统一管理,《国家水法》确定国家水资源委员会为"国家唯一的联邦水管理机构",最初附属于农业和水资源部,后来转至新的环境部。由于这一转变使之具有更大的灵活性,可超越一个部门(农业)并对水、自然资源和环境实行真正的统一和平衡管理,这就加强了国家水资源委员会在水资源管理中的权力。开始,国家水资源委员会是在行政管理边界的基础上组建的,除了在 33 个州建立机构外,还建立了 6 个地区机构。但人们很快认识到,行政边界不合适水管理,目前正按流域边界对地区机构进行全面重组。该法授权水资源委员会(WRC)从国家利益出发建立特别管理和保护区。这些区既可以是永久的(如管理地下水,保护供水水源或建立一个受保护的生态系统),也可以是临时的(特别是在干旱时期)。

墨西哥有 200 万平方公里的面积,9000 万人口。尽管墨西哥也是一个联邦共和国,但其水的行政管理要比加拿大或美国集中得多(在"国家水法"中反映出来),只是最近才更加积极地提倡水资源的分散管理。《国家水法》规定:建立流域委员会,作为联邦、州和城市管理机构以及用水户和所有利益相关者的协调和合作单位,其主要任务是参与水资源的规划和开发及参与管理,尤其是解决缺水和污染问题的管理;加强用水户组织,主要通过将权力下放至灌区和强化公共供水团体的方式;加强水利基础设施和服务的设计、建设、筹资及运行和管理的。

《国家水法》重申宪法的原则，个人或合法的团体在获得联邦执行机构（通过国家水资源委员会）的批准后，可在一定期限或 5～50 年内开发水资源。联邦执行机构有为国家利益限制或禁止用水的如下权力：防止或纠正地下水超采；保护或恢复生态系统；保护供水水源或防止它们受到污染；保护和控制水质；在干旱或严重缺水时期。对正当批准的用水户，如发现有浪费用水的现象，要强制实施有效用水。

在水污染防治和控制方面，该法要求所有排放废水的用水户必须：获得排污许可证并遵守所规定的排放标准；向国家水资源委员报告达到标准的情况。对没有交纳联邦税法中针对取水或污水排放所规定费用的用水户，必须取消他们的许可权和许可证。

所有关于取水许可权、联邦区域占用、排污许可证及水权交易事项都必须在水权公共登记簿中记录，以便为用水户提供法律上的可靠性；对违反国家水法或其实施细则规定的用水户的制裁，用水户有权对国家水资源委员会的决议提出异议，并在诉诸法庭之前采用行政手段加以解决。

用水户有义务支付税法中对有关取水、废水处置、占用联邦区域及使用国家所有的沙及砾石作为建筑材料所规定的费用，特许使用水利基础设施的也必须支付一定的费用。在联邦税法中增加了用水者付费和污染者付费的原则，并通过财政部实行。

该法规定了水权的可交易性（包括取水许可权和排污许可证），以便从经济角度促进更有效地水分配。

（五）其他国家的河流立法

1. 日本

日本已经建立以流域水资源管理为核心的流域管理法律体系，包括日本《环境基本法》（1993 年）、《河川法》、《水质法》、《水污染防治法》（1958 年）、《湖泊水质促进特别措施法》、《水资源开发促进法》（1961 年）、《水资源开发公司法》、《水源地域对策特别措施法》（1973 年）、《电源开发促进法》、《水产资源保护法》（1951 年）、《工业用水法》、《水道法》、《工业用水道事业法》、《工厂排水规则法》、《多目的水坝法》等法律。

日本《环境基本法》由《日本公害对策法》(1967 年)和《日本自然保护法》(1971 年)发展而成。该法对河流流域管理最有意义的规定包括:综合而有计划地推进环境保护政策(第 1 条),既要力求使各种政策相互有机地衔接,又要综合而有计划地推行(第 14 条);明确提出了环境负荷的概念和理念(第 2 条),规定在可能的限度内,减少因社会经济活动及其他活动而对环境的负荷及其他与环境因素有关的影响(第 3 条),国家应该努力采取必要的措施降低环境负荷(第 22、23、24 条等);规定一方面力求发展对环境负荷影响小的健康经济,另一方面要构筑一个可持续发展的社会(第 4 条);规定国家的职责之一是制定和实施有关环境保护的基本的并且是综合性的政策和措施(第 5 条);规定在谋求确保生态系统的多样性,保存野生生物物种,确保其他生物的多样性的同时,要按照地区的自然社会条件,系统地保护森林、农田、湿地等多样的自然环境(第 14 条);提倡保持人与自然的密切接触(第 14 条);国家应当采取必要的措施,促进企(事)业者、国民或由他们组织的民间团体自发开展绿化活动、再生资源的回收活动及其他有关环境保护的活动(第 26 条);等等。

1896 年,日本首次颁布了作为现代河流管理基础的《河川法》,是日本水法体系中最基本的法律。为实行"水系一贯式"(即以流域为单元)的河川管理,在 1964 年对旧河川法进行了修改,形成了新的《河川法》。该法包括总则、河川管理、河川费用、监督、河川费用及都道府县审议会、其他细则、罚则和附则等 8 部分,对河流管理的原则(如受益者负担原则等)、中央与地方政府在河道管理上的分工、河流利用的规制、河川审议会制度等作了详细的规定,是一部纯粹的、专门规定流域管理体制的法律。该法将全国水系(流域)分为一级水系和二级水系,将河流分为一级河川、二级河川、准用河川和普通河川 4 个级别,是对河川区域占用、河川工程建设和河川管理的依据。其中一级河川的重要程度最高,由中央政府(国土交通大臣)指定,特别重要的区间由中央政府委托都道府县政府进行管理,称为"指定区间"。二级河川由都道府县知事指定并管理。准用河川由市町村级政府负责管理。由于日本在 20 世纪 80 年代以前将河流治理的重点放在以单纯防旱为核心的水利工程建设上，从而使河流的自然面貌遭到了一定程度的破坏。在1970年代，随着日本经济的高速增长，水环境污染问题十分严重，接连爆发了“水俣病”等污染事件。从20世纪90年代以来，日本在构建生态体系框架的指导下，开始实施以河道整治为中心的建设多自然型河流计划，仅在1991年就开展了600多处自然型河流建设试验工程，企图将人类对河流环境干扰降低到最低限度，谋求人与河流的自然共存。适应新的形势和需要，日本于1997年对《河川法》进行再次修订，提出了“治水、利水与环境”的综合治水理念和河川管理制度。该法的基本精神，一是强调流域水资源统一管理，规定全国水资源由一个部门主管，协调多个分管部门；二是强调了防洪与水资源利用的协调。在以“治水”（防洪）和“利水”（兴利）为主要目标的基础上，增加了“河川环境的整备与保全”的内容，建立了“推进反映地域意见的河川整备”计划制度。该法的颁布，促进了日本河流的环境保护、生态修复和水文化的发展。在2001年1月日本政府机构大规模改革之前，日本流域管理有6个部（日本称为省）级机构，即厚生省（其生活卫生局水道环境部负责饮用水卫生）、农林水产省（其林野厅指导部负责河流上游流域治理）、通商产业省（其环境土地局负责工业用水、资源能源厅负责水力发电规划管理）、建设省（其水质保全局负责水质保护）、环境厅（其水质保全局负责水质保护）、国土厅（其水资源部负责水资源规划）。经过2001年1月政府机构改革之后，国土厅与建设省合并于国土交通省，现有流域管理机构已经减少为5个，即厚生省、农林水产省、通商产业省、环境厅和国土交通厅，但具体负责的局级机构并无实质性变化。进入21世纪以来，日本在河流管理上提出了“以人为本”、“人水协调”、“尊重自然”等观念，强调流域居民对于河流管理的参与权，为广大居民创造良好、安全的生产生活环境；尊重河流的自然属性，尽量减少对水循环的干扰，体现对于人类以外其他生命的尊重。

日本水法体系中最基本的是《河川法》，其立法基本精神，一是强调流域水资源统一管理。规定全国水资源由一个部门主管，协调多个分管部门。二是强调了防洪与水资源利用的协调。立法目的在于以流域为单元对河流进行综合管理，防止河流受到洪水、高潮灾害影响并维持流水的正常功能，在国土整治和开发方面发挥应有作用，以利维持公共安全、增进公共福利。自1964年颁布以来，多次修改，有效保障了日本的河川管理，很值得我们借鉴。

《水资源开发促进法》(1961年)以促进河流水资源综合开发利用的合理化为目的，对水资源开发水系的指定、水资源开发基本规划的制定、水资源开发审议会制度、与国土综合开发计划的协调等内容作了规定。该法规定由内阁总理大臣指定"水资源开发水系"，以流域为基础制定水资源基本规划，并以此为指导协调各方面的利益。根据该法的规定，凡是在农业发展和城市人口增加迅速、需要制定紧急用水对策的区域，作为该区域主要供水水源的河流水系都需要制定水资源开发基本规划，目前已有7条河流作为指定水系并制定了水资源开发基本规划。《水资源开发公司法》按照对水系的开发实行政企分离的制度，成立专门从事指定水系的水资源开发活动的开发公司，以独立法人资格进行工程建设和运行管理。《水源地域对策特别措施法》(1973年)对水库周边地区居民的补偿问题做了专门规定。

2. 新西兰

新西兰是南太平洋一个岛国，在河流流域管理方面颇有特色。1941年，新西兰制定了《流域管理及土地保持法》，该法规定在大多数地区设立拥有承担防洪和土地保持等职责的流域委员会；该流域委员会主要由中央财政资助，由土地保持和流域管理委员会管理。1967年制定了《水土保持法》，增加了作为区域水务委员会的流域委员会的水资源(包括水质和水量)管理职责。1972年，新西兰政府成立了环境委员会，专门负责政策咨询和环境评价程序的建设与实施。1981年，新西兰自然保护委员会(NCC)作为一个非政府的自治委员会，公布了一个称之为政府环境行政综述的文件，揭露了新西兰现行环境资源管理体制方面存在的诸多问题。经过一段时间的酝酿，为了加强新西兰环境资源的全面保护，政府于1991年将60多部分散的甚至是相互冲突的环境资源法律统一为《资源管理法》。由于该法所具有的如下特点，已使新西兰的环境资源法律引起世界关注。

第一，从立法目的上突出可持续管理和综合生态系统管理。《资源管理法》第二章明确宣布该法的立法目的是实现自然资源和物质性资源(phsical resources,指供人类生产和生活用的自然资源)的可持续管理。可持续管理是指管理自然资源和物质性资源的使用、开发和保护,使其能维持人类社会、经济和文化的良好发展,满足人类健康和安全的需要,同时,实现自然资源和物质性资源的永续利用,使其能满足人类长远发展的合理需要;保持大气、水、土和生态系统作为生命支持体系的功能;避免、补救或减轻任何开发活动所引发的对环境负面影响。

第二,从法律原则和制度上突出综合生态系统管理。《资源管理法》将大气、水、土、海岸和污染等管理纳入了一个协调的统一管理框架之中,它按自然流域进行地方区划,将新西兰设置为14个区域辖区(即区域政府),区域辖区的区界直接与水流域界限相吻合。新西兰立法委员会认为,水流域分布应当而且已经成为新西兰行政区划的基础,对自然资源所进行的管理或者对自然资源进行的其他支配活动,必须结合自然资源的自然分布状况。在建立14个区域辖区的同时,还按照“不同利益团体”的划分,建立了72个区地方政府组织即市或区政府。在按自然流域进行行政区划分的同时,《资源管理法》规定了一种全面的、讲究实效的环境资源管理制度模式,即以一个综合性的法律来实现对土地利用、水、土壤、大气、海岸和环境质量的全面管理。这种管理制度以环境容量为基准,以义务性规范和禁止性规范的形式(如排污许可、开发许可、禁止破坏性开发利用自然资源以及要求所有公民都有责任避免、补救和减轻不良环境影响等)构筑了一张法律之网,不仅仅注重控制人的环境行为,还注意控制资源利用所引发的环境后果,强调对资源和可持续利用和对生态功能的维护。

3. 以色列

1953年以色列制定了《水法》,对水资源的拥有权、开采权和管理权作了明文规定。该法规定境内所有水资源必须专门用于满足居民所有生活和国家发展的需要。之后又颁布了《水计量法》、《水井控制法》、《经营许可法》等一系列法规,并予以严格执行。在管理机构方面,以色列的水管理涉及农业部、财政部、环境部、基础建设部、内务部、外交部、国防部、经贸部、旅游部等政府部门。还设有国家水利委员会，负责制定全国水利政策、分配额、用水计划与资源发展规划，以及防止污染、开发废水、研制海水淡化设备、保护土壤和排污等工作。农业部和国家水利委员会的决策都要受代表用水户利益的水务理事监督，对其负责。

四、各国水法、河流法有关水权的规定

广义上的水权，包括水环境权、河流权、水生物权、水资源所有权、水资源使用权、河岸权、先占权等以水为权利客体的权利，狭义上讲仅指水资源使用权或水资源产权。明确水权，对合理节约用水、保护改善水源、加强河道管理，均具有十分重要的意义和作用。为此，世界绝大多数国家的水法、河流法都对水权有明确而具体的规定。

(一)美国的水权

1. 美国水权概况

在美国，水权属于财产权的范畴，水资源作为公民的私有财产受到法律保护。美国最初调整水权关系的法律是河岸法，密西西比河以东的州通常采用河岸权制，即只有有水源流经的土地所有人才有权要求获得水权，即毗邻水体和水域的土地所有者拥有水权，但水权不能转让。到19世纪，西部干旱地区为了解决农田引水灌溉问题，开始采用优先占用法。为了适应西部开发的需要，一些采矿人纷纷占用水资源，一度使占用权得到加强。

美国对不同地区实行不同的水权。各州对水权的规定不尽相同，一般有两种水权制度。一种是沿岸使用权，水权附属于沿岸土地所有者，所有的沿岸土地所有人都有权在不妨碍其他水权拥有者的情况下使用邻近水体的水，采用这一制度的有29个州，大多数在东部；一种是优先使用权，即谁占有水的时间越久，并加以有效益的使用，谁的水权等级就越高，采用这种制度的有9个州，主要在西部；兼采这两种制度的有12个州。对地下水权则参照土地所有权作出不同的规定：第一，绝对所有权，土地所有者可以从他所占有的土地上抽取地下水；第二，合理用水，即将土地所有者的用水权限制在合理用水的限度内；第三，

相依权，只要地下水丰富，土地所有者在任何情况下都可以用水；第四，对地下水与地表水具有相同的占有权。

在美国，水权的取得，要经州政府主管部门的批准，先登记后用水。美国的水权转让类似于不动产转让，转让程序一般包括公告、州水机构或法院批准。在20世纪80年代，美国西部的水市场还仅仅称为“准市场”，是不同用水户之间水权转让谈判的自发性小型聚会；而目前已经发展成为“水资源营销”和在因特网上进行频繁交易的“水市场”。近年来，为了更加有效地利用水资源，西部出现了水银行交易体系，即将每年的来水量按照水权分成若干份，以股份制形式对水权进行管理，方便了水权交易程序，使水资源的经济价值得以充分发挥。美国加州的水权拥有者为水合同户（又称调水工程管理单位，水管单位、水用户），如加州有29个长期合同户，其中1/3是农业用户，2/3是市政和工业用户。调水工程的水用户所获取的水权一般允许有偿转让。

2. 犹他州的水权

据说摩门教徒最先在其居住的美国犹他州奉行水资源占用权原则。早在1940年代在美国犹他州进行大面积灌溉的昂格鲁－萨逊人就订立了一个原则：最先有效利用水资源的人，有资格继续享有优先于后来者的使用权。这就是后来广为人知的优先占用原则，该原则意味着拥有最早的优先权注册日期，并从那时起一直使用水资源的人拥有先于其他后来者从该水源引水灌溉的权利。犹他州早在1852年就颁布了一部县法院的水法，一直用到1880年才被另一部县水行政长官使用的法规所取代。到1903年，该州制定了一部完整的水法，1919年经过修订后成为整个州的水法。1935年该州制定了地下水引用法。该州的工程师办公室创建于1987年，州工程师是最高水权行政长官。1963年州工程师办公室更名为水权处（但公众有时仍喜欢称水权处为工程师办公室）。水权处属州自然资源部门，负责管辖该州水资源配置、水权档案等事务。

3. 俄勒冈州的水权

美国俄勒冈州于1909年制定了该州第一部统一的水法，1987年制定了新的水法，1993年对该法进行了修改。根据该法，水资源管理局依据州法律对州内的地表水和地下水实行管理。该局由4个部门组成:技术服务部、资源管理部、水权判决部和行政服务部。局长由州长任命,经州参议院批准,任期4年。凡申请水权者必须向水资源管理局申请用水许可证。为了保证水法的执行以保护用户的权利,该法授权水资源管理局的官员进入私人领地去检查水井和引水系统。该法还规定成立州水资源委员会,其职能是制定水政策并根据州法律监督水资源管理局的各项活动。该委员会由7个委员组成,其中5个流域管理地区各提名一个委员,科斯特以东和以西地区各提名一名,最后由州长任命,经州参议院批准。水资源委员会通过流域计划来制定流域管理政策,流域计划的一项重要内容是"用水分类",它规定了由水资源管理局考虑的新的水权申请的类型;当地下水的开采量超过自然补给量时,水资源委员会有权宣布该地区为地下水有限地区并限制用水,如1992年水资源委员会在北威拉米特河流域确定了11个地区为"地下水有限地区"。水资源管理局局长贯彻执行州水资源委员会所制定的政策,并独立负责对1909年之前的水权的判决。

4. 科罗拉多州的水权

在科罗拉多州的水占有权可追溯到1850年代,对占有权的简单解释是"谁先占,谁有优先权";该州大多数河流的水权自1890年以来已经被超额占有(超额占有指在一年中的某些时段,较年长水权占有者的权利不能得到满足)。美国俄勒冈州于1909年制定了第一部统一的水法,引进优先占有制作为水权的管理方法,即在一个水源上第一个取得水权的人将是在枯水期最后一个被剥夺用水权利的人,开始获准允许用水的日期就成为该水权的优先日期。但获得水资源占用权需要经过一定的法律程序,占用权所有人必须在取水点附近张贴告示并将其副本递交当地民事法官存档。水资源占用权或占用原则的主要内容是:一是先占者有优先用水权,称为先占权、"时先权先";二是有益用途,即水的使用不能损害他人利益;三是不用即作废、即取即用。用水权的优先次序由各州政府认定,优先权次序居前的用户可以向优先权次序居后的用户出售用水权,优先权居后的用户可以向居前的用户购买用水权。这样,水资源便从边际效益低的使用者向边际效益高的使用者转移，从而使利用水资源的经济效率得以提高。

（二）澳大利亚的水权

1. 澳大利亚的水权概况

澳大利亚位于南半球，四面临海，国土面积 768 万平方公里，人口 1900 万。全国年平均降水量只有 470 毫米，是世界上年降水量最少的大陆和国家；且降水很不均匀，西部平均年降水不足 250 毫米，降水主要集中在东部。但澳大利亚人均年水资源量 18743 立方米，是人均拥有水资源最丰富的国家之一。澳大利亚是一个联邦制国家，各州通过立法来管理本行政区域内的水资源，州内的地表水、地下水、降水属州政府所有，并由州政府控制水的分配使用，跨州河流水资源的使用，在联邦政府的协调下由有关各州达成分水协议，水权从州到城镇到灌区到农户被层层分解。

澳大利亚最早的水权制度来源于英国的习惯法，在 19 世纪末以前实行的是英国的水权制度（河岸权制度，riparian rights），传统上由普通法从如下几个方面调整水权关系：土地所有人有权利用流动于其土地之下的地下水和从其土地中喷出的泉水；土地所有人有权利用流经其土地地表的未加控制的水流；水道或湿地的岸帮滨的所有人（岸权人）拥有对水的水流权和使用权，即河岸或湖岸土地占有者拥有用水权，并可以继承；岸权从属于土地，因为岸权仅可为相邻于水道或湿地的土地而行使；对水的使用权不可分割，也不可独立于土地所有权或占有权而转让。随着水资源开发利用规模的扩大和水资源问题的日益严重，普通法及上述规定已经不适应水资源的使用和管理。在 19 世纪末，澳大利亚逐步实现了从依据普通法进行水资源管理，过渡到主要依靠制定法的制度对水资源进行管理，政府有权为实现水资源开发利用而对有关水权进行调整。随着用水量的增加，到 20 世纪初期，澳大利亚通过立法将水资源与土地权分离，规定河道内的水和地下水是公共资源归州政府所有，但由州政府调整和分配水权，用水者依法经申请、审批才能取得水权。进入 20 世纪末以来，澳大利亚正在实现向新的水资源管理制度的转变，即由经过改革的行政结构和少量普通法权利共同构成的新制定法水权制度。这种新的制定法水权制度的特点如下：第一，水权享受者可以依靠政府行为和司法诉讼实现用水者的基本权利和义务,构成水资源利用基础的私人权利和义务可以通过民事诉讼强制实现;第二,保证适当的环境用水是创设可交易的水权制度的核心条件;第三,明确用水者和管理者的环境保护注意义务;第四,为了迎接巨大的环境挑战,第三者的利益和环境利益必须得到保护。

在20世纪80年代,由于原有水资源的水权已经发完,一些州政府规定,允许老的用水户可以将自己节省下来的使用权有偿地转让给新用水户;即逐步停止对新的取水的审批,新用水户只能到水权交易市场上购买水权。1988年和1989年发生的严重污染导致有毒藻类粉衣毒死牲口并关闭城市供水,1992年联邦政府决定废除运输、电力及公用事业垄断性经营的模式,这两个事件促使流域管理的"积极倡导者"把水资源分配和水权交易纳入流域管理范围。基于对全国水资源过度开发和低效率使用情况日益清醒的认识,在1994年2月25日,澳大利亚政府委员会(Council of Australia Governments, COAG)制定了一个"水工业战略框架"[1],决定实行水权贸易、流域综合管理等水资源政策改革。在澳大利亚历史上只有少量水资源分配贸易或交易,而水资源改革政策的中心环节是水资源中可交易的财产权,并且使这一权利的交易与土地权利相分离。其途径是:行政机关通过授予具有制定法性质的许可证创设可交易的权利,赋予该许可证以财产权的基本属性。其改革的主要内容包括:①水权。对水权进行清晰细分,将水产权与土地所有权分离。水权细分的内容包括所有权、水量、水质、可靠性、可交易性。②环境需要。给环境分配水量,确定环境具有较高优先级的配水量或水权。③交易。促使水权交易,包括州内以及州与州之间。只有在社会、工程、环境各方面允许的条件下,跨边界水交易才能发生。交易安排具有一致性,从而推动跨界水交易。④水成本。水定价以消耗为基础,包括所有的供给成本以及环境成本。⑤公共协商。新的动议,尤其是关于水定价、水权细分和水交易,必须请利益相关者各方参与协商。⑥体制改革。创造更有效的可计量的水服务,支持流域一体化管

[1] 见《澳大利亚政府委员会会议公报》,1994年2月号,附件A。

理。值得特别注意的是，各州有关水法规和水市场交易规则在推动水权交易时都明确规定，水交易必须以对河流的生态可持续性和对其他用户的影响最小为原则，生态和环境用水必须绝对地得到保证。

澳大利亚各州的水权制度（主要指水权转让制度）发展不够平衡，其中以西澳大利亚州、维多利亚州、昆士兰州的水权制度较为发达。

2. 西澳大利亚州的水权

在西澳大利亚，在《水权与灌溉法》（1914 年）实施之前，实行的是以普通法财产权为基础的水资源管理制度；在该法实施之后，该州实行的是水资源公有制，行政机关对水资源拥有调控权，即规定：西澳大利亚州有权“使用和控制”下列水体：①经宣告为地表水管理区域的地表水，该法或其他法律另有规定的除外；②所有的地下水，该法或其他法律另有规定的除外。同时还规定，地表水管理区域内的水道或湿地之下的土地为西澳大利亚州的财产，无论该土地于何时被转让或分离。但该法所规定的表现为许可证的权利，也从属于土地，仅限于土地所有人或占有人享有；河岸权及在地表水管理区内取水的权利也得到该法的确认；任何人可为家庭一般用途以及牲畜饮用而从水道或湿地中取水（称为公共权利），如果该水道或湿地位于公用土地之上并且可由公共道路或保留地到达，但任何人不可通过“公共权利”取得永久性引水权或对该水资源进行专有性利用的权利。将水资源权利授予西澳大利亚州被认为是建立在对水资源使用的政府许可之上的现代水资源管理制度的基础。

1995 年 12 月，西澳大利亚议会通过了《水与河流委员会法》、《水公司法》、《水服务协调法》、《水机构改革法》等 4 部对水资源政策进行改革的法律。1998 年 8 月西澳大利亚水与河流委员会法公布了对《水权与灌溉法》（1914 年）进行详细修改的建议，提议将位于管理区外的地表水的水权也授予西澳大利亚州，将河岸权这类公共权利扩大到所有的水资源（包括地表水和地下水），规定所有参与水资源管理以及使用水资源的人都应负有注意（主要指保护环境）的义务，水资源管理者有权作出平衡环境用水和经济用水的有约束力的决定，要求实现对水资源的可持续管理。该建议对实现水资源的可持续利用、确立国家和个人对水资源的基本权利和义务、创设独立的对水资源的财产权以及水权交易,具有重大影响。但即使是现在,政府当局也没有计划将完全为私人所有的土地上的地表水(即泉水的源头地以及完全位于私人土地上的湿地)的水权授予西澳大利亚州,普通法仍适用于不受制定法限制而取得地下水的人[1]。

根据澳大利亚政府委员会(Council of Australia Governments, COAG)制定的"水工业战略框架",生态标准已经成为澳大利亚水资源计划制度的基础。根据西澳大利亚《环境保护法》(1986年)的规定,如果水与河流委员会的计划与政策在实施时有可能会对环境产生重大影响,水与河流委员会必须将其计划或政策提交给环境保护委员会,由后者作出环境影响评价。有专家认为,这说明环境保护法优先于水资源法。

3. 维多利亚州的水权

在维多利亚州,早期用水户申请取水和用水不论规模大小,州政府都批准给予其水权。随着水资源供需矛盾的增加,该州逐渐停止了这种做法。由于可授权的水量越来越少,在部分地区已经审批的授权水量甚至超过了可利用水量,新的用水户已经很难通过申请获得水权,该州州政府自20世纪80年代起开始实行水权拍卖。根据该州《水法》,州政府对该州河道内的水和所有地下水拥有使用和控制的权力;农户对河道外的水有使用的权利,同时,有从流经其土地的河道内为家庭生活和家禽饮用而取水的权利;其他取水、用水都需申请。该州《水法》规定,水权分为3种类型:

第一,授予具有灌溉和供水职能的管理机构、电力公司的水权,称为批发水权(bulk entitlements)。对于批发水权的授予,必须在政府公报上发布授权命令,明确规定用水的定量方法(如用水的体积、指定水位等)、是否可以转让以及可以转让的方式和范围等内容和条件。

第二,授予个人从河道、地下或从管理机构的工程中直接取水以及

[1] 南澳大利亚州和维多利亚州已经明确废除普通法上的河岸权,而代之以纯粹的制定法的权利。

河道内用水权利的许可证。这种许可证的有效期限一般为15年,到期前须申请更换。批准的许可证必须有水道保护、用途、最大取水量、保护环境等内容和条件。

第三,授予灌区内的农户具有用水权(water rights),灌溉管理机构必须确保向农户提供生活、灌溉和畜牧用水。

上述三类水权都可以转让,包括临时性转让和永久性转让、部分转让和全部转让、州内转让和跨州转让。水权转让的价格完全由市场决定,政府不进行干涉;转让人可以采取拍卖、招标或其他其认为合适的方式进行。但是,水权转让必须遵守州议会通过的规则。灌区内具有用水权的农户或许可证持证人将其拥有的水权永久转让给具有批发水权的供水机构时,供水机构须向自然资源与环境部提出申请,将转让的用水权或许可证转换成批发水权。到20世纪末,该州水权永久转让年交易量为2500万立方米,临时转让年交易量2.5亿立方米,在该州北部已经形成固定的水权交易市场。通过水市场购买水权是新用水户获得所需水量的有效途径,因节约用水而具有剩余水量的用水户也可以通过转让获得收益。

4. 昆士兰州的水权

昆士兰州于20世纪初制定了《水管理法》(Acts Regulating Water)。根据该法,在昆士兰州的所有水资源(包括江河、湖泊中的淡水和地下水)属于州政府所有,州政府向用水户(包括从水利工程供水及从未建工程的河段直接取水)发许可证,用水户藉此可以取水。这种许可证的期限通常在2年至10年之间(大多数为7年左右)。该法授权州政府对水资源进行控制和管理。

根据《水管理法》建立的供水机制是:该州的水利设施(如大坝)建设和向用水户供水主要由州政府负责,即由州政府建设水利工程、由州政府向灌溉农业供水、由州政府向灌区农户发取水许可证、由州政府建供水设施向居民供水、由州政府制定向农业灌溉用水予以补贴的政策,即把供水视为一种行政行为。根据这种认识建立的取水许可证制度和相应的登记制度的主要特点是相当纯粹的行政性管理。由于州政府拥有所有水资源,直接管理所有供水设施,州政府在建设水利设施时主要考虑政治利益而不是从商业、经济观点出发,几乎不考虑水利投资必须获得的正的回报率,因而不太关心水价问题、也不需要对水权问题作出明确规定。这种供水机制产生了如下一系列问题:第一,由于供水不计成本或低成本,使政府因供水产生的财政负担过重,用于供水设施的财政预算压力过大。第二,实行行政许可证制度条件下的供水只承认许可证发放者与许可证持有者之间的行政管理关系,不承认水利设施经营管理者和取水许可证持有者之间的经济关系,这使得水利工程或供水公司的经营管理者缺乏改进经营管理、提高效益效率的积极性。第三,由政府包管供水,不利于民间经济或私营经济企业参与供水活动。如果州政府管理机构不再承担现有供水设施运行的功能,原有的行政安排和行政处理就很难继续发挥作用。第四,不利于在水资源领域建立市场机制。随着州政府日益关心以成本为基础确定水价问题,民间经济或私营经济实体越来越多地卷入对水利工程特别是供水设施工程的参与,因而产生了供水成本、价格、获利等供水的利益机制问题。单纯依赖政府的行政供水机制不利于通过市场机制促进节约用水,容易产生类似于"公有地"的悲剧。要想用市场机制和经济手段来取代行政机制和行政手段,必须通过双方签订合同使水利设施所有者和用水户之间的关系建立在具有更多经济含义的基础上,必须将免费、低费供水或者供水行政定价过渡到以市场成本为基础的供水定价上来。

为了克服单纯依赖行政建设水利设施、行政管水、行政供水等水资源行政机制的弊病,2000 年制定的新《水法》(Water Act 2000)在保留州政府(通过自然资源部)负责州水利规划和水分配事务等政府职能的前提下,设计了一个把水资源行政管理机制改革(水分配和资产维护等问题)、组织机构改革(建立"Sun Water"公司和其他水资源法人机构)和水价改革相结合的综合机制,对原水行政机制作了根本性的创新。新《水法》(Water Act 2000)的主要革新如下:一是制定流域性水资源规划(Water Resource Plan),从宏观上寻求消费性用水与非消费性用水的平衡。该规划利用基于长达 100 年的河流水文资料的水文模型或降雨资料来编制,明确规定了环境用水的目标以及用水户取用水可靠性指标。二是通过流域性或地区性的资源运行计划(Resource Operations Plans)来逐步实现流域性水资源规划。如果一个流域有多余的水资源可供未来开发,则允许私营经济以竞争的方式参与开发。三是采用一种称之为水分配(Water Allocation)的新的水权授予方法,将水权与土地权分离,并允许水权在市场进行交易;如果水利工程有多余水量,这多余的水量属于大坝所有者。水量分配与土地分配类似,由州政府登记。向大坝工程运行者(水公司)颁发水资源运行许可证(Resource Operations Licences,ROL),授予大坝运行者分配由大坝输送的水量的权利,运行者可为水库蓄水制定运行规则,如环境用水的泄水规则和用水户分享用水的规则等。如果灌溉用水户要求把分配给他们的水量出售给其他用水户,则购水者和水资源运行许可证持有者之间必须签订一个新的供水合同;如果拥有所分配水量的用水户不向资源运行许可证持有者支付水费,则资源运行许可证持有者有权在市场上出售该部分水量。这意味着从过去取水许可和行政管理的办法改为与大坝管理者签订供水合同的根本性转变,从取水许可逐步转变为水量分配;行政许可是由行政机关批准的一种行政方式,水量分配则是通过签订供水合同的一种民事方式,而供水合同则建立在水法和水资源规划规定的用水户取用水可靠性指标的基础上。因此,新老机制的主要区别在于新的水量分配方法是与土地分离的并可在市场上进行交易的水量(即水权)。

州政府在 2000 年 10 月已将其拥有的大坝和灌区分离出来,建成了一个独立的称为“Sun Water”的企业。为了使“Sun Water”公司和该企业用水户过渡到新体制,新《水法》作出了过渡性安排,即规定由“Sun Water”公司向过去已经获得许可证的用户临时供水,签订供水合同。到 2000 年底,全昆士兰州已经签订 34 个由“Sun Water”公司向用水户供水的合同;同时,将某些水利工程尚未通过许可证分配出去的水量分配给“Sun Water”公司控制。州政府已经将临时性的水资源运行许可证颁发给“Sun Water”公司,该公司已经有权制定水利基础设施的运行规则,已经制定了一个 5 年水价改革计划,其目标是推动以供水成本为基础确定水价的水价改革,争取在 5 年时间内尽可能地使水费收入能补偿大坝和供水系统的运行、维护和大修费用。

(三)水权特点和发展趋势分析

1. 河岸权

河岸权是一种历史比较悠久的水权,也是最注重人与自然关系、人与土地关系、人与水的关系的一种权利形式。在英美法系国家,在一个相当长的时期内,江河湖海等水流作为人类无法控制、独占的共有物,没有形成水资源所有权的概念,只能通过土地所有权(主要表现为河岸权)来调整水资源权益。例如,英国法律没有直接确立溪流、河流及天然渠道中流水的所有权,而主要依土地所有权或以土地所有权为基础的地上权和河岸权来确定水资源的私人所有权,即将水作为土地的附属物:在私人土地上的地表水和地下水属于土地所有人,而流出私人土地的水流则成为公共水流,将流水的所有权授予毗邻河岸的土地所有者。在澳大利亚,传统上由普通法从如下几个方面调整水权关系:土地所有人有权利用流动于其土地之下的地下水和从其土地中喷出的泉水;土地所有人有权利用流经其土地地表的未加控制的水流;水道或湿地的岸滨的所有人(即河岸权人)拥有对水的水流权和使用权;河岸权从属于土地,因为河岸权仅可为相邻于水道或湿地的土地而行使;对水的使用权不可分割,也不可独立于土地所有权或占有权而为转让。河岸权来自法国的民法。19 世纪初,英格兰法庭将河岸权纳入其普通法。受英国法影响的美国司法制度也接受了河岸权原则,密西西比河以东的州通常采用河岸权制,即只有有水源流经的土地所有人才有权要求获得水权。河流由水及河岸(包括河床)组成,河岸权与河岸即土地有密切关系。河岸权是指河岸土地的所有人拥有该河流一定数量和质量的天然径流,河岸权禁止河流上游地区大幅度增减河流水量(如大规模泄洪和取水)以致下游地区受到不利影响。

河岸权具有如下特点:只有靠近河岸的土地所有人才拥有河岸权,河岸权依土地所有权的移动而自动移动,如果河岸土地被分割出售或转让,则不靠近河岸的那块土地将失去河岸权;河岸权与流域外的土地没有联系,即使流域内外的土地连成一片,流域外的土地也没有河岸权,即河岸权所有人无权利用其拥有的流域内的水资源去灌溉其流域外的土地;河岸权只适用于天然河流等天然水体,即人工河道(水库、水渠等）周边的土地没有河岸权；所有河岸权所有人具有同等的权利，即同一河流的上下游、左右岸的河岸权所有人具有同等的权利，在河岸权所有人之间不存在优先问题（但事实上上游河岸权所有人却总是优先享尽河流之便）；河岸权的所有人的用水量受到其他河岸权所有人的限制，任何河岸权所有人无权损害其他河岸权所有人的利益；在河流水资源丰富时河岸权所有人可以无限利用水量，在水资源短缺时则按比例在河岸权所有人之间合理分配水量，即河岸权在这种意义上没有排他性，判断合理分配水量的依据是河岸土地面积的大小、土地特性、用水的重要性以及用水对下游地区的影响或损害大小；除非有特别规定，河岸权与水量无关。

2. 占用权

占用权注重切实的人与水的关系，反映的是一种具体的人水关系。占用权由西班牙人根据罗马民法的精神形成，后来又由西班牙人将其带到美洲新大陆，对美国的犹他、亚利桑那、新墨西哥和科罗拉多等州产生重要影响。据说摩门教徒最先在其居住的美国犹他州奉行水资源占用权原则。早在20世纪40年代在美国犹他州进行大面积灌溉的昂格鲁－萨逊人就订立了一个原则：最先有效利用水资源的人，有资格继续享有优先于后来者的使用权。这就是后来广为人知的优先占用原则，该原则意味着拥有最早的优先权注册日期，并从那时起一直使用水资源的人，拥有先于其他后来者从该水源引水灌溉的权利。在科罗拉多州的水占有权可追溯到19世纪50年代，对占有权的简单解释是“谁先占，谁有优先权”；该州大多数河流的水权自1890年以来已经被超额占有（超额占有指在一年中的某些时段，较年长水权占有者的权利不能得到满足）。美国俄勒冈州于1909年制定了第一部统一的水法，引进优先占有制作为水权的管理方法，即在一个水源上第一个取得水权的人将是在枯水期最后一个被剥夺用水权利的人，开始获准允许用水的日期就成为该水权的优先日期。

占用权具有如下特点：占用权的核心是“先来者优先原则”，又称为先占权、“时先权先”，即先占者有优先用水权，先期获得占用权的人的用水权利高于或优于后来者的权利，后来者是否可以获得占用权取决于是否有多余的水量,在水资源缺乏的情况下,不按平均原则向占用者分配水量,而是按占用时间先后顺序依次满足用水需求,先期获得占用权的人可优先获得规定数量和质量的水,从这个意义上可以认为占用权人具有排他性优先权;强调水的可利用性,占用权人可以将其拥有的水资源用于远离河道甚至流域外的土地,也可以将其所占用的水去换取经济收益;占用权强调用水的合理性,即水的使用不能损害他人利益,可以通过立法对占用权加以限制。

3. 当代水法中的水资源所有权越来越向国家水资源所有权发展,在水资源所有权和使用权中越来越多地强调水资源使用权,对水资源使用权越来越多地强调水资源使用权流动

随着水资源开发利用规模的扩大和水资源问题的日益严重,普通法的上述规定已经不适应水资源的使用和管理。随着水资源的紧缺和人类科学技术能力的提高,一些国家的法律开始将江河湖海等水源赋予所有权概念。例如,在俄罗斯,水资源所有权分国家、单位和个人所有权等多种类型。根据《俄罗斯民法》,个别零散水体可以属于市镇机构或一些公民和法人所有。《俄罗斯联邦水法》(1995 年)第 33 条规定:"水体可以属俄罗斯联邦所有,也可以属俄罗斯联邦各州、区所有。在国家所有权下,一个水体不能同时分属于几个不同州、区所有。"第 35 条规定:"所有一切水体,包括那些不属于个别市镇、公民和法人所有的零散水体,均应属国家所有制范畴。"第 39 条规定:"属城乡居民点及其他市政单位所有权的一些个别散落的水体,一般规定为市属所有制。"

为了便于加强政府控制,水的所有权呈现出向公有制方向发展的趋势;为了保障公共用水,水资源所有权开始向公益权发展。1976 年在委内瑞拉首都加拉加斯由国际水法协会召开的"关于水法和水行政第二次国际会议",公开提倡:一切水都要公有,为全社会所有,为公共使用,或直接归国家管理,并在水法中加以固定。如日本《河川法》第 2 条规定:"江河属国家产业,它的保护、利用及管理应予恰当进行,应力求达到前条所规定的各项目标";"江河水流不得隶属于私人所有"。英国是实行沿岸权的传统国家,水权属于沿岸土地所有者,但 1963 年

制定的水资源法也开始规定“水属于国家所有”。英国要求所有要从水源取水者必须要经过河流管理局的批准并登记注册。英国在立法上改变以往硬性规定的传统，取消了不合理的优先权，采用更加灵活的不完全用水法定顺序制度，即立法中只对个别用水（如家用及公共用水）的优先地位加以确定，而对其他用水只作概括性的规定。不完全的用水法定顺序制度更具有现代水法的特点，它以公共利益为确定优先权的唯一或主要标准，灵活性和适应性强，为水的合理分配使用提供了良好的条件。不过，这种制度因赋予水管理部门较大自由裁量权，有可能导致管理者决定用水优先权的任意性过大，甚至可能出现管理者擅权武断的现象。为此，英国对用水管理者的管理权限也作了必要的限制。英国水法也确定了生活用水优先的原则。法国水法的改革是朝国家水资源所有权的方向发展，在传统上地下水属于上覆的土地所有者；但 1964 年《水法》却规定，除家庭用水外，抽取地下水要受政府监督；在特别水管理区，各种用水都要经过批准；为防止水源枯竭，有些地方法规还要求打 80 米以上的深井要经过批准。根据我国的《宪法》和《水法》，水资源所有权属于国家。

但是，当代水资源所有权并不是传统民法中的那种典型的、严格意义的物权、私权，而是具有国家行政权的性质，主要由国家主权派生，更多地表现为国家管理权的性质。与此相呼应，当代水权的所有权特性逐渐淡化，社会各界重视和强调的是水资源使用权而不是所有权，在水资源使用权方面又出现了水资源使用权转让的趋势。例如，法国《水法》第 1 条明确规定，“水是国家共同资产的一部分。作为一种可利用资源，在尊重自然平衡的同时，其保护、增值以及开发应符合大众利益”；“在法律法规的框架范围内，和其他已确定的权利一样，用水的权利属于所有人”。目前，各国普遍采用核发用水许可证的方式，按照法定程序确认用水户的水资源使用权。国家颁发用水许可证，实质上是转让国有水资源使用权。水资源使用权的转让一般采取意定（即协商）方式。智利是在水资源管理中鼓励使用水市场的几个发展中国家之一，该国在 1981 年颁布的水法规定，水是公共使用的国家资源，但根据法律可向个人授予永久的和可转让的水使用权。

为了提高水的有效利用和优化配置，各国水法在规范水资源使用权时都规范对水资源的有效利用、有益利用。各种水资源使用权理论，包括源于河岸权的用水权和源于优先占有权的用水权，也都强调水的有益利用。河岸权认为，拥有毗邻水源的土地的任何人有权引水作有益的利用；优先占有权认为，谁较先用水作有益的利用，谁就拥有较优先占有水的权利。水资源使用权只是承认利用自然界供水的合法权利，但并没有体现水本身的价值或利益。只有将水作了有益有效的利用并且将水权作为一种可转让的财产时，水权的财产权益才有了归属。一般认为，为证明是有益的利用，水必须是用于经济活动，诸如灌溉、工业用水、市政公共用水等都是有益的利用水的方式。许多水法都有水的有益利用的规定。例如，美国怀俄明州的水法有“有益利用”的规定，“在所有的时间内有益的利用水，应该作为对水权的度量和界限的依据”，即对一个水权的实际度量将不是水权档案中所规定的总水量，而只是用户已经并维持使用的那部分水量。为了保证水权人的水权不受损失，用户必须：引用你水权所规定的所有的水；在许可期内灌溉所有有权浇灌的土地。水权人必须特别重视水权的有益利用的历史记录，只有对水做完全有益的利用才能保持其在该州的水权；没有有效、有益利用水资源将导致水资源使用权的削减或丧失。美国俄勒冈州的水法要求所有被水权持有者所引用的水都要做有益又无浪费的利用；一个水权只要不是故意取消和没有相隔 5 年或更长的一段连续的时间不进行有益的用水，该水权就保持有效；如果一个水权的任何一部分连续 5 年或 5 年以上没有使用，这部分水权就可被没收并归还给公众，就好像这部分水权没有存在过一样。如果你有一个可灌溉 40 英亩土地的水权，但你只灌溉了 20 英亩，如果你连续超过 5 年未灌溉剩余的那部分土地，那么，未灌溉的这部分土地的水权就可被取消。

当代水资源使用权的另一个特点，是将传统的“惯例权”纳入水资源使用权的范畴。水资源使用权可以是一种通过法律、习惯或意志确立的权利。水资源使用权的权能、取得、期限、适用范围，可以通过法律或习惯确立，也可以通过双方协商同意即意定。对于历史上已经习惯形成或长期存在的少数民族、村庄的水资源使用权，各国法律大都予以承认。例如，美国俄勒冈州就承认“惯例水权”。该州的业主如果在1909年水法以前已经开始用水，并在此之后一直保持用水，业主就按惯例享有水权。由于这种惯例水权是附属于用水的地产，所以即使该地产的所有权改变了，这个惯例水权也还是一个事实；如果业主要求对这个惯例水权进行确定和登记注册，必须通过一个称之为判决诉讼的程序。法院通过调查审查，作出谁享有水权、该水权的用水量和用水地点、优先使用日期等判决；州水资源管理部门据此可颁发水权证书。该州已对100多条河流颁发了惯例水权的判决令，对大多数判决令决定的水权已经颁发了水权证书。判决诉讼程序还判决确定联邦保留地水权，包括印第安保留地和其他联邦保留地的水权。

4. 当代水法开始纳入“河流流量和湖泊正常水位权”等新型权利

当代水法、河流法发展的一个重要特点和趋势，是通过规定“河流流量权和湖泊正常水位权”间接承认河流的法律地位和河流的法律权利。有些国家已经通过立法规定了河流最小流量或最低水位，由于维持河流最小流量可以保护鱼类、野生动植物、休闲娱乐场所和河流的美学价值，所以被认为是河流权利、河流生物权利和人的环境权。例如，美国许多州都规定了维持河流基本流量和湖泊正常水位的权利。在美国科罗拉多州，为了在开发水资源和合理地保护水环境之间达成平衡，参议院于1973年通过的第97号法律，授予科罗拉多州水利委员会代表该州公民拥有确保河流流量和湖泊正常水位的独一无二的权利，又称“河流流量和湖泊正常水位权”，简称“河流流量和湖泊正常水位权”，其目的是保护自然环境。由于该州早在19世纪50年代就已实行水占有权制度，对占有权的简单解释是“谁先占，谁有优先权”；该州大多数河流的水权自1890年以来已经被超额占有(超额占有指在一年中的某些时段，较年长水权占有者的权利不能得到满足)。为了维护“河流流量和湖泊正常水位权”，该州公众可以通过各种义务活动来帮助保护河流流量包括将他们自己拥有的水权捐献给州水利委员会，州水利委员会除了努力申请新的水权外，还实施了“水获得计划”，各种政府实体、环境资源保护组织、企业和个体户纷纷将他们已经优先占有的水权捐献给水利委员会，以维护和增加全州的“河流流量权和湖泊正常水位权”。该州水利委员会已对全州8000英里长的河流和486个湖泊拥有河流流量和湖泊正常水位权。自从实行河流流量和湖泊正常水位权以来,该州的生态环境获得了很好的保护,居民可以享受河流和湖泊的美丽景色,野生动植物特别是水生生物也因此受益;由于河流流量和湖泊水位保持在合理的水平上,该州的旅游业、水上娱乐业也得到了长足发展。与河流权利有关的还有河流中生物(如鱼)的权利,即水生生物基本用水的权利。为了保护水生物的正常生长和维持水生生态系统的生态平衡,很多国家的法律都明确规定必须保证江河湖和地下水体的自然流量或生态用水的需要,这实际上就是保护水生生物。例如,在美国俄勒冈州,为了保护鱼类、减少污染的影响和维持娱乐活动的需要,1987年的水法规定了水源内水权,允许鱼类、野生动植物和环境质量机构以及公园和娱乐场所申请水源内用水权,授予俄勒冈水资源管理局批准水源内用水权的权利。水源内水权可以确定在一条河流中各河段的特定的测点上各个月的水位高度;它与其他水权享有同等的法律地位,它虽然不能影响优先日期比它早的水权用户的用水,但是一种具有较早优先日期的水权。当水源内的水量小于水源内水权所规定的量时,水资源管理局将要求比它优先日期迟的水权用水户停止引水。当申请风景地的河流或其上游水源的水权时,水资源管理局需要根据法律来考虑该水权是否会损害风景地的娱乐、鱼类和野生动植物的价值,该局将测算为满足这些用途河流内所需要的流量,该流量将作为是否在该地河流及其上游批准新水权的依据。

五、各国河流法的特点和发展趋势

从各国水法的发展历程可知,立法先行,通过建立健全的法律政策体系,以保障水资源管理制度的实施,是各国普遍的做法和经验。

1. 与时俱进地反映新观念和新方法

各国当代水法或河流法对水资源及水资源的合理开发、利用、保护、改善和管理都体现了较高的认识,反映了当代社会在用水、保水和管水方面的许多新观念、新方法,如水是一种稀有资源、水资源的可持续利用、水的合理开发利用、水的公平公正利用、满足当代和后代的水需求、水资源的综合管理、流域生态系统综合管理等。上述新观念、新理念主要体现在水法律文件的序言、总则、立法目的和适用范围上。

例如,《南非共和国水法》序言中申明:“水是一种稀有的,且时空分布不均衡的国有资源”。“水资源管理的最终目的是要使水达到可持续的利用,从而使所有的用水户受益”。“保护水资源的质量,对于保证水资源的可持续利用和维护所有用水户的利益是必不可少的”。该法第 3 条规定国家是水资源的公共托管人,部长最终有责任保证从维护公共利益出发使水得以公平配置和有益利用,并提高水的环境价值”。

加拿大的水利工作在经历了“水开发”、“水管理”进入可持续水管理阶段后,水管理理念不仅强调水的消费性价值,也强调水的非消费性价值,着眼于构筑支撑社会可持续发展的水系统,确保当代人和下代人用水权的平等。体现了加拿大水管理理念的长远性。

而 1992 年法国《水法》第一条则明确宣布:“水是国家共同资产的一部分。作为一种可利用资源,在尊重自然平衡的同时,其保护、增值以及开发是符合大众利益的。”

2. 明确规定水资源和河流流域管理的机构及其职责

健全高效的水管理机构是实施高效水资源管理的基本保障。通过立法明确而详细地规定国家水资源管理机关的职责,赋予流域管理机构相应的行政管理权和水资源开发自主权,是依法行政、依法管理保护水资源、建设水资源保护法治秩序,防止行政越权、滥用权力和违法行政,保障流域统一管理与分级管理制度的实施的根本保证。

目前各国水法或水资源保护法都有水资源管理机构和管理体制的规定,并且在篇幅上占有很大的份额。例如,《日本河流法》规定了河流的管理、河流管理的监督、河流审议会(包括设置与职责)等管理体制问题。《罗马尼亚水法》对水管理机构的设置及职责作了具体规定。法国《水法》明确规定了国家、流域委员会、地方省区乡镇分级管理的责任、权利和义务,同时,把参与水事活动的政府机关、事业单位、企业单位的职责明确分开,各自在法律赋予的权限范围内充分发挥作用,若有越权或违法行为发生,通过法律手段予以纠正或处罚。《美国联邦水污染防治法》规定了一系列有关水污染防治和水资源保护的机构及其职责，如国会、总统、环保局、农业部、卫生教育和福利部、住房和城市发展部、内务部、水资源委员会、国家宇航局、国家海洋与大气局、地质调查局、陆军部、海岸警备队、田纳西流域管理局、公共卫生机构、水土保持机构、水质情况顾问委员会、水污染控制顾问委员会、国家研究委员会等许多机构及其职责。许多国家对管理机构的职责规定得非常具体，这是在水资源保护管理方面依法行政的可靠保障。

《加拿大水法》的主要内容是有关管理机构职责的规定。为满足可持续水管理的需要，加拿大联邦政府、省政府及地方政府的水管理机构进行了较大规模的改革。联邦政府水管理机构的改革以强化对水这一基础性资源的综合管理为目标，主要体现在加拿大环境部、渔业与海洋部及农业部等联邦政府部门在机构重组中，加强了涉及水管理的机构设置。省级政府围绕可持续水管理的机构改革力度最大，其主要特点是：成立专门水管理机构，将原来分布于政府诸多机构的水管理权集中于一个或少数几个机构。

立法对流域综合管理的重要性在于：立法确立流域管理的目标、原则、体制和运行机制，并对流域管理机构进行授权。建立有效的流域管理机构是实施流域综合管理的体制保障，各国流域管理机构均根据相关立法、协议或政府授权而建。例如，墨累－达令河流域通过联邦政府与州政府的《墨累－达令河流域动议》建立了部级理事会、流域管理委员会和社区咨询委员会。美国根据流域法律成立了田纳西河流域管理局，通过联邦政府与州政府协议建立了特拉华河流域委员会。

国内通过立法规定的流域管理模式主要有3种：一是将流域水资源管理权集中在一个单一的实体“流域管理局”手中，称为“流域管理的水文模式”，即水资源管理的组织体制以水文分界线为基础，又称“流域管理局模式”（Authority），流域管理局通常是一个职权很大、范围很广的机构；二是将流域水资源管理交由非水文为基础的省、自治区和其他机构负责，称为“行政模式”，又称“流域管理委员会模式”（Commission），流域管理委员会（如澳大利亚的墨累－达令河流域委员会）通常是一种流域内成员的政府机构合伙形成的机构；三是介于“水文模式”和“行政模式”之间，将流域水资源管理权交由一个肩负协调任务的流域委员会负责，又称“协调理事会模式”(Council/Committee)，协调理事会(斯里兰卡和马来西亚的水资源理事会)通常由流域内的不同部门或机构的代表组成。流域机构和管理模式的多样性反映了流域独特的自然人文特点、历史变化和国家政治体制。切不可简单地认为，只有田纳西河流域管理局才是最有效的流域管理机构。例如，罗斯福在1937年曾提出计划，拟在美国成立7个“类似于田纳西河流域局”的机构，但这个计划一直没有实现。印度尼西亚曾仿照美国田纳西河管理模式，于1974年在雅加达附近的芝塔龙河流域建立了一个综合性流域管理机构，但是随着时间的推移，该管理机构逐渐失去了它的权力，而沦为依赖于中央公共工程部的一个负债累累的包袱。菲律宾曾于20世纪70年代，配置了一个非常现代化的水资源法律框架，包括成立流域管理机构，但实际上除了建立效率不高的拉古湾开发管理局外，再也没有建立其他流域机构。流域管理机构是流域综合管理的执行、监督与技术支撑的主体，虽然不同的流域管理机构在授权与管理方式上有较大的差别，但它作为利益相关方参与的公共决策平台，其权威性往往是各种利益平衡的结果与反映。各国流域机构的经验证明，有效的流域管理机构通常有法定的组织结构、议事程序与决策机制，其决策对政府有制约作用。

在流域综合管理的框架下，健全的流域政策、合理的流域权利结构特别是对支流与地方的适当分权是流域管理落实到实处的重要保障。例如，南非成立了19个流域管理区，每个流域管理区由9~18位利益相关方与专家组成一个流域管理机构，他们根据各自的需要提出流域管理策略，并负责具体执行与实施。墨累-达令河流域有18个属于非营利机构的支流委员会，负责所在流域生态恢复计划的制定与项目设计等工作。将全国按水系划分为六大流域，在各流域建立流域委员会和流域水资源管理局，统一规划和管理水资源，实现流域水资源的高效开发利用。另外，在流域管理组织体系中增加为管理决策提供咨询的咨询机构，对于流域管理的有效实施也具有重要作用。

3. 逐步走向流域综合管理或流域综合生态系统管理

与管理机构改革相呼应的是管理方法的改革，主要表现为流域综合管理和综合生态系统管理❶的原则和方法。

早期的流域概念主要反映流域的水文学特征，即将流域定义为一条河流的集水区域，其边界为某一河流集水区与周边地区的分水岭。自20世纪70年代以后，研究者普遍认为，流域是一个综合性的生态系统，它不仅包括流域内的水文网络，还包括流域内的人口、环境、资源、经济、文化、政策和决策等要素，是地球表面具有明确边界、普遍具有因果关系的特殊区域，通过物质输移、能量流动、信息传递互相交识、互相制约组成的自然－社会－经济复合系统。流域是完整的自然地理单元，水是最重要的联系纽带；流域也是独特的人文地理单元，流域上下游之间相互影响，其物质与能量交换是流域社会经济与文化的纽带。上述特征决定流域管理必须是一种跨部门和跨行政区的综合管理。

流域综合管理是指在流域尺度上，通过跨部门与跨行政区的协调管理，开发、利用和保护水、土、生物等资源，最大限度地适应自然规律，充分利用生态系统功能，实现流域的经济、社会和环境福利的最大化以及流域的可持续发展。也有人认为，流域综合管理是以流域为管理单元，在政府、企业和公众等共同参与下，应用行政、市场、法律手段，对流域内资源全面实行协调的、有计划的、可持续的管理，促进流域公共福利最大化❷。流域管理不是原有水资源、水环境、水土流失等要素管理的简单加合，而是基于生态系统方法和利益相关方的广泛参与，试图打破部门管理和行政管理的界限；它既非仅仅依靠工程措施，也非简单恢复河流自然状态，而是通过综合性措施重建生命之河的系统综合管理。传统的流域管理注重工程的、单一部门的、单一要素的、以行政手段为主的管理。流域综合管理更注重河流经济功能与生态服务功能的协

---

❶ 综合生态系统管理（Intergrated Ecosystem Management，IEM）是强调生态系统各生态功能和服务之间的关联，生态系统与人类社会、经济和生产系统之间关联的一种综合管理的方法。

❷ 杨桂山等编著：《流域综合管理导论》，科学出版社2004年版，第10页。

调。流域综合管理把维持和重建生态系统的自然生态过程作为目标之一，并把它作为维持人与自然协调发展和提供清洁淡水的先决条件，强调发挥河流经济功能与河流的自然生态过程相协调。除行政手段外，流域综合管理注重通过规划、公众参与、信息共享等方式，促进相关利益方的交流与沟通，并把它作为解决流域内上下游、左右岸、不同部门与地区间冲突的综合手段。流域综合管理最重要的特征是基于生态系统的管理，即综合生态系统管理（IEM）。该方法被认为是实现流域可持续发展的一种基本方法，是一种一体化的综合管理模式，它强调水资源系统的各组成要素及其与人、社会、经济和环境的关系。流域综合管理的目标是维系人与自然的和谐共处，并实现流域社会、经济的可持续发展。为了实现这一目标，必须利用若干的法律法规，调控社会经济领域的各项活动，使之进入"有序"状态。

20 世纪末 21 世纪初，基于生态系统的流域综合管理成为主流，河流健康、生物多样性保护、湿地保护等领域越来越受到重视，流域管理的方法和内容更加丰富和完善。20 世纪末，一些国家和地区制定了专项法律、法规，把流域综合管理作为水管理的基本框架。在国际上，综合生态管理的 12 条原则和 5 点导则最早在 1995 年在马拉维召开的生物多样性公约大会的一个专家组会议上提出，2000 年 5 月通过了有关综合生态系统管理方式的说明及 12 项原则的"生态系统方式"决定（V/6），将其作为该公约内的一个重要实施框架。后来这 12 条基本原则及其操作指导方针在 2003 年 10 月 10 日至 14 日在蒙特利尔召开的生物多样性公约大会科技咨询辅助机构的第九次会议上获得通过。2004 年召开的《生物多样性公约》缔约方第七次会议正式通过了《生态系统方式决定》（UNEP/CBD/COP/7/21，VII/11 生态系统方式），再次肯定了"综合生态系统管理"。2006 年 3 月 20 日至 31 日在巴西库里提巴市举行的《生物多样性公约》第 8 次缔约方大会，再次确认了综合生态系统管理方法。其他的一些国际公约，例如《联合国防止沙漠化公约》也已运用这些原则[1]。2000 年通过的《欧盟水框架指令》，其主

[1] See：http：//www. iucn. org/themes/cem/ea/index. htm。

要目标之一是对其29个成员国与周边国家实施流域综合管理。2004年,联合国可持续发展委员会第12次会议呼吁各国政府采取流域综合管理措施。

欧盟各国、美国、加拿大、澳大利亚和南非等的管理者已经认识到,传统的流域管理必须向基于生态系统的流域管理转变。例如,墨西哥1992年的《国家水法》要求“在被认为适合进行水资源的规划、开发和管理的理想地理单元的流域内,对地表水和地下水的水量和水质进行统一管理”。南非《水法》(1998年)第三章对水资源保护做了明确规定,强调对全部水资源实施全面的综合保护。在加拿大,水管理机构已普遍把生态系统方法作为管理区域水资源与水环境的主体方法,生态系统方法在水管理领域的广泛应用导致了水管理决策信息的多元化。由于加拿大的可持续水管理将水与社会、经济等联在一起,将水管理与土地、森林等环境资源的管理联在一起,因而水管理机构非常重视水管理决策信息的多元化。由于可持续发展的实践客观上需要社会成员的广泛参与,加之水环境问题在加拿大越来越成为一个公众关注的问题,加拿大的水行政管理部门在积极开展水资源可持续利用意识的公众教育的同时,也积极让社会各阶层的成员参与水管理决策,大力推动水管理决策信息的社会化。决策信息的多学科化和社会化使加拿大水管理机构出台的水管理决策越来越合理、越来越公平、越来越能够被高效地执行。

法国在水环境和大河资源管理方面,自1946年以来已经认识到综合管理(一元化管理、流域管理)的必要性。1964年通过的新《水法》第一次对水资源的综合管理作出了规定,第一次正式规定了流域内的用水户和公众有权参与水资源规划与管理工作。1992年法国颁布了称之为《确定和构建水社区》的新水法,该法将欧盟的某些水政策引入法国的法律,规定了流域水环境全面管理规划、水社区、污染者付费政策、协调和合作原则以及流域委员会和流域水务局等重要问题。该《水法》体现了以流域为单位进行综合管理的政策原则,明确规定流域水资源开发管理规划必须由流域委员会来制定,以保证流域的综合治理能取得实效。从总体上看,法国按流域进行的水资源统一管理属于以政府行为为主的资源管理,是以法律的、行政的管理手段为主(如制定流域规划、水资源的配置、确定水权、收取水资源税费、发放取水和排放污水许可证、检测和控制河流水质标准、保护生态系统等),以经济手段为辅,注意行政手段与经济手段的结合。将水资源的水量、水质、水工程、水处理等进行综合管理,是法国流域水资源管理的特点与成功的标志。不仅管理地表水,也管理地下水,既从数量上管,又从质量上管,充分考虑生态系统的平衡,体现了对流域水资源的可持续利用和区域社会经济可持续发展的思想。流域机构注重从经济、社会、水环境效益上强化水资源的综合管理,重视与强调水质与污染控制管理力度,通过政策、法规、经济手段等方面的措施促进节水对流域进行全面规划、统筹兼顾、综合治理。加强政府在水资源管理特别是在取水许可管理中的调控,是法国流域综合管理的一个重点。

美国密西西比河流域管理的发展趋势之一是加强对河流的保护和流域生态系统管理。例如,密西西比河流域联盟(MRBA)认为,密西西比河流域是一个庞大的生态系统,局部及区域的环境问题均会对整个流域生态系统造成影响。为此,它动员一切力量参与水资源保护和水环境健康问题的解决,倡导环境司法,主张从整体上保护河流系统的生态完整性。为了加强对密西西比河流域生态系统的综合管理,美国环保局在密西西比河流域的6个区域主管、墨西哥湾计划的主管及美国环保局水办公室的长官共同签署了著名的《圣路易斯协定》,该协定认识到:密西西比河是国家历史、文化及环境的重要组成部分,决心采用生态系统方法对密西西比河流域进行最高水平的管理。该规定签订后,美国环保局于1997年成立了密西西比河流域系统工作组(MRBST, Mississippi River Basin System Team)。该工作组通过对流域生态系统和水质进行监测和控制,使河流流域和多种多样的自然资源得到整体保护,并使美国环保局与其他联邦机构、部落、地方社区以及居住在流域内的人们达到空前的合作与协调。

4. 明确规定水资源管理和流域管理的原则

各国水法或河流法规定或体现的水资源原则或流域管理原则主要有:可持续发展原则;生态系统综合管理原则;多目标开发原则;水资源

的开发、利用与保护相结合的原则；水资源的合理开发利用和可持续利用原则；节约用水、综合用水的原则；水资源有偿使用的原则；重视预防、防治结合的原则；水的分类分级管理原则；重点保护原则；水资源的流域管理原则；水资源保护服务于公共利益原则；污染者负担原则；环境民主原则或公众参与原则；等等。

例如，南非《水法》(1998年)第一章规定了南非水法的基本原则，强调"可持续性和公平公正用水"是南非水资源开发、利用、保护、管理和控制的重要指导原则，这些原则明确了这一代人和今后几代人对水资源的基本需求，以及在保护水资源及与其他国家分享部分水资源方面、通过用水促进社会经济发展方面，以及在建立适当体制机构以实现本水法目标等方面的一些需要。另外，该法还规定了"使用者付费"和"污染者付费"等具体原则。

法国水法对水资源的开发、利用、保护和管理规定了如下原则：按流域统一管理原则；多目标综合利用原则；水生态系统保护原则；国家公共主管部门和流域开发者(水务局)协同制订水开发总体规划和实施方案；"以水养水、专款专用"的原则，用水户和排污者必须付费；统筹规划原则，制定中长期规划，并确定流域投资优先项目。其中多目标开发原则，强调流域的开发与管理从单一目标向多目标综合开发与管理的方向发展，全面协调水资源开发利用工程与水生态环境保护问题，有利于实现所谓流域水资源的一体化管理。

由于水资源涉及河流、湖泊、海洋、水库、地下水、工农业各种用水、各种水保护区，情况相当复杂，因而各国都重视对水实行分类管理。与此相适应，各国水法一般均实行对水资源分类管理的原则，有的将水资源分为地下水、地表水、饮用水等类型；有的将水资源分为公共水域或私人水资源；还有其他分法。例如，法国按照水的所有权将河流划分为公河和私河。《日本河流法》在"河流的管理"一章中规定：属于政令指定的对国土维护和国民经济特别重要的一级河流的管理由建设大臣行使；一级河流以外，对公共利益有重要关系的二级河流的管理，由该河流所在的都、府、县的知事行使；对于二级河流，流经两个以上都、府、县的部分，有关的都、府、县的知事可以协商另外制定管理办法。对水资源实行分类分级管理的原则,体现了水资源管理的地域性特点。根据美国宪法的规定,各州可以制定本州的水法,目前50个州的地表水法和地下水法各不相同。地表水法主要基于各州所处的地理气象条件的不同而有所区别。

5. 水资源管理的法律制度日益健全

各国水资源法或河流法规定的水资源管理制度主要有:水的许可证制度(包括用水许可、排水许可、水污染物处理设施经营许可等);水的申报登记制度(包括水权登记、用水情况登记、排水情况登记等);现场检查制度;水费制度(包括用水费、排水费、采用地下水费等);水的规划制度;水的分区制度(包括水功能区、水资源管理区等);计划用水、节约用水制度;水的监测制度(包括水文监测和水污染物监测等);影响水的人为活动的环境影响评价制度;水资源调度和分配制度;水保护区制度;水事故紧急措施制度;水纠纷处理制度;违反水的法律责任制度;等等。也可以将水资源管理制度分为预防水污染的法律制度、治理水污染的法律制度、节约用水的法律制度、防治水土流失的法律制度等几个大的方面。

流域规划是流域综合管理的龙头和基础,流域规划制度是各国水法普遍规定且比较健全的制度。编制流域规划是流域管理机构进行流域综合管理的重要手段,几乎所有的流域管理机构都将编制流域综合规划作为最重要和最核心的工作,通过流域综合规划对支流和地方的流域管理进行指导,并且流域规划往往是具有法律效力的文件,其规划目标、指标和政策措施具有法律效力。例如,《欧盟水框架指令》的核心是编制流域综合管理规划,该指令要求所有成员国的流域管理区必须每6年制订一次流域管理规划与行动计划。墨累－达令河流域机构在成立之初就编制了《墨累－达令河自然资源管理战略》,近期将其更新为《墨累－达令河流域综合管理策略》,并编制了《盐碱化防治规划》等专项规划。从一些国家的流域规划看,传统的规划比较注重工程与项目规划,而近期的流域综合规划则更加注重目标的设计、重要领域的选择、优先区与优先行动的设定,而很少涉及单个具体的工程项目计划。

公众参与流域管理是新近兴起的制度。国内外流域管理的大量经验证明,提高全社会、公众特别是利益相关者关心水资源问题的意识是确保流域可持续发展得以实现的最有效手段。利益相关方参与水资源管理、流域管理是水资源、流域综合管理的基本要求,是保障社会公平性的基本形式,是实现信息互通、规划和决策过程透明和流域综合管理能否实施的关键。增加决策的透明度、推动利益相关方(包括所有用水户)的平等对话是解决水冲突的最佳方法。因此,各国流域立法大都对公众参与流域管理做了明确规定。例如,《美国公共健康服务法》第14编(安全饮用水法)的1428节规定了公众参与水资源保护的制度,规定"公众参与——在最大可能程度上,每州都应建立程序,包括但并不仅限于建立技术和公众的顾问委员会,以鼓励公众参与制定水源保护区计划。此程序应包括在提交主管机关之前关于州计划的公告和公开听证的机会"。《欧盟水框架指令》提出了关于在《指令》实施中积极鼓励公众参与的总体要求,要求在规划过程中进行三轮书面咨询,并要求给公众提供获取基本信息的渠道。澳大利亚昆士兰省的《水法》规定,在制定流域规划时需要进行两次对公众的咨询过程,并要有书面咨询报告。根据流域管理的内容与要求不同,利益相关方参与的机制也有所不同,例如,参加流域决策机构、流域管理机构或流域咨询机构,参与规划的制定,参与规划的咨询,参加规划的听证会,以及及时告知受影响群体等。法国《水法》体现的水资源管理的原则之一是"水政策的成功实施要求各个层次的有关用户共同协商和积极参与",即"协商对话"的原则。这种对话机制建立在国家级、流域级、地方级3个层次上的。将水资源管理从狭窄的政府组织框架扩大到更广泛的让利益相关者参与中,是法国流域水机构对水资源进行民主化管理的做法之一。法国流域水机构非常重视联合所有用水水户共同参与水资源的管理,通常水政策的制定要经由地方政府、各类用水水户等有关各方共同协商确定。目前法国的用水户组织已成为用水改革的主要力量,流域委员会及水管局机构成员中均有约1/3是用水户代表。流域委员会针对某一个水源的使用,在各个层次的各用水单位之间开展讨论与协商工作,制定水的规划和管理总纲,确定水的平衡管理方针,协调水的各种用途并调和各地之间可能产生的冲突。对于一些重大的水事活动，流域机构首先向社会各界公布，广泛听取相关水问题的决策意见，这样的决策可以较充分地代表各方的意见和利益，体现出了流域水管理中决策的民主化和科学性。南非《水法》依据可持续性、公平与公众信任的原则，将决策权分散到尽可能低的层次，并建立新的行政管理机构；该国还将流域保护与恢复与扶贫有机地结合起来，每年投入约1.7亿美元雇用弱势群体进行流域保护、改善水质、增加水供给。

为了使公众能够更有效地参与流域管理以及保障流域机构科学决策，许多国家的水法建立了水资源信息共享的制度。坚实的信息和科技基础是实施流域综合管理的重要支撑，只有科学地认识流域问题才可能作出科学的规划与决策。流域综合管理需要坚实的信息与科技基础，其中，完善的流域监测网络和现代信息技术应用对进行流域自然、社会、经济的综合决策与管理至关重要。有关流域科学知识的传播也很重要，只有社会各界对流域的生态与环境问题具有科学共识，才能采取一致行动来保护与重建流域生态系统。因此，许多流域立法都规定流域管理机构应通过各种方式提高其科技支撑能力，建立供公众查阅的流域信息平台或流域信息数据库。

6. 水资源所有权越来越向国家水资源所有权发展，在水资源所有权和使用权中越来越多地强调水资源使用权，对水资源使用权越来越多地强调水资源使用权流动

水资源立法和河流立法不可避免的一个重要问题是水资源权利。随着水资源的紧缺和人类科学技术能力的提高，一些国家的法律开始将江河湖海等水源赋予所有权概念。为了便于加强政府控制，水的所有权呈现出向公有制方向发展的趋势；为了保障公共用水，水资源所有权开始向公益权发展。与此相呼应，当代水权的所有权特性逐渐淡化，社会各界重视和强调的是水资源使用权而不是所有权，在水资源使用权方面又出现了水资源使用权流动或转让的趋势。但是，关于水资源使用权是否可以转让或交易，有两种截然相反的做法。以澳大利亚和美国为代表的一些国家主张，为使用水户闲置的水充分发挥效益和缓解供需矛盾，水权可以转让或交易。澳大利亚有关法律规定，水的使用

权可以转让但必须到有关部门办理转让许可手续，其转让费一般都高于原购买水权的费用。昆士兰州2000年制定的新《水法》"允许水权在市场进行交易"。墨西哥1992年的《国家水法》规定通过用水特许权转让的方式建立水市场。美国近年来出现了水交易市场，允许拥有水权者与需水者就交换水的问题进行协商，内务部为此还专门成立了水销售办公室。而以日本为典型的国家则反对用水权的可转让性。日本规定，取水许可一经作出，各方必须遵守，不得违犯，如果分配的水用不完，则归国家统一调配，用户不得自行转让。

为了提高水的有效利用和优化配置，各国水法在规范水资源使用权时都规范对水资源的有效利用、有益利用。各种水资源使用权理论，包括源于河岸权的用水权和源于优先占有权的用水权，也都强调水的有益利用。当代水资源使用权的另一个特点，是将传统的"惯例权"纳入水资源使用权的范畴。对于历史上已经习惯形成或长期存在的少数民族、村庄的水资源使用权，各国法律大都予以承认。

7. 河流的权利及河流生物的权利逐渐在水法中得到体现

在国际法领域，《生态系统方式决定》在原则一中强调"同时也要确保子孙后代以及自然界的需要都得到充分代表"；"对于那些不能直接代表自己利益的利益相关者（比如子孙后代和自然界），必须确保它们由他人充分代表"。这实际上已经承认河流的利益和河流的主体资格，并且已经明确指出通过代理制度可以使河流享有和行使自己的权利。

在国内法领域，当代水法、河流法发展的一个重要特点和趋势是通过规定环境需水量、"河流流量和湖泊正常水位权"承认河流的法律地位和河流（或自然环境）的法律权利。这实际上是承认"河流生命"、"维护河流健康"的河流伦理在立法上的反映。

各国水立法部门和立法工作者通过对环境用水、生态用水和河流价值（包括河流的内在价值）、河流生命的认识，在河流立法中已逐步确立环境需水、生态用水的概念，有的甚至在有关立法中明确规定了"环境需水"，即确认了河流等环境要素的权利。例如，进入20世纪末以来，澳大利亚开始实施新的制定法水权制度，其特点和要点就是"保证适当的环境用水是创设可交易的水权制度的核心条件”、“明确用水者和管理者的环境保护注意义务”、“环境利益必须得到保护”。根据澳大利亚政府制定的《水工业战略框架》(1994 年 2 月 25 日)[1],生态标准已经成为澳大利亚水资源计划制度的基础,水资源改革的主要内容包括“环境需要。给环境分配水量,确定具有较高优先级的配水量或水权,包括环境作为法定用水户分配水量以及改善水质”。各州有关水法规和水市场交易规则都明确规定,水交易必须以对河流的生态可持续性和对其他用户的影响最小为原则,生态和环境用水必须绝对地得到保证。1998 年 8 月,西澳大利亚水与河流委员会公布了对《水权与灌溉法》(1914 年)进行详细修改的建议,提议规定所有参与水资源管理以及使用水资源的人都应负有注意保护环境的义务。昆士兰州 2000 年制定的新《水法》,规定在制定流域水资源规划时,必须明确规定环境用水的目标。为了维护河流生命,南非《水法》(1998 年)对水资源储备作了专门规定,包括两部分即人的基本需求储备量和生态储备量。生态储备量是指保护水资源的水生生态系统所需要的用水,它涉及水量和水质两个方面,并随水资源的等级而有变化。

有些国家已经通过立法规定了河流最小流量或最低水位,由于维持河流最小流量可以保护鱼类、野生动植物、休闲娱乐场所和河流的美学价值,所以被认为是法律对河流权利、河流生物权利的体现。例如,美国许多州都规定了维持河流基本流量和湖泊正常水位的权利。在美国科罗拉多州,为了在开发水资源和合理地保护水环境之间达成平衡,参议院于 1973 年通过的第 97 号法律,授予科罗拉多州水利委员会代表该州公民拥有确保河流流量和湖泊正常水位的独一无二的权利,又称“河流流量和湖泊正常水位权”,简称“河流流量和湖泊正常水位权”。在美国俄勒冈州,为了保护鱼类、减少污染的影响和维持娱乐活动的需要,1987 年的水法规定了水源内水权,允许鱼类、野生动植物和环境质量机构,以及公园和娱乐场所申请水源内用水权,授予俄勒冈水资源管理局批准水源内用水权的权利。俄勒冈州的法律还规定了牲畜

---

[1] 见《澳大利亚政府委员会会议公报》,1994 年 2 月号,附件 A。

对地表水和地下水的豁免使用权，如果在水源处没有引水和其他改造的设施，牲畜可直接从地表水源饮水；为保护鲑鱼的鱼孵化工程也享有豁免权。上述水源内水权、牲畜和鲑鱼的水豁免权，实际上意味着法律承认牲畜和鲑鱼的水使用权利。

8. 人与水和谐的环境权理念开始在水法中得到反映

水法或河流法中的环境权，主要是指公民环境权，即公民有享用清洁适宜的水的权利。这种（水）环境权反映了人与水的和谐关系。目前有越来越多的环境法律和水法律规定清洁水权、亲水权、净水享受权或公民水环境权等环境权利，甚至将保障公民的环境权作为限制滥用水资源所有权、水资源使用权和水资源产权的重要条件。

目前有些国家规定的、自然人的"水的豁免使用权"，实际上是（水）环境权的一种形式。一般而言，用水户经过法律规定的水行政主管部门的许可或批准才能获得取水权，但有些用水不需要取水权，这称为"水的豁免使用权"。从环境资源法学理论看，自然人无须经过许可而享用水环境功能或从江河湖海直接获取生活、生存基本用水，这是（水）环境权的一种权能；而需要经过许可才能直接从江河湖海获取生产用水的权利是属于水资源使用权范畴的取水权。例如，《俄罗斯联邦水法》第27条规定："除本水法另有规定外，俄罗斯公民有权自由使用水体水源满足自身需要"。《西班牙水法》（1985年）第48条规定："任何人都可以在不经任何批准授权的情况下，依照现行法律和法规取用沿自然河道流动的地表水，以满足饮用、浴用、家庭使用和牲畜饮用的需要。"美国许多州的法律都规定了"水的豁免使用权"。例如，俄勒冈州的法律规定了地表水和地下水的豁免使用权：个人或集体的生活用水，如不超过15000加仑每天，则享有豁免用水权；如果在水源处没有引水和其他改造的设施，牲畜可直接从地表水源饮水；为保护鲑鱼的鱼孵化工程也享有豁免权。我国《水法》第32条也规定："为家庭生活、畜禽饮用取水和其他少量取水的，不需要申请取水许可。"

公民的（水）环境权是指公民对其赖以生存的水所享有的基本权利。以往水法规定的水资源使用权的有益、有效利用，主要是指水资源的经济功能（如发电、航运、渔业养殖、商业旅游、商业供水等），而不是指水资源的环境功能和社会功能。从广义上看，水资源使用权应该适用于一切利用水的行为。但是，传统民商法、经济法上的利用着重于获得经济效益，一般指经济人的经济利用，而没有将环境利用和社会利用包括在内。由于利用水的环境功能属于（水）环境权的范畴，水利工程的所有者、使用者或管理者，不能以其拥有水资源的使用权或产权，通过污染破坏水环境的方式而侵犯或损害公民的（水）环境权（如自然人的生存基本用水、安全用水、美学欣赏用水）。江河湖水体有多种功能，经济功能只是其中一种，通过法律或经过政府批准获得水资源所有权、使用权和产权，并不能撤销或侵犯公民的水环境权；水体的环境功能是一种可以共享、共有的功能，不应被水资源所有者、使用者所占有、独占。

第四章

中国河流立法的实践

第一节　中国水资源、河流立法概况

一、发展历程

中国是一个江河湖泊众多、水旱灾害频繁的国家，防治水害和开发水利历来都是关系治国安邦和国计民生的大事。中国的天然河流总长度达43万公里，可绕地球赤道10.5圈。其中流域面积在100平方公里以上的河流有5万多条；流域面积在1000平方公里以上的河流1580条，流域面积大于1万平方公里的河流有79条；松花江、辽河、海河、黄河、淮河、长江、珠江被称为中国的七大水系。中国湖泊面积1平方公里以上的有2800多个，总面积约8万平方公里。中华民族在其漫长的历史岁月中在开发、利用、保护、治理河流和防洪救灾方面曾立下无数的丰功伟业，中国历代王朝都比较重视水利建设和河流管理，历代都有一些代表人物进行防洪治水的事迹，大禹治水、李冰父子修都江堰以及灵渠和运河的修建等早已闻名中外，有关开发、利用、保护、治理和管理河流的法律规定在各个历史时期也都可以找到。

根据历史记载，保护河流资源的最早的法规可以追溯到4000年前。据《逸周书·大聚篇》记载："禹之禁，春三月山林不登斧，以成草木之长；入夏三月川泽不网罟，以成鱼鳖之长。"❶这说明远在公元前21世纪的夏代，就有合理开发、利用、保护水生生物的法规。现存最早最完整的古代环境资源法规，见于1975年在湖北云梦县出土的《秦简》，该《秦简》中的法律对农田水利、水旱灾荒等都有具体规定，在《田律》、《厩苑律》、《仓律》、《工律》、《金布律》中有一系列关于按照合理开发、利用和保护水流、野生动植物等自然资源的规定，有些规定类似现代环境资源法规的条款。例如，《秦律》规定：春天二月，不准到山林中砍伐林木，不准堵塞水道。不到夏季，不准烧草作肥料，不准采集刚发芽的植物，或捉取幼兽、鸟卵和幼鸟，不准毒杀鱼鳖，不准设置捕捉鸟兽的陷阱和网罟，到七月解除禁令❷。在汉、唐、宋、明、清和太平天国等朝代颁布的法律中，也有不少保护水、鱼等自然资源的规定。唐代的《水部式》是我国现存的最早的一部水法典。

1840年鸦片战争后，中国从封建社会逐渐沦为半殖民地半封建社会，但当时的政府仍然制定过一些与保护水资源有关的法规。例如，民国时期，南京国民政府以清代法律为基础，由水利专家和法学专家共同起草了一批水事法律，1929年颁布的民法典中就对水事作了规定。1930年颁布了《河川法》、1932年颁布了《渔业法》、1942年颁布了《水利法》，基本建立了近代意义上的水法体系。

1949年中华人民共和国成立以后，中国政府在领导中国人民进行水土保持、防洪、治水、防污等活动中，制定了一系列有关合理开发、利用、保护、改善和管理水资源和河流的政策法律文件，如：《水产资源繁

---

❶ 孔晁注：《逸周书（二）》，卷4。上海，商务印书馆1936年版。第107页。

❷ 睡虎地秦墓竹简整理小组：《睡虎地秦墓竹简》。北京：文物出版社，1978年版，第26页。笔者译成现代文。

殖保护条例(草案)》(1957年)、《关于注意处理工矿企业排出有毒废水、废气问题的通知》(1957年)、《中华人民共和国水土保持暂行纲要》(1957年)、中共中央批转的《关于工业废水危害情况和加强处理利用的报告》(1960年)、《关于加强水利管理工作的十条意见》(1961年)、《关于保护和改善环境的若干规定》(1973年)、《关于治理工业"三废",开展综合利用的几项规定》(1974年)、《环境保护法》(1989年)、通过《水法》(1988年1月21日通过,2002年8月29日修订)、《水污染防治法》(1984年5月11日通过,1996年5月15日修订)、《水土保持法》(1991年6月29日通过)、《防洪法》(1997年8月29日通过)、《防沙治沙法》(2001年8月31日议通过)、《渔业法》(1986年1月20日通过,2000年10月31日修订)、《野生动物保护法》(1988年11月8日通过,2004年8月28日修订)、《淮河流域水污染防治暂行条例》(1995年8月通过)等。各省、自治区、直辖市还制定了有关地方法规和行政规章。除了宪法规范、环境保护综合性法律规范以及民法、刑法等其他法律有关水资源的法律规范外,根据水利部2002年公布的资料,我国已经初步形成一个由水法律(4件)、水行政法规(20件)、水地方性法规(160多件)、水利部等部门规章(90件)、地方政府规章(170多件)和其他规范性文件组成的水法规体系。

二、与河流流域管理有关的法律

中国与河流流域管理有关的法律法规主要有以下几种。

1. 宪法中有关合理开发、利用和保护、改善自然资源和自然环境的规定

例如,《中华人民共和国宪法》(1982年12月4日通过,1988年4月12日、1993年3月29日、1999年3月15日、2004年3月14日修订)规定:"国家保障自然资源的合理利用,保护珍贵的动物和植物。禁止任何组织或个人用任何手段侵占或者破坏自然资源"(第九条);"一切使用土地的组织和个人必须合理地利用土地"(第十条);"国家保护和改善生活环境和生态环境,防治污染和其他公害。国家组织和鼓励植树造林,保护林木"(第二十六条)。宪法是我国的根本大法,上

述宪法规定属于指导性法律规范的范畴，它具有指导性、原则性和政策性，是在河流流域实行法治的宪法基础。

2. 自然资源法中与河流开发、利用、保护、管理有关的内容

《水法》、《河道管理条例》(1988 年)、《水库大坝安全管理条例》(1991 年)、《城市地下水开发利用保护管理规定》(1993 年)、《水行政许可实施办法》(2005 年)、《取水许可和水资源费征收管理条例》(2006 年)、《黄河水量调度条例》(2006 年)等水资源法规，它们直接关系到河流流域的开发、利用、保护和管理等问题，是与河流流域管理有关的法律中最直接、最重要的法规；

《土地管理法》(1986 年 6 月 25 日通过，1988 年 12 月 29 日修订，1998 年 8 月 29 日修订，2004 年 8 月 23 日修订)及其《实施条例》、《土地复垦规定》(1988 年)、《建设项目用地预审管理办法》(2001 年)等土地法规，它们涉及到河流流域土地开发、利用、保护、复垦和管理等问题；

《森林法》(1984 年 9 月 20 日通过，1998 年 4 月 29 日修订)及其《实施细则》、《林木和林地权属登记管理办法》(2000 年)、《森林防火条例》(2001 年 11 月 29 日修改)、《退耕还林条例》(2002 年)、《天然林资源保护工程森林管护管理办法》(2004 年)等森林法规，它们涉及到水源林、河流两岸的森林、风景名胜区的林木的保护和管理；

《草原法》(1985 年 6 月 18 日通过，2002 年 12 月 28 日修订)及《草原防火条例》(1993 年)、《草原平衡管理办法》(2005 年)等草原法规，它们涉及到水源地草原、河流两岸的草原、流域畜牧业、保持水土等问题；

《渔业法》(1986 年 1 月 20 日通过，2000 年 10 月 31 日、2004 年 8 月 28 日修订)及其《实施细则》等渔业法规，它们涉及到河流流域渔业管理及水生生物资源的保护等事项；

《矿产资源法》(1986 年 3 月 19 日通过，1996 年 8 月 29 日修订)及其《实施细则》、《煤炭法》(1996 年 8 月 29 日通过)、《矿山安全法》(1992 年 11 月 7 日通过)等矿产资源法规，它们涉及到河流流域矿业活动管理、采砂管理、采矿活动对河流流域的污染与破坏等事项；

《节约能源法》(1997 年 11 月 1 日通过)、《可再生能源法》(2005 年 2 月 28 日通过)和《电力法》(1995 年 12 月 28 日通过)等能源法规,它们涉及到河流流域水电开发利用、城乡能源管理以及能源开发利用对河流流域生态环境的影响等问题。

3. 以防治环境污染为主的环境保护法中与防治河流污染有关的内容

《环境保护法》(1989 年 12 月 26 日通过)及其他综合性的环境保护法规中与河流有关的内容,它涉及到河流流域保护的基本政策、法律原则、法律制度、环境保护管理体制、有关行政管理部门的职责、环境保护措施和环境保护法律责任等问题;

《水污染防治法》(1984 年 5 月 11 日通过,1996 年 5 月 15 日修订)及其《实施细则》等防治水污染的法规,它们直接关系到防治河流流域水污染、保护河流流域生态环境等问题,是与河流流域管理有关的法律中最直接、最重要的法律法规;

《固体废物污染环境防治法》(1995 年 10 月 30 日通过,2004 年 12 月 29 日修订)等防治固体废物污染的法规,它们涉及到河流流域污染防治、生态保护等问题;

《环境影响评价法》(2002 年 10 月 28 日通过)等环境影响评价、建设项目环境管理法规,它们涉及到防治河流流域的环境污染和生态破坏等问题;

《清洁生产促进法》(2002 年 6 月 29 日通过)等法规,它们涉及到河流流域防治环境污染、改善旅游设施、调整产业结构、发展循环经济等问题;

《大气污染防治法》(1987 年 9 月 5 日通过,1995 年 8 月 29 日、2000 年 4 月 29 日修订)及其《实施细则》等防治大气污染法规,涉及到河流流域特别是河流流域风景名胜区的大气质量问题;

《环境噪声污染防治法》(1996 年 10 月 29 日通过)、《放射性污染防治法》(2003 年 6 月 28 日通过)及有关防治噪声污染和放射性污染的法规,它们表面上与河流流域管理关系不大,但也涉及到河流流域风景名胜区的放射性污染防治、环境噪声防治、水上游艇的噪声防治等问题；

《农药管理条例》（1997 年 5 月 8 日发布，2001 年 11 月 29 日修改）、《新化学物质环境管理办法》（2003 年 9 月 12 日发布）、《危险化学品安全管理条例》（2002 年 1 月 26 日公布）等防治其他环境污染的法规，涉及到河流流域其他环境污染防治问题。

4. 与保护河流流域自然人文资源、风景名胜资源、旅游资源有关的法规

《文物保护法》（1982 年 11 月 19 日通过，1991 年 6 月 29 日、2002 年 10 月 28 日修订）、《自然保护区保护管理条例》（1994 年 10 月 9 日发布）、《风景名胜区管理条例》（2006 年 9 月 19 日公布，自 2006 年 12 月 1 日起施行）、《水利风景区管理办法》（2004 年 5 月 8 日发布）、《森林公园管理办法》（1994 年 1 月 22 日发布）等自然保护区、自然人文遗迹、风景名胜保护、旅游资源保护等法规，它们涉及到河流流域环境资源保护、风景名胜保护和旅游可持续发展等问题。

5. 与河流流域动植物保护有关的法规

《野生动物保护法》（1988 年 11 月 8 日通过，2004 年 8 月 28 日修订）、《进出境动植物检疫法》（1991 年 10 月 30 日通过）、《动物防疫法》（1997 年 7 月 3 日通过）、《野生植物保护条例》（1996 年 9 月 30 日发布）、《农业野生植物保护办法》（2002 年 8 月 12 日）等野生动植物保护法规，它们涉及到河流流域生态平衡、生态环境保护、动植物保护等问题。

6. 与河流流域城乡建设规划有关的法规

《城市规划法》（1989 年 12 月 26 日通过）、《村庄和集镇规划建设管理条例》（1993 年 6 月 29 日公布）、《城市绿化条例》（1992 年 6 月 22 日发）、《城市市容和环境卫生管理条例》（1992 年 6 月 28 日发布）等城乡建设规划法规，它们涉及到河流流域特别是河流流域风景名胜区的城乡规划建设的管理。

7. 与防治河流流域生态破坏、自然灾害有关的法规

《防沙治沙法》（2001 年 8 月 31 日议通过）、《水土保持法》（1991 年 6 月 29 日通过）及其《实施条例》、《开发建设晋陕蒙接壤地区水土

保持规定》(1988 年 9 月 1 日)、《开发建设项目水土保持设施验收管理办法》(2002 年 10 月 22 日)、《全国沙漠化和沙化监测管理办法(试行)》(2003 年 12 月 23 日)、《营利性治沙管理办法》(2004 年 7 月 29 日)等防治土地沙化、水土流失法规,它们涉及到河流流域水土保持、河流流域水质、环境保护等问题。

《防洪法》(1997 年 8 月 29 日通过)、《防震减灾法》(1997 年 12 月 29 日通过)、《地质灾害防治条例》(2003 年 11 月 24 日公布,自 2004 年 3 月 1 日施行)等防治自然灾害的法律法规,它们涉及到防治河流流域自然灾害、河流流域旅游、河流流域水利工程设施、河流流域风景名胜区保护等问题;《气象法》(1999 年 10 月 31 日通过)等气象法规,它们涉及到河流流域气候调控、合理组织河流流域旅游等问题。

8. 与河流流域工业、农业、交通运输业发展有关的法规

如《农业法》(1993 年 7 月 2 日通过,2002 年 12 月 28 日修订)、《乡镇企业法》(1996 年 10 月 29 日通过)、《建筑法》(1997 年 11 月 1 日通过)、《安全生产法》(2002 年 6 月 29 日通过)、《交通安全法》(2003 年 10 月 28 日通过)、《港口法》(2003 年 6 月 28 日通过)、《铁路法》(1990 年 9 月 7 日通过)、《公路法》(1997 年 7 月 3 日通过,分别于 1999 年 10 月 31 日、2004 年 8 月 28 日通过修订)、《航道管理条例》(1987 年 10 月 1 日发布)、《铁路环境保护规定》(1997 年 4 月 23 日发布)、《铁路建设项目水土保持工作规定》(1999 年 12 月 18 日发布)等,它们涉及河流流域水上旅游、港口码头建设和河流风景名胜区建设以及河流流域的农业生态环境保护、农业资源可持续利用和农牧业可持续发展等问题。

9. 与河流流域管理有关的各种规(计)划、标准及相关法规

这里的规(计)划包括由国家立法机关批准或通过的国家经济社会发展规(计)划、全国国土规划;由国务院批准的城市规划、经济区规划和其他区域开发整治规划;各种环境资源法律明确规定必须制定和实施的污染控制计划、资源开采计划等。目前,中国已制定一系列环境资源方面的规划、计划。如《全国土地利用总体规划纲要》,《全国水土保持规划纲要》,《中国七大江河流域综合规划》等。有关法律、法规和

行政规章,如《环境保护计划管理办法》(1994 年)等,对上述有关计划、规划的编制、审批、效力和实施等问题作了专门规定。根据《水法》(2002 年)第 18 条的规定,"规划一经批准,必须严格执行。"

各种规(计)划、标准及《标准化法》(1988 年 12 月 29 日通过)、《科技进步法》(1993 年 7 月 2 日通过)等科技、标准法律法规,它们对促进河流流域的科技进步,加强河流流域的环境标准、风景名胜资源标准、旅游资源标准、水风景资源标准、建筑标准、水环境功能区和水功能区标准等标准管理,具有重要的意义和作用。

10. 与河流流域法律实施、法律监督有关的法律

如《公务员法》(2005 年 4 月 27 日通过)、《民法通则》(1986 年 4 月 12 日通过)、《行政许可法》(2003 年 8 月 27 日通过)、《行政处罚法》(1996 年 3 月 17 日通过)、《行政监察法》(1997 年 5 月 9 日通过)、《行政复议法》(1999 年 4 月 29 日通过)、《赔偿法》(1994 年 5 月 12 日通过)等有关行政管理、行政执法、司法诉讼、法律监督的法律,对于在河流流域追究有关刑事责任、民事责任和行政责任,加强行政执法、司法和法律监督,依法管理和处理有关纠纷,加强行政执法队伍、司法队伍的建设,具有重要意义和作用。例如,以《民法通则》为代表的民事法律包括如下内容:与合理开发、利用、保护、改善环境有关的自然资源所有权、使用权和其他民事权利;与合理开发、利用、保护、改善环境有关的民事义务;与开发、利用、保护、改善环境和自然资源有关的民事侵权行为、民事责任和民事制裁。《刑法》是追究环境犯罪的法律依据,其内容包括各种环境和自然资源的犯罪及其罪名、犯罪构成和刑罚。《行政诉讼法》等诉讼法律是进行司法诉讼的法律依据。

如果将河流视为一个由水流、岸滨、水中生物组成的综合生态系统,可以将我国现行河流法律分为五大部分:《水法》;《水污染防治法》;《防洪法》;以《野生动物法》和《渔业法》为代表的河流生物法律;以《水土保持法》和《防沙治沙法》为代表的水土保持、防沙治沙法律。也可以将我国的河流法律分为专门性的河流法规(如《河道管理条例》(1988 年)、《淮河流域水污染防治暂行条例》等和非专门性的河流法律两大部分。

三、对中国与河流流域管理有关的法律体系的总体评价

(一)中国与河流流域管理有关的法律效应概述

到2005年底,中国已经制定9部以防治环境污染为主的环境保护法律,11部以自然资源合理利用和管理为主要内容的自然资源法律,10部以自然保护、防止生态破坏和防治自然灾害为主要内容的法律,30多部与环境资源法相关的法律。上述法律法规已经涉及到水、土地、大气、矿产、野生动植物、风景名胜、旅游等资源的开发、利用、保护、管理,河流、森林、草原等生态环境要素的保护管理,城乡规划建设等领域。其主要成效为以下几方面。

1. 通过立法,初步建立了与河流流域管理有关的比较合理的环境资源管理体制

目前中国已经建立起由全国人民代表大会立法、监督,各级政府负责、领导,环境资源行政主管部门统一监督管理,各有关部门依照法律规定实施监督管理的环境资源管理体制。这种体制的特点是环境资源行政主管部门统一监督管理与各有关部门分工负责相结合,中央级监督管理与地方分级监督管理相结合。这种体制的基本格局如下:第一,国务院,统一领导国务院各个部门和地方各级人民政府的环境资源行政管理工作。第二,国务院环境保护行政主管部门(现为国家环境保护总局),对全国环境保护工作实施统一监督管理;国土资源行政主管部门(现为国土资源部)主管全国土地、矿产资源、海域等自然资源的统一管理工作;水行政主管部门(现为水利部)负责全国水资源的统一管理和监督工作以及水土保持工作,水利部下设七大江河流域管理的派出机构,在本流域内行使法律、行政法规规定的和国务院水行政主管部门授予的水资源管理和监督职责;主管农业的部门(现为农业部、国家林业局)按照各自的职责,负责全国的农业环境资源工作;国务院国有资产监督管理委员会、科学技术部、建设部、交通部、卫生部、铁道部等部委分别负责有关环境资源工作;国家发展和改革委员会负责做好国民经济、社会发展计划和生产建设中有关环境资源的综合平衡工作。第三,县级以上地方人民政府,依照法律规定的职责和权限负责本行政

区域内的环境资源管理工作，领导所属各有关行政部门和下级人民政府的环境保护工作。第四，县级以上地方人民政府环境保护行政主管部门，对本辖区的环境保护工作实施统一监督管理；县级以上地方人民政府国土资源管理部门主管本行政区域内的土地、矿产资源的统一管理工作，沿海县级以上地方人民政府海洋行政主管部门根据授权，负责本行政区毗邻海域使用的监督管理；县级以上地方人民政府水行政主管部门负责本行政区域内水资源的统一管理和监督工作以及水土保持工作；县级以上地方人民政府主管农业、林业、科学技术、建设、交通、卫生、公安等部门，按照各自的职责，负责本行政区域内的环境资源工作；县级以上人民政府的发展和改革委员会负责做好国民经济、社会发展计划和生产建设中有关环境资源的综合平衡工作。

2. 通过立法，确立了与河流流域管理有关的环境资源合理开发、利用和有效保护、管理的基本法律原则、基本法律制度

我国立法确立的环境资源法律基本原则有：经济、社会和环境协调发展、可持续发展原则，环境资源的开发、利用与保护、改善相结合的原则；预防为主、防治结合、综合治理的原则；环境责任原则（包括“谁污染谁承担责任”、“谁开发谁保护”、“谁破坏谁恢复”、“谁利用谁补偿”、“谁主管谁负责”、“谁承包谁负责”、“环境保护由党政一把手亲自抓、负总责”等内容）；节约资源、能源的原则；环境民主原则（依靠群众保护环境的原则）；依靠科学技术的原则。我国立法确立的环境资源法律基本制度有：综合性的环境资源制度，如规划制度、环境影响评价制度、许可制度；污染防治制度，如清洁生产制度、“三同时”制度、排污申报登记制度、限期治理制度、污染集中控制制度、污染事故报告及处理制度；自然资源利用保护制度，如资源综合利用制度，自然资源恢复、补救与补偿制度，节水制度，节能制度，植被管护制度；自然保护与自然灾害防治制度，如自然保护区管理制度、自然文化遗产管理制度；经济性的制度，如税费制度、经济刺激制度、奖励制度等；技术性的制度，如标准制度、监测制度、标志制度、动植物检疫制度等。

（二）存在的问题和建议

近 20 多年来，虽然中国在与河流流域管理有关的环境资源法制建

设取得了很大进步和成绩，但也存在不少问题和缺陷，主要表现在如下几方面。

1. 立法方面

第一，缺乏贯彻可持续发展战略、体现综合决策原则、实行综合生态系统管理(IEM)的综合性环境资源法律，有些重要的环境资源法律没有制定或没有及时修改。建议将可持续发展、综合生态系统管理等作为环境资源立法的指导思想和原则，环境资源立法应该强调人与自然和谐共处、对环境友好、珍惜和节约资源等基本理念，增加有关建设环境友好型社会、资源能源节约型社会、和谐社会的内容。

第二，现行中国环境资源法律的制定和修订具有明显的部门痕迹，与河流流域管理有关的各种法律法规之间的相互衔接和协调不够，有的甚至出现相互矛盾的情况。例如，《水法》、《防洪法》、《水污染防治法》等规定的管理体制存在较大差别，《环境保护法》、《野生动植物保护法》、《风景名胜区管理条例》、《自然保护区保护管理条例》等法规未规定流域管理的体制。我国的流域水污染管理体制，存在着"统一管理与分级、分部门管理相结合"的《水污染防治法》管理体制和"统一管理和流域管理与行政区域管理相结合"的《水法》管理体制矛盾。水资源与水环境管理机构在监测体系与标准、数据共享、水功能区划与水环境区划、水资源保护规划与水污染防治规划等方面，存在着明显的不协调甚至冲突。根据《水法》和《水污染防治法》的规定，流域水污染防治规划、水环境功能区划由国家环境保护部门根据《水污染防治法》编制并组织实施，而流域水资源保护规划、水功能区划由国家水利部门根据《水法》组织编制并实施；但现行《水法》和《水污染防治法》都没有明确，流域水污染防治规划与流域水资源保护规划如何衔接和协调，水环境功能区划与水功能区划如何衔接和协调。水资源与水环境管理机制存在的不协调甚至冲突，不利于流域综合管理政策的形成，不利于流域管理机构的有效运行，不利于流域管理措施的有效实施，已经制约了流域综合管理的实施。在某些法律中，环境资源管理体制尚未完全理清，存在着职能交叉、重复甚至冲突的规定。上述存在的问题，不利于对河流流域的有效、有序管理。建议在今后立法中，加强立法协调，进一步理清管理体制、完善流域管理体制、明确相关行政管理部门的职责，以减少行政管理中不必要的重叠和增加管理成本。

第三，水资源和河流流域管理机构职能单一，管理手段不完善，无法承担起水资源和河流流域综合管理的职责。在有些立法中，有关"共同管护义务"、"利益相关者（包括机构或组织）的设置与作用"和公务合作的内容欠缺。综合生态系统管理（IEM）强调"共同管护义务"，要求相关的机构、部门、单位、个人彼此配合、共同参与、综合协调；强调利益关联机构或组织在综合生态系统管理中的协调与合作。但我国现行立法则缺乏上述内容，这给河流流域管理带来了许多不方便的地方。建议今后立法注意和丰富有关"共同管护义务"、"利益相关者（包括机构或组织）的设置与作用"、部门协调和公务合作的内容。

第四，在有关立法中，公民在自然资源和环境方面的权利、经济刺激措施、市场机制、公众参与等内容比较欠缺或相对薄弱。例如，《环境保护法》第6条规定"一切单位和个人都有保护环境的义务"，但却没有规定"一切单位和个人都有享有清洁适宜的环境的权利"。多数环境资源法律没有提及非政府组织（NGO）、公民社会，没有规定公众参与的专门措施和程序，没有对有利于土地使用和保护的伦理、民俗、传统知识和技巧的保存与继承作出规定，如《水土保持法》及其《实施条例》等水土保持法规基本没有公众参与的内容。河流流域管理需要政府行政调整机制、市场调整机制和社会调整机制相结合的综合调整机制，现行法律对综合调整机制的欠缺给河流流域的综合管理带来许多不方便的地方。建议在今后立法中加强有关公民在自然资源和环境方面的权利、经济刺激、市场机制、公众参与等内容，特别是健全公众参与制度，规定切实可行的公众参与途径和公众参与保障措施。

第五，在有关立法中，对政府及其环境资源行政管理部门所承担的责任和责任追究措施等内容比较欠缺或相对薄弱。仍然存在着不少污染环境的工业设施、其他设施。多数法规注意规定政府及其行政管理部门的权力，但对行政责任（义务）特别是行政首长的责任没有明确，更缺乏有关追究政府不履行或违法实施行政管理职责的规定。河流流域管理迫切需要有关行政管理部门依法办事、严格执法，现行法律对行政问责制的欠缺不利于加强对河流流域的有效管理。建议在今后立法中加强对政府责任特别是行政首长的责任及其责任追究的内容。

第六，一些重要的环境资源法律制度还没有建立或不够健全，如环境资源综合调查统计和评价制度、治理污染设施和其他环境保护设施监管制度、污染物排放总量控制制度、生态补偿制度、生态安全风险评价制度、申报登记制度、信息获取和共享制度、奖励制度、水量分配制度、水权流转制度、排污权转让制度、联合或综合执法制度、公益诉讼制度、土地纠纷水纠纷处理制度等。例如，几乎所有与河流流域管理有关的法律法规有关奖励的规定都过于原则，没有规定实施奖励的主管部门、奖励条件和评奖程序等事项。上述制度的缺失不利于河流流域综合管理。建议在今后的环境资源立法中建立健全上述制度，特别是环境资源综合调查统计和评价制度、污染物排放总量控制制度、信息获取和共享制度、奖励制度、水量分配制度、联合或综合执法制度、公益诉讼制度、土地纠纷水纠纷处理等制度。

第七，某些法律的法律强制性不够强、可操作性差，对违法行为没有具体规定罚责或处罚过轻，对法律实施机制关注不够。建议在今后立法中增加追究环境行政责任、民事责任和刑事责任的内容，详细规定处罚方式和幅度，加大责任追究力度、处罚力度，加强法律监督，解决“违法成本低、守法成本高”的问题。

2. 实施方面

在法律实施方面，存在的主要问题是：

环境资源法治观念薄弱，有法不依、违法不究、执法不严现象较为突出；环境资源执法力度薄弱，环境资源行政主体的“行政不作为”事件屡屡发生；环境资源执法不规范，部分行政人员在执法过程中，重对外执法、轻内部监督，重行政权力的行使、轻相对人利益的保护，重处罚结果、轻执法程序；政府部门越权变更、中止环境资源法律法规的施行，破坏法律的尊严及立法的效力；行政执法与司法缺乏衔接，各有关行政管理部门之间缺乏协调；行政执法和行政管理投入不足，历史欠账多；行政管理效率低，行政监管能力薄弱，环境监测、信息、科技、宣教和综合评估能力不足。

今后应该加强有关环境资源法律的实施、监督和服务，切实发挥法律在流域、河流管理方面的保障作用。首先应该加强行政执法，强化依法行政意识，转变行政执法观念，加大环境执法力度，建立健全行政执法机构，加强行政执法队伍，提高行政执法人员的素质，建立健全行政执法制度，促进执法程序化、规范化，不断提高执法效益和效率。

第二节　主要的河流法律法规

一、《水法》

自1988年《水法》颁布施行以来，国家先后制定或修订了《河道管理条例》(1988年)、《水库大坝安全管理条例》(1991年)、《取水许可制度实施办法》(1993年)、《综合利用水库调度通则》(1993年)、《城市地下水开发利用保护管理规定》(1993年)、《黄河下游引黄灌溉管理规定》(1994年)、《占用农业灌溉水源、灌排工程设施补偿办法》(1995年)、《水利建设基金筹集和使用管理暂行办法》(1997年)、《高标准节水灌溉示范项目建设管理办法》(1997年)、《长江三峡工程建设移民条例》(2001年)、《建设项目水资源论证管理办法》(2002年)、《黄河水权转换管理实施办法(试行)》(2004年)、《水行政许可实施办法》(2005年)、《取水许可和水资源费征收管理条例》(2006年)、《黄河水量调度条例》(2006年)等法律、法规和规章。其中，九届全国人大常委会第二十九次会议于2002年8月29日审议通过的《水法》(修订草案)，是我国水资源和河流法律体系中的核心法律，它以建立节水型社会、实现水资源的可持续利用、支持社会经济的可持续发展为目标，以提高用水效率为核心，把水资源的节约、保护、合理配置放在突出的位置，标志着我国水利法制建设从此进入了全面推进从传统水利向现代水利、可持续发展水利转变，建设节水防污型社会，促进经济、社会与生态环境、水资源协调发展、可持续发展的新阶段。

(一)水资源权属、取水许可和有偿使用法律制度

1. 水资源权属

我国《水法》在水资源权属方面,借鉴国外的先进立法经验,实行单一的国家所有制,确立了所有权与使用权的分离原则。

第一,水资源属国家所有。水资源的所有权由国务院代表国家行使。即国务院代表国家依法行使对国有水资源的占有、使用、收益和处分的权利。明确水资源的所有权由国务院代表国家行使,为进一步改革和完善我国的水资源管理体制、加强水资源的统一管理、优化水资源的配置确立了坚实的法制基础。

第二,农村集体经济组织的水塘和由农村集体经济组织修建管理的水库中的水,归各该农村集体经济组织使用。这样规定,有利于保护农村集体经济组织和农民现有的用水权益,保持我国水资源权属法律制度的延续性和稳定性。

2. 水资源取水许可和有偿使用法律制度

取水许可制度是国家基于水资源的所有者和管理者的双重身份,授权水行政主管部门或者流域管理机构代表国家对直接从江河、湖泊或者地下取水资源的单位和个人进行审查、许可其取水的一项制度。

水资源有偿使用制度是国家基于水资源的所有者和管理者的双重身份,为实现所有者权益,保障水资源的可持续利用,对直接取用江河、湖泊或者地下水资源的单位和个人征收水资源费的一种制度。

根据《水法》第7条的规定,国家对水资源依法实行取水许可制度和有偿使用制度。但是,农村集体经济组织及其成员使用本集体经济组织的水塘、水库中的水的除外。直接从江河、湖泊或者地下取用水资源的单位和个人应当按照国家取水许可制度和水资源有偿使用制度的规定,向水行政主管部门或者流域管理机构申请领取取水许可证,并缴纳水资源费,取得取水权。但是,农村集体经济组织及其成员使用本集体经济组织的水塘、水库中的水,以及家庭生活和零星散养、圈养畜禽饮用等少量取水的除外。对于未经批准擅自取水的,未按照批准的取水许可规定条件取水的或拒不缴纳、拖延缴纳或者拖欠水资源费的,应承担相应的法律责任。

第3条规定虽然确立了农村集体经济组织的水资源使用权,但不足之处是,对农村集体经济组织的水资源使用权不明晰。说第3条的规定不明确,是因为不知道"这里的水与前面的水资源是不是一个概念?集体使用和集体使用权或集体所有权有何区别?为什么法律不明确规定村集体经济组织水资源使用权"?上述权利不明晰,还因为它没有明确农村水塘中的水的使用与所有的区别,没有明确农村集体经济组织对"农村集体经济组织修建管理的水库中的水"是否可以据为己有,或是否同农村土地使用权一样具有一定范围的处分权,或者说没有明确能否将农村水塘、水库中的水进行转让、调剂或买卖。从理论上讲,从法律上明确农村集体经济组织对其水塘和水库中的水具有包括交易权在内的处分权,对于调动农村集体组织及其农民保护水资源、水设施的积极性具有重要意义。建议对水权的内容、取得方式、转让条件和程序等作出规定,并针对过去对水资源使用者的权利缺乏保护规定的情况,注意对水权的法律保护。

在取水许可证方面,第48条规定"家庭生活和零星散养、圈养畜禽饮用等少量取水的除外"没有考虑某些特殊地区的情况。在缺水地区,从地下取水的情况很普遍(例如在干旱地区甘肃省民勤县家庭用水取用地下水量很大,当地水利部门从2001年起已酝酿管制家庭取用地下水的措施),对家庭取用地下水规定申报登记的手续,有利于水行政管理部门对地下水利用情况进行监督、检查、统计和管理,应该是有必要的。

《水法》第7条规定集体所有和管理的水塘、水库中的水不适用许可和有偿使用制度,这可能会影响湿地保护,因为该条中没有规定集体组织在使用水资源时考虑生态需求。另外,该条款中虽然规定了水资源有偿使用制度,但没有规定水资源生态补偿制度,这是一个缺陷。建议在今后的立法中,应建立水资源补偿机制,即水资源的开发利用与保护过程中对水资源生态价值的补偿、水资源不同功能间的价值补偿以及水资源利用者对水资源保护者的补偿、受益者对受害者的补偿等内容,至少应包括国家财政转移支付、地区开发性补偿、水源保护补偿、水资源费、水费、排污费等内容。

（二）水资源管理体制

《水法》在管理模式方面，确立了流域管理与区域管理相结合，统一管理与分部门管理相结合，监督管理与具体管理相分离的新型管理体制。

国务院水行政主管部门负责全国水资源的统一管理和监督工作。其职责是：代表国家行使水资源的所有权；制定全国水资源的战略规划；对水资源实行统一规划、统一配置、统一调度、统一实行取水许可制度和水资源有偿使用制度等。

国务院水行政主管部门在国家确定的主要江河、湖泊设立流域管理机构。到目前我国在长江、黄河、淮河、珠江、海河、辽河这六大江河和太湖流域都成立了作为水利部派出机构的流域管理机构，这些流域管理机构在水资源监督管理方面的职责具体包括：①水资源的动态监测和水功能区水质状况的监测。②国家确定的重要江河、湖泊以外的其他跨省、自治区、直辖市的江河、湖泊的流域综合规划和区域综合规划的编制。③在国家确定的重要江河、湖泊和跨省、自治区、直辖市的江河、湖泊上建设水工程的审查。④国家确定的重要江河、湖泊以外的其他跨省、自治区、直辖市的江河、湖泊的水功能区划的拟定。⑤核定管理水域的纳污能力及提出其限制排污总量意见。⑥辖区内饮用水水源保护区和入河排污口设置审查。⑦管辖权限范围内的水工程保护。⑧跨省、自治区、直辖市的水量分配方案和旱情紧急情况下的水量调度预案的制订以及年度水量分配方案和调度计划的制定。⑨管辖权限范围内的取水许可证颁发和水资源费收取。⑩水事纠纷处理与执法监督检查等。

县级以上地方人民政府水行政主管部门依法负责本行政区域内水资源的统一管理工作。我国地域广阔，各地水资源状况和经济社会发展水平差异很大，实行流域管理和行政区域管理相结合的管理体制必须紧密结合各地实际情况，充分发挥县级以上地方人民政府水行政主管部门依法管理本行政区域内水资源的积极性和主动性。

《水法》第12条规定存在的问题是：没有综合考虑和处理《水法》规定的“统一管理和流域管理与行政区域管理相结合”的管理体制与

《水污染防治法》规定的"统一管理与分级、分部门管理相结合"的管理体制的协调和矛盾问题；没有明确流域管理机构与地方政府的水行政管理机构在相关水行政管理、行政执法方面的分工、协调问题；没有具体考虑流域管理机构行政管理职能和执法能力是否能适应和满足流域管理需要的问题。例如，限于珠江流域管理委员会的能力，它很难满足漓江行政管理和行政执法的需要。第12、13条规定了水资源监督管理的体制、机构及其职责，但真正明确的仅仅是水行政主管部门和流域管理机构的职责，其他相关部门的具体职责没有具体规定，仅仅是原则规定有关部门按照职责分工负责有关水资源工作。要了解有关部门的职责，必须查看其他相关法律规定，这样造成了许多不方便之处。

（三）水资源规划

《水法》对水资源规划作了比较详细的规定，但也存在某些问题。

第14条仅规定"国家制定全国水资源战略规划"，但没有明确该规划的目标、作用、与相关规划的关系、规划的基本内容和优先考量因素，也没有规定制定该规划的主体（包括参与部门）、程序。所以该项规定的实施存在问题。

第16条仅规定"制定规划，必须进行水资源综合科学考察和调查评价"，但没有明确规定水资源综合科学考察和调查评价的范围与内容。该条款规定了制定水规划要对水资源进行综合考察，但是没有明确水行政主管部门与相关行政主管部门（如农林部门）之间建立正式的、法定的合作机制，建议明确规定"水资源综合科学考察和调查评价，由县级以上人民政府水行政主管部门会同同级农、林等行政主管部门等有关部门组织进行"。该条也没有规定信息收集、公开、共享方面的措施。建议在今后修改《水法》时加以明确。

第17条规定了规划编制、审批的主体和程序，但没有强调综合生态系统管理方法，没有提出规划内容和技术上的要求，没有规定规划的目标、优先考量因素、公众参与规划制定程序的要求、对规划编制中不同意见特别是对反对意见的处理、规划整体评价的标准和程序（谁评价、谁处理评价意见），没有规定规划编制中的公务合作机制，也没有明确水规划的修改要件和修改机制，缺乏水规划的执行机制、不执行水规划的惩罚机制。该条规定在编制综合规划等规划时，由水行政主管部门会同有关部门编制，但没有明确规定会同哪些部门，没有明确水行政主管部门与相关行政主管部门之间建立正式的、法定的合作机制，这样随意性较大。该条第3款规定了专业规划的编制，但在规划编制过程中没有明确相关行政主管部门的参与权、建议权。建议在修改《水法》时考虑如下内容：在专业规划中包括湿地规划；在规划编制过程中明确有关行政管理部门的参与权、建议权；规定公众参与规划制定的权利和保障措施；明确规定水规划如何被编制，明确水规划的修改要件，规定水规划的执行机制、不执行水规划的惩罚机制。

第18条规定"规划一经批准，必须严格执行。经批准的规划需要修改时，必须按照规划编制程序经原批准机关批准"。这项规定很好，不足的是，《水法》没有明确水规划的修改条件、规划的执行手段、规划实施的监督制度、违反规划或不执行规划的法律责任和惩罚手段，也没有规定规划冲突的解决机制。建议在今后修改《水法》时，明确规定规划实施的监督制度、不同规划的冲突解决机制（包括通过个案对规划冲突提出行政复议和司法审查等），明确规定"对不严格执行或违反规划的行为，对不按照规划编制程序经原批准机关批准而改变规划的行为"的法律责任，特别要明确对不执行规划的官员的责任，任何单位、个人和非政府组织有权对不履行规划、违反规划的行为，依法提起公益诉讼。

第19条规定"建设水工程，必须符合流域综合规划"，建设水工程应该经过有关流域管理机构、水行政主管部门审查并签署意见，水工程涉及其他地区和行业的，建设单位应当事先征求有关地区和部门的意见。水工程在综合性的水规划中会有很多预想不到的影响，该条对水工程的评价和审查仅规定行政管理部门的作用，没有对专家的评估进行规定，也没有规定考虑其他利益相关者对建设水工程的利益和意见。建议在今后修改《水法》时增加有关内容。

（四）水资源开发利用

1. 水资源开发利用的原则

开发、利用、节约、保护水资源和防治水害，应当贯彻全面规划、统筹兼顾、标本兼治、综合利用、讲求效益的原则,发挥水资源的多种功能,协调好生活、生产经营和生态环境用水。

开发、利用水资源,应当坚持兴利与除害相结合,兼顾上下游、左右岸和有关地区之间的利益,充分发挥水资源的综合效益,并服从防洪的总体安排。

生活用水优先原则。开发、利用水资源,应当首先满足城乡居民生活用水,并兼顾农业、工业、生态环境用水以及航运等需要。在干旱和半干旱地区开发、利用水资源,应当充分考虑生态环境用水需要。

生态保护原则。地方各级人民政府应当加强对灌溉、排涝、水土保持工作的领导,促进农业生产发展;在容易发生盐碱化和渍害的地区,应当采取措施,控制和降低地下水的水位。在水资源短缺的地区,国家鼓励对雨水和微咸水的收集、开发、利用和对海水的利用、淡化。

国家鼓励单位和个人依法开发、利用水资源,并保护其合法权益,并鼓励和支持开发、利用、节约、保护、管理水资源和防治水害的先进科学技术的研究、推广和应用。

不得损害公共利益和他人合法权益的原则。任何单位和个人引水、截(蓄)水、排水,不得损害公共利益和他人的合法权益。

2. 合理组织、综合利用水资源,实行水资源论证制度

跨流域调水,应当进行全面规划和科学论证,统筹兼顾调出和调入流域的用水需要,防止对生态环境造成破坏;地方各级人民政府应当结合本地区水资源的实际情况,按照地表水与地下水统一调度开发、开源与节流相结合、节流优先和污水处理再利用的原则,合理组织开发、综合利用水资源;国民经济和社会发展规划以及城市总体规划的编制、重大建设项目的布局,应当与当地水资源条件和防洪要求相适应,并进行科学论证;在水资源不足的地区,应当对城市规模和建设耗水量大的工业、农业和服务业项目加以限制。

3. 鼓励开发农业水利

农村集体经济组织或者其成员依法在本集体经济组织所有的集体土地或者承包土地上投资兴建水工程设施的,按照谁投资建设谁管理和谁受益的原则,对水工程设施及其蓄水进行管理和合理使用。农村

集体经济组织修建水库应当经县级以上地方人民政府水行政主管部门批准。

4. 鼓励开发利用水能、水运资源

国家鼓励开发、利用水能资源。在水能丰富的河流,应当有计划地进行多目标梯级开发。建设水力发电站,应当保护生态环境,兼顾防洪、供水、灌溉、航运、竹木流放和渔业等方面的需要。

国家鼓励开发、利用水运资源。在水生生物洄游通道、通航或者竹木流放的河流上修建永久性拦河闸坝,建设单位应当同时修建过鱼、过船、过木设施,或者经国务院授权的部门批准采取其他补救措施,并妥善安排施工和蓄水期间的水生生物保护、航运和竹木流放,所需费用由建设单位承担。在不通航的河道或者人工水道上修建闸坝后可以通航的,闸坝建设单位应当同时修建过船设施或者预留过船设施位置。

5. 水工程建设移民安置的方针、原则、规划和经费

国家对水工程建设移民实行开发性移民的方针,按照前期补偿、补助与后期扶持相结合的原则,妥善安排移民的生产和生活,保护移民的合法权益。移民安置应当与工程建设同步进行。建设单位应当根据安置地区的环境容量和可持续发展的原则,因地制宜,编制移民安置规划,经依法批准后,由有关地方人民政府组织实施。所需移民经费列入工程建设投资计划。

上述规定的不足之处是,没有全面考虑移民的环境影响。建议在移民安置规划和计划的审批中,开展对移民迁入区进行环境影响评价,以便保证移民规划和建设单位真正根据安置地区的环境容量和可持续发展安置移民。另外,在目前工程建设征用土地不可避免的情况下,应研究制定更加科学合理、公正、公平的土地补偿办法,充分考虑移民的长远生计和各方面损失,提高补偿标准,规定补偿标准的下限,并与《土地管理法》进行有效协调;同时,应从我国各地实际情况出发,细化补偿标准,便于在实际工作中进行操作,切实保护被征地移民的权益。

(五)水资源、水域和水工程的保护

1. 水资源的保护

(1)保护水量及生态用水。县级以上人民政府水行政主管部门、

流域管理机构以及其他有关部门在制定水资源开发、利用规划和调度水资源时，应当注意维持江河的合理流量和湖泊、水库以及地下水的合理水位，维护水体的自然净化能力。

上述规定存在的不足之处是，对“合理流量”和“合理水位”没有明确界定。这个问题对水资源利用总量控制、调度和规划非常重要。例如，根据有关研究，干旱区天然绿洲主要乔、灌木生长良好的地下水位标准是2～4米，为了保持这一“临界水位”，地下水的开采必须限制在不超过地下水补给资源的50%。如果没有合理水位和合理流量的科学标准，水资源使用总量控制便是一种随意性控制。

(2)水功能区划、排污总量控制和水质监测。为了有效保护水资源，首先应该划定水功能区划。国家确定的重要江河、湖泊的水功能区划，由国务院水行政主管部门会同国务院环境保护行政主管部门、有关部门和有关省、自治区、直辖市人民政府拟定，报国务院批准；跨省、自治区、直辖市的其他江河、湖泊的水功能区划，由有关流域管理机构会同江河、湖泊所在地的省、自治区、直辖市人民政府水行政主管部门、环境保护行政主管部门和其他有关部门拟定，分别经有关省、自治区、直辖市人民政府审查提出意见后，由国务院水行政主管部门会同国务院环境保护行政主管部门审核，报国务院或者其授权的部门批准；除上述江河、湖泊以外的其他江河、湖泊的水功能区划，由县级以上人民政府水行政主管部门会同同级人民政府环境保护行政主管部门和有关部门拟定，报同级人民政府或者其授权的部门批准，并报上一级水行政主管部门和环境保护行政主管部门备案。

实行排污总量控制，是对水功能区实行有效管理的重要手段之一。污染控制应当建立在水资源的承载能力基础上，实行污染物浓度控制与总量控制相结合。保护水体，首先要确定其自身的纳污能力。根据《水法》的规定，县级以上人民政府的水行政主管部门或者流域管理机构应当按照水功能区划对水质的要求和水体的自然净化能力，核定该水域的纳污能力，向环境保护行政主管部门提出该水域的限制排污总量意见。水行政主管部门和流域管理机构应当加强对水功能区的水质状况进行监测；一旦发现重点污染物排放总量超过控制指标的，或者水功能区的水质未达到水域使用功能对水质的要求的，应当及时报告有关人民政府，有关人民政府应当及时采取治理措施；同时，水行政主管部门和流域管理机构还应当及时向环境保护行政主管部门通报。

上述规定的不足之处是，对水功能区划及其管理只重视“质”的达标，而对水功能区的“水量”（径流水位和地下水位）的状态没有确定，也没有纳入监测和及时治理的范围。建议在水功能区排污总量确定、水功能区监测的规定中，增加对水体容积的量化标准及其监测、治理内容。另外，上述规定没有考虑水功能区与水环境功能区的协调、统一，以及如何节约行政管理、监测成本等问题。建议在同一个流域或同一个水体实行单一的功能区划，即将目前的水环境功能区划与水功能区划合并为一个。可以由国务院有关行政管理部门（主要是水利部和国家环境保护总局）共同委托一个权威性的研究机构编制一个统一的水功能区划，报国务院批准后，由环境保护部门、水利部门等部门去遵照执行。

(3)建立饮用水水源保护区制度。凡是供应饮用水的水源地，包括地表水饮用水源和地下水饮用水源在内的所有的饮用水源，都要划定保护区；对饮用水水源的保护不仅要保护水源地的水质，而且要保护水源地的水量，要防止水源枯竭和水体污染；禁止在饮用水水源保护区内设置排污口。在江河、湖泊新建、改建或者扩大排污口，应当经过有管辖权的水行政主管部门或者流域主管机构同意，由环境保护行政主管部门负责对该建设项目的环境影响报告书进行审批。

不足之处是，缺乏对农村饮用水的专门考虑，建议对加强农村饮用水安全问题做出具体详尽、具有可操作性的法律规定。

第四，对地下水超采区管理以及在沿海地区开采地下水的要求。在地下水超采地区，县级以上地方人民政府应当采取措施，严格控制开采地下水。在地下水严重超采地区，经省、自治区、直辖市人民政府批准，可以划定地下水禁止开采或者限制开采区。在沿海地区开采地下水，应当经过科学论证，并采取措施，防止地面沉降和海水入侵。

2. 水域的保护

《水法》禁止从事妨碍河道行洪的活动，以保持水域畅通。禁止在河道管理范围内建设妨碍行洪的建筑物、构筑物以及从事影响河势稳定、危害河岸堤防安全和其他妨碍河道行洪的活动。

《水法》要求严格管理在河道管理范围内的建设活动。在河道管理范围内建设桥梁、码头和其他拦河、跨河、临河建筑物、构筑物，铺设跨河管道、电缆，应当符合国家规定的防洪标准和其他有关的技术要求，工程建设方案应当依照防洪法的有关规定报经有关水行政主管部门审查同意。

国家实行河道采砂许可证制度，并授权国务院制定这一制度的实施办法和行政处罚办法；在河道管理范围内采砂，影响河势稳定或者危及堤防安全的，有关县级以上人民政府水行政主管部门应当划定禁采区和规定禁采期，并予以公告。为此，国务院及其相关部门颁布了《河道管理条例》(1988 年)、《长江河道采砂管理条例》(2001 年)和《河道采砂收费管理办法》(1990 年)。

《水法》禁止围湖造地，已经围垦的，要按照国家规定的防洪标准有计划地退地还湖。禁止围垦河道，因生产和社会发展确需围垦的，要进行科学论证，经省、自治区、直辖市人民政府水行政主管部门同意，并报政府批准后，方可进行。

3. 水工程的保护

所谓水工程，是指在江河、湖泊和地下水源上开发、利用、控制、调配和保护水资源的各类工程。水工程种类较多，大到三峡大坝、水库，小到引水渠道、排灌站、机井站等。水工程的建设和保护关系我国水资源的合理分配、有效利用、水害防治及人民群众生命财产安全。因此，《水法》对水工程的保护作了如下专门规定：

第一，禁止侵占、毁坏水工程及其设施。县级以上地方人民政法应当采取措施，保障本行政区域内的水工程及其设施(特别是水坝和堤防)的安全，限期消除险情。水行政主管部门应当加强对水工程及其设施安全的监督管理。

第二，划定水工程管理和保护范围。水工程管理和保护范围的划定权限，根据水工程的管理权限确定。在水工程保护范围内，禁止从事影响水工程运行和危害水工程安全的爆破、打井、采石、取土等活动。

（六）水资源的配置和节约使用

1. 水资源的配置

第一，加强水资源的宏观调配，制定和实施水中长期供求规划。水资源的宏观调配是指在全国、流域或者区域内，按照高效公平、合理和可持续的原则，遵循市场经济规律和水资源的自然规律，对有限的各种形式的水资源在不同流域、行政区域之间进行的分配。它以水资源可利用量为其基本依据，通过制定和执行跨流域、跨省、跨市、跨县的水中长期供求规划来实现的。国务院发展计划主管部门和国务院水行政主管部门负责全国水资源的宏观调配。对全国的和跨省、自治区、直辖市的水中长期供求规划，由国务院水行政主管部门会同有关部门制定，经国务院发展计划主管部门审查批准后执行；地方的水中长期供求规划，由县级以上人民政府水行政主管部门会同同级有关部门依据上一级水中长期供求规划和本地区的实际情况制定，经本级人民政府发展计划主管部门审查批准后执行。水中长期供求规划应当依据水的供求现状、国民经济和社会发展规划、流域规划、区域规划，按照水资源供需调协、综合平衡、保护生态、厉行节约、合理开源的原则制定。

第二，合理制订、严格执行水量分配方案和旱情紧急情况下的水量调度预案。水量分配方案是指在一个流域内，根据流域内各行政区域的用水现状、地理、气候、水资源条件、人口、土地、经济结构、经济发展水平、用水效率、管理水平等各项因素，将各项形式的水资源分配到各行政区域的计划。旱情紧急情况下的水量调度预案是指在连续枯水年和特旱年，为减轻严重抽水干旱造成的损失，各流域和各行政区域应当制定的措施和应急计划。前者是分水方案，后者是应对旱情紧急情况的对策方案。调蓄径流和分配水量，应当依据流域规划和水中长期供求规划，以流域为单元制订水量分配方案。跨省、自治区、直辖市的水量分配方案和旱情紧急情况下的水量调度预案，由流域管理机构商有关省、自治区、直辖市人民政府制订，报国务院或者其授权的部门批准后执行。其他跨行政区域的水量分配方案和旱情紧急情况下的水量调度预案，由共同的上一级人民政府水行政主管部门商有关地方人民政府制订，报本级人民政府批准后执行。《水法》还对年度水量分配方案和调度计划作了规定。

水量分配方案和水量调度预案经批准后，有关地方人民政府必须执行。为了预防和避免不同行政区域在边界河流上开发利用水资源中发生水事纠纷，《水法》规定，在不同行政区域之间的边界河流上建设水资源开发、利用项目，应当符合该流域经批准的水量分配方案，由有关县级以上地方人民政府报共同的上一级人民政府水行政主管部门或者有关流域管理机构批准。

2. 节约用水

节约用水是指通过依法采取行政、经济、技术和宣传教育等手段，依靠科技进步和体制机制创新，减少用水过程中的损失和浪费，提高水资源的使用效率。

节水型社会是指奉行节约用水的思想理念、生产方式、生活方式和消费方式的社会，是一种人与水和谐相处、对水资源实现有效保护和节约利用、可持续利用的社会形态，是以节约用水、人水和谐为特征的资源(能源)节约型社会、环境友好型社会。建设节水型社会是解决干旱缺水问题和水资源供需矛盾的最根本、最有效的根本途径。通过建设节水型社会，使水资源利用效率得到提高，水生态环境得到改善，可持续发展能力不断增强，人与水的关系、人与自然的关系进一步和谐，从而根本解决水资源污染、浪费和紧缺问题，推动整个社会走上生产发展、生活富裕、生态良好的文明发展道路。

节约用水，建立节水型社会是我国经济社会发展中一项战略性、全局性、必须长期坚持的国策。《水法》针对我国存在的节水意识差、节水工作薄弱、水价低廉、水的使用效率低和用水浪费严重等现象，对水资源的节约利用作了如下规定：

(1)确立建立节水型社会总目标。《水法》规定，国家厉行节约用水，大力推行节约用水措施，推广节约用水新技术、新工艺，发展节水型工业、农业和服务业，建立节水型社会。各级人民政府应当采取措施，加强对节约用水的管理，建立节约用水技术开发推广体系，培育和发展节约用水产业。单位和个人有节约用水的义务。

(2)实行用水总量控制和定额管理相结合的制度。用水总量控制是水资源管理的宏观控制指标，是指各流域、省、市、县、各部门、各企业、各用水户的可使用的水资源量，在某种意义上可以与水权的初始分配挂钩。用水总量控制是根据全国、各流域、省、市和县水资源调查评价，在摸清用水量的基础上确定的。定额管理是水资源管理的微观控制指标，是确定水资源宏观控制指标总量控制的基础，它是在平衡测试各行各业、各种单位产品和服务项目的具体用水量的基础上确定的。《水法》规定，省、自治区、直辖市人民政府有关行业主管部门应当制定本行政区域内行业用水定额，报同级水行政主管部门和质量监督检验行政主管部门审核同意，由省、自治区、直辖市人民政府公布，并报国务院水行政主管部门和国务院质量监督检验行政主管部门备案。县级以上地方人民政府发展计划主管部门会同同级水行政主管部门，根据用水定额、经济技术条件以及水量分配方案确定的可供本行政区域使用的水量，制定年度用水计划，对本行政区域内的年度用水实行总量控制。

(3)建立用水计量与水价制定机制。《水法》第55条规定，“使用水工程供应的水，应当按照国家规定向供水单位缴纳水费。供水价格应当按照补偿成本、合理收益、优质优价、公平负担的原则确定”；第49条规定，“用水应当计量，并按照批准的用水计划用水。用水实行计量收费和超定额累进加价制度”。

(4)规定节水技术、各种用水控制等制度。例如，节约农业用水、提高农业节水效率；提高工业用水重复利用率，淘汰落后的、耗水量高的工艺、设备以及产品；推广节水型生活用水器具、提高生活用水效率；加强城市污水集中处理，鼓励使用再生水，提高污水再生利用率；节水设施与主体工程实行同时设计、同时施工、同时投产的三同时制度；供水企业和自建供水设施的单位应当加强供水设施的维护管理，减少水的漏失。

我国《水法》除对上述内容作出规定外，还对单位之间、个人之间、单位与个人之间的水事纠纷和不同行政区域间的水事纠纷的处理问题作出了原则性规定，即明确规定上一级人民政府对不同行政区域之间发生的水事纠纷，在协商不成时可以进行裁决，并且规定有关方面必须遵照执行。

综上所述可知,《水法》作为我国水资源和河流法律体系中的核心法律,它以建立节水型社会、实现水资源的可持续利用、支持社会经济的可持续发展为目标,以提高用水效率为核心,把水资源的节约、保护、合理配置放在突出的位置,明确规定了开发、利用、节约、保护和管理水资源的基本原则、管理体制、管理制度和法律责任,特别在法律实施机制方面,突出了水资源规划管理、水事纠纷处理与执法监督检查,具有较强的可操作性和实用性。从总体上看,《水法》是规范水资源开发、利用、保护和管理活动的一部较好的法律,它的许多规定都有利于湿地的保护和管理。但是,该法在实施机制方面也存在不少值得修改、补充和完善的地方,例如:①该法有些术语没有定义,如"水资源"和"水";有些用语很模糊,如"水资源属于国家所有。农村集体经济组织的水塘和由农村集体经济组织修建管理的水库中的水,归各该农村集体经济组织使用";致使一些条款缺乏可操作性,使得该法在实施时产生含义不清、权限不明、适用范围不确切等现象。②《水法》对水资源规划非常重视,专门设置了"水资源规划"一章(第二章),该章共有 6 条,对水资源规划的种类、不同规划之间的相互关系、制定规划的前置工作、编制与审批规划的主体和程序、规划的实施要求等作了专门而具体的规定。但值得修改或补充的地方也较多,例如在规划编制过程中没有明确相关行政主管部门的参与权、建议权,没有规定公众参与规划制定的内容,没有明确水规划的修改要件,缺乏水规划的执行机制、不执行水规划的惩罚机制。③在水资源管理体制方面,该法将流域管理机构作为国务院水行政主管部门的派出机构,职能单一,管理职责不完善,主要实行单项管理,不能根据流域和生态系统的整体性进行综合管理,也无法承担跨部门、跨区域的流域性问题的综合协调与管理任务。该法虽然规定了流域管理机构,但利益相关方参与流域管理的机制很不健全,许多涉水部门、地方政府、用水户与民间组织等游离于流域重大事件的决策过程之外,流域规划不能充分反映用水户的利益。流域管理与地方行政管理之间的衔接不够,对流域机构如何通过流域决策、综合规划等手段对地方、不同流域、不同支流与河段进行分类指导缺乏规定。该法也没有明确水资源行政主管部门与湿地行政主管部门的分工。④缺乏建立相关利益者、社区和公众参与水资源管理的规定和保障措施,缺少鼓励公众参与和资源共享等的有效手段。公众参与不足不仅使公众权益难以得到保障,而且影响公众执行流域管理政策的积极性和主动性。⑤在经济调节机制方面,缺乏有关水权(主要是水资源使用权)转让、流动和建立水市场机制的规定,没有规定生态(包括湿地生态)补偿和生态恢复管理制度,缺乏合理开发、利用、治理、整理和有效保护湿地资源的经济扶持政策。⑥在处理水事纠纷方面:没有明确水事纠纷的定义和处理水事纠纷的行政机关,没有明确行政调解协议是否具有法律效力,也没有明确是否允许人民政府或者其授权的部门可以采取其他行政处理方法(如行政裁决、行政决定等)处理水民事纠纷。建议在修改《水法》或制定《湿地条例》时注意上述问题,增加、补充有关规定:其一,明确“水资源”、“水”和“湿地”等重要术语的含义;其二,明确水资源规划编制过程中相关行政主管部门的参与权、建议权、公众参与权,水资源规划的修改要件,水规划的执行机制,不执行水规划的惩罚机制,水资源规划与湿地规划、水污染防治规划等相关规划的协调;其三,明确水资源行政主管部门与湿地行政主管部门、风景名胜区管理部门等有关部门的分工;其四,规定相关利益者、社区和公众参与水资源管理的内容和保障措施;其五,增加有关水权(主要是水资源使用权)转让、流动和建立水市场机制的规定;其六,规定生态(包括湿地生态)补偿和生态恢复管理制度,特别是建立湿地生态用水补偿机制,规定合理开发、利用、治理、整理和有效保护湿地资源的经济扶持政策;其七,明确水事纠纷的定义和处理水事纠纷的行政机关,明确行政调解协议的法律效力,人民政府或者其授权的部门可以采取其他行政处理方法(如行政裁决、行政决定等)处理水民事纠纷。

二、《水污染防治法》

水污染是指陆地水体污染,即指水体因某种物质的介入而导致其化学、物理、生物或者放射性等方面特征的改变,从而影响水的有效利用,危害人体健康或者破坏生态环境,造成水质恶化的现象。

根据《2003年中国环境状况公报》，按照综合污染指数比较，2003年度七大水系污染程度由重到轻依次为：海河、辽河、黄河、淮河、松花江、长江、珠江。海河水系污染严重，劣Ⅴ类水质断面占50%以上；辽河水系水质总体水质较差，劣Ⅴ类水质断面占40.6%；黄河水系总体水质较差，支流污染普遍严重；淮河干流以Ⅳ类水体为主。在2003年度监测的28个重点湖库中，Ⅴ类水质湖库有4个，占14.3%；劣Ⅴ类水质湖库有10个，占35.7%。太湖、滇池、巢湖三大湖仍以劣Ⅴ类水质为主，水污染依然严重。从1999年到2003年，全国废水及COD排放总量逐步上升，到2003年，全国工业和城镇生活废水排放总量为460.0亿吨，与1999年相比，增加了14.9%。就全国而言，我国有80%左右的污水未经处理就直接排入水域，造成全国1/3以上的河段受到污染，90%以上城市水域污染严重，近50%的重点城镇水源不符合饮用水标准。我国地下水正受到更为严重的污染，湖泊的富营养化程度逐年加剧。我国南方城市因水污染导致缺水量占这些城市总缺水量的60%~70%。随着经济的发展和人口的增加，水体污染将加剧水资源短缺，在今后相当长的时期内，水污染仍将是我国水环境面临的突出问题。

在我国，从20世纪50年代起就由卫生部门负责开展水污染防治工作。但是，其工作重点只是在于饮用水卫生管理方面。1955年，中国制定了《自来水水质暂行标准》。1956年，国务院发布的《工厂安全卫生规程》专门对饮用水水源的保护、废水处理等作出规定。1957年，国务院有关部门颁布了《关于注意处理工矿企业排出有毒废水、废气问题的通知》，首次对防治水污染提出具体要求。1959年颁布了《生活饮用水卫生规程》。国务院环境保护领导小组成立以后，曾于1973年批转了《关于保护和改善环境的若干规定（试行草案）》。1975年，发出了《关于淮河污染情况和治理意见的报告》等，并颁发了一些有关水环境保护标准。1984年5月11日，全国人大常委会通过了《水污染防治法》，对防治陆地水污染作了系统规定。1989年7月，国务院批准实施《水污染防治法实施细则》。我国还制定了《关于防治水污染技术政策的规定》、《饮用水源保护区污染防治管理规定》、《水污染物排放许可证管理暂行办法》、《污水处理设施环境保护监督管理办法》、《关于防治造纸行业水污染的规定》等法规和规章。在环境标准方面，制定了《地面水质标准》、《生活饮用水质标准》、《农田灌溉水质标准》、《渔业水质标准》以及《污水综合排放标准》等。1995 年 8 月 8 日，针对中国淮河流域的严重水污染状况，国务院专门制定了《淮河流域水污染防治暂行条例》。1996 年，第八届全国人大常委会第十九次会议通过了《关于修改〈水污染防治法〉的决定》。2000 年 3 月 20 日，国务院发布了新的《水污染防治法实施细则》和《关于加强城市供水节水和水污染防治工作的通知》。其中，《水污染防治法》(以下简称该法)是我国防治水污染的基干法律，其主要内容如下：

(一)水污染防治的监督管理体制

我国对水污染防治实行"统一监督管理和各部门分工负责"的监督管理体制。该法第 4 条对水污染的监督管理体制作了具体的规定："各级人民政府的环境保护部门是对水污染防治实施统一监督管理的机关。各级交通部门和航政机关是对船舶污染实施监督管理的机关。各级人民政府的水利管理部门、卫生行政部门、地质矿产部门、市政管理部门、重要江河的水源保护机构，结合各自的职责，协同环境保护部门对水污染防治实施监督管理。"其中国务院环境保护部门是对全国水污染防治实施统一监督管理的机关。此外，该法第 53 条规定了渔政监督管理机关是对渔业污染案件实施行政处罚的机关之一，表明了其享有对渔业水域污染防治的监督管理权。这些规定有利于发挥分管部门的积极性，共同做好水污染的监督管理工作。

需要提起注意的问题是，自从 2002 年颁布的《水法》规定"统一管理和流域管理与行政区域管理相结合"的管理体制后，上述《水污染防治法》第 4 条规定的管理体制便产生了一个如何与《水法》规定的管理体制相协调的问题。例如，目前水利部已经成立 7 大水系水资源委员会和水资源保护机构。在流域是否应该建立流域水污染防治机构(局)，如果建立这个局，它与水利部的流域水资源保护机构如何协调？据中新社 2006 年 7 月 31 日消息，根据中央编办批复精神，国家环保总局全面启动组建 11 个地方派出执法监督机构，包括华东、华南、西北、西南、东北五大环境保护督察中心和上海、广东、四川、北方、东北、西北六个核与辐射安全监督站，均为保总局派出的司局级建制的执法监督机构。受环保总局委托，督察中心在所辖区域内承担以下职责：监督地方对国家环境政策、法规、标准执行情况；承办重大环境污染与生态破坏案件的查办工作；承办跨省区域和流域重大环境纠纷的协调处理工作；参与重、特大突发环境事件应急响应与处理的督察工作；承办或参与环境执法稽查工作；督察重点污染源；督察国家级自然保护区、国家重要生态功能保护区环境执法情况；负责跨省区域和流域环境污染与生态破坏案件的来访投诉受理和协调工作。也就是说，国家环境保护总局也成立了监督机构从事跨区域或流域的环境污染防治工作。过去我国曾经成立由水利部和环境保护部门双重领导的流域水资源保护机构（如长江水资源保护局等），目前这种双层领导机构是否还有继续存在的必要，如果继续存在，这三者的关系如何协调？上述两个系统的水保护机构和双重领导机构及其职责存在重叠和交叉的地方。建议今后在修改《水污染防治法》和《水法》时协调解决这个问题。

建议修订《水污染防治法》和《水法》，对“统管”与“分管”、“协同管”进行明确的界定，明确划分环境保护部门与水利部门和其他有关部门的职责权限。可以明确的是，水利部门负责编制流域综合规划与水资源保护规划，保证水体的生态用水量，确定水体纳污量，提出总量控制意见。环境保护部门编制水污染防治规划和污染物总量控制计划，对排污者实施许可证管理。

建议在流域层次，成立包括各方利益代表参加的委员会形式的机构，独立于现有国家机构，行使法律规定的协调职能。为了协调好流域内各种利益相关者的关系，在管理体制内应当给湿地管理机构、公众参与留有位置。建议在流域委员会中吸收湿地管理机构、公众和有关团体参加，让他们有一个发表意见的讲坛，可以在决策时充分发表自己的意见。

在地方一级，主要由地方环境保护部门执行水污染防治的监督管理工作。但现有环境保护机构在开展工作时必须服从流域水污染防治的统一规划和计划，服从流域管理机构的统一协调管理。否则，由中央环境保护部门为该地方政府制定实施计划，责令地方执行或授权流域水污染防治管理机构代执行。

（二）水污染防治的监督管理原则

该法第9条至第11条，规定了防治水污染的三项具体原则：

（1）水污染防治与水资源保护相结合的原则。防治水污染是与保持水体的合理流量、合理水位密切相关的，不合理的开发、利用水资源，就会降低水体的自净能力，加剧水污染。因此，国务院有关部门和地方各级人民政府在开发、利用和调节、调度水资源的时候，应当统筹兼顾，维护江河的合理流量和湖泊、水库以及地下水体的合理水位，维护水体的自然净化能力。

（2）防治水污染应当按流域或区域统一规划的原则。该原则是指水污染防治规划应当按照流域或区域进行统一编制。经批准的江河流域水污染防治规划是地方政府组织制定的本行政区域水污染防治规划的基本依据。其中的“江河流域”包括国家确定的重要江河流域和其他跨省、跨县江河流域。对前者的防治规划，由国务院环境保护行政主管部门会同计划、水利等行政主管部门和有关省级人民政府编制，报国务院批准；后者的防治计划，根据重要江河流域的水污染防治规划和本地区的实际情况，由省级以上人民政府环境保护行政主管部门会同水利行政主管部门和有关地方人民政府编制，报国务院或省级人民政府批准。县级以上地方人民政府制定的水污染防治规划，应当纳入本行政区域的国民经济和社会发展中长期计划和年度计划。这些规定体现下级规划必须服从上级规划、区域规划必须服从流域规划的精神，可以较好地解决上、下游不同行政区域水污染防治的协调、管理工作。

现行立法存在的问题是，流域水污染防治规划、水环境功能区划由国家环境保护部门根据《水污染防治法》编制并组织实施，而流域水资源保护规划、水功能区划由国家水利部门根据《水法》组织编制并实施。现行《水法》和《水污染防治法》都没有明确，流域水污染防治规划与流域水资源保护规划如何衔接和协调的问题。由于这二者之间缺乏必要的协调与沟通，造成不必要的重复劳动与混乱。

改革的第一步，是要明确它们之间的关系。流域水污染防治规划应与流域水资源保护规划保持一致，水污染防治规划只是水资源保护规划的一部分内容的具体化。同时，这两个规划都是专业规划，必须服从流域综合规划。水功能区划是根据水资源保护规划编制的，水环境功能区划是根据水污染防治规划编制的，既然两个规划是一致的，它们也应该协调一致。所以，应在《水污染防治法》中明确规定，流域水污染防治规划要依据流域综合规划编制，并与流域水资源保护规划协调一致，它们都是流域的专业规划，必须服从流域综合规划。

其次，法律应明确规定规划与功能区的编制程序。要在规划与功能区的编制阶段就实现部门之间的融合，避免将规划做成部门规划。建议对《水污染防治法》和《水法》中的“会同”程序做出明确的定义，环境保护部门与水利部门在制定规划时就必须吸收对方参加，而不是等规划独立编制完成后才象征性地征求一下对方的意见。为了实现这一点，建议在制定规划时发挥中央水资源管理委员会的作用，由委员会组织有关部门起草或讨论。

建议明确流域水污染防治与水资源保护规划的制定时间。应具体规定在《水污染防治法》和《水法》颁布后多长时间内（比如说半年或一年），颁布流域水污染治理与水资源保护规划。在今后的立法中，应该强调规划的效力。经批准的流域水污染防治与水资源保护规划，是流域水污染防治和水资源保护的基本依据，各地、各部门必须遵照执行。地方各级人民政府应按照流域规划，在一定时间内（比如三个月或半年）制定本地区的水污染防治与水资源保护规划实施计划，报国家环境保护行政主管部门批准后实施。在规定的时间内没有制定实施计划，或者制定的计划未获得批准的，国家环境保护行政主管部门可以直接为该地区制定实施计划，责令该地方人民政府遵照执行。

（3）水污染防治与企业布局、技术改造相结合原则。目前，我国工业万元产值的用水量为 91 立方米，是发达国家的 5 ~ 10 倍；工业用水重复利用率不足 55%，而发达国家已达 80% 以上。我国工业排放的废水量约占废污水总量的 49%。而且工业废水中有相当一部分未作任何处理便直接排入水体。因此，该法第 11 条规定：“国务院有关部门和地方各级人民政府应当合理规划工业布局，对造成水污染的企业进行整顿和技术改造,采取综合防治措施,提高水的重复利用工作率,合理利用资源,减少废水和污染物排放量。”

(三)水污染防治的监督管理制度

(1)总量控制制度和核定制度。该法规定,省级以上人民政府,对水污染物达标排放后仍不能达到国家规定的水环境质量标准的水体,可实施重点污染物排放的总量控制制度。这种控制方法是针对水污染浓度控制中存在的缺陷,在污染源密集情况下无法保证水环境质量控制和改善而提出来的。与该项制度相配套的重点污染物排放量的核定制度,是指省级人民政府为实现区域水污染物排放总量控制的目标,而将总量控制指标分配到工业污染源的法律规定。另外,《水污染防治法实施细则》规定了分配重点污染物排放总量控制指标的原则,以及与该项制度配套的核定制度和排污许可证制度等。

根据现行的《水污染防治法》,总量控制与排污许可证制度只适用于实现水污染物达标排放仍不能达到国家规定的水环境质量标准的水体[1],这是不充分的。建议全面实行排放污染物总量控制与排污许可证制度,禁止无证排污。建议实行以流域为单元的流域水污染物总量控制制度,由流域管理机构确立全流域及不同河道的纳污总量,由环保部门根据纳污总量确立相应的排污总量,并报有管辖权的人民政府批准后实施。应明确规定办理排污许可证的条件和许可证的内容,对某些不能达到要求的排污者,可以拒绝颁发排污许可证。

同时,为了与总量控制与排污许可证制度配套,建议法律明确规定国务院颁布总量控制具体办法的时限。此外,在有条件的地方,可以实行排污交易制度。因此,建议国家尽快制定可交易的排污许可证的管理办法。

(2)排污收费制度。现行《水污染防治法》第15条实行的是排污费与超标排污费并存的制度,只有超标排污的单位,才有治理义务。由于征收标准太低,排污者宁愿缴纳排污费,也不治理污染,排污费的经济刺激作用大大减弱。建议修改现行的排污收费制度,建立按排放污

[1] 见《水污染防治法》第16条,1996年。

染物的数量征收排污费的制度。对超过许可证规定排放污染物的，给予处罚，并责令限期治理。

（3）城市污水集中处理制度。城市污水具有排放地点集中、排放量较大、污染物成分复杂等特点，如果分散处理，不仅经济不合理，而且处理效果较差。因此，该法第 19 条规定国务院有关部门和地方各级人民政府必须有计划地建设城市污水集中处理设施，并向排污者提供污水处理的有偿服务，收取污水处理费用。向城市污水集中处理设施排放污水、缴纳污水处理费用的，不再缴纳排污费。收取的污水处理费用必须用于城市污水集中处理设施的建设和运行，不得挪作他用。

（4）划定生活饮用水地表水源保护区制度。该法禁止向生活饮用水地表水源一级保护区的水体排放污水；禁止在一级保护区内从事旅游、游泳和其他可能污染生活饮用水水体的活动；禁止在一级保护区内新建、扩建与供水设施和保护水源无关的建设项目，在一级保护区内已设置的排污口，由县级以上人民政府按照国务院规定的权限责令限期拆除或者限期治理。在生活饮用水源受到严重污染，威胁供水安全等紧急情况下，环境保护部门应当报经同级人民政府批准，采取强制性的应急措施，包括责令有关企业事业单位减少或者停止排放污染物。《水污染防治法实施细则》第 23 条对生活饮用水地表水源二级保护区的保护做了具体的规定。

（5）水污染监测制度。我国法律已经建议环境监测制度。例如，《环境保护法》第 11 条规定：“国务院环境保护行政主管部门建立监测制度，制定监测规范，会同有关部门组织监测网络，加强对环境监测的管理。”《水污染防治法》第 18 条规定：“国家确定的重要江河流域的水资源保护工作机构，负责监测其所在流域的省界水体的水环境质量状况，并将监测结果及时报国务院环境保护部门和国务院水利管理部门；有经国务院批准成立的流域水资源保护领导机构的，应当将监测结果及时报告流域水资源保护领导机构。”

以珠江流域为例，现在存在环保部门与水利部门的两套监测体系，发布的水质报告也不尽相同，既浪费了资源，也不利于流域水污染防治的统一监督管理。

因此,建议对目前的水质监测体系进行改革,建立新型的监测体制。有两种模式可供选择。一种是维持现有水利部门与环境保护部门的监测机构,但需要在统一的规划与水功能区划的基础上,整合为一个相互协调配合的统一水质监测网络。环保系统的监测机构主要负责行政区域内部的水体断面的监测,水利系统的监测机构主要负责跨省界断面的水质监测。这种监测体制需要有配套的信息传播制度相配合,否则,各自的监测数据相互封锁,将使流域一体化管理面临瘫痪状态。所以,要建立监测方法与数据共享制度,监测报告定期报告汇总制度和水环境质量状况定期公报制度,无论是环保部门还是水利部门的监测信息资料都应该与有关行政主管部门共享,只有这样才能搞好河流的综合管理工作。

另一种监测体制是将监测机构社会化,脱离现在的行政隶属关系,实行行业协会式的管理体制。监测机构作为技术咨询机构,受行政执法部门的委托,开展监测工作,实行有偿服务,并对监测结果的客观性、公正性负责。这种监测体制下,信息的传播责任主要由行政管理机构承担。环境保护部门和水利部门应承担定期发布监测信息的义务。

无论哪一种监测体制,为了保证信息的公开与传播,法律应明确规定公众的环境知情权,掌握信息的政府机构应免费向公众提供相关信息。

(6)跨行政区水污染防治制度。现行《水污染防治法》对跨行政区水污染防治制度虽然有所规定,例如第 26 条规定,“跨行政区域的水污染纠纷,由有关地方人民政府协商解决,或者由其共同的上级人民政府协调解决”,但不够健全。该法第 17 条和 18 条对国家确定的重要江河流域的省界水体的水环境质量标准和水环境质量监测做了规定,但是没有明确当省界水体的环境质量超标时,是否和如何追究上游行政区政府的责任?其次,法律也没有规定水利部门、流域机构与环境保护部门中的哪一个对违法行为拥有监督管理权和行政执法权,这样在实际管理中就会出现争议和冲突。因此,建议建立完整的跨行政区边界水环境管理制度:省界水环境质量标准由国家环境保护总局会同水利部和有关省人民政府制定,并报国务院批准后实施;主要水污染物省界排放总量控制标准，由国家环境保护总局会同水利部和有关省人民政府确定，并报国务院批准后实施；对于超过主要水污染物省界排放总量控制标准的，由国家环境保护总局对上游省份实施处罚或者是征收超标排污费，并削减其允许的排污总量；对省界控制断面的水环境质量超标的，国家环境保护总局可以重新核定上游省份的排污总量，并限期修改水污染防治计划。建议通过立法，建立上下游之间因防治水污染所产生的利益差别的补偿机制：上游污染下游，上游向下游补偿；上游因保护环境生态而限制必要的生产发展和城乡建设活动，下游向上游补偿；补偿可以采取实施补助政策、向受损行政区提供财政援助、建立转移支付机制、建立流域基金、上游向下游转让排污权、签订联合（用水、治水）协议等方式。因上游来水不达标给下游造成危害或增加下游治理污染的负担的，下游省份有权向上游要求经济补偿。上游行政区发生水污染事故或者建设对下游水质有重大影响的项目时，应及时通报下游行政区的环境保护行政主管部门。

在跨行政区水污染纠纷处理方面，根据《水污染防治法》第 26 条的规定，跨界水污染纠纷解决是有关地方人民政府的职责，而且都以协商或协调解决为原则，至于协商不成如何处理没有规定。建议修改如下：跨行政区域水污染纠纷，由上一级人民政府环境保护行政主管部门组织有关人民政府协商解决；协商不成的，纠纷任何一方可以报请流域水污染防治机构协调解决；当协调不能解决时，由纠纷一方或流域水污染防治机构报上一级人民政府（如果是跨省级行政区水污染纠纷则报国务院）裁决。因水污染引起的赔偿责任和赔偿金额的纠纷，由有关各方协商解决，协商不成的，可以请求相应的环境保护行政主管部门处理（包括调解和行政裁决）或者直接向人民法院起诉。

（四）防止地表水污染

地表水是相对于地下水而言，指地球表面的水体，如江、河、湖、池、塘、水库、水渠等积聚和流动的水。该法第四章对防止地表水污染作了具体的规定。

（1）在保护区内不得新建排污口。在生活饮用水源地、风景名胜区水体、重要渔业水体和其他有特殊经济文化价值的水体的保护区内，不得新建排污口。在保护区附近新建排污口，必须保证保护区水体不受污染。在保护区已有的排污口，排放污染物超过国家或者地方标准的，应当治理；危害饮用水源的排污口，应当搬迁。

(2)禁止向水体排放、倾倒有毒有害物质。这些物质包括：①油类、酸液、碱液或者剧毒废液；②含有汞、镉、砷、铬、铅、氰化物、黄磷等可溶性剧毒废渣；③工业废渣、城市垃圾和其他废弃物；④放射性固体废弃物或者含有高放射性和中放射性物质的废水。禁止在水体清洗装贮过油类或者有毒污染物的车辆和容器；禁止在江河、湖泊、运河、渠道、水库最高水位线以下的滩地和岸坡堆放、存储固体废弃物和其他污染物；禁止将可溶性剧毒废渣直接埋入地下。

(3)对地表水排放其他污染物必须符合标准。根据该法，含低放射性物质的废水、含热废水、含病原体污水的排放和农药、化肥的使用，应当符合国家或者地方规定的排放标准和使用标准。县级以上地方人民政府的农业管理部门应当指导农业生产者科学、合理地施用化肥和农药；组织有关部门定期对使用工业废水、城市污水灌溉农田的水质和灌溉后的土壤以及农产品进行监测，并采取相应措施，防止污水污染土壤、地下水和农产品。

(4)禁止新建严重污染水环境的小企业。该法第 23 条规定："国家禁止新建无水污染防治措施的小型化学制纸浆、印染、染料、制革、电镀、炼油、农药以及其他严重污染水环境的企业。"

(五)防止地下水污染

地下水是指地壳以下的承压水和潜水。由于地表水和地下水之间有循环补给的关系，地表水一经受污染就会在水循环中把污染物传入地下，使地下水受污染。所以，该法既在防止地表水污染一章中同时设置了不少有关防止地下水污染的条款，又在第五章对防止地下水污染专门作了规定。

(1)防止地面渗漏污染地下水。禁止企业事业单位利用渗井、渗坑、裂隙和溶洞排放、倾倒含有毒污染物的废水、含病原体的污水和其他废弃物。在无良好隔渗地层，禁止企业事业单位使用无防止渗漏措施的沟渠、坑塘等输送或者存贮含有毒污染物的废水、含病原体的污水和其他废弃物。

(2)防止开发、回灌活动污染地下水。在开采多层地下水的时候，如果各含水层的水质差异大，应当分层开采；对已受污染的潜水和承压水，不得混合开采。兴建地下工程设施或者地下勘探、采矿等活动，应当采取保护性措施，防止地下水污染。其中，揭露和穿透含水层的勘探工程，必须按照有关规范要求，严格做好分层止水和封孔工作。人工回灌补给地下水，不得恶化地下水质。对补给地下饮用水的水质，应当符合生活饮用水源的水质标准，并经县级以上地方人民政府卫生行政主管部门批准。矿井、矿坑排放有毒有害废水，应当在矿床外围设置集水工程，并采取有效措施，防止污染地下水。

(六)在《水污染防治法》实施机制方面

现行《水污染防治法》的实施主要依靠“命令 + 控制”的行政执法方式。存在的主要问题是缺乏正式的执法方案与制度，法律的实施建立在临时性的行政命令基础上(如环境执法大检查、环境保护世纪行等)，无法形成持久的法律威慑力，自然也就不能形成持久的守法效果。

建议：①用法律的形式规定各级环境保护部门必须制定执法方案，建立重点防范单位名录制度、定期巡查制度。②严格规定行政执法机构和官员的法律责任，增强他们严格执行法律的自觉性、主动性。③建立公众参与执法的制度，用法律明确规定公众参与的途径与形式。④建立行政协同管理机制，打破条块分割局面和地方保护主义，有关行政协同管理部门必须履行协同管理的职责。《水污染防治法》是我国在内陆水污染防治方面比较全面的基干法律，它规定了我国防治水污染的原则、管理体制、管理制度、防止地表水和地下水污染的措施以及法律责任，基本适用于湿地水污染的防治，是防治湿地水污染的主要法律依据。该法存在的问题和需要改进的地方如下：在水污染防治规划方面，没有注意水污染防治规划和水资源保护规划的协调，没有提到湿地规划，对水污染防治规划的编制程序、规划修改的程序、规划的执行机制和不执行的惩罚机制、各部门在规划编制过程中的参与权和建议权、公众参与等问题缺乏具体的规定；在防治环境污染的经济措施方面，仅规定了排污收费和污水处理收费的制度，没有规定排污权交易、转让，也没有规定鼓励性的经济手段；水污染的双收费制度存在内在的矛盾，超标准排污收费数额较少，导致一些企业宁愿超标缴费也不愿意治理污染，这样不利于水污染的防治；在法律责任方面，该法对政府机关在执法过程中的违法行为责任没有规定相应追究机制。对污染环境的民事责任，仅规定单位的责任，没有规定个人责任，也没有规定排除危害、恢复环境的责任；在行政处罚方面，对违法行为的罚款数量偏低，很难起到预防污染损害的作用；在处理跨行政区域水污染纠纷方面，没有规定有关地方人民政府在处理纠纷时的裁决权。在处理水污染损害民事赔偿纠纷方面，没有明确人民政府行政处理的形式以及行政调解书和行政处理决定的法律效力。建议在修改《水污染防治法》时，对上述不足进行改进。

三、《防洪法》

由于受独特的地理环境和气候条件的影响，我国是一个洪涝灾害频繁发生的国家。据不完全统计，自公元前 206 年至 1949 年的 2155 年之间，有记载的较大洪水 1029 次，平均约两年一次，七大江河的洪水灾害尤为频繁，给人民深重的灾难。新中国成立后，先后发生多次流域性洪水，1950 ~ 1970 年，平均每年洪涝受灾面积 700 万公顷左右，1991 ~ 1995 年，年均洪涝受灾面积达 1700 万公顷。据水利部《中国'98大洪水》统计资料，1998 年长江洪水全国受灾面积 22.3 万平方公里，成灾面积 13.8 万平方公里，受灾人口 2.23 亿，死亡人数 4150 人，倒塌房屋 685 万间，直接经济损失 2251 亿元，影响国民经济增长 0.5 个百分点，全国有 29 个省、自治区、直辖市遭受不同程度的影响。

我国历来重视防洪工作。中华人民共和国成立后颁布了许多有关防洪的法律、法规和规章，其中，1997 年 8 月 29 日第八届全国人大常委会通过的《防洪法》是我国专门规范防治洪涝灾害工作的基干法律。此外，在《水土保持法》、《水法》、《河道管理条例》（1988 年）、《水库水坝安全管理条例》（1991 年）等法律、法规中也有关于防治洪涝灾害的法律规定。各部委、各地方还就防洪制定了相当数量的部门规章和地方性法规。

防治洪水是流域管理的重要内容,《防洪法》是流域综合管理的重要法律依据。《防洪法》作为我国防治洪水的基干法律,它明确了防洪工作实行全面规划、统筹兼顾、预防为主、综合治理、局部利益服从全局利益的原则;强化了防洪工作中的行政管理职责,设定了防汛抗洪的政府行政首长负责制和部门分工负责制制度;规定了防洪规划、治理和防护,防洪区和防洪工程设备的管理,防汛抗洪,保障措施,法律责任等具体内容。《防洪法》的颁布施行,标志着中国防洪管理迈入规范化、制度化和法制化的轨道。该法多年来在减轻洪涝灾害、维护人民的生命和财产安全、保障社会主义现代化建设顺利进行等方面起到了非常重要的作用,基本达到了预期的效果。

《防洪法》的主要内容有以下几方面。

(一)防洪工作应遵循的原则

(1)防洪工作实行全面规划、统筹兼顾、预防为主、综合治理、局部利益服从全局利益的原则。

(2)防洪工程设施建设应当纳入国民经济和社会发展计划。

(3)防洪费用的筹集按照政府投入同受益者合理承担相结合的原则。

(4)开发利用和保护水资源,应当服从防洪总体安排,实行兴利与除害相结合的原则。江河、湖泊治理以及防洪工程设施建设,应当符合流域综合规划,与流域水资源的综合开发相结合。所谓综合规划是指开发利用水资源和防治水害的综合规划。

(二)防洪工作的管理体制

防洪工作按照流域或者区域实行统一规划、分级实施和流域管理与行政区域管理相结合的制度。

(1)各级人民政府的职责。各级人民政府应当加强对防洪工作的统一领导,组织有关部门、单位,动员社会力量,依靠科技进步,有计划地进行江河、湖泊治理,采取措施加强防洪工程设施建设,巩固、提高防洪能力;应当组织有关部门、单位,动员社会力量,做好防汛抗洪和洪涝灾害后的恢复与救济工作;应当对蓄滞洪区予以扶持,蓄滞洪后,应当依照国家规定予以补偿或者救助。

(2)各有关主管部门的职责。①国务院水行政主管部门在国务院的领导下,负责全国防洪的组织、协调、监督、指导等日常工作。国务院水行政主管部门在国家确定的重要江河、湖泊设立的流域管理机构,在所管辖的范围内行使法律、行政法规规定和国务院水行政主管部门授权的防洪协调和监督管理职责。②国务院建设行政主管部门和其他有关部门在国务院的领导下,按照各自的职责,负责有关的防洪工作。③县级以上地方人民政府水行政主管部门在本级人民政府的领导下,负责本行政区域内防洪的组织、协调、监督、指导等日常工作。县级以上地方人民政府建设行政主管部门和其他有关部门在本级人民政府的领导下,按照各自的职责,负责有关的防洪工作。

(三)防洪的管理制度

《防洪法》为了加强对防洪工作的监督管理,规定了如下制度。

(1)统一规划、分级管理制度。它是关于防洪规划编制和实施的一整套程序、措施和方法,是防洪规划的法律化。该制度强调防洪工作要在统一规划下进行,即根据水害和水资源的具体情况,统筹考虑各方面的因素,兼顾各地区、各部门的要求和利益,制定合理可行的规划,并且按照规划付诸实施。在具体实施的过程中,强调分级实施,即对于按流域或者区域制定的规划,分级层层下达,一级一级地落实,以真正把规划贯彻到实践中去。

(2)流域管理与行政区域管理相结合的制度。根据洪水成灾的特点,防洪工作应以流域为基础进行。国务院在大的流域设立了流域管理机构,对该流域的防洪工作进行统一管理。与此同时,该流域沿岸各省、自治区、直辖市及有关地区也要根据流域管理的要求,结合本地的实际情况,对本地区的防洪工作进行管理;对于没有流域管理机构的江河,依法进行区域管理。只有形成流域管理和行政区域管理相结合的管理体系,充分发挥各方面的作用,协调行动,有序治理,才能有效地防治洪水。

(3)分区管理制度。各级人民政府应当按照防洪规划对防洪区内的土地利用实行分区管理。防洪区分为洪泛区、蓄滞洪区和防洪保护区。洪泛区是指尚无工程设施保护的洪水泛滥所及的地区；蓄滞洪区是指包括分洪口在内的河堤背水面以外临时储存洪水的低洼地区及湖泊等；防洪保护区是指在防洪标准内受防洪工程设施保护的地区。洪泛区、蓄滞洪区和防洪保护区的范围，在防洪规划或者防御洪水方案中划定，并报请省级以上人民政府按照国务院规定的权限批准后予以公告。

(4)洪水影响评价制度。在洪泛区、蓄滞洪区内建设非防洪建设项目，应当就洪水对建设项目可能产生的影响和建设项目对防洪可能产生的影响做出评价，编制洪水影响评价报告，提出防御措施。建设项目可行性研究报告按照国家规定的基本建设程序报请批准时，应当附具有关水行政主管部门审查批准的洪水影响评价报告。在蓄滞洪区内建设的油田、铁路、公路、矿山、电厂、电信设施和管道，其洪水影响评价报告应当包括建设单位自行安排的防洪避洪方案。

(四)关于防洪的限制性保护措施的规定

(1)禁止在河道、湖泊管理范围内建设妨碍行洪的建筑物、构筑物，倾倒垃圾、渣土，从事影响河势稳定、危害河岸堤防安全和其他妨碍河道行洪的活动。禁止在行洪河道内种植阻碍行洪的林木和高秆作物。

(2)禁止围湖造地。已经围垦的，应当按照国家规定的防洪标准进行治理，有计划地退地还湖。禁止围垦河道。确需围垦的，应当进行科学论证，经水行政主管部门确认不妨碍行洪、输水后，报省级以上人民政府批准。

(3)护堤护岸林木，不得任意砍伐。采伐护堤护岸林木的，须经河道、湖泊管理机构同意后，依法办理采伐许可手续，并完成规定的更新补种任务。

(4)在防洪工程设施保护范围内，禁止进行爆破、打井、采石、取土等危害防洪工程设施安全的活动。

(5)任何单位和个人不得破坏、侵占、毁损水库大坝、堤防、水闸、护岸、抽水站、排水渠系等防洪工程和水文、通信设施，以及防汛备用的器材、物料等。

(五)关于防汛抗洪的规定

(1)防汛抗洪管理体制的规定。国务院设立国家防汛指挥机构,负责领导、组织全国的防汛抗洪工作,其办事机构设在国务院水行政主管部门;在国家确定的重要江河、湖泊可以设立由有关省、自治区、直辖市人民政府和该江河、湖泊的流域管理机构负责人等组成的防汛指挥机构,指挥所管辖范围内的防汛抗洪工作,其办事机构设在流域管理机构;有防汛抗洪任务的县级以上地方人民政府设立由有关部门、当地驻军、人民武装部负责人等组成的防汛指挥机构,在上级防汛指挥机构和本级人民政府的领导下,指挥本地区的防汛抗洪工作,其办事机构设在同级水行政主管部门;必要时,经城市人民政府决定,防汛指挥机构也可以在建设行政主管部门设城市市区办事机构,在防汛指挥机构的统一领导下,负责城市市区的防汛抗洪日常工作。

(2)防御洪水方案的制定和实施的规定。有防汛抗洪任务的县以上地方人民政府,根据流域规划、防洪工程实际状况和国家规定的防洪标准,制定防御洪水方案(包括对特大洪水的处置措施);长江、黄河、淮河、海河的防御洪水方案,由国家防汛指挥机构制定,报国务院批准;跨省、自治区、直辖市的其他江河的防御洪水方案,由有关流域管理机构会同有关省、自治区、直辖市人民政府制订,报国务院或者国务院授权的有关部门批准,防御洪水方案经批准后,有关地方人民政府必须执行;各级防汛指挥机构和承担防汛抗洪任务的部门和单位,必须根据防御洪水方案做好防汛抗洪准备工作。

(3)紧急防汛期内各级政府及防汛指挥机构职权的规定。在紧急防汛期,国家防汛指挥机构或者其授权的流域、省、自治区、直辖市防汛指挥机构有权对壅水、阻水严重的桥梁、引道、码头和其他跨河工程设施做出紧急处置。在紧急防汛期,防汛指挥机构根据防汛抗洪的需要,有权在其管辖范围内调用物资、设备、交通运输工具和人力,决定采取取土占地、砍伐林木、清除阻水障碍物和其他必要的紧急措施;必要时,公安、交通等有关部门按照防汛指挥机构的决定,依法实施陆地水面交通管制。在紧急防汛期调用的物资、设备、交通运输工具等,在汛期结束后应当及时归还;造成损坏或者无法归还的,按照国务院有关规定给予适当补偿或者做其他处理。取土占地、砍伐林木的,在汛期结束后依法向有关部门补办手续;有关地方人民政府对取土后的土地组织复垦,对砍伐的林木组织补种。

(4)启用蓄滞洪区权限的规定。江河、湖泊水位或者流量达到国家规定的分洪标准,需要启用蓄滞洪区时,国务院、国家防汛指挥机构,流域防汛指挥机构,省、自治区、直辖市人民政府,省、自治区、直辖市防汛指挥机构,按照依法批准的防御洪水方案中规定的启用条件和批准程序,决定启用蓄滞洪区,任何单位和个人不得阻拦、拖延;遇到阻拦、拖延时,由有关县级以上地方人民政府强制实施。

(5)人民政府救灾和灾后重建职责的规定。发生洪涝灾害后,有关人民政府应当组织有关部门、单位做好灾区的生活供给、卫生防疫、救灾物资供应、治安管理、学校复课、恢复生产和重建家园等救灾工作以及所管辖地区的各项水毁工程设施修复工作。水毁防洪工程设施的修复,应当优先列入有关部门的年度建设计划。国家鼓励、扶持开展洪水保险。

但是,《防洪法》也存在一些问题,主要是贯彻综合生态系统管理思想不够,建议在今后修订时予以完善。

四、河流生物法律

河流生物的法律主要包括以下几部分。

(一)河流渔业资源的法律

渔业资源通常也被称为水产资源,是指水域中可以作为渔业生产经营对象和具有科学研究价值的水生生物的总称。按照渔业资源所依赖的水域的不同,可以分为淡水渔业资源和海水渔业资源。河流渔业资源主要是指淡水渔业资源。

我国是一个渔业资源比较丰富的国家,水生生物达2万多种,其中鱼类占世界鱼类物种数量的20%左右,淡水养殖产量居世界首位,水产品总量居世界第三位。但是,近年来我国的渔业资源出现了衰退,甚至有些渔业资源种类已经或者面临枯竭。

自中华人民共和国成立以来,已制定许多有关渔业资源保护和管理的行政法规和部门规章。1979年,国务院及其有关行政主管部门制定了《水产资源繁殖保护条例》、《渔政管理工作暂行条例》、《关于保护水库安全和水产资源的通令》和《渔业许可证若干问题的暂行规定》。1980年,颁布了《渔港监督管理规则》。1983年,颁布了《海洋捕捞渔船管理暂行办法》和《渔业船舶船员考试规则》等。1986年1月20日,第六届全国人大常委会第十四次会议通过了《渔业法》,并分别于2000年和2004年进行了修订;1987年,国务院制定了《渔业法实施细则》。国务院行政主管部门还制定了《渔业水质标准》、《渔业资源增值保护费征收使用办法》和其他法律规范性文件。此外,各地方颁布的有关渔业的地方法规以及我国参加的国际渔业公约也是我国渔业法的重要组成部分。到2004年,我国共有《渔业法》及相关法律14部,行政法规33件,部门规章53件,政府规章63件,国家和地方关于渔业的法规共381件,基本上形成了从中央到地方的渔业资源保护法律体系,为渔业资源的保护提供了法律保障。

(二)河流流域野生动植物保护的法律

河流是一个生态系统,河流中的生物是该生态系统的中心。维护河流健康生命,保障河流生态安全是河流生态环境保护的一个重要领域,河流生物保护法则是维护河流健康生命的最有效的武器和手段。

河流生物可以分为河流动物、河流植物、河流微生物三大类,也可以分为河流野生动植物、经济动植物(即渔业法中的渔业资源)和其他动植物三大类。河流野生动植物主要由我国野生动植物法保护。

我国一向重视野生植物保护工作,从1956年开始以建立自然保护区为主要手段的保护濒危稀有野生植物的工作。1975年,林业部下发了《关于保护发展和合理利用珍贵树种的通知》,确定了14种一级保护珍贵树种和11种二级保护珍贵树种。1984年,第六届全国人民代表大会常务委员会第七次会议通过了《森林法》。同年,国务院环境保护委员会公布了我国第一批《珍稀濒危保护植物名录》,共354种。此后,国务院加快了保护野生植物资源的立法步伐。1985年国务院批准发布了《森林和野生动物类型自然保护区管理办法》,1987年国务院发布了《野生药材资源保护管理条例》,1993年颁布了《中药品种保护条例》,1994 年发布《自然保护区条例》,1996 年发布了《野生植物保护条例》,1997 年发布了《植物新品种保护条例》,1999 年 8 月 4 日国务院批准了《国家重点保护野生植物名录》,2002 年发布了《农业野生植物保护办法》。《环境保护法》、《森林法》、《草原法》等都有相关的规定。

一般而言,野生植物是指在自然状态下生长的、非人工栽培的植物,可以分为藻类、菌类、地衣、苔藓、蕨类和种子植物。我国《野生植物保护条例》第二条规定,本条例所保护的野生植物,是指原生地天然生长的珍贵植物和原生地天然生长并具有重要经济、科学研究、文化价值的濒危、稀有植物。这就区分了一般意义上和科学研究上的野生植物概念,明确了法律所要保护的对象。我国《野生植物保护条例》的主要内容包括:

(1)野生植物保护的方针和综合性措施,国家对野生植物实行加强资源保护、积极发展、合理利用的方针。国家鼓励和支持野生植物科学研究、野生植物的就地保护和迁地保护。在野生植物资源保护、科学研究、培育利用和宣传教育方面成绩显著的单位和个人,由政府给予奖励。国家保护依法开发利用和经营管理野生植物资源的单位和个人的合法权益。任何单位和个人都有保护野生植物资源的义务,对侵占或破坏野生植物及其生长环境的行为有权检举和控告。

(2)野生植物权属。野生植物资源属国家所有,任何单位和个人都有权对侵占或者破坏野生植物及其生长环境的行为进行检举和控告。

(3)野生植物保护的监督管理体制。

五、水土保持、防沙治沙法律

防治河流所在地区的土地沙漠化和水土流失,是维护河流流量、水质的重要措施,也是河流综合管理的一项重要内容,而防沙治沙法和水土保持法则是开展防沙治沙和水土保持工作的法律保障。

(一)水土保持法

1. 我国水土流失及其立法概况

我国是世界上水土流失最为严重的国家之一。根据《2003 年中国环境状况公报》,全国水土流失总面积356万平方公里,占国土总面积的37.1%,其中水蚀面积165万平方公里,占国土总面积的17.2%;风蚀面积191万平方公里,占国土总面积的19.9%。水土流失导致全国每年流失土壤50亿吨,其中黄河上中游水土流失面积45万平方公里,平均每年进入黄河泥沙量是16亿吨,其中4亿吨淤积在下游河道里,抬高了河床,形成"地上黄河"。长江上中游水土流失面积55万平方公里,每年进入长江的泥沙达4亿吨,对三峡工程造成很大影响。与此同时,全国每年人为新增加的水土流失面积就有1万多平方公里。如果这种情况延续下去,问题就更严重[1]。虽然近年来我国水土保持工作取得了较大成就,预防监督工作得到加强,局部地区水土流失状况明显好转,但是我国水土流失仍具有分布范围广、类型多、流失强度大等特点。按照现在的防治速度,全国宜治理的水土流失面积仍有近200万平方公里左右,需要近半个世纪的时间才能得到初步治理。因此,必须充分认识防治水土流失的紧迫性、艰巨性和长期性。

为了有效治理和预防水土流失,1957年国务院颁布了《水土保持暂行纲要》,1982年发布了《水土保持条例》。1988年9月1日,经国务院批准,由国家计划委员会和水利部联合发布了《开发建设晋陕蒙接壤地区水土保持规定》。1991年,我国颁布了《水土保持法》,1993年发布了《水土保持法实施条例》。1994年11月22日,水利部、国家计划委员会、国家环境保护局发布了《开发建设项目水土保持方案管理办法》。2002年10月22日,水利部颁布了《开发建设项目水土保持设施验收管理办法》,目的是为了加强开发建设项目水土保持设施的验收工作。此外,在《环境保护法》、《草原法》、《森林法》、《防沙治沙法》、《水法》、《农业法》等法律中对水土保持也作了相应规定。其中,《水土保持法》是防治水土流失的基干法律。

2.《水土保持法》的主要法律规定

(1)水土保持工作的指导方针。国家对水土保持工作实行预防为

[1] 全国人大常委会执法检查组关于检查《中华人民共和国水土保持法》实施情况的报告"中华人民共和国全国人民代表大会常务委员会公报"1998年第六号,第737页。

主、全面规划、综合防治、因地制宜、加强管理、注重效益的方针。

(2)水土保持的管理体制。我国水土保持工作的主管部门是各级人民政府的水行政主管部门。国务院水行政主管部门主管全国的水土保持工作。县级以上地方人民政府水行政主管部门,主管本辖区的水土保持工作。各级水行政主管部门,应当在调查评价水土资源的基础上,会同有关部门编制水土保持规划。水土保持规划须经同级人民政府批准。县级以上地方人民政府批准的水土保持规划,须报上一级人民政府水行政主管部门备案。水土保持规划的修改,须经原批准机关批准。各级人民政府应当将水土保持工作列为重要职责,采取措施做好水土流失防治工作。县级以上人民政府应当将水土保持规划确定的任务,纳入国民经济和社会发展计划,安排专项资金,并组织实施;应当依据水土流失的具体情况,划定水土流失重点防治区,进行重点防治。各级人民政府应当加强水土保持的宣传教育工作,普及水土保持科学知识。

(3)水土流失的预防措施。保护和改善植被。《水土保持法》规定,各级人民政府应当组织全民植树造林,鼓励种草,扩大森林覆盖面积,增加植被;应当根据当地情况,组织农业集体经济组织和国营农、林、牧场,种植薪炭林和饲草、绿肥植物,有计划地进行封山育林育草、轮封轮牧,防风固沙,保护植被;禁止毁林开荒、烧山开荒和在陡坡地、干旱地区铲草皮、挖树蔸。

限制坡地垦荒。禁止在25度以上陡坡地开垦种植农作物。省级政府可以根据本辖区的实际情况,规定小于25度的禁止开垦坡度。禁止开垦的陡坡地的具体范围由当地县级人民政府划定并公告。在《水土保持法》施行前已在禁止开垦的陡坡地上开垦种植农作物的,应当在建设基本农田的基础上,根据实际情况,逐步退耕,植树种草,恢复植被,或者修建梯田。开垦禁止开垦坡度以下、5度以上的荒坡地,必须经县级人民政府水行政主管部门批准;开垦国有荒坡地,经县级人民政府水行政主管部门批准后,方可向县级以下人民政府申请办理土地开垦手续。

加强林业管理。采伐林木必须因地制宜地采用合理采伐方式,严格控制皆伐，对采伐区和集材道采取防止水土流失的措施，并在采伐后及时完成更新造林任务。对水源涵养林、水土保持林、防风固沙林等防护林只准进行抚育和更新性质的采伐。在林区采伐林木的，采伐方案中必须有采伐区水土保持措施。采伐方案经林业行政主管部门批准后，采伐区水土保持措施由水行政主管部门和林业行政主管部门监督实施。在5度以上坡地上整地造林，抚育幼林，垦复油茶、油桐等经济林木，必须采取水土保持措施，防治水土流失。

加强对工程建设项目的管理。修建铁路、公路和水工程，应当尽量减少破坏植被；废弃的砂、石、土必须运至规定的专门存放地堆放，不得向江河、湖泊、水库和专门存放地以外的沟渠倾倒；在铁路、公路两侧地界以内的山坡地，必须修建护坡或者采取其他土地整治措施；工程竣工后，取土场、开挖面和废弃的砂、石、土存放地的裸露土地必须植树种草，防治水土流失。

开办矿山企业、电力企业和其他大中型工业企业，排弃的剥离表土、矸石、尾矿、废渣等必须堆放在规定的专门存放地，不得向江河、湖泊、水库和专门存放地以外的沟渠倾倒；因采矿和建设使植被受到破坏的，必须采取措施恢复表土层和植被，防治水土流失。

在山区、丘陵区、风沙区修建铁路、公路、水工程，开办矿山企业、电力企业和其他大中型工业企业，在建设项目环境影响报告书中，必须有水行政主管部门同意的水土保持方案。在山区、丘陵区、风沙区依照矿产资源法的规定开办乡镇集体矿山企业和个体申请采矿，必须持有县级以上地方人民政府水行政主管部门同意的水土保持方案，方可申请办理采矿批准手续。

建设项目中的水土保持设施，必须与主体工程同时设计、同时施工、同时投产使用。建设工程竣工验收时，应当同时验收水土保持设施，并有水行政主管部门参加。

在崩塌滑坡危险区和泥石流易发区禁止取土、挖砂、采石。崩塌滑坡危险区和泥石流易发区的范围，由县级以上地方人民政府划定并公告。

(4)水土流失的治理措施。因地制宜，综合治理。县级以上人民政府应当根据水土保持规划，组织有关行政主管部门和单位有计划地对水土流失进行治理。在水力侵蚀地区，应当以天然沟壑及其两侧山坡地形成的小流域为单元，实行全面规划，综合治理，建立水土流失综合防治体系。在风力侵蚀地区，应当采取开发水源、引水拉沙、植树种草、设置人工沙障和网格林带等措施，建立防风固沙防护体系，控制风沙危害。

鼓励和支持农民治理水土流失。国家鼓励水土流失地区的农业集体经济组织和农民对水土流失进行治理，并在资金、能源、粮食、税收等方面实行扶持政策，具体办法由国务院规定。

明确治理责任。企业事业单位在建设和生产过程中必须采取水土保持措施，对造成的水土流失负责治理。本单位无力治理的，由水行政主管部门治理，治理费用由造成水土流失的企业事业单位负担。建设过程中发生的水土流失防治费用，从基本建设投资中列支；生产过程中发生的水土流失防治费用，从生产费用中列支。

(5)水土保持工作的监测、监督。国务院水行政主管部门建立水土保持监测网络，对全国水土流失动态进行监测预报，并予以公告。县级以上地方人民政府水行政主管部门的水土保持监督人员，有权对本辖区的水土流失及其防治情况进行现场检查。被检查单位和个人必须如实报告情况，提供必要的工作条件。

从整体上看，《水土保持法》是比较合理地从技术角度规定水土保持和水土流失治理的规范，但是还有一些需要改进的地方。如，该法对水土保持监督体系建设缺乏原则性要求，关于监督方面的立法过于薄弱；该法规定了中央机构水土流失方面的责任，但是没有明确中央机构水土保持职能与整个管理组织架构之间的关系，也没有提到其与其他管理部门之间的合作。在流域规划方面，该法在规划战略和规划实施方面没有划分各级责任。没有明确规划的不同级别，包括国家、省、市、县等级别。也没有规定实施机制和规划实施的监督与检查机制。在流域管理方面，该法规定了对于不同土地类型的管理，如林地、农业用地、山地、容易发生流失地区的土地、建筑用地、公路、铁路等，但是仍然不完善，并且没有将不同的土地使用活动与土地管理措施、标准、指导方针等连接起来,也没有规定土地使用的监督与维护。在防治水土流失措施方面,该法对于水土保持和水土流失防治主要规定的是行政管制措施,缺乏引导、鼓励社会主体进行水土保持和水土流失方面激励机制。仅仅依靠政府行为、国家行为很难实现《水土保持法》的立法目标。

建议从市场经济要求出发,加大财政投入,完善市场激励机制,采取具体的经济扶持措施、税收减免措施以及其他优惠政策,发动群众自愿防治水土流失,通过优化耕作方法、调整农业结构等改变资源利用的生产方式的形式,把水土保持作为培养农村可持续生活方式、扶贫工作的一个重组成部分。应该修订并补充生态修复、水土保持生态建设项目管理的内容,把行之有效的、实践证明成功的水土保持技术用法律固定下来,促进生产经营者按照法律规定的技术从事生产经营活动。应当高度重视尊重公众与利害关系人的知情权、创建公众参与水土保持管理的组织形式、公众参与水土保持听证会的制度以及健全公众参与的法律保障机制。应对利益相关机构(或组织)的设置和作用予以具体、明确的规定。该法规定了水土流失的预防和治理,但是没有规定治理与补救的程序和标准。等等。

(二)防沙治沙法

1. 我国土地沙漠化及其立法概况

土地沙化是指因气候变化和人类活动所导致的天然沙漠扩张和沙质土壤上植被破坏、沙土裸露的过程。防沙治沙法中所称土地沙化,是指主要因人类不合理活动所导致的天然沙漠扩张和沙质土壤上植被及覆盖物被破坏,形成流沙及沙土裸露的过程。

我国是世界上土地沙化危害最严重的国家之一。新中国成立后,我国的防沙治沙工作经过长期努力,取得了重大成就,但从总体上看,土地沙化的形势依然十分严峻。从 1985 年至 1995 年,我国土地沙化面积平均每年扩大 2460 平方公里,相当于每年损失一个中等县的土地面积。到 20 世纪 90 年代后期,土地沙化的速度进一步加快,每年所损失的土地面积已经达到 3436 平方公里。目前,全国有 5 万多个村庄和上百座城市经常受到风沙危害,由于沙进人退,村舍被掩埋,成千上万的农牧民背井离乡，成为“生态难民”。土地沙化的蔓延和加剧，对我国经济和社会的可持续发展构成巨大的威胁。土地沙化已经成为我国最严重的自然灾害之一和极大的环境问题，成为中华民族的心腹大患[1]。据测算，我国荒漠化危害的直接经济损失约 642 亿元/年，平均每天损失 1.76 亿元；每年因沙尘暴造成的经济损失超过 13 亿元；荒漠化及其衍生危害造成的间接经济损失约 2889 亿元/年[2]。为了避免缩小中华民族的生存、发展空间，避免因土地沙化而导致的江江河萎缩和土地退化，从根本上保护河流生态和自然环境，我国必须采取有力措施，切实加强防沙治沙工作。

严峻的土地沙化现状，促使国家把“防沙治沙”工作纳入法制化轨道，通过法律这一强有力的武器推动防沙治沙工作的有效进行。2001 年 8 月 31 日，第九届全国人大常委会第二十三次会议通过了《防沙治沙法》，该法的颁布与实施标志着防沙治沙工作步入法制化轨道，将为防止和治理土地沙化，维护生态安全，促进经济和社会的可持续发展，提供强有力的法律保障和支持。

2. 防沙治沙法的主要法律规定

（1）防沙治沙工作原则。防沙治沙工作应当遵循以下原则：统一规划，因地制宜，分步实施，坚持区域防治与重点防治相结合；预防为主，防治结合，综合治理；保护和恢复植被与合理利用自然资源相结合；遵循生态规律，依靠科技进步；改善生态环境与帮助农牧民脱贫致富相结合；国家支持与地方自力更生相结合，政府组织与社会各界参与相结合，鼓励单位、个人承包防治；保障防沙治沙者的合法权益。

（2）防沙治沙工作的管理体制。我国防沙治沙工作的主管机关是国务院林业行政主管部门。国务院林业行政主管部门在国务院领导下，负责组织、协调、指导全国防沙治沙工作。国务院林业、农业、水利、土地、环境保护等行政主管部门和气象主管机构，按照法律规定的职责和国务院确定的职责分工，各负其责，密切配合，共同做好防沙治沙工

[1] 孙佑海：《依法治沙，防治污染》，《中国环境报》2002 年 4 月 6 日。

[2] 卢琦：《中国荒漠化灾害评估及其经济价值核算》，《中国环境报》2002 年 6 月 7 日。

作。县级以上地方人民政府组织、领导所属有关部门,按照职责分工,各负其责,密切配合,共同做好本行政区域的防沙治沙工作。

(3)防沙治沙的规划。防沙治沙实行统一规划。从事防沙治沙活动,以及在沙化土地范围内从事开发利用活动,必须遵循防沙治沙规划。防沙治沙规划应当对遏制土地沙化扩展趋势,逐步减少沙化土地的时限、步骤、措施等作出明确规定,并将具体实施方案纳入国民经济和社会发展计划。

防沙治沙规划的编制。国务院林业行政主管部门会同国务院农业、水利、土地、环境保护等有关部门编制全国防沙治沙规划,报国务院批准后实施。省级人民政府依据全国防沙治沙规划,编制本行政区域的防沙治沙规划,报国务院或者国务院指定的有关部门批准后实施。沙化土地所在地区的市、县人民政府,应当依据上一级人民政府的防沙治沙规划,组织编制本行政区域的防沙治沙规划,报上一级人民政府批准后实施。编制防沙治沙规划,应当根据沙化土地所处的地理位置、土地类型、植被状况、气候和水资源状况、土地沙化程度等自然条件及其所发挥的生态、经济功能,对沙化土地实行分类保护、综合治理和合理利用。在规划期内不具备治理条件的以及因保护生态的需要不宜开发利用的连片沙化土地,应当规划为沙化土地封禁保护区,实行封禁保护。防沙治沙规划应当与土地利用总体规划相衔接;防沙治沙规划中确定的沙化土地用途,应当符合本级人民政府的土地利用总体规划。

(4)土地沙化的预防措施。对土地沙化情况进行监测。国务院林业行政主管部门组织其他有关行政主管部门对全国土地沙化情况进行监测、统计和分析,并定期公布监测结果。县级以上地方人民政府林业或者其他有关行政主管部门,应当按照土地沙化监测技术规程,对沙化土地进行监测,并将监测结果向本级人民政府及上一级林业或者其他有关行政主管部门报告;在土地沙化监测过程中,发现土地发生沙化或者沙化程度加重的,应当及时报告本级人民政府。收到报告的人民政府应当责成有关行政主管部门制止导致土地沙化的行为,并采取有效措施进行治理。

对气象进行监测。各级气象主管机构应当组织对气象干旱和沙尘暴天气进行监测、预报,发现气象干旱或者沙尘暴天气征兆时,应当及时报告当地人民政府。收到报告的人民政府应当采取预防措施,必要时公布灾情预报,并组织林业、农(牧)业等有关部门采取应急措施,避免或者减轻风沙危害。

营造、保护防沙植被网。沙化土地所在地区的县级以上地方人民政府应当按照防沙治沙规划,划出一定比例的土地,因地制宜地营造防风固沙林网、林带,种植多年生灌木和草本植物。林业行政主管部门负责确定植树造林的成活率、保存率的标准和具体任务,并逐片组织实施,明确责任,确保完成除了抚育更新性质的采伐外,不得批准对防风固沙林网、林带进行采伐。禁止在沙化土地上砍挖灌木、药材及其他固沙植物。沙化土地所在地区的县级人民政府,应当制定植被管护制度,严格保护植被,并根据需要在乡(镇)、村建立植被管护组织,确定管护人员。在沙化土地范围内,各类土地承包合同应当包括植被保护责任的内容。

草原地区的地方各级人民政府,应当加强草原的管理和建设,由农(牧)业行政主管部门负责指导、组织农牧民建设人工草场,控制载畜量,调整牲畜结构,改良牲畜品种,推行牲畜圈养和草场轮牧,消灭草原鼠害、虫害,保护草原植被,防止草原退化和沙化。

沙化土地所在地区的县级以上地方人民政府水行政主管部门,应当加强流域和区域水资源的统一调配和管理,在编制流域和区域水资源开发利用规划和供水计划时,必须考虑整个流域和区域植被保护的用水需求,防止因地下水和上游水资源的过度开发利用,导致植被破坏和土地沙化。

沙化土地所在地区的县级以上地方人民政府,不得批准在沙漠边缘地带和林地、草原开垦耕地;已经开垦并对生态产生不良影响的,应当有计划地组织退耕还林还草。

实行环境影响评价制度。在沙化土地范围内从事开发建设活动的,必须事先就该项目可能对当地及相关地区生态产生的影响进行环境影响评价,依法提交环境影响报告;环境影响报告应当包括有关防沙治沙的内容。

实行封禁保护区制度。在沙化土地封禁保护区范围内,禁止一切破坏植被的活动。禁止在沙化土地封禁保护区范围内安置移民。对沙化土地封禁保护区范围内的农牧民,县级以上地方人民政府应当有计划地组织迁出,并妥善安置。沙化土地封禁保护区范围内尚未迁出的农牧民的生产生活,由沙化土地封禁保护区主管部门妥善安排。未经国务院或者国务院指定的部门同意,不得在沙化土地封禁保护区范围内进行修建铁路、公路等建设活动。

(5)沙化土地的治理措施。沙化土地所在地区的地方各级人民政府应做好治沙组织工作。沙化土地所在地区的地方各级人民政府,应当按照防沙治沙规划,组织有关部门、单位和个人,因地制宜地采取人工造林种草、飞机播种造林种草、封沙育林育草和合理调配生态用水等措施,恢复和增加植被,治理已经沙化的土地。

公益性治沙。国家鼓励单位和个人在自愿的前提下,捐资或者以其他形式开展公益性的治沙活动。县级以上地方人民政府林业或者其他有关行政主管部门,应当为公益性治沙活动提供治理地点和无偿技术指导。

沙化土地使用权人和承包经营权人的治沙义务。使用已经沙化的国有土地的使用权人和农民集体所有土地的承包经营权人,必须采取治理措施,改善土地质量;确实无能力完成治理任务的,可以委托他人治理或者与他人合作治理。

营利性治沙。不具有土地所有权或者使用权的单位和个人从事营利性治沙活动的,应当先与土地所有权人或者使用权人签订协议,依法取得土地使用权。在治理活动开始之前,从事营利性治沙活动的单位和个人应当向相关主管部门提供相关的文件,提出治理申请。从事营利性治沙活动的单位和个人,必须按照治理方案进行治理。治理者完成治理任务后,应当验收。经验收合格的,发给治理合格证明文件;经验收不合格的,治理者应当继续治理。

其他形式的治沙。已经沙化的土地范围内的铁路、公路、河流和水渠两侧,城镇、村庄、厂矿和水库周围,实行单位治理责任制,由县级以上地方人民政府下达治理责任书,由责任单位负责组织造林种草或者采取其他治理措施。

《防沙治沙法》是一部具有中国特色的防治荒漠化的专门法律，但存在的问题是，至今还没有一部行政法规，因此使《防沙治沙法》的贯彻执行受到影响，需要制定一部诸如防沙治沙法实施条例或细则一样的行政法规。同时，该法本身在防治荒漠化问题上，和其他单行自然资源法如农业法、森林法、环境保护法、草原法等之间存在机构设置、职能定义重叠的问题。这导致不同行政主管部门制定的规章和条例在目标、责任和优先领域等方面是重复的，甚至是冲突的。在这种分部门的行政管理体系中，没有一个协调机制平衡部门间的决策和管理。《防沙治沙法》规定了不少跨部门实施的措施，这些规定很多是对现行的资源法律（如草原法、水法、农业法等）的立法加强，但它们的具体实施还依赖这些资源管理部门的部门执法，而部门执法在现行资源立法没有真正修订、重新颁布的情况下，其实施的成效具有不确定性。该法将管理的责任划分给三个部门，一个是保护权益部门，另外两个是发展农业权益的部门，这种规定在实施中容易造成权利冲突。因此，《防沙治沙法》跨部门措施的实施将很大程度依赖于资源统一管理和协调机制的建立和运作。在具体法律制度的规定上，该领域虽然规定了检查验收制度、许可证制度、植被管护制度、以产草量确定载畜量制度、分区管理制度等明确易行的制度，但没有规定生态补偿等重要的制度，需要在法规修订时吸纳进来。目前该法主要是概念型专门法律而不是实施型法律，它必须借助具体的技术导则和相关的法律释义才能更具操作性。

第五章 从河流伦理到黄河立法

第一节　黄河立法的历史与现状

黄河是中华民族生存和发展的伟大摇篮。黄河流域作为中国古代文明的发源、现代文明的重心、未来文明的基地，一直受到中国政府和全国各族人民的重视和关注。在进入21世纪之后，作为全国可持续发展的一个重要组成部分的黄河流域的可持续发展，更是我国面临的重大课题。

就黄河具体立法而言，其历史可划分为两个时期：一是中华人民共和国成立以前的黄河立法；二是中华人民共和国成立以后的黄河立法。

一、中华人民共和国成立以前的黄河立法

在中国历史上，黄河不仅仅代表一条河流，也是一种文明的代名词。中华民族是以治水掀开文明篇章的，从大禹治水至今，中国治理

黄河已有4000多年的历史。黄河立法的历史与黄河问题(这里指因黄河洪涝旱灾、黄河生态破坏、黄河水资源紧缺、黄河水质变差等引起的各种问题)和黄河开发、利用、保护、治理的历史紧密联系在一起。为了有效解决和处理黄河问题,与黄河有关的法律应运而生。针对黄河问题和黄河开发、利用、保护、治理的各种情况,中国古代社会相继制定过有关黄河(包括黄河水生物)保护、黄河用水、黄河防洪、黄河水利建设、黄河水资源分配、黄河水事纠纷的法律法规(主要以律,帝王口谕、诏令等形式出现)。

对黄河及有关黄河活动的管理对中国古代法律产生了深刻的影响,在一定程度上决定了中华法系与西方法系的分野。中国古代的法律主要是有关王朝统治或管理的法律,黄河立法也不例外,中国古代有关黄河的法律主要是一些有关黄河管理、官员设置的法令。治理黄河的历史说明,跨地区、跨流域的治水活动要求一个统一的中央政权。黄河作为一条暴躁的河流是不受行政区界约束的,跨流域、跨地区的黄河治水活动必然涉及到权力的转移、让渡与分配,从而促使黄河水的管理权从地区权力上升为国家权力、地方权力从属于中央权力,并使黄河流域内各个部族真正统一在一个集中的权力之下。

中国从西周开始设有专门的水官,水政管理成为政府的一个重要职能。春秋战国时期,“水官”等治河机构逐渐扩大。秦统一全国后,曾专门设立都水长、丞等水利官员,并制定了包括《田律》在内的一系列法规、条款。汉承秦制,仍设立都水长、丞等水利官员,并在其他官职下设有都水官管理水利。汉成帝建始四年(公元前29年),命王延世为“河堤使者”,从此黄河有了专职官员,黄河河政得以事权统一。魏、晋、南北朝曾设立都水台的治水机构。隋唐时期,曾在工部下设水部掌管水利政令,唐代还专设都水监掌管河道堤防、总领河事,并制定了有关法规,如《唐六典》对水利机构和地方政府有关水利行政事务作了明确规定。至此中国古代水利行政管理体制基本定型。宋、元、明、清各代都设有专门的水管理机构,特别是明清时期的“总理河道”、“河道总督”等职务均由中央政府直接委派大臣担任。明代治河机构以工部为主,总理河道直接负责,并兼有军衔,可以直接指挥军队治河。清代河防机构设河道总督专管河政，河道总督下设管河道、厅、汛、堡，由不同职务的官员分段修守河防。河道总督直接受命于朝廷，官品可达头品，曾有大学士充任。清雍正二年（公元1724年），河道总督设副职分管河南、山东黄河河务。中华民国22年（1933年），国民政府黄河水利委员会和国民政府黄河水灾救济委员会成立，冯玉祥为黄河水利委员会委员长，并颁布了《黄河水利委员会组织法》。该法规定：黄河水利委员会下设总务、工务两处，“掌理黄河及渭、洛等支流一切兴利、防患、施工事务”。在中华人民共和国成立以前的由中国共产党领导的解放区，也成立过黄河管理机构。例如，华北人民政府于1948年在河南省建立了治河机构，华北、中原、华东三大解放区于1949年6月成立了黄河水利委员会。上述有关水务及黄河官员的职责一般通过法律法令等法律规范性文件规定。

随着黄河管理的加强，有关黄河管理立法应运而生，包括黄河防洪、黄河流域农田水利建设、黄河航运等内容。据史料，早在周朝就有防洪的政令。秦统一六国后，制定了一系与黄河有关的法律。根据1975年在湖北云梦县出土的《秦简》，该《秦简》中的《田律》对农田水利、水旱灾荒等内容有具体规定[1]，主要适用于黄河流域。《田律》还有与黄河直接相关的“决通川防，夷去险阻”的条文，即拆除战国以来修筑的影响黄河行洪和水上交通的阻碍物。据史料记载，汉代曾制定河防修守法规，可惜已经失传。汉明帝永平十三年（公元70年）颁行的《巡行河渠诏》，汉和帝永元十年颁行的《疏导沟渠诏》，汉武帝元鼎六年（公元前111年）颁行的《平徭行水诏》，汉安帝元初二年（公元115年）颁行的《修理旧渠通利水道诏》，实际上主要是治理黄河的法规，或者说它们起到了治理黄河法规的作用。唐代的《水部式》是中国第一部比较系统的水利工程管理专门水法典，主要适用于黄河流域，该法典对灌溉用水管理、捕鱼等均有系统规定。在宋金时期，不仅宋代制定了《农田水利条约》，而且金代制定了中国第一部防洪法令即《河防法》，

---

[1] 睡虎地秦墓竹简整理小组：《睡虎地秦墓竹简》。北京：文物出版社1978年版，第26页。笔者译成现代文。

当然其主要适用于黄河防洪。在元明清时期，有关黄河的法律更多。例如，元代法律《通制条格》中“河防”、“营缮”篇与黄河防洪关系密切；清代的《治河条例》（实为清代河道总督张鹏翮的奏章）、《道光二十九年防汛章程》（由河道总督锺祥颁布）对河防官员的修守职责、水利工程管理、水情传递及河防禁令等作了详细规定。在中华民国期间，除制定《河川法》、《水利法》等通用性水利法规外，还制定了《河套灌区水利章程十条》（民国元年）、《宁夏灌区管理规则》（民国12年）、《黄河水利委员会防护堤坝办法》（民国34年）和《黄河水利委员会苗圃组织规程》等专门性的黄河法规。

对黄河水事纠纷的处理，包括一些处理黄河纠纷的“协议”和案例，是古代黄河立法的一个重要方面。在缺乏统一政权和统一立法的情况下，治理黄河或处理黄河纠纷会很自然地走向“以邻为壑”的境地，战国时期出现的这个词汇反映了当时人水关系以及人际关系的现实。据《春秋》一书记载，早在西周就已经出现许多跨行政区（当时是各诸侯分割区）的水纠纷，由于周王对纷繁复杂的纠纷无力处理，各诸侯往往通过“联席会议”、制定“规约”（可以认为是当时的一种法律形式）来协调水事纠纷。例如，齐侯曾于公元前651年在葵丘（今兰考县东）召集有关诸侯互相盟誓，通过了“毋壅泉”、“毋曲防”的规约（《孟子·告子下》），规定不得修筑有碍邻国的水利工程，不得在天灾时阻碍谷米的流通。还有鲁嫠（下为厘）公三年（公元前657年）阳谷（今东阿县境）之会的“毋障谷”（《春秋·公羊传》）；鲁襄公十一年（公元前562年）亳城（今商丘市北）之盟的“毋壅利”（《左传》）以及召陵（今郾城县东）之会的“毋曲堤”（《管子·霸形》）等。这些法规性的规约的制定和实施，对减轻洪水灾害、缓和水事纠纷等起到了很好的作用。但盟誓归盟誓，各诸侯之间仍然经常发生水事纠纷，仅《孟子》一书就提到11次治水及其纠纷，书中还直接指责当时以洪水冲刷邻近诸侯区域的不道德行为，从中不仅可以看出当时黄河流域水事纠纷与该流域诸侯割据的关系，也可以反映河流法规与河流道德的关系。另外，在中国历代王朝史书中，均有水事纠纷或水争端法规的记载。

（一）中华人民共和国成立以后的黄河立法

自 1949 年中华人民共和国成立后，中国政府一直重视黄河立法工作，通过几十年的努力，先后制定了一大批有关黄河的法律、法规、规章和其他法律规范性文件。包括有关黄河防洪、防治黄河污染、防治黄河生态破坏、防治黄河流域土地退化沙化、保持黄河流域水土、保护黄河水生资源、处理黄河水事纠纷，以及黄河水资源开发、利用、调度、分配和组织管理方面的立法等。

中华人民共和国成立以后的黄河立法从结构上可以划分为两个部分：一是与黄河开发、利用、保护、防洪、治理及其管理有关的水资源法规（或水法规、河流法规）；二是专门针对或适用于黄河的专门法规或法律规范性文件。

对于前者，本书在第四章中已经做了重点介绍。这里重点介绍专门针对或适用于黄河的专门法规。

目前我国尚未制定适用于黄河的专门法律。针对或适用于黄河的专门法规、规章和其他法律规范性文件有以下几个。

（二）国务院制定的专门适用于黄河的行政法规性文件

为了防治黄河流域水土流失，国务院于 1963 年 4 月 18 日发布了《关于黄河中游地区水土保持工作的决定》。为了加强黄河流域山西、陕西、内蒙古（简称晋陕蒙）接壤地区开发建设中的水土保持工作，促进该地区经济建设的发展，保护黄河流域的生态环境，国务院于 1988 年 9 月 1 日批准了《开发建设晋陕蒙接壤地区水土保持规定》，国家计划委员会、水利部于 1988 年 10 月 1 日颁布了该规定。2000 年 10 月国务院批准了《长江上游、黄河上中游地区天然林资源保护实施方案》；2000 年 10 月 26 日国务院发布的《关于实施西部大开发若干政策措施的通知》，其中有不少适用于黄河流域的政策措施。

2006 年 7 月 5 日由国务院第一百四十二次常务会议通过的《黄河水量调度条例》，自 2006 年 8 月 1 日起施行。该条例是黄河水资源统一调度与管理经验的总结和升华，是国家关于黄河治理开发出台的第一部行政法规，它为黄河水量统一调度提供了强有力的法律保障，使黄河水资源的管理与调度纳入明确的法律轨道。

黄河流域多年平均河川径流量为580亿立方米。1986年以来，黄河年径流量较多年平均值少10%左右，而流域内以及相关地区国民经济各部门耗用黄河径流量已经高达300多亿立方米，用水需求早已远远超出了黄河水资源的承载能力。而且，随着流域内及其相关地区经济社会的快速发展，用水量继续呈增长趋势。尤其是西部大开发战略的实施，陕、宁、蒙地区能源基地建设，对黄河水资源的需求越来越大，黄河水资源的供需矛盾更加尖锐。经预测，到2010年，黄河下游以及相关地区国民经济的耗水总量将达520亿立方米，而黄河中等枯水年份的供水量只有420亿立方米，届时，缺水将超过100亿立方米。为了解决20世纪70年代以来黄河频繁断流以及由此带来的一系列问题，1999年国务院授权黄河水利委员会对全流域实行水量统一调度。黄河水利委员会按照"国家统一分配水量，流量断面控制，省（区）负责用水配水，重要取水口和骨干水库统一调度"的总体思路，采用行政、法律、科技、经济、工程等综合手段，强化管理，精心调度，及时化解了一次次断流危机，实现了黄河连年不断流，结束了20世纪末黄河持续断流的局面；基本保证和兼顾了流域内人民群众的生活用水和经济用水，成功地实施了引黄济津、引黄济卫和引黄济青，有效缓解了流域外相关地区的用水紧张局面，在一定程度上遏制了超计划用水、促进了节约用水、增加了河流生态用水，最大限度地发挥了黄河水资源的综合效益。实践证明，黄河水量统一调度，是实现黄河水资源优化配置，缓解黄河水资源供需矛盾，化解黄河断流危机的基本措施与保证。《黄河水量调度条例》适用于黄河流域的青海省、四川省、甘肃省、宁夏回族自治区、内蒙古自治区、陕西省、山西省、河南省、山东省，以及国务院批准取用黄河水的河北省、天津市（共11个省（区、市））。该条例共分6章43条，对黄河水量调度的原则、计划、管理机构、水量分配方案、水量调度方式、年度水量调度计划及其实施、应急调度制度、水量调度执行情况的管理监督检查以及违反该条例的法律责任，均作了比较详细具体的规定。随着黄河用水的激增，黄河水量分配和调度成为黄河管理的关键问题，该条例的颁布和实施对于为加强黄河水量的统一调度，实现黄河水资源的可持续利用，促进黄河流域及相关地区经济社会发展和生态环境的改善具有重要作用。

（三）国家部委及黄河水利委员会制定的专门适用于黄河的行政规章性文件

中华人民共和国成立后，1950 年 1 月，中央人民政府成立了黄河水利委员会作为流域性机构，统一领导黄河流域的治理和开发。多年来，为了加强对黄河治理、开发、利用、保护与管理，水利部、国家防汛总指挥部、黄河水利委员会等有关部门，制定了大量具有规范作用的政策性、行政规章性文件。如《灌区管理暂行办法》、《黄河防汛管理工作规定》、《黄河下游引黄灌溉管理规定》、《水利部关于内蒙古宁夏，黄河干流水权转换试点工作指导意见》（2004 年）、《黄河水权转换管理实施办法（试行）》（2004 年）、《黄河河口管理办法》（2004 年）等。

制定的规范性文件有：

《黄河防洪工程抢险管理若干规定（试行）》、《黄河防汛总指挥部办公室防洪指挥调度规程（试行）》、《黄河防汛、水调手机实时信息发布管理办法（试行）》、《黄河防汛工作责任制》、《黄河防汛总指挥部洪水调度责任制》、《黄河取水许可实施细则》、《黄河取水许可水质管理规定》、《黄河水权转换节水工程核验办法（试行）》、《黄河下游河道清障管理办法》、《黄河水利委员会河道管理工作责任追究办法（试行）》、《黄河下游浮桥建设管理办法》、《黄河流域河道管理范围内建设项目管理实施办法》、《入河排污口监督管理办法》（细则）、《黄河三门峡水库调度运用暂行办法》、《黄河水文管理办法》、《黄河入河排污口管理办法（试行）》、《黄河流域省际边界水事协调工作规约》，《黄河水量调度突发事件应急处置规定》、《黄河重大水污染事件报告办法（试行）》、《黄河重大水污染事件应急调查处理规定》等。

为了加强对黄河开发、利用、保护、治理、防洪等工作的管理，黄河流域的 9 个省、自治区，大都制定了专门适用于黄河（或黄河支流、湖泊）的地方性法规、规章和其他规范性文件。

二、制定《黄河法》的必要性

中华人民共和国成立以后，我国在黄河立法方面取得了明显的成绩，目前存在并需要研究解决的问题，一是现行黄河专门立法缺乏系统性，体系不够完善。黄河生态保护、流域管理、抗旱、节水方面的法规比重较少，有关水权转让等配套法规长期不能出台，立法步伐赶不上实践需求。二是一些法律文件之间有时存在冲突和矛盾，法律制度之间缺乏必要的归并和整合。三是立法指导思想主要侧重于黄河水资源的开发利用和流域经济发展，贯彻河流综合生态系统管理的思想不够。四是法律调整手段和机制单一，主要强调行政管理措施，缺乏采用市场手段和经济激励措施。解决这些问题的途径是，需要制定一部专门的《黄河法》。

（一）黄河的重要性决定了制定《黄河法》的必要性

黄河全长 5464 公里，为中国第二大河。流经青海、四川、甘肃、宁夏、内蒙古、山西、陕西、河南、山东等 9 省、自治区，流域面积 79.5 万平方公里（包括鄂尔多斯内流区 4.2 万平方公里），汇集了 40 多条主要支流和 1000 多条溪川，水面落差 4480 米。黄河平均年径流总量仅 580 亿立方米，占全国河川径流总量的 2%，在中国各大江河中居第 8 位。黄河流域幅员辽阔，地形复杂，各地气候差异较大，从南到北属湿润、半湿润、半干旱和干旱气候。黄河作为孕育了华夏文明的母亲河，是维系中华民族大家庭的重要纽带。黄河流域面积近 80 万平方公里，担负着 1.4 亿人口、2.4 亿亩耕地、50 多座大中城市以及晋陕宁蒙接壤地区能源基地的供水任务。黄河以仅占全国 2% 的河川径流量，支撑着全国 12% 的人口和 15% 的耕地的发展。黄河流域是我国重要的经济发展地带。但受水资源紧缺的制约，发展缓慢。黄河流域重要的战略地位和丰富的土地、矿产资源，特别是能源资源对于推动我国国民经济的持续增长，实现经济战略布局从东向西的转变具有重要作用；黄河作为我国西北、华北地区最大的供水水源，其水资源的高效、合理利用，以及流域生态环境的改善，是实现流域经济、社会可持续发展和实施西部大开发战略的重要支撑和保障。因此，制定《黄河法》，促进黄河治理开发，对于增进民族团结、维护社会稳定和巩固国防都有着重要意义。

进入 21 世纪以来，黄河的治理开发与管理进行了一系列新的重大实践。通过全河水量统一调度，连续五年实现了黄河不断流；通过实行调水调沙，努力人工塑造黄河洪峰和异重流，为解决黄河水沙不平衡关系探索了新的途径；开展了黄河下游标准化堤防建设。黄河的治理开发是一项跨地区、跨部门的综合性系统工程，关系到国家经济发展的大局，具有明显的整体性、综合性和关联性。为适应黄河流域社会经济发展的要求，保证黄河治理开发各项措施的实施和总体目标的实现，迫切需要制定一部能统一协调黄河治理开发和管理中的社会、经济、行政、环境等多方面关系的专门法律规范即《黄河法》，为黄河流域的开发、保护和治理、管理提供法律保障。

（二）黄河的特殊性及其严重的环境资源问题需要制定《黄河法》

黄河的特殊性及黄河流域土地退化、环境污染、生态破坏、水资源紧缺、洪涝灾害频繁的现状，要求制定有针对性的《黄河法》加以来规范和调整。

黄河流域以严重的洪水和干旱并存而闻名于世。黄河所处的特殊自然条件，决定了黄河的特殊河情。黄河作为我国一条关系国民经济和社会发展战略的重要河流，又是世界上最为复杂难治的河流，其治理开发需要依法进行。比较而言，黄河的泥沙、河道、河床淤积、河水断流、水资源和水环境等全方位的问题，都较之其他河流更为复杂和突出。黄河历史上洪涝灾害频繁，受黄土高原、沙漠戈壁、干旱缺水的环境等条件影响，在水资源开发利用等方面具有不同的要求。黄河流域生态环境脆弱、自然条件复杂、河情特殊、水土流失严重；流域大部分属干旱、半干旱地区，北部为沙漠、戈壁，中部有世界上最大的黄土高原，水土流失严重，而且面积广、强度大、成因复杂、类型多样；流域淤积下游河道，给百姓生产生活带来极大不便，污水威胁和越来越严重的河水断流都严重影响并制约着沿黄地区社会经济发展和人民生命财产安全；流域面积占全国的8%，而径流量仅占全国的2%，却承担着占全国15%耕地面积、12%人口和50多座大中城市的供水任务，且河川径流量一半以上来自上游，在我国水资源总量难以增加的情况下，必须通过调度实现全流域统筹利用，通过依法管理保护、节约挖潜来实现水资源的可持续利用必将成为主要发展方向。黄河之所以复杂难治，是由于其特殊的河情所决定的：黄河水少沙多，下游是举世闻名的地上悬河，河情十分特殊,防洪和水土流失防治任务艰巨,是世界上最难治理的河流;黄河水资源贫乏,供需矛盾十分突出,国民经济与生态环境之间,地区间和部门间用水矛盾尖锐,越境污染严重。黄河的治理不仅要控制洪水、妥善处理泥沙,还要合理开发、分配和利用水资源。特殊的河情要求有与之相应的治理对策和特殊的管理措施,黄河下游防洪、水资源开发利用、水土保持、生态环境建设等问题的解决和管理措施的建立,都需要通过制定《黄河法》实现。黄河治理开发的复杂性、长期性、艰巨性决定了应该制定专门的《黄河法》,来保障黄河治理开发事业健康、有序的发展。

解决黄河严重的生态问题,需要制定《黄河法》进行规范。

(1)黄河流域的生态脆弱,水土流失、土地退化和生态破坏问题严重。黄河流域西北紧临干旱的戈壁荒漠,流域内大部分地区也属干旱、半干旱区,北部有大片沙漠和风沙区,西部是高寒地带,中部是世界著名的黄土高原,干旱、风沙、水土流失灾害严重,该地区土壤结构疏松,抗冲、抗蚀能力差,气候干旱,植被稀少,坡陡沟深,暴雨集中,加上人类不合理的开发利用,水土流失极为严重,生态系统十分脆弱。黄河流经广大的黄土高原地区,含沙量极大,黄河三门峡站多年平均输沙量约16 亿吨(年最大来沙量达 39 亿吨,),平均含沙量为每立方米 35 千克,在大江大河中名列第一,是举世闻名的多沙河流。黄河流域内风力侵蚀严重的土地面积约 11.7 万平方公里,水力侵蚀面积约 33.7 万平方公里,通称水土流失面积 45.4 万平方公里,是我国乃至世界上水土流失面积最广、侵蚀强度最大的地区。在形成侵蚀中,人为的,需要规范。

(2)黄河流域缺水问题十分严重。自 1972 年黄河首次断流到1999 年,28 年间黄河有 22 年出现断流。1997 年,黄河下游断流时间多达 226 天,断流河段从入海口一直延伸到河南的开封,长达 704 公里,断流的位置从入海口延伸到河南开封,致使沿河城乡供水、工业生产、农业灌溉等全线告急,影响到 130 万人的吃水问题,造成直接经济损失达 135 亿元。

据有关资料统计,到 20 世纪 90 年代黄河水资源利用率已达70%,远远高于国际公认的 40% 的水资源合理开发利用警戒线。目前黄河流域人均水量不足全国人均水量的一半,而中国人均水量又只有世界人均水平的四分之一。黄河流域人均水量不足全国人均水量的一半,而中国人均水量又只有世界人均水平的四分之一。由于用水的紧缺,导致地下水过度开采。在干旱之年,灌溉等其他用水需求甚至超过河流的总流量,造成巨大的环境和经济损失。据预测,2010 年黄河流域总人口将达到 12100 万,总需耗水量 520 亿立方米,缺水 40 亿立方米;在中等枯水年份,黄河流域可供国民经济最大耗水量 420 亿立方米,缺水 100 亿立方米。缺水已经成为黄河流域和相关地区经济社会可持续发展的主要制约因素。

黄河流经 9 个省(区),省际边界河段长达 1700 公里,跨行政区协调难度大。黄河水资源开发利用中存在的问题,要求必须由国家进行统一调控,否则将导致上中下游、省际间、部门间的关系不协调,生产生活用水和排沙、冲污用水以及生态环境用水的不协调。

(3)黄河污染问题十分严重。由于长期以来忽视黄河本体生命的健康,人们对黄河的开发、索取和排污已经远远超过了其承载能力。

随着黄河流域社会经济的快速发展,流域废污水排放量急剧增加,加之天然来水量偏少,黄河流域水质污染日益加重。据统计,20 世纪 80 年代初,全流域废污水排放量每年为 21.7 亿吨,而 1990 ~ 2004 年的 14 年中,全流域内废污水量从 32.6 亿吨增至 42.65 亿吨,比 80 年代初增加近一倍。在黄河天然来水量一定甚至减少的情况下,入黄污染物已经远远超出黄河水环境承载能力,流域水环境严重恶化,流域生态受到严重破坏。1982 年在黄河干流已发现的 96 种藻类中,属重污类型的占 9%,轻污类型的占 74%,寡污类型的仅占 17%,鱼类食物遭受污染的结果,导致鱼类的绝迹,1972 年黄河兰州段有 18 个鱼类种群,到 1982 年有 8 个种群绝迹。曾有"洛鲤伊鲂贵似牛羊"美称的洛河鲤鱼和伊河鲂鱼,现已基本绝迹了。据监测资料,2001 年大多数时候或全年黄河流域内将近 63% 的测量断面(占所测河流全长的 50%)的水质为 5 等或 5 等以下;约 87% 的测量断面(相当于所测河流长度的 68%)水质为 3 等,3 等为中国水质的通常目标。据《2004 年中国环境统计年报》,黄河流域废水排放量达 39.5 亿吨,比 2000 年增加了

13.8亿吨；主要污染物COD年排放量已占到全国排放总量的13.3%。目前黄河流域8省(区)污水日处理量只有86万吨，城市生活污水处理率仅为13%，落后全国平均水平13个百分点。黄河干流44个地表水监测断面中，Ⅳ类以上水质的比例达到66%。

据山东省海洋与渔业厅发布的《2005年山东省海洋环境质量公报》，"黄河口生态监控区系统处于不健康状态"，湿地面积逐年减少、黄河三角洲湿地生态系统较为脆弱，生物物种减少。60%以上的海域无机氮浓度达到或超过Ⅳ类标准，"部分海洋生物遭受到汞、铅、镉的污染"。随着黄河流域人口增长，城市化水平逐步提高，废污水的排放量将继续增加，初步估算2010年全流域废污水排放量将会超过65亿立方米。同时，农牧业施用农药化肥等面源污染对水质的影响也有进一步扩大之势。如不及时采取措施，黄河干支流大中城市所在河段的水质有可能全部超过Ⅴ类水质标准，水质污染、流域水环境将进一步恶化，严重影响黄河健康生命和流域经济、社会、生态的可持续发展及黄河流域社会的安定团结。

但是，现行涉水法规难以有效遏制黄河流域土地退化、环境污染、生态破坏、水资源紧缺、洪涝灾害进一步发展的趋势。在全国的大江大河中，黄河的环境资源问题最为严重，治理任务最为繁重。像黄河这样一个水资源高度紧缺、污染持续严重、含沙量大、跨9个省(区)的河流，应该制定流域性的黄河法，以实现流域水资源管理的协调，依法加强水资源的统一管理与调度，确立由代表国家的流域机构实施统一管理和调控，实行以供水能力定需求的制度，国家统一征收水资源费制度，节约用水制度，入河排污许可制度等，以实现流域水资源管理的协调，有效缓解黄河水资源紧缺的矛盾，把黄河建成高效节水型流域。

就黄河的水量调度来说，目前，虽然取得了五年不断流，但调度所依靠的手段主要还是行政命令来实现的，其基础十分脆弱。同时，黄河所具有的水少沙多、水沙异源、地上悬河、水土流失、生态脆弱等突出特性依然存在。黄河是世界上最复杂难治的河流，集中反映在黄河治理开发和管理的实践活动中出现的突出问题和特殊矛盾中，如水资源供需矛盾尖锐，各方面用水需求越来越大，大量生态用水被挤占，下游河床萎缩加剧，洪水威胁严重，水体严重污染，河口生态恶化等。上述问题至今都尚未得到根本的解决。在这样的形势下，制定《黄河法》，以强有力的法律手段统筹解决上述诸多问题和矛盾，显得甚为必要和紧迫。

（三）制定《黄河法》是加强对黄河流域的生态系统综合管理的需要

流域综合生态系统管理是目前世界水管理科学最为先进的模式，但我国现行涉水法规对于引导和保障黄河流域综合生态系统管理，存在明显不足。黄河流域的综合生态系统管理和可持续管理，要求制定和实施《黄河法》，建立完善流域统一管理的法律制度。

制定《黄河法》是实现黄河流域统一管理的需要。在黄河流域，除害与兴利、整体与局部以及上下游、左右岸关系极为密切。而且参与黄河治理开发的地区、部门众多，要求不一，关系协调和利益调整极为复杂，水事问题相对其他河流更为突出，必须依法加强黄河流域的统一规划、管理，统筹协调各方的关系。治理黄河，既要兼顾防洪、水资源合理开发利用和生态环境建设，把治理开发与环境保护和水资源的持续利用紧密结合起来，全面规划，统筹安排，又要上中下游、左右岸步调一致。这就要求必须建立起全流域统一管理的机制，通过有关各方协同配合，共同努力。从目前黄河流域管理的现状看，流域统一管理还十分薄弱，对于黄河治理开发的各种行为，还没有建立起统一的行为规则；黄河流域管理机构的法律地位还不明确，黄河水利委员会在履行职能时困难重重，难以协调、解决治理开发中遇到的诸多问题。因此，迫切需要制定专门法律《黄河法》，规范和调整黄河管理和治理中各部门、各方面的关系，保障黄河开发、保护、管理和治理等工作健康有序的进行，促进黄河流域经济、社会与人口、资源，环境协调发展。

（四）制定《黄河法》是实现从河流伦理向黄河立法转变和实行法治的重要途径

当代河流伦理道德的确立及发展，要求河流立法反映、维护和促进河流伦理道德。作为“维持黄河生命健康”的一项重要内容，采取包括道德的、法律的、行政管理的、科学技术的、经济市场的措施在内的综合手段控制黄河水污染，修复受损的河流生态系统，维护黄河水生态安全和饮水安全，确保黄河水资源持续供给和公平调度，保障广大人民群众生命健康，已成为目前黄河水资源开发、保护、管理和治理工作的首要任务。

从黄河流域综合开发、保护、管理和治理的现实和最终目的出发，在黄河流域应该同时加强法治建设和河流伦理道德建设，将黄河流域的综合开发、保护、管理和治理纳入“法治与德治相结合”轨道，将对黄河的管理和治理纳入“以法治为主、以德治为辅”的法治轨道，实现从河流伦理向黄河立法的历史性过渡。

法的价值是追求正义、公平、自由、安全和秩序。法的这些精神和所具有的指引、预测、评价、强制、教育作用，可为“维持黄河健康生命”创造良好的和谐环境，使黄河治理开发的各项工作得以顺利进行。作为哺育中华民族的“母亲河”，黄河目前面临着缺水断流、河床淤积抬高、生态恶化等诸多问题，自身健康生命受到严重威胁，这就要求我们通过环境法的正义精神恢复黄河正常生命的权利，通过法的秩序精神实现人与人和谐相处、人与水（黄河）和谐相处的社会秩序和生态秩序，通过法的安全精神为黄河流域的开发、保护、管理、治理等各项工作提供保障。

法律、法制和法治秩序对黄河流域开发和保护的影响，主要表现在它们是黄河流域开发和保护的必要条件这一点上。要实施黄河流域的综合开发、有序开发和可持续发展，需要对一些危害流域发展的行为予以有效的制止，乃至制裁；而法律则是由国家强制力保证其实施的最有效的强制、制裁手段和措施。通过制定和实施黄河流域开发和保护的法律，可以有效地制止在流域发展方面的违法、越权和失职行为，追究违法行为的法律责任，从而有力地保证流域可持续发展的顺利进行。黄河流域开发和保护不是短期行为，它需要相对稳定的政策、措施和制度，而法律的稳定性恰恰能够满足政策稳定的基本要求。黄河流域开发和保护法律法规是使黄河流域开发和保护活动制度化的重要方式，如果没有协调流域内跨经济领域以及跨政府管理部门的法律机制，在黄河流域实现综合开发、保护和管理是很困难的；而法律能够创造和维护对实施黄河流域综合开发、保护和管理开发至关重要的机构和制度。要想使黄河流域开发、保护和管理的政策、措施和机制稳定下来、坚持下去,最基本的方法是使其法定化、制度化,只有法律的稳定性才能满足政策、措施和机制稳定的基本要求,才能建立起流域发展和综合管理的长效机制。

黄河流域开发和保护涉及众多的行政区域和部门,各地区、各种利益集团和各单位的利益相当复杂,要实施整个流域的可持续发展,必须找到一条有效的实施途径,建立良好的秩序,这种途径和秩序就是黄河流域开发、保护和管理的法治秩序。首先,黄河流域综合开发、保护和管理主要是黄河流域各省(区)人民政府有计划地发起的政府行为,而实施政府行为的最佳手段是制定和贯彻有关法律法规,因为在一个法治国家、政府行为只能来自法律的授权,即只有法律才能规范政府行为。其次,黄河流域开发和保护重视引入和依靠市场经济机制。市场经济是法治经济,在市场经济条件下,资源合理配置的前提是完善的法律制度,主要通过法律设定资源配置的制度框架,通过法律实现资源配置。离开制度的资源配置,就像没有筋脉的血液循环一样。黄河流域市场经济越发展,就越需要完备的法治。没有公正严密的法律规范,就没有高效有序的市场经济。市场经济的参与者只有按照法律所规定的范围进行活动,才能受到法律的保护,才能获得最大的经济效益。

“维持黄河健康生命”的河流伦理需要构建以《黄河法》为基干的、多层次的一套黄河流域法律制度和法规体系。黄河流域综合开发、保护、管理、治理管理、治理法规体系包括法律、行政法规、地方性法规、部门规章、地方政府规章和其他规范性文件。黄河流域的开发、保护、管理、治理是一项与社会经济发展、社会公共事务管理有密切联系的公益事业,应该在“维持黄河健康生命”理念指导下,从统筹解决黄河流域开发、保护、管理、治理各方面存在的问题出发,应当把制定《黄河法》作为黄河水利法规体系建设的重点,针对黄河治理开发和管理中出现的新情况、新问题、新矛盾,从多方面开展研究,不断积累经验和解决问题的制度、措施,形成《黄河法》的理论支撑体系。在法规方面,要以解决黄河的开发、保护、管理、治理问题为重点开展立法工作，分别对黄河水量调度、防洪、水资源管理、水资源保护、水土保持、水污染防治、水生态建设、黄河河源区管理、黄河入海口管理，以及西北内陆河管理等问题，研究制定相关的行政法规或地方性法规；应该从解决黄河存在的实际问题出发，按照条件成熟、突出重点、统筹兼顾的原则，构建适应黄河流域开发、保护、管理、治理特点、各方面关系协调的黄河流域法规体系，为实现“维持黄河健康生命”的目标服务；应该逐步建立起与国家水事法律、法规体系配套的、突出黄河特点的、具有较强操作性的黄河流域开发、保护、管理、治理法规体系，引导和保障黄河健康生命的维护及人与黄河和谐秩序的实现。

三、制定《黄河法》的可行性

（一）国外现有河流立法的实践与经验为制定《黄河法》提供了参考和借鉴

水资源具有的流动性和流域性，决定了水资源按流域统一管理的必然性，依据水资源的流域特性，发展以河流自然流域为单元的水资源统一管理模式，正为世界上越来越多的国家所认识和采用。其中美国、英国、日本、澳大利亚等发达国家的流域立法经验具有代表性，值得我们研究和借鉴。以美国为例，田纳西河是其东南部俄亥俄河的最大支流，在实施《田纳西河流域管理局法》之前，该河流域淤沙沉积，土地严重沙漠化，生态资源被盲目掠夺，经常发生洪涝灾害。为此，美国于1933 年颁布了该法，成立了流域管理局。实践证明，制定并实施专门的河流法律，是实现大河流域水资源有效保护的关键因素。

（二）国内已有的各种与黄河流域管理有关的法律、法规、规章和文件为制定《黄河法》奠定了基础

目前我国已经制定的与黄河流域管理有关的环境资源法律、行政法规、部委规章和适用于黄河的法律规范性文件它们为制定《黄河法》奠定了基础。如《淮河流域水污染防治暂行条例》（1995 年）、《黄河水量调度条例》（2006 年）、《内蒙古自治区境内黄河流域水污染防治条例》、《甘肃省湿地保护条例》、《新疆维吾尔自治区塔里木河流域水资

源管理条例》等。以淮河治污为例,在污染极其严重的情况下,国务院于1995年颁布了第一部流域水污染防治法规——《淮河流域水污染防治暂行条例》,其法律地位高于地方性法规,它从全局利益出发打破条框分割管理,把流域管理纳入法治体系,收到了较好的效果。

国内外的河流立法、环境资源立法以及黄河治理开发和管理的实践经验表明,通过制定专门性的、综合性的河流法,将河流或流域资源的开发、利用、保护、治理及其管理纳入法治的轨道,实现流域的综合生态系统管理、可持续管理,是可行的。

(三)开展的有关制定《黄河法》的前期工作

近年,社会各界先后建议制定《黄河法》,加强黄河流域综合管理,将黄河流域的综合开发、利用、保护、治理及其管理纳入法治轨道。

1997年,针对日益严重的黄河水资源水生态问题,全国人大常委会副委员长王丙乾在作关于检查水法实施情况的报告时,提出抓紧制定《黄河法》的建议。

1998年11月4日,第九届全国人大常委会第五次会议通过的议案审议结果报告中披露:河南代表团陈效国等32位代表提出第320号议案,解放军代表团宋清渭等32位代表提出第497号议案,建议尽快制定《黄河法》和《黄河保护法》,依法处理上、中、下游各省(区)在水资源分配和利用上的关系,切实解决黄河断流、水土流失和水旱灾害等问题;青海代表团提出第479号议案,建议对黄河、长江源头生态建设与环境保护进行立法。全国人大环境与资源保护委员会认为,黄河流域水资源分配利用上的矛盾十分尖锐,生态灾害严重,现有法律无法满足保护和管理工作的实际需要,因此针对黄河的特殊情况制定黄河法很有必要。考虑到《黄河法》涉及沿黄各省(区)的经济利益和流域管理体制,建议由国务院组织研究起草《黄河法》草案。

1999年3月召开的全国人大九届一次会议和全国政协九届一次会议上,民盟中央提交的《加大投资力度,依法治理黄河》,被列为大会的一号提案。提案中的关于"尽快制定《黄河法》建议"受到了中共中央、全国人大和有关政府部门的高度重视。

2001年,世界银行资助提出的世行报告提出了《黄河法》的草案初稿。同年，亚洲开发银行启动了资助“黄河法制定战略规划研究”（Strategic Planning Study For The Preparation of The Yellow Rlver Law）项目。2003 年 5 月黄河水利委员会在郑州组织召开了《黄河法》立法战略规划研究项目研讨会和第二次国家指导委员会会议，对该项目中期报告进行了审查；8 月下旬组织召开了第三次国家指导委员会会议，通过了项目报告。2004 年 9 月，亚洲开发银行、中华人民共和国水利部和黄河水利委员会接受了 BRL Ingenierie 公司提供的“《黄河法》制订之战略规划研究项目最终报告”，其中包括《中华人民共和国黄河法草案》。

此后，黄河水利委员会在亚洲开发银行技术援助提出的《黄河法》立法成果基础上，围绕“维持黄河健康生命”治河新理念，深入开展《黄河法》立法前期研究工作，完成了《黄河法》立法前期工作 16 个专题研究和亚洲开发银行技术援助项目。

2005 年 3 月在第十届全国人大三次会议上，黄河水利委员会主任李国英代表再次提出制定《黄河法》建议。认为，通过《黄河法》，“建立流域统一管理与行政区域管理相结合的法律制度，可以统筹上下游、左右岸以及地区、部门之间的利益，解决在黄河治理、开发、管理和保护中存在的各种问题，促进人与河流的和谐发展”；“可以明确划分黄河流域管理机构、沿黄地方政府及有关行业部门等各方在水量调度、节水管理、水费征收等方面的具体事权，完善黄河水量分配、调度及监管等各项制度”；“可将防洪工程的规划建设、投资保障、调度运用与维护保养体制纳入法制化轨道，防汛行政首长负责制也可以得到规范细化”。李国英提出，制定《黄河法》应着重解决黄河水资源入不敷出、防洪形势严峻、水污染日趋严重和水土流失遏止不力这四个方面的问题；《黄河法》应健全对污染物排放的监管机制，并确立黄河流域水土保持生态建设的法律地位，规范各种开发建设行为以及对这些行为的监督管理。

总之，制定《黄河法》有广泛的社会基础，通过制定《黄河法》解决黄河的特殊问题，正在成为黄河流域乃至全国人民的一种共同要求。

第二节　关于制定《黄河法》基本理念和指导思想的研讨

吸收当代生态伦理、河流伦理的积极成果，形成《黄河法》基本理念，在黄河流域实行综合生态系统管理和良治，对促进黄河流域的全面法制建设（包括黄河立法、守法和执法）、形成黄河流域的法治文化都具有重要意义。

一、《黄河法》的基本理念

从当代生态学、生态伦理学的意义出发，《黄河法》的基本理念是指合乎自然生态规律、社会经济规律和环境规律（即人与环境相互作用规律）及当代河流生态伦理的基本观念。

（一）尊重和善待黄河

21 世纪的黄河治理（governance）模式，应注重构筑人与黄河的和谐关系以实现黄河流域经济、社会和生态的可持续发展，需要从传统的主要考虑经济与社会发展的流域管理模式转变为经济社会利益与河流生态利益并重的黄河流域管理模式，这要求《黄河法》应该有尊重和善待黄河的基本理念。

尊重和善待黄河是尊重和善待生命的生态伦理观在黄河流域管理和法制建设中的反映，“尊重生命”是生态伦理的核心观点，承认黄河的生命就意味着承认黄河的内在价值和黄河的主体资格。黄河法律要实现对这种转变的保障作用，首先应该重新认识黄河的生命、黄河生态系统的整体功能和主体地位。从“主、客一体化”的法学研究范式出发，法律中的主体主要是人、但不一定只能是人，动物、植物、生态系统和河流等也可以成为法律主体。《黄河法》应该明确黄河的主体资格，不仅所有黄河自然物种作为黄河生态系统共同体的成员都有分享河流资源的权利，相互之间的法律关系选择是平等关系；而且作为整体的黄河也应作为主体而享有其生存和流动的权利。

尊重和善待黄河要求《黄河法》用生态公平、环境正义去改进传统的法律公平观，纳入物种公平的思想，即黄河流域生态系统的各种物种都能公平地利用河流资源或得到河流的恩惠，特别是各物种的用水公平。

黄河主体资格和黄河权利的法律实现形式，是建立黄河的代理制度。对于黄河流域的人民而言，尤其应负有保护黄河生态河和为后代人发展繁衍而可持续利用和保护河流资源的责任。

尊重黄河生命就是尊重黄河的内在价值和生态规律，尊重黄河流域人民的传统文化和传统感情。尊重黄河的重要表征是热爱黄河、关心黄河、善待黄河。应该将《黄河法》建立在“热爱黄河”这一河流伦理的基础上。从热爱河流的传统、经验、信仰和愿望出发，在黄河法律体系和黄河法制建设的范围内，表达、传播、交流关于黄河生命系统的现象、事件、关系、行为和人物的评价性看法或倾向性态度，才能对保护黄河产生积极、正面的影响。善待黄河，要求人们不歧视、不掠夺、不剥削黄河，不侵犯、不损害黄河的利益、需要和权利。

(二)维护黄河健康生命和生态安全

《黄河法》的目标是维护黄河健康生命，“维护黄河健康生命”是《黄河法》的基本理念。该理念要求《黄河法》明确规定维护黄河健康生命的目标、健康生命的标准体系、评价指标体系、监测体系。《黄河法》应该规定不得使黄河低于维持黄河生态的最小流量和最低水位，规定非经环境影响评价和依法许可不得滥围填黄河、阻隔黄河，就是“尊重和维护黄河健康生命”这一基本理念的反映。

尊重和维护黄河生命首先要保障黄河安全。河流伦理对黄河生命的尊重和维持，反映在《黄河法》上，是水生态安全观、水资源安全观和黄河安全观的确立。如果黄河法治秩序不表现为一种黄河流域安全的秩序，它就不能算是法治秩序。水生态安全、水资源安全和黄河安全是最起码的黄河流域秩序，是人与黄河和谐、人与人和谐的起码要求和起码标准。黄河流域可持续发展要求满足流域全体人民的基本需要，而维护黄河流域安全正是人们的一种基本需要，从某种意义上可以认为黄河流域安全是黄河流域可持续发展的核心。维护黄河安全或水生态安全是《黄河法》的灵魂，是构建黄河法律体系的出发点，是制定和实施《黄河法》的指导思想。《黄河法》强调维护黄河生态安全，强化水安全意识，树立水生态安全理念，加强黄河安全或水生态安全法制建设，防治包括水污染和水生态破坏在内的各种水生态安全问题，及将使生活在黄河流域的广大人民获得一个安全可靠、安居乐业的生活环境和生态环境，这将对振兴黄河经济和黄河文化、促进黄河流域的经济社会的可持续发展具有重大影响。

（三）人与黄河和谐相处

维护黄河生态秩序包括维护黄河生态中人与人的和谐秩序和人与黄河生态中其他生态要素之间的秩序，特别是要维护人与水的和谐秩序、人与黄河的和谐秩序。人与黄河和谐共处是黄河流域的一种理想秩序，黄河人民与黄河生态秩序的最高境界是共存共生、和谐相处。从这个意义上可以认为，“维护和追求人与黄河和谐共处”是最能体现环境正义、生态正义的特色观念、核心观念，也是《黄河法》的主导精神之一。

保证“人与黄河的和谐”这种境界的实现，要求把人与黄河的关系、人对黄河的行为列入法律的调整对象，把人与黄河和谐相处作为黄河流域人们活动的共同价值选择。以往的河流法主要追求河流流域的人与人之间的社会秩序，而将人与自然之间的秩序（生态秩序或环境秩序）排除在外。《黄河法》应在追求人类社会秩序井然的同时，关注人与黄河之间的有序性，通过法律协调人与河流的关系，实现人与河流的和谐共处。《黄河法》的任务就是建立人与黄河相和谐的秩序，把传统的人与河流对立的发展机制改造成为人与河流和谐的发展机制，以实现黄河流域环境与经济、人与自然的协调发展。《黄河法》应该将人与黄河之间的生态秩序通过规范人的行为而上升为人与黄河之间的法律秩序。黄河的生命过程有其自身的特点与规律，并非人类所能创造和规定，维护人与黄河的法律秩序则是充分遵循黄河的自然生态规律。“人与黄河和谐相处”这一基本理念在《黄河法》中的主要体现是：将促进人与黄河和谐作为河流法的立法目的和出发点，正确处理人与自然之间、人与人之间的两大基本关系，促进人与人的和谐发展和人与黄河的和谐发展；在《黄河法》中创造和保持人与黄河得以在共处与和谐中生存的各种条件，满足黄河流域当代居民及其子孙对于社会、经济以及其他方面的要求；将人与黄河和谐的理念贯穿于治理黄河、防治洪水、建造河流水利工程、流域管理、流域规划等法律制度和法律措施之中；建立健全符合黄河自身规律的规划制度、环境影响评价制度、风险评价制度、生态监测制度和环境资源标准制度；规定以人与黄河和谐的态度和方式开发、利用、保护、治理、管理黄河的行为规则，建设对黄河友好的社会。

二、《黄河法》的主要变革——流域综合生态系统管理和良治

实践说明，要搞好中国的流域综合管理，必须运用行政的、市场的和社会的三种调整机制，实行治道变革，从统治走向治理，从善政走向良治。

《黄河法》的主要目标应该是通过依法推进制度创新而促进黄河流域综合生态系统管理和良治。制度是一系列被制定出来的规则、守法程序和行为的道德伦理规范的整合。它既包含维持社会日常运作的具体的法律、法规和其他有关经济主体间合作与竞争的规则等正式约束，也包括意识形态和生活习俗等非正式约束。所谓制度变迁，是指通过暴力的、改良的或渐进的方式所导致的国家性质的改变、政府的更迭、社会管理方式和制度变化，法律规则和法律制度的建立、变更和废止，以及观念和习俗的变化。历史地看，渐进的变革是实现制度变迁的主要路径。制度创新与技术创新，二者相互影响，互相促动，是人类社会发展的两大动力源泉。现代制度以政治民主、自由竞争、法律化、理性化、精细化和规范化为主要内容，以形式合理性和开放性为主要特征。相对于技术创新而言，一个能够提供稳定预期、确保个性自由、明晰产权和维护基本社会公正的制度体系更为重要；而当代生态伦理对黄河流域管理和法制建设的主要影响不是推动技术创新，而是推动制度创新，是促使在黄河流域管理和流域法制建设中推广黄河流域综合生态系管理和良治。

(一)黄河流域综合生态系统管理

综合生态系统管理,是综合生态系统方法理论在环境资源管理领域运用的产物,或者说是生态系统方法的集中反映、重要表现和典型代表。从环境资源法学上进行概括,综合生态系统管理是指管理自然资源和自然环境的一种综合管理战略和方法,它要求综合对待生态系统的各组成成分,综合考虑社会、经济、自然(包括环境、资源和生物等)的需要和价值,综合采用多学科的知识和方法,综合运用行政的、市场的和社会的调整机制,来解决资源利用、生态保护和生态系统退化的问题,以达到创造和实现经济的、社会的和环境的多元惠益,实现人与自然的和谐共处。

综合生态系统管理运用到流域就是"综合的流域管理"或"统一的流域管理"。1992 年在都柏林召开的水资源大会已经确认综合水资源管理原则。目前世界上大多数国家解决跨行政区问题主要依靠的是实施"综合流域管理"制度或统一流域管理,即协调解决各行政区之间的问题,以及各行政区共同认真实施国家有关水污染防治的法律。流域综合管理即一体化管理,包括经济社会和环境保护的一体化,各有关部门与流域水污染防治行为的一体化,水资源环境管理的一体化,区域的一体化即充分认识生态系统的整体性特征和地理特征。要求把防治流域水污染管理、保护水资源管理、合理开发利用水资源管理结合起来;将环保行政主管部门、水行政主管部门、流域机构和第三部门的参与结合起来。综合的流域管理一般包括如下内容:综合考虑的政策框架;综合的立法框架;综合的流域规划;水资源战略规划和战略评价;政策、战略和措施的综合化,机构建设、资源管理和政策制定的高度综合;结合三种调整机制的综合调整机制,重视流域成员和公众的广泛参与。

流域综合管理最重要的特征是基于生态系统的管理,即综合生态系统管理(IEM)。该方法被认为是实现流域可持续发展的一种基本方法,是一种一体化的综合管理模式,它强调水资源系统的各组成要素及其与人、社会、经济和环境的关系。流域综合管理的目标是维系人与自然的和谐共处,并实现流域社会、经济的可持续发展。为了实现这一目标,必须利用若干的法律法规,调控社会经济领域的各项活动,使之进入“有序”状态。

综合生态系统管理方法的主要特征是具有综合性、可持续性、科学性、和谐性，主要内容包括综合生态系统管理的各种原则、准则和指南等。《黄河法》中体现的综合生态系统管理，应包括如下内容：

(1)承认并重视黄河人(在黄河流域生活的人们的简称)与黄河之间存在的必然联系，承认并重视黄河人与其所依赖的黄河环境资源有着直接或间接的必然联系。

(2)全面、综合地理解和对待黄河生态系统及其各个组分，它们的自然特征，黄河人对它们的依赖，以及社会、经济、政治、文化因素对黄河生态系统的影响。

(3)综合考虑黄河流域社会、经济、自然条件以及黄河生物物种的需要、价值和功能，特别是健康的黄河生态系统提供的环境功能、服务和社会经济效益，黄河生态系统中的自然资源对人类福利和生计的需要的满足。

(4)要求多学科的知识(如农学、生态学、环境学、管理学、社会学、经济学和法学等)，需要自然技术科学和人文社会科学的结合，重视将生态学、经济学、社会学和管理学原理综合应用到对黄河生态系统的管理之中，需要不同部门机构的协调和合作，特别是负责黄河流域林业、农业、畜牧业、水利、环保、科技、财政、规划，以及立法和司法机构的协调和合作。

(5)创立一种跨越部门、行业或区域的黄河综合管理框架，确保黄河生态系统的生产力、生态系统的健康和黄河人对生态系统的可持续利用，以达到创造和实现多元惠益。它要求在制定黄河流域开发、保护、治理规划的时候，从黄河生态的整体性上去综合考虑各个因素间的相互联系，将跨部门参与方式运用到自然资源管理的计划和实施中去，以优化资源和资金配置、创新管理体制、完善运行机制，进而从根本上维护黄河生态平衡和生态安全。

(6)要求综合运用行政调整、市场调整和社会调整机制，在黄河流域推行良治，加强流域的水社区和水文化建设。

总之，综合生态系统方法对黄河流域环境资源管理和生态法制建设具有重要的理论和实践意义。它是对黄河流域生态系统活动(包括管理、政策、法律等)进行规划、决定和评价的有效工具,能够为规划和管理黄河自然资源(土壤、水、植被、野生动物等)提供新的方式即综合的规划方法;它有利于运用法律手段来解决黄河流域的生态环境保护、自然资源的可持续利用和有效地防治包括土地退化在内的环境资源问题。

(二)黄河流域的良治

随着全球化时代的来临,为了防治水害和水污染,保护水资源和水生态环境,解决21世纪的全球水危机,重视和加强对水资源的流域管理、在流域管理中实行治道变革(governance transitions),已经成为国际社会的共识。治理和良治理论是21世纪国际社会科学的前沿理论之一,它所提倡的一些价值日益具有普遍性。从知识论的角度来看,治理理论是人类在寻求解决社会一致和有效性问题上做出的一次深刻的认识转折与制度突破。

关于衡量良治的标准或构成良治的基本要素,主要可以归纳为正当性、透明性、公信度、法治、回应性、有效性以及参与、有效、稳定、廉洁、公正等要素。

第一,正当性(又译为合法性,legitimacy)和法治(rule of law)。这里的正当性是指社会秩序和权威被公众自觉认可和服从的性质和状态。它与法律规范没有直接的关系,从法律的角度看是合法的(legal)东西,并不必然具有正当性。只有那些被一定范围内的人们内心所认可的权威和秩序,才具有政治学中所说的正当性。正当性越大,良治的程度便越高。所以,良治要求有关的管理机构和管理者最大限度地协调公民之间以及公民与政府之间的利益矛盾,以便使公共管理活动取得公民最大限度的同意和认可。法治是良治的基本要求,没有健全的法制,没有对法律的充分尊重,没有建立在法律之上的社会秩序,就没有良治。

第二,稳定性(stability)与正义(又译为公正,justice)。稳定性是指社会或人类生态系统内部各组织、各成员之间关系的和谐或良性循环,意味着社会生活(包括人与人的关系和人与自然的关系)的和平与安全、团结与和睦、稳定与有序、居民的安全以及国家法律和政策的连贯性等。社会或人类生态系统的稳定对于公民的基本人权、民主政治、经济发展和环境保护都具有至关重要的意义。没有一个稳定的社会政治环境和良性循环的自然生态环境，就没有经济的高速发展、民主政治的有效推进和人与自然的和谐共处。对于发展中国家来说，社会或人类生态系统的稳定更具有特别重要的意义。所以，社会或人类生态系统的稳定程度也是衡量良治的重要指标。正义一般指不同种族、性别、阶层、文化程度、宗教和政治信仰的公民在政治、经济、文化和环境权利上的平等；还包括在人类生态系统中的代内公平、代际公平和种际公平。在当代，作为良治要素的公正特别要求有效消除和降低富人与穷人、富国与穷国、发达地区与欠发达地区、城市和农村之间的两极分化，维护妇女、少数群体、穷人等弱势人群的基本权利。社会或人类生态系统只有正义、公平才能稳定。

第三，公信度（accountability，又译为公信力、责任性）和有效性（effectiveness）。这里的公信度包括回应性（responsiveness）和廉洁性（cleanness）。公信度是指人们（包括三种组织）应当对自己的行为负责，特别是政府组织及其工作人员应该对自己的行为负责。在公共管理中，它特指与某一特定职位或机构相连的职责及相应的义务。公信度意味着管理人员及管理机构由于其承担的职务而必须履行一定的职能和义务。没有履行或不适当地履行他或它应当履行的职能和义务，就是失职，或者说缺乏公信度。公众，尤其是公职人员和管理机构的公信度越强，表明良治的程度越高。良治要求运用法律和道义的双重手段，增强个人及机构的公信度。回应性是指公共管理人员和管理机构必须对公民的要求作出及时的和负责的反应，不得无故拖延。在必要时还应当定期地、主动地向公民征询意见、解释政策和回答问题。回应性越大，良治的程度也就越高。廉洁主要是指政府官员奉公守法，清明廉洁，不以权谋私，公职人员不以自己的职权寻私。严重的腐败不仅会增加交易成本，增大公共支出，打击投资者的信心，而且会破坏法治，腐蚀社会风气，损害社会的公正，削弱公共权威的正当性。所以，公职人员的廉洁直接关系到治理的状况。有效性是指组织运转和管理活动要讲究效益和效率，要以尽可能小的或尽可能合理的成本，实现最大的收益、最佳的效益和综合的效益。有效性还包括管理机构设置合理，管理程序科学，管理活动灵活，最大限度地降低管理成本和社会成本等内容。良治应该克服或减少无效的或低效的管理活动。良治程度越高，管理的有效性也就越高。

第四，透明性(transparency)与公众参与(civic participation/engagement)。透明性是指政治、经济、社会和环境方面的公共信息的公开性。每一个公民都有权获得与自己的利益相关的政府信息、公共信息，包括立法活动、政策制定、法律条款、政策措施、行政预算、公共开支以及其他有关的公共信息；第一种社会组织都有义务提供和报告自己所掌握的公共信息。透明性要求上述这些公共信息能够及时通过各种传媒为公民所知，以便公民能够有效地参与公共决策过程，并且对公共管理过程实施有效的监督。透明程度愈高，良治的程度也愈高。这里的参与主要指公众对涉及公共利益和自己利益的政治、经济、社会和环境活动的参与。良治实际上是国家的权力向社会的回归，良治的过程就是一个还政于民的过程。良治推行政府组织与企业组织、第三部门、公民之间的良好合作，依靠公民自愿的合作和对权威的自觉认同。从全社会的范围看，良治离不开政府，但更离不开公民；没有公民的积极参与和合作，至多只有善政，而不会有良治。

从可持续发展的观念出发，在制定《黄河法》时，应该从如下几个方面考虑黄河流域的“治理”和“良治”问题。社区建设和“治理”机制的主要内容如下：

(1)建设相互依靠、相互补充和相互促进的行政调整机制、市场调整机制和社会调整机制，特别是以治理和良治为特色的治理机制。黄河立法或黄河流域的法制建设应该综合采用行政调整机制、市场调整机制和社会调整机制。社会调整机制又称非行政非市场调整机制、第三种调整机制和治理机制，目前社会调整机制相当薄弱，急需加强。

(2)建设相互合作、协调的社区内的行政性政府组织、营利性企业组织和非政府非营利组织，促进黄河流域人与人的和谐共和人与自然的和谐共处。“治理”和“良治”在黄河流域管理、黄河立法和黄河流域法制建设中的运用主要体现在三个方面：一是与市场经济相联系的黄河流域企业治理或公司治理的加强，建设一批具有“人与黄河和谐相处”意识的自主经营、自我管理的营利性企业组织；二是与黄河流域政府管理体制改革相联系的治道变革或行政改革，建设一个能够履行“黄河代言人”职责的公正、权威、廉洁的黄河流域管理机构和政府机构体系；三是与黄河流域民间组织相联系的流域社区建设，特别是水社区和水文化建设，建设一批能够维护“黄河”利益的自愿、自治的非政府非营利组织❶。社区(community)不仅仅指社区组织，而是指社会的一个层次或社会的缩影，是可以具体观察到的现实社会细胞即小社会：社区首先是一个地域概念，占有一定的环境和自然资源，是由社区居民和社区环境形成的生态系统；社区是由一定区域内的政府组织、居民和环境组成的综合体。自20世纪80年代以来，当代各国社区建设的一个重要发展趋势和特点，是以可持续发展思想为指导，将环境保护和生态建设作为社区建设的重要内容，在社区范围内建设各种生态区，逐步实现社区生态化、社会生态化，建设环境友好社会与和谐社会。社区的稳定和发展是黄河流域可持续发展和全流域社会稳定的基础，黄河法应该重视流域的水社区建设和水文化建设，全面发展社区文化、教育、体育、卫生、科技事业，提高社区的文化、科技、教育和道德水平。

(3)在黄河流域建设一个清洁、舒适、生态平衡的自然环境和生活环境，特别是保护和改善黄河生态，防治黄河污染和破坏，包括建设和改善城乡住房、交通道路设施和其他城市基础设施等，促进全流域环境友好社会、资源节约型社会与和谐社会的建设。

(4)在黄河流域建设各种生态工业园区、农业园区和清洁工厂。以生态工业和循环经济为指导建设黄河流域的生态工业园区，通过工业园区建设，加速流域工业体系的生态化进程，做到产品无害化、生产过程清洁化、工业经济生态化的有机统一，从原料、产品、企业、区域等方面实现生态化。结合农业结构调整“打绿色牌，走特色路”，发展黄

❶ 参看蔡守秋：《论环境保护社会团体和公众参与环境保护》(之一、二)，《中国环境管理》1997年第3、4期。

河流域的生态农业、有机农业、绿色食品和无公害农业园地、基地。结合工业结构调整,用高新技术改造传统产业,淘汰或关停高消耗、高污染的企业,推行清洁生产,发展环保产业,发展生态产业和绿色产品。

(5)在黄河流域结合城市化、小城镇建设,把生态省(市、县)建设作为全流域城乡建设的重要内容。将生态伦理和黄河文化建设作为生态省(市、县)建设的一个重要组成部分,抓紧生态文化和环境道德的宣传教育、普及工作,通过生态文化的长期渗透,促使各级领导和公众逐步树立明确的生态价值观、绿色消费观和河流伦理观,以及主动参与黄河流域综合生态系统管理和生态省(市、县)建设的责任意识,从而为黄河流域综合生态系统管理和良治打下广泛、坚实的社会基础。

(6)健全有关黄河流域综合生态系统管理和流域良治的政策、法规和制度体系,加强执法和司法,实现黄河流域的民主化、法治化、市场化和生态化,实现黄河流域经济、社会和生态的可持续发展。

三、《黄河法》立法的指导思想和原则

(一)制定《黄河法》的指导思想

从《黄河法》是旨在规范、保障黄河流域综合开发、保护、治理和管理的法律这一基本前提出发,制定《黄河法》的指导思想是:全面贯彻落实科学发展观、可持续发展战略和西部大开发战略,从黄河流域各省(区)经济、社会和环境保护发展的总体布局和全面建设和谐社会的全局出发,密切联系黄河流域综合开发、利用、保护、治理及其管理的实际,健全黄河流域综合开发、利用、保护、治理及其管理的管理体制、机制、措施和制度,维护黄河健康生命、生态安全和生态系统良性循环,促进和保障黄河流域经济、社会和环境的可持续发展、协调发展。

(二)明确制定《黄河法》的原则(立法原则)

根据《立法法》的规定,制定《黄河法》框架应该坚持如下几项原则。

1. 法制统一、协调原则

《黄河法》是综合性的黄河流域管理法律,它仅仅是我国河流法或环境资源法规体系中的一个组成部分,其制定必须坚持法制统一、协调

原则。根据黄河流域水资源的现状和要求，黄河流域法律体系的第一层级是《宪法》的有关规定，特别是《宪法》第九条、第二十六条的规定；第二层级以全国人大通过的《环境保护法》、《水法》、《水土保持法》、《水污染防治法》、《防洪法》等法律，这几部法律分别从水环境、水资源保护以及从水土、水质、防洪等方面具体保护水资源；第三层级是体现黄河流域管理的《黄河法》。鉴于黄河流域的特殊地位和作用，以及其复杂的生态环境，黄河流域水资源保护的立法工作无论在程序上还是力度上都应该比淮河流域更高、更大、更深，故此法应由全国人大常委会制定，之后由国务院组织有关部门制定《黄河法实施细则》，各省级人大及其常委会也可以依据《黄河法实施细则》结合本地区实际情况，分别制定地方性黄河流域水资源保护的法律体系。

为了搞好《黄河法》与全国人大常委会通过的其他法律相协调，《黄河法》应该在《水法》、《水污染防治法》、《防洪法》、《水土保持法》、《防沙治沙法》、《土地法》、《农村土地承包法》、《森林法》、《草原法》、《渔业法》、《野生动物保护法》、《矿产资源法》、《文物保护法》、《城市规划法》、《农业法》等国家法律和《土地复垦规定》、《农药管理条例》、《自然保护区条例》、《风景名胜区条例》、《野生植物保护条例》、《村庄和集镇规划建设管理条例》、《城市绿化条例》、《城市市容和环境卫生管理条例》、《地质灾害防治条例》、《水下文物保护管理条例》等行政法规的基础上制定，并与它们相协调。

2. 从黄河流域的实际出发的原则

《黄河法》属于流域法规，其基本特点和要求是为黄河流域经济、社会和环境的可持续发展服务，因而必须从黄河流域的具体情况和实际需要出发，必须针对和解决黄河及黄河流域的实际问题。

(1)从黄河及黄河流域的经济、社会、文化的历史、现状和发展趋势出发，包括经济发展水平、GDP、产业产品结构、能源结构、教育程度、科技水平、卫生健康条件、人口结构、民族结构、历史传统、风俗习惯、政府管理能力和水平、法治水平等。要特别注意和重视黄河流域的经济、社会、文化发展目标，黄河水利委员会和黄河流域各级政府及其所属行政管理部门的管理状况、能力和水平。

(2)从黄河及黄河流域的自然环境资源条件出发,包括地质地貌气候特点、环境本底状况、自然资源特点和优势、土地面积和质量、水资源状况、动植物状况、矿产资源特点等。要特别重视和注意黄河的特点、特殊问题。

(3)从黄河及黄河流域经济、社会和环境发展的总体规划、长远目标出发,服务于在黄河流域建设小康社会、和谐社会、资源节约型社会、环境友好型社会的总目标。

3. 科学精神与人文精神相结合、内容科学合理的原则

法律是现实社会生活的反映,是各种社会利益调和、衡平的产物。各国河流法的实践说明,只有将科学精神与人文精神相结合起来,才能有效处理和化解在制定河流法方面的分歧和矛盾。

具体到黄河立法上,科学精神与人文精神相结合原则的主要内涵是:科学精神是《黄河法》的基础,人文精神是《黄河法》的灵魂,在黄河立法时宜将科学精神与人文精神结合起来,使《黄河法》做到有理、有利、有节、有效、可行;《黄河法》应是人类眼前利益和长远利益、实用与理性、科学态度与道德理想的结合,应该同时反映自然生态规律、社会经济规律、人与自然相互作用的规律,以及人的利益与其他物种的利益;《黄河法》所确立的对黄河生命的尊重来自人的一种崇高的境界,一种善良的愿望,一种热烈的情感,一种良心的自律,一种对美的渴望、一种关爱自然的热忱,这种尊重可以在人文精神的教化中形成和不断提升;《黄河法》所确立的"人与自然和谐相处"秩序应该建立在科学研究和科学知识的基础上,不应违背自然生态客观规律。总之,《黄河法》中尊重黄河生命的合理性和先进性,来自科学性和人文精神的结合艺术。

在黄河立法中,首先,要坚持科学精神和科学态度,要以科学认识和科学知识去审查《黄河法》的具体内容,有关黄河资格和权利的规定应建立在符合自然生态规律的基础上,不要在《黄河法》中规定不符合自然生态规律的内容。其次,在黄河法制建设中,要重视和体现人文精神,体现人类对黄河的人文关怀。根据当代人文科学或人文精神,黄河尊严和黄河权利具有合理性、正当性和合法性,这种合理性、正当性和

合法性的基础存在于情感的、信仰的人文文化之中，根源于人文精神的合理性、合法性。河流提供给人的决不只是水资源，更为重要的是，它是人类历史与文化发源和传承场所，是文明兴衰的见证者。在人类文化中，河流的形象犹如母亲一般的哺育、滋养着人类成长。对黄河尊严和权利的正当性、合法性问题的证明和论证，可以通过人文精神解决其理论困境。人类在面对外部世界时，人首先是一个自然存在物，这决定了人的意识首先具有一种功利主义的价值取向；但是，人又不同于一般的生物，人是一种超越性存在。人的超越性表现为：第一，超越现实，追求理想。人不仅关注现实，而且崇尚理想。第二，超越功利，追求崇高。人必然有功利性追求。但是，人在满足基本生存需要的条件下，往往追求一种崇高的境界，一种善良的愿望，一种良心的自律，一种对美的渴望。第三，超越有限，追求无限。人是有限的存在，但人类的追求并没有被限制在有限的领域。人总是力图超越自身的有限性而走向无限性。人是唯一能够抛开眼前的急迫问题而关注遥远的、终极的问题的动物。第四，超越真实，寻觅虚幻。寻觅虚幻是人的超越性的一种经常的表现之一，是人的一种正常的精神需求。从人类诞生的那一刻起，人们就离不开对虚幻的寻求。在神话和宗教中某些虚幻的东西，是人类精神生活的一种美好的境界。顺应人道主义的目标，尊重黄河生命、维护黄河的权利，这是黄河流域社会文明和理性发展到一定程度的结果，也是人性的自然体现。

黄河法的体例、结构、条款内容应该具有科学性和合理性，内容既不宜照抄或重复有关法律、法规、规章的内容，又不能与相关法律相抵触，而应该从黄河流域的具体情况和实际需要出发。内容科学合理主要指：

(1)坚持遵循黄河自然生态规律和黄河流域的经济社会发展规律的原则。根据现代自然科学和社会科学(包括生态学、环境学、生态伦理学等)的理论和方法，制定出符合生态自然规律和经济社会发展规律的《黄河法》。河流伦理有利于促进黄河法调整黄河管理的调控方向、调控内容及在资源配置、工程建设、生态平衡保护、历史文化遗产处置等方面的决策事项，让人们认识和遵循自然的规律，恢复和维持黄河

"资源河、生态河、历史文化河"特性。

(2)《黄河法》应该具有综合性、系统性和先进性。《黄河法》作为黄河专门立法,不能仅解决黄河的某一项环境资源问题,将《黄河法》变为单一的《黄河水土保持法》、《黄河水污染防治法》、《黄河水资源利用法》或《黄河防洪法》,而应该强调其综合性。《黄河法》的系统性主要强调它注意协调有关黄河法规、明确自己在整个黄河法规体系中的地位和作用。综合性、系统性和先进性,应该主要体现在该条例的指导思想、原则、管理体制和法律调整机制方面,并不意味着《黄河法》必须包罗万象、面面俱到。

(3)坚持充分利用现有立法资源,突出《黄河法》的特点和重点的原则。《黄河法》首先要充分利用现有的立法资源(包括现行法律已经明确的行政管理机构及其职责、管理措施、管理制度和法律责任),其次是要突出重点。《黄河法》应该把有限的法律条文集中用于规范全局性、长远性和亟待解决的重要问题上,应该突出黄河综合生态系统管理和可持续管理,围绕黄河流域管理机构、管理体制和综合调整机制展开。要根据黄河的主要功能和在我国的特殊地位来突出《黄河法》的特色内容。

第三节 《黄河法》的框架结构和主要内容

一、《黄河法》的框架结构

2001年,亚洲开发银行开始资助"黄河法制定战略规划研究"(Strategic Planning Study For The Preparation of The Yellow Rlver Law)项目,技术援助项目的主要任务是:在对中国特别是黄河流域现行流域管理方面的法律和机构框架进行评议的基础上,结合国际上流域管理的成功经验,起草《黄河法》草案。为了搞好该项研究工作,在项目初期就成立了国家指导委员会以支持执行机构的工作并对于《黄河法》草案中采用的综合流域管理、相关机构、各省间的协调以及参与性规划方面的立法建议提出指导。国家指导委员会的组成成员由来自国务院相关办公室、水力部、商务部、农业部、林业部、黄河水利委员会、水保局、国家环保总局、青海、甘肃、宁夏、山西、河南、陕西、内蒙古的政策、法律、管理和水资源方面的专家组成。2003 年 5 月,黄河水利委员会在郑州组织召开了《黄河法》立法战略规划研究项目研讨会和第二次国家指导委员会会议,对该项目中期报告进行了审查;8 月下旬组织召开了第三次国家指导委员会会议,通过了项目最终报告。在项目组成员、项目执行机构、国家指导委员会之间的通力合作下,产生了《黄河法(草案)》。2004 年 9 月,亚洲开发银行、中华人民共和国水利部和黄河水利委员会接受了 BRL Ingenierie 公司提供的"《黄河法》制定之战略规划研究项目最终报告",其中包括《中华人民共和国黄河法草案》(简称《黄河法(草案)》,ADB TA3708 - PRC Final Report, Appendix A - 1)。

《黄河法(草案)》由 11 章 218 条组成,其章节结构和主要内容如下:第一章是总则,规定了公众参与、统一管理与利用、综合管理等总的原则;第二章是流域管理,规定了综合流域管理机构框架和黄河流域管理体制;第三章是流域规划;第四章是水资源管理;第五章是水质保护,规定了水利部和国家环保总局共同进行水质管理的新规则;第六章是河道的管理、工程与防洪;第七章是水土保持与生态保护;第八章是协商、参与和报告;第九章是筹资与投资;第十章是纠纷解决与法律责任,强化了"四法体系"下有关法律责任的规定,并规定了一些新的办法;第十一章是黄河法草案附则与附件。草案第 217 条列举了附件的题目,对其中 2 个附件的拟定内容提供了范例,在草案最终提交通过的时候根据当时的实际情况,以及在草案通过之后根据实施过程中的要求,可能会删除、合并、替换或添加一些附件项。将某些实施细则和指南作为附件而非正文纳入草案主要是考虑到:不必通过立法修改程序,就能适时灵活地调整这些附件中的具体内容;能增强黄河水利委员会应对水资源管理问题的灵活性。该草案的目的是为在黄河流域统一实施中国水资源管理、污染防治、水土保持以及洪水防治方面的法律法规提供一个统一、协调、综合的机构结构,同时,探讨如何更有效地解决黄河流域水资源管理方面亟待解决的以下问题:水资源管理;水资源保护;洪水防治与河道管理;水土保持;规划;资金安排等。《黄河法(草案)》扩张、强化并完美了现行的“四法”体系中有关流域管理的条文，“四法”即2002年水法、1991年的水土保持法、1998年的防洪法和1984年的水污染防治法；特别是通过规定以下法律、机构和技术方面的条文使得以上四部法律在黄河流域具有了可操作性：明确参与流域管理的相关国家部门和各级政府的职能、职责以及加强机构间协调的义务；统一规划和水资源决策中公众的参与。

《黄河法》制定之战略规划研究项目的最终报告中提出的《黄河法（草案）》是ADB－PRC TA 3708项目组成员共同努力的合作成果，它具有许多特点和优点，例如：该草案长达218条，内容丰富，覆盖面广，规定详细具体，其中有不少条文具有创造性、可操作性。但是，该草案也存在不少值得研究或改进的问题，例如：对当代河流伦理和河流综合生态系统管理方法反映不够；其主要内容是规范黄河水资源管理，不够重视黄河流域的其他自然资源；条文过多，不太适合中国现行的法律模式。

基于对有关黄河立法的指导思想和基本理念的分析研究，作为黄河流域管理的综合性法规的基本结构，宜包括总则、黄河流域综合管理体制、黄河流域综合管理制度（包括综合规划、调查、监测、信息共享、统一调水等）、黄河流域基金、黄河流域综合执法和法律监督、黄河流域纠纷处理和法律责任等基本章节。拟议中的《黄河法》可以考虑如下内容：《黄河法》的立法目的、适用范围；黄河流域综合开发、利用、保护、治理及其管理的基本原则；黄河流域单位和个人的基本权利和义务；对黄河流域各级人民政府的基本要求；黄河流域综合开发整治的管理体制、管理机构及其职责，特别是流域各管理机构管理工作的分工、合作与协调；流域监督体系的建设与维护，特别是黄河流域管理委员会的监督考核与公众参与；黄河流域规划的制定和实施；黄河流域的监测和信息管理，特别是流域综合信息库、信息网络的建设、使用与管理；流域管理基金的建立、筹集、使用、管理和监督；黄河流域各种利益相关者的利益共享和公平分配政策，特别是黄河旅游收益的合理分配与共享，黄河流域的生态补偿；综合性流域管理制度的建设，特别是综合调查制度、综合许可制度、黄河水资源分配和综合利用制度、各类灾害和重大风险事故的防治和应急制度；有关协调黄河流域经济政策、社会政策、环境资源政策、技术政策等相关政策的机制和程序；有关流域环境资源综合开发、生态保护和环境综合整治的重要法律措施，如促进可持续的生产方式、生活方式和消费方式，防治黄河流域环境污染，加强清洁生产、环境保护工业、绿色产品、乡镇企业环境管理，保护黄河流域生态环境、自然景观、自然保护区、水源涵养地和水土保持，合理开发、利用、保护和管理黄河流域自然资源（特别是有关黄河流域森林保护、湿地保护、草原保护、野生动植物保护、取水和节水、水资源开发、荒地开垦、矿产资源开发），节约和合理开发利用黄河流域能源（特别是水能水电等），预防、救助和减轻黄河流域自然灾害，特别是防治洪水、旱灾、虫灾、泥石流、地震、沙漠化、沙风暴等措施；黄河流域的执法和综合执法，特别是跨部门跨领域管理和执法的协调；有关处理跨行政区各种纠纷的机构、方式和程序。

《黄河法》应该坚持生态法（环境资源法）的基本理念和基本原则，建立符合维持黄河健康生命需求和社会发展需要的流域水政管理体制，这是《黄河法》要解决的核心内容。黄河从设立专门机构以来至今，形成了宏观管理与直接管理相结合的独特的管理体制，与其他江河流域管理有着根本不同，这是黄河的特点所决定的，因此有必要通过制定《黄河法》，进一步补充完善，以确立流域管理机构的性质、地位，建立起适合流域管理需要的流域管理机构体系。其次，《黄河法》应该建立体现黄河流域特点的法律制度，与维持黄河健康生命和流域一体化管理相适应，如：①流域规划制度；②流域内建设项目统一审查、批准制度；③水资源总量控制、统一调度和节约用水制度；④确保不同河段不得低于法律规定的最低水位、最小流量制度；⑤流域统一监测、资源共享制度；⑥水污染物排放总量控制及入河排污许可制度；⑦国家级水土流失重点防治区防治制度；⑧天然林、防护林、草原等生态建设保护制度等。

二、《黄河法》的基本原则

《黄河法》的目的是：综合开发和可持续利用黄河流域的水、土、风景名胜和其他资源，防治环境污染、生态破坏和自然灾害，维护黄河健康生命和黄河生态系统的平衡与安全，保护、改善黄河生态和生活环境，加强黄河流域综合管理，促进黄河流域和谐社会、资源节约型社会和环境友好型社会的建设及黄河流域经济、社会和生态的可持续发展。

在黄河流域从事开发、利用、保护、治理及管理活动应坚持以下原则：

第一，可持续发展原则和协调发展原则。黄河流域管理应当确保流域经济、社会和生态的可持续发展，为当代和后代人提供最大程度的有益利用，保证一代接一代地永续发展。

黄河流域管理要正确处理和协调黄河流域环境保护和经济发展的关系，应当保障流域内经济、社会和环境的协调发展，统筹城乡发展、统筹人与自然和谐发展，实现经济发展和人口、资源、环境相协调。要注意恢复和优化黄河流域的景观资源，科学地提高生态环境和资源环境质量，使黄河系统运营能取得最佳的社会、经济、环境三大效益，使宝贵的天然资源得到永续利用，从而实现黄河流域各省(区)经济、社会、环境的协调和可持续发展。

第二，综合生态系统管理原则。在开发、利用、保护、治理和管理黄河时，应综合考虑社会、经济、自然(包括环境、资源和生物等)的需要，综合采用多学科的知识和方法，综合运用行政的、市场的和社会的调整机制，将对黄河资源环境的开发、利用与保护、治理结合起来，协调解决资源利用、生态保护和防治生态系统退化的关系问题，实现经济的、社会的和环境的多元利益的共生和共进，促进人与人、人与自然的和谐相处。

从生态学的角度看，综合生态系统管理原则包括环境资源的开发、利用与保护、治理相结合的原则，遵循经济社会发展规律和自然生态规律的原则，以及综合决策、综合管理等内容。

在黄河流域资源开发、利用和环境保护、治理中，首先要强调综合决策，全盘考虑流域环境资源所具有的经济价值和生态价值，并做出符合环境资源持续利用目标的最优选择。流域综合决策要求在决策过程中，对流域环境资源的经济价值和生态价值统筹兼顾、综合平衡、科学决策，它标志着政府决策由传统的单向度的经济决策，向经济决策与生态决策并重的多向度决策的转变。要从黄河流域整体观的要求出发，实施流域综合管理，在对流域环境资源的经济价值和生态价值认同的基础上，依法对流域环境资源的开发、利用和保护活动进行综合管理，以实现流域环境资源的高效持续利用。

第三，损害防范原则和风险预防原则。从事对黄河有环境影响的规划和工程、建设活动，应当依法进行环境影响评价，当存在造成严重的或不可逆转的损害威胁时，不应当以科学上没有完全的确定性或成本太大为理由推迟采取符合成本效益的措施来防止对黄河的生态环境造成破坏。

第四，责任原则与合作原则。黄河流域的所有单位和个人都有合理利用、节约利用、保护黄河流域资源环境，以及防治环境污染和生态破坏的责任；大量利用黄河水、土、矿产资源和风景名胜资源的单位，经济发达省、市的单位，直接造成和可能直接造成环境污染、生态破坏和资源耗损的个人和单位，应该承担更多的防治环境污染和生态破坏的责任。依法承担黄河流域管理职责的各级政府及其行政管理部门，应该认真履行其行政责任，同时应实行公务合作，共享信息、互相配合、共同做好流域管理工作。

第五，共享和合理分配利益原则，特别是水资源的有序、有效和公平分享原则。在开发、利用、保护、改善和管理黄河资源时，应统筹考虑各利益相关者的利益，保护当地居民和易受黄河流域管理影响的特别脆弱群体的利益，照顾少数民族的特殊需要，保证黄河流域的生态用水和环境用水。

第六，民主和公众参与原则。黄河流域的政策、决策和重大项目，应该由黄河流域的所有利益相关者通过民主、协商的途径解决。建立健全公众参与机制，保障公众和社区居民有效参与黄河流域管理，保障可能受有关决策影响者有权参与决策的制定。

三、黄河流域的管理体制

国外流域综合开发、保护和管理的经验说明，建立精简、有效、权力大、有独特运行机制的流域开发管理机构，形成科学、有效的管理体制，是实现流域综合开发整治的关键因素。因此，必须通过立法规定有关流域管理机构的设置和组建、任务和职责，以及各相关管理机构之间的分工、合作、联系与协调等管理体制问题。

第一，在充分发挥政府职能部门的作用、保证目前行政管理体系维持正常运行的前提下设置新的流域管理机构。新机构的定位应成为目前管理部门之间的桥梁和沟通、交流问题的渠道，避免建立一个与原来流域管理中各机构相抵触的新机构；应该在理顺政府各部门职能的基础上，坚持“责、权、利”一致的原则，调动政府各部门的积极性、主动性和创造性，通过“奖勤惩懒”、“奖优惩劣”，激励各部门依法行政、执法为民、尽职尽力地做好各自的本职工作，行使好本部门的管理职能，为黄河流域的保护和管理做出贡献。

第二，新的机构应具有广泛的代表性，服务于流域内各利益相关者，实行民主化管理，坚持“公众参与”和“公开、公平、透明”的原则，建立公众参与平台和参与机制，吸收利益相关者代表、非政府组织和其他社会代表参与民主管理和民主监督。

第三，新的流域管理机构应该通过全面规划、综合治理、科学协调和综合执法，通过《黄河法》及其配套规范性文件的制定与实施，黄河流域综合规划的编制与实施，保护和管理基金的建立、筹集、使用、管理和监督，各类灾害的防治，流域内资源的综合调查、开发和利用，流域整体环境的保护和整治，保障流域经济、社会和环境的可持续发展。

第四，新机构应该具有正当性和合法性，应该是适应流域法治管理、促使流域管理走向法治化轨道的管理。新机构的存在和权威必须具有合理性、正当性和合法性，新的机构必须有民意支持，有法律、法规加以保证和支持，并应依法行政。

根据现有的与流域管理相关的法律法规、黄河流域的特点、目前存在的问题，以及黄河管理机构设置的原则，开发、利用、保护和治理黄河资源环境，应该实行流域管理与行政区域管理相结合、行政区域管理服从流域统一管理、公众参与流域管理的体制。

目前的黄河水利委员会是经长期沿革形成的，50 多年来为确保黄河安澜、促进流域经济和社会发展发挥了重要作用。但是，黄河水利委员会作为水利部的派出机构，一直被定位于事业单位，水行政执法地位不明确，管理体制不顺，流域管理中的一些突出问题难以解决。在新的形势下，这些问题尤显突出。

为此，建议成立综合性的管理组织“黄河流域管理委员会”，该委员会实行决策、执行和监督权力三位一体的组织结构。承认河流的主体资格，确保河流的需要和利益得到充分的代表，应该成为黄河流域管理委员会的一项神圣职责。其职责主要有：

(1)就黄河流域管理方面的重大问题进行审议并制定政策。

(2)确定、管理和监督黄河开发、利用、保护和治理的战略规划、综合规划，以及黄河流域管理基金和财经预算。

(3)制定黄河流域管理法实施细则和黄河流域管理委员会章程等规范性文件。黄河流域管理委员会须在该法颁布两年之内制定《黄河法》实施细则和有关其自身职责的章程，并报国务院批准颁布。该章程内容须包括黄河流域管理委员会成员会议的规则和程序，内设机构及其职能，与流域内利益相关者协商互动的办法有关黄河流域行政管理部门之间的合作与协调办法，以及黄河流域管理委员会视情况修改章程的程序。

(4)组织、协调黄河流域资源环境的综合性开发、利用、保护、治理和管理工作。

(5)领导为本法的具体实施而组建的专门机构的工作。

(6)对全流域的重大环境资源纠纷和职权纠纷进行协调和处理。

(7)国务院和国务院有关部门交办的工作和本法规定的其他职责。

黄河水利委员会作为管理委员会的办事机构，负责实施管理委员会的各项决策决议，并对决策决议的执行情况进行监督和检查。建议在《水法》修改时明确流域机构代表国家在流域内行使水行政管理职能，明确流域机构的水行政执法地位，赋予行政监督权和处罚权。黄河水利委员会的主要职能应包括：拟定流域性的政策法规，并负责监督实施工作；编制并监督实施流域综合规划，审查支流规划和专项规划；负责水资源统一管理,保护和水量统一调度;负责管理范围内的水政监察和水行政执法;负责控制性骨干工程等重要水工程的建设和管理等。

《黄河法》通过规范黄河流域管理委员会的综合协调和各相关组织的合作,形成有效运转的黄河流域综合管理机制。黄河流域管理委员会通过监督考核各有关行政管理部门和机构的职责履行情况,保障《黄河法》规定的目标和黄河流域规划目标的实现过程中各项活动的协调一致,促进全流域的广泛合作。

四、其他法律措施和制度

(一)黄河流域规划制度

黄河流域综合规划是黄河流域综合开发、利用、保护、治理和管理活动的龙头和总部署,有效的流域综合管理必须制定科学合理的流域规划、建立健全流域规划法律制度。故建议拟议中的《黄河法》作如下规定:

黄河流域管理委员会负责组织、会同有关行政主管管理部门、各省(自治区)人民政府制定黄河流域战略规划和综合规划,确定黄河开发、利用、保护、治理的战略、指导方针、政策和措施。

黄河流域管理委员会办公室负责组织编制规划指南和规划框架,确定规划编制的原则、规划期限、主要领域、内容要素、标准与程序,并负责提出规划草案。

黄河流域各水利、土地、城建规划、城管、园林、环保、交通、农林、旅游等行政管理部门,以及其他相关机构,按照黄河流域管理委员会的要求,参与、会同编制战略规划和综合规划,并编制本领域的专门篇章、提供与规划相关的信息和资料。

在规划编制过程中,应该通过公布规划草案、召开听证会、征求书面意见等方式,保障相关部门的会同编制权、利益相关者和公众的知情权和参与权。对利益相关者和公众的意见应该记录在案。对规划不予采纳的意见,应该及时做出答复;对坚持的异议,应该在黄河流域管理委员会审议规划草稿时提出讨论并做出是否采纳的决定。

黄河流域管理委员会负责审议黄河战略规划和综合规划草稿。黄河流域战略规划和综合规划应该在《黄河法》颁布之日起两年内由黄河流域管理委员会通过。黄河流域管理委员会通过的流域综合规划应该报国务院,经批准后颁布、实施。

黄河流域综合规划一经颁布即具有法律效力,任何组织或个人不得擅自更改,对规划中的指令性规定任何单位和个人不得违反。如确需对规划进行调整、修改,应当按照原审批程序报批。

黄河流域各县级以上人民政府应该将黄河流域综合规划纳入本级政府制定的经济社会发展规划。黄河流域县级以上人民政府今后制定的水利规划、土地利用规划、旅游规划、风景名胜区规划、城市规划和环保规划等其他相关规划应该与其衔接。在黄河流域综合规划颁布前已经制定、颁布的黄河流域县级以上人民政府的水利规划、土地利用规划、旅游规划、风景名胜区规划、城市规划和环保规划等其他相关规划,如果与黄河流域战略规划和综合规划的指令性规定有冲突,应该按照法定程序进行修改。

黄河流域管理委员会应该对规划的实施进行监督。

(二)黄河流域资源环境的调查、监测和信息共享制度

黄河流域资源环境是一种多层次的复杂的生态系统。在黄河流域资源环境生态系统中,每一个生态要素都是多功能的,对于整体生态系统的维持都是至关重要的。必须对将黄河流域生态环境保护的视野拓宽到整个生态系统的水平上,重视黄河流域资源环境生态系统的综合研究和调查。因此,必须建立对黄河流域生态系统整体的调查和动态监测制度,而不是仅仅对黄河流域各个生态要素的分离的调查和监测。《黄河法》应该规定黄河流域资源环境调查、分类评估、信息数据管理系统和黄河流域资源环境监测体系建设等内容,以便于掌握黄河流域资源环境和生态多样性的动态变化,为黄河流域资源环境的管理、保护和利用提供科学依据。

黄河流域资源环境调查、监测和信息共享制度主要包括黄河流域资源环境调查、监测和信息共享等三个方面,涉及到各种环境要素和自然资源的数量、质量、动态变化的调查、监测、数据整理、档案管理、信息库和信息网建设与管理、数据信息发布等内容。

黄河流域资源环境调查可以分为宏观调查和专项调查。宏观调查即黄河流域资源环境普查，主要针对黄河流域资源环境的类型、面积和分布等全面情况；专项调查主要针对某种资源或某种环境要素，调查内容主要包括水、土地、生物多样性、黄河保护利用等情况。专项调查采用的技术规程，将根据不同调查对象的类型和特点分别制定，每年可选择一定数量的重要资源进行专项调查。黄河流域资源环境调查的内容，主要包括黄河流域资源的分布、分类和面积、数量、质量，黄河流域环境自然状况和受污染破坏的情况，野生动植物利用保护及其受威胁情况，自然保护区、风景名胜区情况等。

黄河流域动态监测包括黄河流域气象及大气环境监测、水环境监测、水文监测、野生动植物种群及栖息地的监测、土壤监测等内容。结合现有的黄河流域资源环境调查数据，以及黄河流域资源环境监测信息，对黄河流域自然保护区、风景名胜区等重要资源环境进行经济价值和生态效益评估，为黄河流域综合管理提供依据。

在资源调查、监测制度和环境质量评估制度实施的基础上，设立黄河流域资源环境和环境质量报告制度，一方面规定及时准确如实地向政府有关部门报告黄河流域资源环境和环境的调查、监测和评估结果，为政府部门制定或调整黄河流域保护和合理利用政策提供依据；另一方面规定及时将调查、监测和评估的部门综合结论向社会公告，以方便社会公众及时了解黄河流域资源环境及环境状况，自觉参与黄河流域资源环境与环境保护事业。

（三）公众参与制度

黄河水资源、土地资源、矿产资源、动植物资源和风景名胜资源属于全民所有或者集体所有，黄河流域资源环境的开发、占用、征用、处置、保护、整治等企业生产经营活动或政府行为，都会对黄河流域居民，特别是对依靠上述项目所涉资源生存的当地居民的生产、生活带来不同程度的影响。因此，关于黄河流域资源环境的开发、利用、保护、整治等任何政府行为、企业行为还是个人行为的计划与实施，除涉及国家机密和企业技术商业秘密外，社会公众都有权利参与监督和管理。《黄河法》应具体、扩充规定公众参与的程序、环节和主体，扩展公众权利形式的诉讼渠道，完善公众权利的保障措施。公众参与程序的明确既包括公众知情权、参与权、救济权的明确，还应包括政府公开信息、反馈公众建议、建立公众参与激励机制、承担法律责任等。

公众参与制度的建立与宣传教育工作具有十分密切的关系，公众参与的有效性在很大程度上取决于公众和管理决策者对维护黄河健康生命的重要性的认识和民主、良治等观念的转变。为此，必须通过一系列强有力的宣传教育与培训措施，提高领导干部和全民族的黄河忧患意识、黄河保护意识和黄河法治观念，普及综合生态系统管理知识和环境保护法律知识，形成“人与自然和谐相处”、“人与黄河和谐相处”观念和“保护黄河、尊重黄河生命、维护黄河健康生命”的良好道德氛围。

参 考 文 献

[1] 汤姆斯·赫胥黎.进化论与伦理学.科学出版社,1971.

[2] 汤姆斯·赫胥黎.人类在自然界的位置.北京:科学出版社,1971.

[3] [荷]G·W·阿诺德,等.评生态系统研究及管理中的系统分析,孙锡麟,等译.北京:科学出版社,1982.

[4] [日]大来佐武郎.共存的条件——经济发展与生态系统的关系.焦金虎,吕祖善译.北京:中国环境科学出版社,1988.

[5] [美]约瑟夫·P·德马科.现代世界伦理学新趋向.石毓彬,译北京:中国青年出版社,1990.

[6] [苏]N·B·库什科娃.人与自然:生态伦理学的若干探索//国外自然科学哲学问题.北京:中国社会科学出版社,1990.

[7] [德]汉斯·萨克塞.生态哲学.北京:东方出版社,1991.

[8] 世界自然保护同盟(IUCN),联合国环境规划署(UNEP),世界野生生物基金会(WWF).保护地球——可持续生存战略.国家环境保护局外事办公室,译.北京:中国环境科学出版社,1992.

[9] [英]大卫·佩珀.生态社会主义:从纵深生态学到社会主义.洛特雷出版社,1993.

[10] 国际资源和自然保护联合会(IUCN),世界野生生物基金会(WWF),联合国环境规划署(UNEP),联合国教科文组织(UNESCO),联合国粮农组织(FAO).世界自然资源保护大纲——持续开发的生物资源保护.世界保护战略,1993.

[11] [美]大卫·雷·格里芬.后现代科学——科学魅力的再现.北京:中央编译出版社,1995.

[12] 阿尔伯特·施韦兹.敬畏生命.上海:上海社会科学出版社,1995.

[13] 奥尔多·莱奥波尔德. 沙乡年鉴. 候文蕙,译. 吉林:吉林人民出版社,1997.
[14] [美]阿尔·戈尔. 濒临灭绝的地球. 北京:中央编译出版社,1997.
[15] [日]岩佐茂. 环境的思想. 北京:中央编译出版社,1997.
[16] [美]蕾切尔·卡逊. 寂静的春天. 长春:吉林人民出版社,1997.
[17] [美]芭芭拉·沃德,勒内·杜博斯. 只有一个地球——对一个小小行星的关怀和维护. 长春:吉林人民出版社,1997.
[18] 世界环境与发展委员会. 我们共同的未来. 王之佳,柯金良,等译. 长春:吉林人民出版社,1997.
[19] [美]菲利普·沙别科夫. 滚滚绿色浪潮:美国珠环境保护运动. 周律,等译. 北京:中国环境科学出版社,1997.
[20] [美]大卫·雷·格里芬. 后现代精神. 王成兵,译. 北京:中央编译出版社,1998.
[21] [美]爱德华·C·托尔曼. 动物权利和人的目的性行为. 杭州:浙江教育出版社,1999.
[22] [美]卡洛琳·麦茜特. 自然之死. 吴国盛,等译. 长春:吉林人民出版社,1999.
[23] [德]维托斯·德吕舍尔. 动物王国的权力游戏. 刘海宁,郜世红,译. 北京:21 世纪出版社,1999.
[24] [美]纳什. 大自然的权利. 杨通进,译. 青岛:青岛出版社,1999.
[25] [英]柯林武德. 自然的观念. 吴国盛,柯映红,译. 北京:华夏出版社,1999.
[26] [美]罗尔斯顿. 环境伦理学. 北京:中国社会科学出版社,2000.
[27] [美]霍尔姆斯·罗尔斯顿. 哲学走向荒野. 刘耳,叶平,译. 长春:吉林人民出版社,2000.
[28] [美]K·A·沃尔物,J·C·戈尔登,J·P·瓦尔登,D·J·沃科特,等. 生态系统——平衡与管理的科学. 北京:科学出版社,2002.
[29] [英]E·马尔特比,等. 生态系统管理——科学与社会问题. 康

乐,韩兴国,等译. 北京:科学出版社,2003.
[30] [美]哈罗德伯尔曼. 法律与宗教. 梁治平,译. 北京:中国政法大学出版社,2003.
[31] [罗马尼亚]塞尔日、莫斯科维寄. 还自然之魅——对生态运动的思考. 庄晨燕,邱寅晨,译. 北京:生活·读书·新知三联书店,2005.
[32] 梁漱溟. 东西文化及其哲学. 北京:商务印书馆,1987.
[33] 余谋昌. 生态哲学. 昆明:云南人民出版社,1991.
[34] 吴国盛. 自然本体化之误. 长沙:湖南科学技术出版社,1993.
[35] 叶平. 生态伦理学. 哈尔滨:东北林业大学出版社,1995.
[36] 张云飞. 天人合一——儒学与生态平衡. 成都:四川人民出版社,1995.
[37] 章海荣. 西南石崇拜——生命本原的追思. 昆明:云南教育出版社,1995.
[38] 佘正荣. 生态智慧论. 北京:中国社会科学出版社,1996.
[39] 吴国盛. 自然哲学:近代"革命"观念的一个解读. 北京:中国社会科学出版社,1996.
[40] 梁治平. 寻求自然秩序中的和谐. 北京:中国政法大学出版社,1997.
[41] 李培超. 环境伦理. 北京:作家出版社,1998.
[42] 肖巍. 自然的法则》,上海:复旦大学出版社 1998.
[43] 徐嵩龄. 环境伦理学进展:评论与阐释. 北京:社会科学文献出版社,1999.
[44] 余谋昌. 生态伦理学——从理论走向实践. 北京:首都师范大学出版社,1999.
[45] 余谋昌. 生态哲学. 西安:陕西人民教育出版社,2000.
[46] 林娅. 环境哲学概论. 北京:中国政法大学出版社,2000.
[47] 段忠桥. 当代国外社会思潮. 北京:中国人民大学出版社,2001.
[48] 朱坦. 环境伦理学理论与实践. 北京:中国环境科学出版社,2001.

[49] 哈尔滨市环境保护局,哈尔滨工业大学环境与社会研究中心 道法自然——生态智慧与理念.北京:中国环境科学出版社,2001.
[50] Nicholas,燕宏远,韩民青.当代英美哲学概论(上、下册).北京:社会科学文献出版社,2002.
[51] 叶平.回归自然——新世纪的生态伦理.福州:福建人民出版社,2004.
[52] [法]孟德斯鸠.论法的精神.张维深,译.北京:商务印书馆,1961.
[53] [美]博登海默.法理学——法哲学及其方法.北京:华夏出版社,1987.
[54] 哈贝马斯.交往行为理论·第一卷——行动的合理性和社会合理化.1版.重庆:重庆出版社,1994.
[55] [法]摩莱里著.自然法典.黄建安,姜亚洲,译.北京:商务印书馆,1996.
[56] [俄]布·弗·叶罗费耶夫.生态法.俄文版.莫斯科:НОВЫЙ ЮРИСТ 出版社,1998.
[57] 哈贝马斯.公共领域的结构转型.上海:学林出版社,1999.
[58] [俄]斯·阿·博戈柳博夫.生态法.俄文版.莫斯科:НОРМА 出版社,2000.
[59] [美]E·博登海默.法理学:法律哲学与法律方法.邓正来,译.北京:中国政法大学出版社,1999.
[60] [日]原田尚彦.环境法.于敏,译.北京:法律出版社,1999.
[61] [美]爱蒂丝·布朗·魏伊丝(又译为伊迪丝·布朗·维丝).公平地对待未来人类:国际法、共同遗产与世代公平(又译为《公平地对待后代》).汪劲,于方,王鑫海,译.北京:法律出版社,2000.
[62] [法]亚历山大-基斯.国际环境法.张若思,译.北京:法律出版社,2000.
[63] [英]罗伯特·罗茨.新的治理//俞可平.治理与善治.北京:社

会科学文献出版社,2000.
[64] [美]詹姆斯 N·罗西瑙. 没有政府的治理. 南昌:江西人民出版社,2001.
[65] [美]理查德·A·波斯纳. 道德和法律理论的疑问. 苏力,译. 北京:中国政法大学出版社,2001.
[66] [美]理查德·A·波斯纳. 法理学问题. 苏力,译. 北京:中国政法大学出版社,2002.
[67] [德]阿图尔·考夫曼,温弗里德·哈斯默尔. 当代法哲学和法律理论导论. 郑永流,译. 北京:法律出版社,2002.
[68] 西方法律思想史资料选编. 北京:北京大学出版社,1983.
[69] 中国大百科全书(法学). 北京:中国大百科全书出版社,1984.
[70] 杨一凡,刘笃才. 中国的法律与道德. 哈尔滨:黑龙江人民出版社,1987.
[71] 沈宗灵. 法学基础理论. 北京:北京大学出版社,1988.
[72] 梁治平. 法辨——中国法的过去、现在与未来. 贵阳:贵州人民出版社,1992.
[73] 沈宗灵. 现代西方法理学. 北京:北京大学出版社,1992.
[74] 张文显. 二十世纪西方法哲学思潮研究. 北京:法律出版社,1996.
[75] 江山. 法的自然精神导论. 北京:法律出版社,1997.
[76] 刘海年,等. 依法治国与精神文明建设. 北京:中国法制出版社,1997.
[77] 李亚平,于海. 第三域的兴起——西方志愿工作及志愿组织理论文选. 上海:复旦大学出版社,1998.
[78] 张文显. 法理学. 北京:高等教育出版社,北京大学出版社,1999.
[79] 温成安,等. 道德与法. 北京:中国审计出版社,2000.
[80] 张文显. 法哲学范畴研究(修订版). 北京:中国政法大学出版社,2001.
[81] 张文显. 新视野新思维新概念:法学理论前沿论坛. 长春:吉林

大学出版社,2001.
[82] 李建华,曹刚,等.法律伦理学.长沙:中南大学出版社,2002.
[83] 俞可平,等.中国公民社会的兴起与治理的变迁.北京:社会科学文献出版社,2002.
[84] 吉林大学理论法学研究中心.法律思想的律动——当代法学名家演讲录.北京:法律出版社,2003.
[85] 徐国栋.绿色民法典草案.北京:社会科学文献出版社,2004.
[86] 蔡守秋.国土法的理论与实践.北京:中国环境科学出版社,1991.
[87] 王曦.美国环境法概论.武汉:武汉大学出版社,1992.
[88] 蔡守秋.环境政策法律问题研究.武汉:武汉大学出版社,1999.
[89] 陈复,等.中国人口资源环境与可持续发展战略研究(上下册).北京:中国环境科学出版社,2000.
[90] 蔡守秋.环境资源法学教程.武汉:武汉大学出版社,2000.
[91] 汪劲.环境法律的理念与价值追求.北京:法律出版社,2000.
[92] 王树义.俄罗斯生态法.武汉:武汉大学出版社,2001.
[93] 蔡守秋.欧盟环境政策法律研究.武汉:武汉大学出版社,2002.
[94] 郑少华.生态主义法哲学.北京:法律出版社,2002.
[95] 曹明德.生态法原理.北京:人民出版社,2002.
[96] 蔡守秋.可持续发展与环境资源法制建设.北京:中国法制出版社,2003.
[97] 蔡守秋.环境资源法学.北京:人民法院出版社,中国人民公安大学出版社,2003.
[98] 蔡守秋.调整论——对主流法理学的反思与补充:北京:高等教育出版社,2003.
[99] 高利红.动物的法律地位研究.北京:中国政法大学出版社,2005.
[100] 万劲波,赖章盛.生态文明时代的环境法与伦理.北京:化学工业出版社,2007.
[101] 中华环保联合会环境法律服务中心,中国社会科学院法学研

究所. 中国环境法治(2006 年卷). 北京:中国环境科学出版社,2007.
[102] 国家环境保护局政策法规司. 中国环境保护法规全书(1982~1997). 北京:化学工业出版社,1997.
[103] 国家环境保护局政策法规司. 中国环境保护法规全书(1997~1999). 北京:学苑出版社,1997.
[104] 国家环保总局政策法规司. 中国缔结和签署的国际环境条约集. 北京:学苑出版社,1999.
[105] 国家环境保护总局政策法规司. 中国环境保护法规全书. 北京:化学工业出版社,2003.
[106] 黄河水利委员会黄河志总编辑室. 历代治黄文选(上、下册). 郑州:河南人民出版社,1988.
[107] 侯全亮,孟宪明,朱叔君选. 黄河古诗选. 郑州:中州古籍出版社,1989.
[108] 黄河水利委员会黄河志总编辑室. 黄河人文志(卷 11). 郑州:河南人民出版社,1994.
[109] 黄河水利委员会黄河志总编辑室. 黄河河政志(卷 10). 郑州:河南人民出版社,1996.
[110] 《黄河历史研究》,黄河水利委员会黄河档案馆藏书书稿,日伪华北综合调查研究所水利调查委员会编辑。经蔡铁山校译后于 1998 年刊印。
[111] 吴国琛. 山江湖区域可持续发展探索. 南昌:江西科学技术出版社,1998.
[112] 林珲. 流域管理科学化的探索与实践. 南昌:江西科学技术出版社,2000.
[113] 水利部政策法规司. 水权与水市场(资料选编之一)(内部资料). 2001.
[114] 水利部政策法规司. 水管理理论与实践——国内外资料选编(内部资料). 2001. 11.
[115] 水利部黄河水利委员会. 英国、荷兰、德国河流治理译文集(内

部资料).2001.7.
[116] 水利部政策法规司.水权与水市场(资料选编之二)(内部资料).2001.12.
[117] 黄河小北干流山西河务局.黄河小北干流志.郑州:黄河水利出版社,2002.
[118] 吴季松.现代水资源管理概论.北京:中国水利水电出版社,2002.
[119] 李国英.治理黄河思辨与践行.郑州:黄河水利出版社,2003.
[120] 姚汉源.黄河水利史研究.郑州:黄河水利出版社,2003.
[121] 第一届黄河国际论坛编辑委员会.第一届黄河国际论坛论文集.郑州:黄河水利出版社,2003.
[122] 尚宏琦.国内外典型江河治理经验及水利发展理论研究.郑州:黄河水利出版社,2003.
[123] 杨桂山,等.流域综合管理导论.北京:科学出版社,2004.
[124] 苏青.河流水权和黄河取水权市场研究.郑州:黄河水利出版社,2004.
[125] 沈秀珍,等.莱茵河治理与开发.郑州:黄河水利出版社,2004.
[126] "《黄河法》制订之战略规划研究项目最终报告"(ADB TA3708 - PRC: STRATEGIC PLANNING STUDY FOR THE PREPARATION OF THE YELLOW RIVER LAW Final Report, September 2004;简称 ADB TA3708 - PRC Final Report, September 2004)及其附件《中华人民共和国黄河法草案》(ADB TA3708 - PRC Final Report, Appendix A - 1),BRL Ingenierie 公司于 2004 年 9 月向亚洲开发银行、中华人民共和国水利部和黄河水利委员会提出。
[127] 黄河水利委员会. 河流伦理学研究框架. [2004 - 9 - 24]. http://hhmz.com.cn/lib/ztbd3/2004 - 09 - 24/jj_105818101705.html.
[128] 黄河宣言——维持河流健康生命.[2005 - 10 - 20].http://www.h2o - china.com/news/33406.html。
[129] 蔡守秋.敬重黄河生命,倡导河流伦理.河南社会科学,2005(1).
[130] 侯全亮,李肖强.河流空前危机与河流伦理构建.[2005 - 10 -

19] http://www.h2o-china.com/lianmeng/necw/viewnews.asp? id=33356.

[131] 水利部黄河水利委员会.维持黄河健康生命伦理体系(框架).[2005-10-20] http://www.h2o-china.com/lianmeng/necw/viewnews.asp? id=33403.

[132] 董哲仁.莱茵河治理保护与国际合作.郑州:黄河水利出版社,2005.

[133] 水利部黄河水利委员会.走进江河源.郑州:黄河水利出版社,2005.

[134] 武会先.河流生命——为人类和自然管理水.郑州:黄河水利出版社,2005.

[135] 水利部黄河水利委员会.河流伦理学研究初步框架.[2006-12-29] http://www.huanghe.cn/zhuanti/wchh/zllj/200612/t20061229_11396.htm.

[136] Caldwell, L. The ecosystem as a criterion for public land poltcy. Natural Resources Journal 1970, 10(2):203-221.

[137] David S. Favre, Murrray Loring. Animal Law. Greenwood Press, 1983.

[138] Lyster Simon. International Wildlife Law. New York: University of Cambridge Press, 1985.

[139] Thomas More Hoban, Richard Oliver Brooks: Green Justice: The Environment and the Courts. Published in 1987 in the United States of America by Westview Press, Inc.

[140] Clark T W, D. Zaunbrecher. The Greater Yellowstone Ecosystem: The ecosystem concept in natural resource policy and management. Renewable Resources Journal, 1987 (Summer):8-16.

[141] Agee J K, D R Johnson. Ecosystem management for parks and wilderness. University of Washington Press. Seattle, Washington, 1988.

[142] Peter S. Wenz: Environmental Justice, published in 1988 by State University of New York Press, Inc.

[143] Keiter R B. Taking account of the ecosystem in the public domain:

Law and ecology in the Greater Yellowstone Region. University of Colorado Law Review 60(4):93 – 1007. Keiter, R B. 1990. NEPA and the emerging concept of ecosystem management on the public lands. Land and Water Law Review, 1989, 25:43 – 60.

[144] Sands Philippe ed. Greening International Law, London: Earthscan Publications, 1993.

[145] Celia Campbell – Mohn, Barry Breen, J. William Futrell. Sustainable Environmental Law. Environmental Law Institute, Copyright (c) 1993 by West Publishing Co.

[146] Draft Principles on Human Rights and the Environment. Reproduced in Ksentini Final Report, U. N. ESCOR, Commission on Human Rights, Sub – Commission on Prevention of Discrimination and Protection of Minorities, U. N. Doc. E/CN/4/Sub. 2/1994/0.

[147] R Edward Grumbien, What Is Ecosystem Management?, Conservation Biology, Volume 8. No 1. P28, March 1994, Sierra Institute. UC Extension, Santa CNZ, U. S. A.

[148] Bodansky Daniel, International Law and the Protection of Biological Diversity, 28 Vanderbilt Journal of Transnational Law (1995) 623, 627.

[149] Sven Deimanu, Bernard Dyssli. Environmental Rights, Cameron May Ltd, 1995.

[150] The Rights of Nature. Has Deep Ecology Gone Too Far? Donald Worster, From Foreign Affairs, November/December 1995, The New Ecological Order. Luc Ferry. Chicago: University of Chicago Press, 1995.

[151] Bob Brownand Peter Singer, The Greens. The Text Publishing Company. First Published 1996, ISBN 1 – 875847 – 170, Melbourne, Australia.

[152] Popovic Neil. In Pursuit of Environmental Human Rights: Commentary on the Draft Declaration of Principles on Human Rights

and Environment. 27 Columbia Human Rights Law Review(Spring 1996)487.

[153] Heijnsbergen P. Van International Legal Protection of Wild Flora and Fauna, Washington DC: IOS Press, 1997.

[154] Niels S. J. Koeman: Environmental Law in Europe, Kluwer Law International Ltd, United Kingdom, 1999.

[155] Defending Illusions : Federal Protection of Ecosystems. ISBN: 0847694216; Author: Allan K. Fitzsimmons; Rowman & Littlefield, Date published: August 1999.

[156] Favre David. Equitable Self – Ownership for Animals. 50 Duke Law Journal (November 2000)473,502.

[157] Human Rights and the Rights of Nature. Journal of Markets and Morality, Volume 3, Number 2, Fall 2000, Thomas Sieger Derr, Professor of Religion and Ethics, Smith College.

[158] Stone Christopher. New Issues for a New Century: Land Use, Biodiversity and Ecosystem Integrity. 27 Ecology Law Quarterly (2001)267.

[159] Farrell Siobhan. Green Balancing Act. South China Morning Post, 25 March 2002, Business Section.

[160] Science, Ethics and Society. Johan De Tavernier, Stefan Aerts, 2004, Preprints of the 5th congress of the European Society for Agricultural and Food Ethics, 2005 Katholieke Universiteit Leuven, Centre for Agricultural Bio-and Environmental Ethics.

[161] Animal Rights: A Historical Anthology. Andrew Linzey, Paul Barry Clarke, Columbia University Press, March 2005.

[162] Animals, Politics and Morality. Second Edition, Robert Garner. Manchester University Press, March 2005.

[163] Making Kind Choices: Everyday Ways to Enhance Your Life Through Earth-And Animal-Friendly Living. Ingrid Newkirk, Griffin, January 2005.